Die Geschichte Polens

Die Geschichte Polens

Jerzy Topolski

Verlag Interpress
Warszawa 1985

Auf dem Schutzumschlag
Gestalten vom Fries „Einzug Kasimir Jagiellos in Malbork"
von Łukasz Evert, 1585

Graphische Gestaltung
Stanisław Kazimierczyk

Deutsch
Ingrid Buhl, Sigrid Moser

Redaktion der polnischen Ausgabe
Renata Sieczkowska

Technische Redaktion
Wiesław Pyszka

Genealogische Tafeln
Antoni Gąsiorowski

Geschichtskarten
Ludwik Fijał

Die Landkarten
stützen sich auf kartographisches Material aus dem
„Historyczny atlas Polski",
PPWK, Warszawa

Ausführung der Landkarten
Jolanta Bylicka, Krzysztof Dulkowski,
Mariusz Motyliński

Aufnahmen
S. Arczyński, B. J. Dorys, O. Gałdyński, Z. Gamski, S. Gawliński, J. Grelowski, J. Hattowski, T. Hermańczyk, W. P. Jabłoński, A. Kaczkowski, K. Kamiński, S. Kolowca, E. Kozłowska-Tomczyk, E. Kupiecki, J. Langda, E. Lewandowska, Z. Małek, W. Mądraszkiewicz S. Michta, J. Morek, K. Niedenthal, P. Pierściński, Piotrowski, W. Prażuch, T. Przypkowski, H. Rosiak, Z. Siemaszko, J. Siudecki, W. Stasiak, J. Styczyński, J. Szandomirski, S. Turski, J. Tymiński, J. Uklejewski, W. Wolny, T. Zagoździński, T. Żółtowska

Herkunft der Aufnahmen
Nationalbibliothek Warschau, Zentralarchiv des ZK der PVAP, Zentrale Fotoagentur CAF, Militärische Fotoagentur WAF, Kunstinstitut der Polnischen Akademie der Wissenschaften u. Fotoservice der Polnischen Agentur Interpress

Die eintausendneunhundertsechsundfünfzigste Publikation des Verlags Interpress

Die vorliegende Publikation erscheint auch in englischer und polnischer Sprache.

Warszawa 1985

PRINTED IN POLAND

Zakłady Graficzne RSW „Prasa-Książka-Ruch", Wrocław, ul. Piotra Skargi 3/5
ISBN 83-223-1956-8

I. Kapitel

Die polnischen Stammgebiete im Altertum

Von den Anfängen bis zum 6. Jh.

1. Wann beginnt die Geschichte Polens?

Man nimmt gewöhnlich an, dass die Geschichte Polens seit Mieszko I. beginnt, d.h. erst seit der Zeit, als sich der polnische Staat schon herausgebildet hatte und Zeitgenossen über ihn berichteten. Der Staat von Mieszko I. entstand jedoch nicht unvermittelt in den Umrissen, die man aus Quellen kennt. Seiner Entstehung waren langandauernde Prozesse vorausgegangen. Bedeutsam war vor allem das Auftauchen der Slawen in den polnischen Stammgebieten und anschliessend ihre gesellschaftliche, wirtschaftliche und kulturelle Entwicklung, die für die Existenz und die Herausbildung der staatlichen Organisation unerlässlich war.

Die Entstehungsgeschichte des polnischen Staates, der polnischen Gesellschaft, der polnischen Kultur und der polnischen Nation ist demnach unmittelbar mit der Besiedelung durch die Slawen in Verbindung zu bringen, weil die polnischen Gebiete seit jener Zeit (d.h. seit dem Jahrtausend zwischen 1500 und 500 v.u.Z.) unverändert von ein und demselben Volk bewohnt waren, das ein und dieselbe Sprache sprach (Altslawisch, Slawisch und gegen Ende dieses Zeitraums Urpolnisch). Im Laufe dieses Jahrtausends und auch im nächsten Jahrtausend verwandelte sich die Geschichte der polnischen Gebiete in die Geschichte der polnischen Gesellschaft, des polnischen Staates und des polnischen Volkes.

Die Geschichte der polnischen Stammgebiete aber ist wesentlich länger als die Geschichte der Slawen. Während die Herausbildung der Anfänge des polnischen Staates, seiner Gesellschaft, seiner Kultur und seiner Nation etwa 2000 Jahre gedauert hat, umfasst die Geschichte der polnischen Stammgebiete, die von verschiedenen, immer wieder anderen Völkern bewohnt waren, etwa 250 000 Jahre, wenn man dieser Rechnung das Auftauchen des Menschen in diesen Gebieten zugrunde legt. Die Geschichte Polens kann man demnach in drei grosse Epochen gliedern:

1) Geschichte der polnischen Stammgebiete vor dem Auftauchen der Slawen (etwa 250 000 v.u.Z. — ca. 1500 v.u.Z.),

2) Geschichte der Herausbildung der Grundlagen der polnischen Gesellschaft, der polnischen Kultur, des polnischen Staates und der polnischen Nation (etwa 1500 v.u.Z. — ca. 500 u.Z.),

3) Geschichte der polnischen Gesellschaft, des polnischen Staates, der polnischen Nation und der polnischen Kultur (etwa 500 u.Z. bis zur Gegenwart).

Die erste Epoche umfasst etwa 250 000 Jahre, die zweite 2000 Jahre und die dritte etwa 1500 Jahre. Die historischen Veränderungen sind also in immer schnellerer Folge eingetreten.

2. Die ältesten Zeiten

Die polnischen Stammgebiete waren vor dem Auftauchen der Slawen Schauplatz langfristiger Entwicklungsprozesse und Wanderungen verschiedener Völker, die möglichst günstige Lebensbedingungen suchten. Die historischen Entwicklungsetappen, die die polnischen Stammgebiete in jenen fernen Zeiten durchlaufen haben, gleichen denen, die aus anderen Gebieten der Welt von damals bekannt sind. Europa war seinerzeit — und daran sei hier erinnert — nicht das Zentrum der Zivilisation, und die Entwicklungsunterschiede innerhalb der europäischen Gebiete waren gering. Die Zivilisationseinflüsse kamen damals aus dem Nahen Osten. Sie dehnten sich auf der Nordsüdlinie aus. Dieser Prozess vollzog sich jedoch in grösserem Masse erst in der Jungsteinzeit (Neolithikum), die in den polnischen Stammgebieten etwa von 4400 bis 1700 v.u.Z., also fast 3000 Jahre dauerte.

Jedoch auch die vorangegangene Epoche, die Altsteinzeit (Paläolithikum), war Zeuge zahlreicher Veränderungen, die langsam vor sich gingen. Diese Epoche dauerte etwa von 230 000 bis 440 v.u.Z., also 220 000—230 000 Jahre. Diese Veränderungen betrafen die Evolution des Menschen. Dem heutigen Menschen ähnliche Menschen wohnen erst seit etwa 40 000 Jahren in den polnischen Stammgebieten. Ihre Vorfahren waren primitive Jäger, die jedoch schon mit Feuer und einfachen Feuersteinwerkzeugen umgehen konnten. Ihre Lebensweise unterschied sich nicht von den typischen menschlichen Lebensformen auf dem Territorium des damaligen Frankreichs (Acheulische Kultur nach dem Ort Saint Acheul bei Amiens in Frankreich) oder Englands (Clactonische Kultur nach dem Ort Clacton-on-Sea in der Grafschaft Essex). Wahrscheinlich gegen Ende der Riss-Eiszeit, die von ca. 240 000 bis 120 000 v.u.Z., also während eines beträchtlichen Teils des Paläolithikums dauerte, tauchte der sog. Neandertaler in den polnischen Stammgebieten auf, ein Ergebnis der Anpassung des Urmenschen an langanhaltend schwierige klimatische Bedingungen. Damals ging die dritte, fast 100 000 Jahre dauernde skandinavische Eiszeit zu Ende. Diese lange Zeit über konnte sich menschliches Leben nur auf einem schmalen, kaum 200 km breiten Streifen nördlich der Karpaten entwickeln, wo das Eis nicht hingelangte. Das Klima war so wie heute in Grönland. Der Neandertaler kannte schon differenziertere Feuersteinwerkzeuge. Er lebte in Horden, wohnte ständig in Höhlen und vorübergehend in Schutzhütten. Seine Existenzgrundlage waren weiterhin das Jagen und Sammeln. Seine Lebensweise unterschied sich nach wie vor nicht von der für andere europäische Gebiete charakteristischen Lebensweise. Diese Kultur wird nach dem Ort Le Moustier in Frankreich Moustiérien genannt.

Während der 50 000 Jahre dauernden Riss-Würm-Zwischeneiszeit vollzogen sich infolge Erwärmung des Klimas bedeutende Fortschritte im Leben der damaligen Menschen. Anschliessend erschwerte jedoch die Würm-Eiszeit, die mit Unterbrechungen 70 000 Jahre dauerte, die Entwicklung des Neandertalers sehr. Er machte vor ca. 40 000 Jahren dem Cro-Magnon-Menschen Platz, der dem heutigen Menschen bereits ähnlich war und seinen Namen nach den archäologischen Funden aus der Höhle von Crô-Magnon in Frankreich bekam.

Bis zur Mittelsteinzeit (Mesolithikum) wohnten etwa 30 000 Jahre lang in den polnischen Stammgebieten Menschengruppen, deren Lebensweise von den Archäologen als Aurignacien nach dem Ort Aurignac in Frankreich, Altmühl-Kultur nach dem Ort Altmühl bei Hamburg oder Magdalénien nach dem Ort La Madeleine in Frankreich bezeichnet wird. Die Werkzeuge aus Feuerstein wurden weiter verbessert, da sie vor allem als Sägen, Bohrer oder Stichel zum Herstellen von Gegenständen aus Knochen und Horn, einem immer häufiger verwendeten Material, benutzt wurden. Noch wurde vorwiegend gejagt und gesammelt. Der Fischfang spielte jedoch eine immer grössere Rolle. In bedeutendem Umfang wurde im Świętokrzyskie-Gebirge abgebauter Feuerstein getauscht.

Während des Mesolithikums (8000—4400 v.u.Z.) setzte in den polnischen Stammgebieten eine Art Völkerwanderung ein. Die Bevölkerung der Świdry-Kultur, so benannt nach dem Ort Świdry Wielkie bei Warschau, die im Norden der polnischen Stammgebiete lebte, wanderte nach Litauen, Lettland, Estland und Belorussland aus, den in subarktische Gebiete ziehenden Rentieren nach. Dafür kamen Bevölkerungsgruppen aus Nordwesten und Westen, da das Klima in den polnischen Stammgebieten wesentlich wärmer wurde. Diese Erwärmung veränderte Flora und Fauna, u.a. wuchs jetzt Mischwald, auch Auerochsen, Hirsche und Wildschweine tauchten auf. Ebenso zeichnete sich ein gewisser technischer Fortschritt ab. Man begann, mit Pfeil und Bogen zu jagen. Die Fischfangtechnik veränderte sich. Das Steinbeil und der Einbaum verbreiteten sich. Die Lebensweise wurde zum Teil sesshaft. Neben den Schutzhütten wurde die in die Erde eingegrabene Hütte die typische Behausung.

3. Die landwirtschaftliche Revolution. Jungsteinzeit

Grundsätzliche Wandlungen brachte die folgende Periode. Sie begann vor über 6000 Jahren und dauerte, wie bereits gesagt, etwa 3000 Jahre, bis die Bronzezeit anfing. Vor allem gelangte die neolithische landwirtschaftliche Revolution in die polnischen Stammgebiete. Ackerbau und Viehzucht nahmen nach und nach grösseren Raum ein. Im Laufe einiger Jahrtausende kam die landwirtschaftliche Revolution von Süden aus Mesopotamien, Palästina, Syrien und Kleinasien über den Balkan und veränderte die Lebensweise der damaligen Menschen völlig. Jagen, Sammeln und Fischen hatten zwar weiterhin grosse Bedeutung, wurden aber Nebenbeschäftigung.

In die polnischen Stammgebiete zogen Bevölkerungsgruppen aus dem Donaugebiet. Das waren keine Horden mehr, sondern blutsverwandte Sippen oder Stämme. Die neuen Siedler suchten fruchtbare Schwarzerde oder Lössböden, die sie einige Jahre bebauten, um dann ihren Wohnort zu wechseln. Auf den mit Sträuchern und Bäumen überwucherten Grund und Boden kehrte man später wieder zurück und rodete und brannte ab, was darauf gewachsen war. Man säte Weizen, Gerste, Hirse, einige Hülsenfrüchte, Faser- und Ölpflanzen, züchtete Rinder,

Schafe, Ziegen und Schweine. Der Boden wurde mit Hacken aufgelockert, deshalb bezeichnet man die damalige Bodenbaukultur als Hackbau.

In den polnischen Stammgebieten trat die bisher unbekannte Töpferei in Erscheinung. Auch die Weberei entwickelte sich. Die Ackerbauern waren im allgemeinen sesshaft und wirtschafteten gemeinsam. Individuelles Eigentum gab es nicht. Man begann, die Arbeit zwischen Männern und Frauen aufzuteilen. Die Religion war eine Art Naturkult in Verbindung mit dem landwirtschaftlichen Zyklus. Die Toten wurden begraben oder verbrannt. Nach wie vor gab es Bevölkerungsgruppen, die sich hauptsächlich als Jäger und Sammler betätigten. Sie bewohnten die Waldgebiete und gerieten mitunter, wenn sie ihre Gebiete verteidigten, in Streit mit den Bauern.

In der Mittelsteinzeit, die etwa 1000 Jahre dauerte (3500—2500 v.u.Z.), lässt sich ein gewisser Fortschritt in der Bodenbaukultur beobachten. Die Felder wurden bereits mit dem von Ochsen gezogenen Hakenpflug gepflügt, obwohl noch immer vorwiegend die Hacke benutzt wurde. Die alten Donaukulturen, besonders die Kultur der Band- und Ritzkeramik und die Lengyel-Kultur, so benannt nach dem Ort Lengyel in Ungarn, wurden von der Trichterbecherkultur überlagert, deren Träger ein Volk ungeklärter Abstammung war. Diese Kultur dehnte ihren Einfluss auf den grössten Teil der polnischen Stammgebiete aus.

Vergleichsweise sei darauf verwiesen, dass sich in jener Zeit im Nahen Osten die Zivilisation der Sumerer mit ihren herrlichen Bauten und den Anfängen der Bilderschrift als Grundlage für die spätere babylonische Zivilisation entwickelte. Grosse Macht erlangte auch Ägypten. Europa hatte die Höhen der damaligen Zivilisation noch nicht erreicht, und die polnischen Stammgebiete entwickelten sich genauso wie andere europäische Gebiete. Berühmt waren jedoch die grössten europäischen Feuersteinbrüche in Krzemionki Opatowskie bei Opatów mit rund 1000 Schächten. Feuerstein war immer noch der wichtigste Rohstoff, obwohl schon aus dem Süden eingeführtes Kupfer bearbeitet wurde.

Überaus wichtige Prozesse vollzogen sich im späten Neolithikum (2500—1800/1700 v.u.Z.), d.h. in einem Zeitraum von 700 bis 800 Jahren. In den polnischen Stammgebieten traten Völker mit verschiedenen Kulturen in Erscheinung, mehr Jäger als Ackerbauern. Die grösste Rolle jedoch spielte ein Volk, für dessen Kultur schnurverzierte Tongefässe kennzeichnend waren. Im Kampf verwendeten die Angehörigen jenes Volkes steinerne Streitäxte. Seine Kultur nannte man Schnurkeramik oder Streitaxtkultur. Träger dieser Kultur, einer Bodenbau- und Hirtenkultur, in der das Pferd häufiger verwendet wurde und die sich vom Rhein bis an die Wolga und von der Donau bis nach Südskandinavien ausdehnte, war das alteuropäische Volk. Es war, wie man annimmt, die erste Welle, in der die Indoeuropäer nach Europa, also in die Waldgebiete, strömten. In der Wissenschaft wird allgemein vermutet, dass sie aus den asiatischen Steppen kamen. Allerdings ist man sich nicht einig darüber, wo die Wiege dieser Kultur stand. In weiteren Wellen strömten die sprachlich differenzierteren Indoeuropäer in der Bronzezeit nach Europa und überlagerten die alteuropäische Bevölkerung. Die nördlichen indoeuropäischen Völker — Germanen, Balten und Slawen — machten einen grossen Teil aus. Die Balten und Slawen bildeten anfänglich eine ethnische Gemeinschaft. Sie ist in der Wissenschaft unter der Bezeichnung Baltoslawen bekannt und entwickelte sich später allmählich getrennt.

Nach wie vor ist das Gebiet umstritten, wo sich innerhalb der Indoeuropäer die baltoslawische und slawische Sprachgruppe abgrenzte. Am überzeugendsten ist die These, dass es zwischen dem mittleren Dnepr und der Oder, parallel zum Zustrom immer neuer indoeuropäischer Bevölkerungsgruppen, lag.

4. Die Slawen in den polnischen Stammgebieten. Bronzezeit und Eisenzeit

Mindestens 1000 Jahre siedelten Urslawen und Slawen in den polnischen Stammgebieten (etwa 1500—500 v.u.Z.). Die Besiedelung umfasste fast die ganze Bronzezeit und reichte in den Anfang der Eisenzeit hinein. Damals ging man von der Hacke, d.h. vom manuellen Ackerbau, zu dem von Ochsen gezogenen Hakenpflug über. Bedeutsame ethnische Prozesse gingen mit kulturellen und wirtschaftlichen Veränderungen einher. Die Trzciniec-Kultur, so benannt nach dem Ort Trzciniec bei Lublin, wurde vermutlich bereits von den Urslawen geschaffen. Zur selben Zeit gab es in den polnischen Stammgebieten die von dem alteuropäischen Volk der Veneder geschaffene Vorlausitzer Kultur. Die Veneder siedelten im Westen an der unteren Weichsel und der oberen Warthe. Im Laufe der ersten 400 bis 500 Jahre der Bronzezeit entwickelte sich in den polnischen Stammgebieten eine materielle und wahrscheinlich auch geistige Kultur — die Lausitzer Kultur. Nach und nach setzten sich zwei Arten durch, die höher entwickelte Westlausitzer Kultur und die Ostlausitzer Kultur, in der die Viehzucht grössere Bedeutung hatte als der sesshaft betriebene Ackerbau und die in Anlehnung an die Trzciniec-Kultur entstanden war. Im 5. Jh. v.u.Z. wurden von dem griechischen Geschichtsschreiber Herodot die Neurer im Gebiet östlich des Bug erwähnt. Sie waren, wie man annimmt, bereits Slawen.

Im Bereich der Lausitzer Kultur nahm die Zahl der angebauten Pflanzen zu. Verschiedene Weizen- und Gerstensorten und auch Hirse wurden ausgesät. Man baute auch Erbsen, Mohn, Saubohnen, Linsen, Knoblauch, Flachs, Hanf und Steckrüben an. Rinder, Schweine, Schafe und Ziegen wurden gehalten. Man versuchte auch, Bienen zu züchten.

Stürmisch entwickelten sich die Töpferei, die Bearbeitung von Holz, Knochen, Horn und Bernstein, die Korbmacherei und die Gerberei. Man kannte Einbäume und am Ende der Bronzezeit auch zwei- und vierrädrige Wagen. Der Tauschhandel gewann an Bedeutung. Als Geld diente Bronze.

Die Ackerbautechnik und das Suchen nach neuen Böden und Weideplätzen für die Tiere bewirkten, dass man den Wohnsitz nach einigen Jahren immer wieder wechselte. Manche Siedlungen waren für längere Zeit bestimmt. Sie wurden mit einem Wall aus Erde und Steinen umgeben. Ein Beispiel für eine Siedlung aus der Zeit der Lausitzer Kultur ist die Wehrburg in Biskupin.

In den späteren Phasen der Bronzezeit und der Lausitzer Kultur schlossen sich die Sippen zu mehr oder weniger grossen Stämmen zusammen. Reichtum und Macht der Stammeshäuptlinge und Stammesältesten wuchsen. Bei der Suche nach neuen Gebieten gerieten die Stämme und im Kampf um die Macht auch die Stammesältesten untereinander in Streit. So festigten sich einerseits die Stämme, andererseits entstanden auch neue. Die befestigten Siedlungen waren oft die Wehrburgen der Stämme. Es ist auch nicht auszuschliessen, dass es zu Konflikten zwischen der eingesessenen Bevölkerung (Urindoeuropäer oder Alteuropäer) und den einströmenden Stämmen kam.

Während die Slawen in die polnischen Stammgebiete einwanderten und sich mit der dort schon seit Jahrhunderten ansässigen alteuropäischen Bevölkerung vermischten, erreichte die Zivilisation auf Kreta den Gipfel ihrer Entwicklung, festigte sich der Staat der Hethiter in Kleinasien, wurde Troja gestürmt. In Ägypten, das damals den Auszug der Israeliten erlebte, herrschte Ramses II., dessen Taten der Tempel von Abu Simbel pries. Zur gleichen Zeit begann die Expansion des grossen Volkes der Kelten, die früher als die Germanen, Slawen und Balten (etwa 2000 v.u.Z.) und später als die erste indoeuropäische Welle nach Europa kamen und u.a. den Grund für die Entwicklung des Volkes der Gallier legten, dann den Römern unterlagen und keinen dauerhaften Staat bildeten, der ihrer Zahl und Siedlungsexpansion entsprochen hätte. Grosse Bedeutung erlangten schon zu Beginn der Eisenzeit die berühmten Etrusker, ein Volk unbekannter Abstammung.

In den polnischen Stammgebieten entwickelte sich in der Eisenzeit vor allem eine verhältnismässig einheitliche urpolnische Kultur. Ihre Grundlage waren Ackerbau und Viehzucht. Man baute auch Roggen an, der allerdings noch hinter Weizen und Hirse zurückstand. Die alten Gewerbe wie das Schmiedehandwerk und das Hüttenwesen entwickelten sich. Man baute Raseneisenerze ab. Das Hüttenzentrum im Świętokrzyskie-Gebirge gewann besonders an Bedeutung. Der Warenaustausch setzte sich immer mehr durch. In jener Zeit war die sog. Bernsteinstrasse, an der zu Beginn der neuen Zeitrechnung die Siedlung Calissia (Kalisz), die älteste polnische Stadt, lag, eine der grössten Handelsstrassen.

Die urpolnische Kultur als der unmittelbare Vorläufer der für das frühmittelalterliche und mittelalterliche Polen spezifischen Kultur entwickelte sich während des Zerfalls der Lausitzer Kultur und, besonders in den südlichen Gebieten Polens, unter dem starken Einfluss der Kelten, die einen höheren wirtschaftlichen und gesellschaftlichen Entwicklungsstand erreicht hatten (u.a. benutzten sie als erste Geld in den polnischen Stammgebieten). Den Zerfall der Lausitzer Kultur haben wahrscheinlich die einfallenden Skythen bewirkt, die die von den Venedern bewohnten Gebiete zerstörten und damit den vordringenden Slawen leichteren Zutritt verschafften. Um 500 v.u.Z. entstand u.a. unter dem Einfluss der Saale-Kultur die dynamische Ostpommersche Kultur (auch Wejherowo-Krotoszyn-Kultur genannt). Diese Kultur erfasste die meisten polnischen Gebiete und trug zu einer gewissen Belebung der gespaltenen Lausitzer Kultur bei. Eine Abart der Ostpommerschen Kultur war die Glockenbecherkultur, die sich in westliche Richtung ausweitete. In Westpommern entwickelte sich bis zur Warthe und Noteć die Jastorfkultur. Sie wurde besonders von den germanischen Bastarnen und Skiren vermittelt, die nach mehr als einem Jahrhundert entlang der Oder nach Süden zogen. Die keltischen Einflüsse waren stark. Im Lauf von rund zwei Jahrhunderten durchdrangen sie die Ostpommersche und andere Kulturen und trugen dazu bei, dass die reichere Höhlengräberkultur entstand. Sie kam in zwei Varianten vor, und zwar als Przeworsk-Kultur nach dem Gräberfeld in Gać bei Przeworsk und als Oksywie-Kultur nach dem Gräberfeld in Gdynia-Oksywie.

Zur kulturellen Vereinheitlichung der polnischen Stammgebiete, aus der schliesslich die urpolnische Kultur entstand, trugen auch die römischen Einflüsse 25—500 u.Z. bei. Der Einfluss der Kelten wurde durch das expansive römische Reich abgelöst. Die Slawen waren den griechischen und römischen Verfassern schon bekannt, die erste schriftliche Informationen über sie lieferten.

Das halbe Jahrtausend unter römischem Einfluss war für die polnischen Stammgebiete nicht ruhig. In der ersten Hälfte dieses Zeitraums wanderten die germanischen Goten und Gepiden ein. Sie kamen aus Skandinavien und wanderten nach Süden bis an die untere Weichsel, um die Bernsteinstrasse zu kontrollieren. Ende des 2., Anfang des 3. Jh. u.Z. zogen sie nach Süden an das Schwarze Meer und in das römische Reich. Zur gleichen Zeit dehnte sich die slawische Bevölkerung auf einige Gebiete aus, die zuvor von den Balten bewohnt waren. Nachdem die germanischen Völker die polnischen Stammgebiete verlassen und sich die Slawen schon in der Mitte des 3. Jh. u.Z. weiter nach Westen ausgedehnt hatten, war das Einzugsgebiet von Oder und Weichsel von den Karpaten bis zur Ostsee von einer slawischen Bevölkerung besiedelt — ausgenommen die Masuren, die von Balten bewohnt waren.

In den letzten 125 Jahren des Altertums litten die polnischen Stammgebiete unter der Expansion der Hunnen, die unter der Herrschaft der Brüder Bleda und Attila (445—453) mächtig geworden waren. Die Slawen rückten in dieser Zeit weiter nach Westen in Richtung Elbe vor. Berechnungen entsprechend wuchs die Bevölkerung der polnischen Stammgebiete in der Eisenzeit von etwa 500 000 auf etwa 750 000 Einwohner an. Die Ereignisse des 5. Jh. bewirkten durch den Einfall der Hunnen und die Wanderungen der slawischen Bevölkerung nach Westen und Süden einen Rückgang der Bevölkerungszahl auf etwa 350 000—400 000 Einwohner.

II. Kapitel

Das frühe Mittelalter in den polnischen Stammgebieten. Die Anfänge Polens

Vom 6. Jh. bis Mitte des 10. Jh.

1. Der bahnbrechende Charakter des frühen Mittelalters in den polnischen Stammgebieten

In einigen Jahrhunderten vor der Herrschaft Mieszkos I. war die Bevölkerung in den polnischen Stammgebieten von 400 000 Einwohnern Mitte des 1. Jahrtausends auf etwa 1 000 000 Einwohner Mitte des 10. Jh., d.h. um rund 120%, gewachsen. Im 10. Jh. kamen schon durchschnittlich vier Personen auf 1 km^2. Grosspolen und das westliche Kleinpolen waren dichter besiedelt als Masowien und das östliche Kleinpolen. Diese Zunahme zeugte von der verhältnismässig lang andauernden und relativ friedlichen wirtschaftlichen Entwicklung, die ausreichende Ernährung und günstigere Arbeitsbedingungen auf den Feldern gewährleistete. Die Wirtschaft brachte denen, die produzierten, also den Bauern, nicht mehr nur die lebensnotwendigen Dinge, sondern lieferte auch einen gewissen Überschuss. Dieser Überschuss konnte von Leuten verbraucht werden, die sich nicht unmittelbar mit seiner Produktion beschäftigten. Es gab auch die Möglichkeit, einen Teil der Arbeitszeit für allgemeine Zwecke, d.h. für den Bau von Burgen, Brücken, Strassen und andere Dienste, zu nutzen. So konnten Staaten entstehen, die zwar das Leben der Bevölkerung nach neuen Grundsätzen einrichteten, aber von ihr materielle und körperliche, wenn auch nicht immer freiwillige Mitarbeit verlangten.

Das frühe Mittelalter hatte vor allem aus diesem Grund bahnbrechenden Charakter. Überall im slawischen Sprachgebiet entstanden Staaten, die dazu beitrugen, dass sich aus der gesamten, anfänglich ethnisch und sprachlich recht einheitlichen slawischen Bevölkerung deutlich verschiedene Teilgebiete abspalteten. Es formierte sich das ostslawische Gebiet mit den ruthenischen Stämmen, das südslawische Gebiet mit den serbokroatischen und bulgarischen Stämmen und das westslawische Gebiet mit den böhmisch-mährischen, slowakischen, polnischen und polabischen Stämmen. Nur die polabischen, manchmal Westslawen genannten Stämme gründeten keinen Staat aus mehreren Stämmen, obwohl kleinere Stammesstaaten wie z.B. der Verband der Weleter entstanden.

Bei den Westslawen waren unter diesem Aspekt die Mährer am aktivsten. In der ersten Hälfte des 9. Jh. entstand Grossmähren, auch das Grossmährische Reich genannt. Es bestand fast 100 Jahre und zerfiel dann unter den Schlägen der nomadisierenden Magyaren, die sich in ihrem neuen, an der Donau gelegenen Siedlungsgebiet ausbreiteten. Das Erbe des Grossmährischen Reiches übernahm der böhmische Staat der Přemysliden. Das starke böhmisch-mährische Staatsgefüge drang in mehrere Richtungen vor, auch nach Norden. In seinen Einflussbereich gerieten u.a. auch Kleinpolen und Schlesien. Somit konnten diese hochentwickelten Gebiete beim Aufbau eines polnischen Staates keine wesentlichere Bedeutung erlangen. Doch der Grundstein für polnisch-böhmische Streitigkeiten war gelegt, die erst durch die Gefahr aus den deutschen Ostmarken — schon zu Zeiten von Mieszko I. — in den Hintergrund traten.

Die politische Wende, die das Entstehen eines Staates bedeutete, war an grosse Wandlungen in der Wirtschaft, der Organisation und der Struktur der damaligen Gesellschaft gebunden. In der Bodenbaukultur ging man allgemein dazu über, die Äcker ständig zu bestellen. Die primitive Rodewirtschaft, für die immer wieder neuer Boden gebraucht wurde, gab man auf. Man begann, einzeln zu wirtschaften und aus der Bodengemeinschaft einzelne Höfe abzusondern. Es bildeten sich feste, offene Siedlungen heraus, die aus einem Hof oder einem kleinen Dorf bestanden.

Spontan entwickelten sich territoriale Nachbarschaftsverbände, die die Siedlungen mit den Burgen, d.h. mit den Wehrdörfern, verbanden. Der älteste Nachbarschaftsverband bei den Slawen hiess „żupa" (Gau), ursprünglich vermutlich eine Bezeichnung für jede abgesonderte territoriale Einheit. Der Anführer dieses kleinen, lediglich einen Nachbarschaftsverband bildenden Territoriums war der „żupan" (Gauherr, Gespan). Da die Kastellane, die Territorialbeamten der Piasten, „pan" (Herr) genannt wurden, liegen hierin die Anfänge der Bezeichnung „pan" in der deutschen Bedeutung von Herr. Eine im Zuge der wirtschaftlichen Entwicklung und der Errichtung einer staatlichen Organisation entstandene neuere Bezeichnung für die territorialen Nachbarschaftsverbände war „opole" (für die sich in einige Dörfer aufgliedernden „pola" — Felder), das in Kleinpolen unter böhmischem Einfluss „osada" (Siedlung) oder „gród" (Burg) genannt wurde. Am letztgenannten Begriff ist ersichtlich, wie der Name des Zentrums eines Nachbarschaftsverbands auf das damit verbundene Territorium übertragen wurde.

In der gesellschaftlichen Struktur und Organisation des frühen Mittelalters kann man beobachten, wie sich die Anfänge der Feudalherrschaft herausbildeten, für die die mit Vorrechten ausgestattete Schicht (dann Klasse) der Aristokratie (Feudalherren, Schlachta) und die Schicht der von ihr abhängigen Kleinbauern kennzeichnend sind.

Im frühesten Mittelalter trat die Schicht der Feudalherren in Erscheinung, die sich aus den herrschenden Kreisen der Stämme (Anführer der Nachbarschaftsverbände, Stammesälteste, Familienälteste oder Berater usw.) rekrutierten. Sie zweigten grössere Höfe für sich ab, da sie über Unfreie, d.h. Gefangene aus den Feldzügen, verfügten. Vor allem jedoch besassen sie grössere Rinderherden und mehr Pferde und hielten mehr Schafe und Schweine. Sie begannen auch, die Produzenten in der Umgebung z.B. durch Darlehen von sich abhängig zu machen. Die Bauern waren weiterhin frei und nur vom Staat abhängig, der sie jedoch mit öffentlichen Diensten und Abgaben belegte. Die Schicht der Feudalherren, die als Führungsschicht eng mit dem Staat verbunden war, zog anfangs aus den Belastungen der bäuerlichen Bevölkerung indirekt Nutzen. Auf diese Weise war das staatliche Fronsystem mit der sog. Feudalrente verflochten. Später bezogen die Feudalherren diese Rente direkt mit Zustimmung des Staates.

2. Die Gründung des Gnesener Staates

In den polnischen Stammgebieten gab es vor dem 10. Jh. etwa 500—600 Burgen als Zentren von Nachbarschaftsverbänden wie die „żupa", „opole", „osada" oder „gród" in der Bedeutung einer territorialen Einheit. Sie umfassten durchschnittlich 300 km^2 grosse Territorien. Eine gewisse Zahl bestand aus sog. kleinen Stämmen, die dann den sog. grossen Stamm bildeten. Das Entstehen grosser Stämme, gewöhnlich durch die Vorherrschaft eines dynamischen, kleinen Stammes, bedeutete die erste Entwicklungsetappe des Staates. Die nächste Etappe waren die Gründung von Verbänden grosser, ethnisch und sprachlich verwandter Stämme und schliesslich die Entwicklung und organisatorische Festigung dieser Verbände. Die polnischen Stammgebiete durchliefen vor Mieszko I. die letzte dieser Entwicklungsetappen der staatlichen Organisation. Die kleinen Stämme besiedelten einen Raum von 1000 bis 10 000 km^2, die grossen Stämme von 10 000 bis 30 000 km^2.

Über die Anzahl und die räumliche Verteilung der kleinen und grossen Stämme in den polnischen Stammgebieten im 10. Jh. berichtet genau die der „Bayrische Geograph" genannte Quelle. Es gab damals in den polnischen Stammgebieten etwa 50 Stämme. Es bildeten sich grosse Stämme heraus, deren Gebiete später die Grundlage für die verwaltungsmässige Gliederung des Staates bildeten, der sie in gewissem Masse auch heute noch entsprechen. Es waren die Wislanen und Lendzianen in Kleinpolen, die Masowier in Masowien, die Polanen in Grosspolen, die Goplanen in Kujawien, die Slenzanen in Schlesien, wo möglicherweise zwei grosse Stämme existierten, sowie die Pomoranen in Pommern. Unabhängig davon gab es den kleinen Stamm der Lubuschanen. Andere kleine Stämme lebten bereits innerhalb des Systems grosser Stämme. In Schlesien bildeten sich z.B. sieben kleine Stämme heraus, die Opolanen, die Golenschizen, die Glupschizen (wahrscheinlich), die Slenzanen, Bobschanen, Tschebowanen und Dziadoschanen. In Pommern entwickelten sich einige Stämme z.B. im Raum Chełmno, Gdańsk, Łeba, Ujście, Kołobrzeg, Szczecin-Stargard, Pyrzyce, Wolin, Sławno und einige andere in Pommerellen. In Grosspolen waren die Stämme um Pałuki, Lednica-Gniezno, Giecz, Poznań, Bonikowo-Przemęt und am Fluss Orla angesiedelt.

Die Rolle des Zentrums, um das sich der polnische Staat formte, fiel den Polanen zu, vor allem dem kleinen Stamm im Raum Lednica-Gniezno. Die Polanen, deren Name von „pole" (Feld) stammt, besassen eine für die damalige Zeit gut entwickelte Landwirtschaft, ein aufblühendes Metallhandwerk und ein recht dicht besiedeltes Stammesgebiet. Der Fürst von Gniezno errichtete in Gniezno ein Monopol für den vorteilhaften Handel mit kujawischem Salz. Ökonomisch überragte er die im Raum Kruszwica lebenden Goplanen, die ebenfalls die Chance hatten, bei der Gründung des Staates eine wichtige Rolle zu spielen. Die Goplanen unterlagen jedoch der Übermacht der Polanen, die durch die Erfolge bei der Integration ihres grossen Stammes und bei der Unterwerfung

Rekonstruiertes Objekt einer Wehrsiedlung aus der Zeit vor 2500 Jahren in Biskupin bei Żnin

Kopf einer heidnischen Götzenfigur, gefunden in Jankowo, Wielkopolska

Frühmittelalterliche Speerspitze mit bronzebeschichteten Widerhaken aus Świętowice bei Włocławek

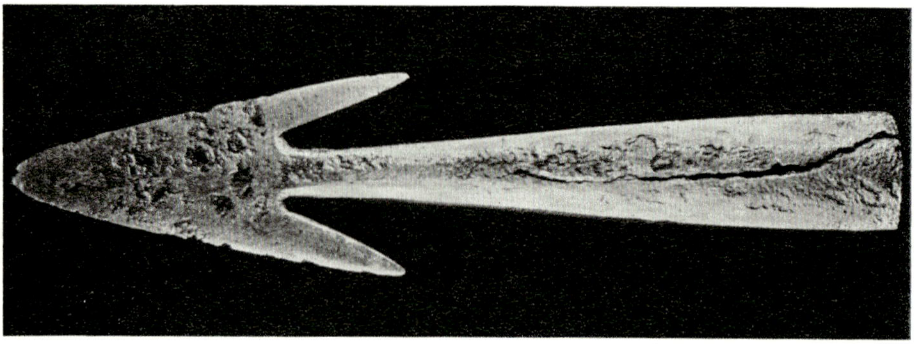

Krönungsinsignien der polnischen Herrscher:
die sog. Mauritiuslanze, ein Geschenk Kaiser Ottos III. für Boleslaus den Tapferen (im Jahre 1000), und das Krönungsschwert, genannt der Schartige (Szczerbiec), aus dem 12./13. Jh.

Boleslaus der Tapfere (992–1025), der erste gekrönte Herrscher Polens. Darstellung auf der Vorderseite eines Denars

Teilansicht der Bronzetür des Doms zu Gniezno (12. Jh.), auf der der Missionszug des hl. Adalbert, Bischof von Prag, in das Land der heidnischen Pruzzen dargestellt ist

Gruft des hl. Leonhards auf dem Wawel, fertiggestellt vor 1118

Teilansicht einer romanischen Säule aus der Norbertinerinnenkirche in Strzelno (um 1190)

Der Herrscher auf dem Thron. Bildnis der Herzogs Konrad von Masowien auf einem Hostienteller für den Dom in Płock (Mitte des 13. Jh.)

Romanische Stiftskirche in Tum bei Łęczyca (um 1150)

Die Schlacht bei Legnica 1241. Ölgemälde eines unbekannten Malers

anderer polnischer Stämme das Bedürfnis hatten, eine ihrer würdige Hauptburg zu errichten.

Ende des 8. Jh. plante man, von Grund auf eine Burg zu errichten — an der Stelle, die später der Lech-Berg genannt wurde. Sie war von Wäldern und Seen umgeben und erinnerte durch ihre Lage an ein Nest (poln. gniazdo, daher der Name Gniezno). Die Burg entwickelte sich rasch zu einer Art Stadtsiedlung. Nach ihr wurde dieser polnische Staat noch zur Zeit Mieszkos I. der Gnesener Staat genannt. Gniezno war bereits um 850 ein Komplex, zu dem die Burg, zwei Unterburgen für die Handwerker, eine mit der Burg verbundene Siedlung und eine getrennte Marktsiedlung gehörten, die dann das Stadtzentrum bildete.

Die Rivalität zwischen Polanen und Goplanen schlug sich in der Legende von König Popiel nieder, der überwältigt und gefangen im Turm von Kruszwica von den Mäusen gefressen wurde. Tatsächlich spiegelt sich in dieser Legende der Machtkampf wider, der innerhalb des Polanenstamms zwischen der Piastendynastie (d.h. dem Stamm im Raum Lednica und Gniezno) und der Dynastie Popiels ausgefochten wurde. Das geschah zur Zeit Siemowits, des ersten namentlich bekannten Piastenfürsten Ende des 9. Jh., als Gniezno sich schwungvoll zu entwickeln begann. Der Nachfolger Siemowits, Leszek oder Lestek, der Grossvater Mieszkos I., verleibte dem Gnesener Staat Masowien und den östlichen Teil Kleinpolens, das Land der Lendzianen, ein. Siemomysł, der Vater Mieszkos I. befasste sich mehr mit organisatorischer Arbeit. Darüber hinaus wird angenommen, dass er Pommern unterwarf.

Der Raum Krakau und Schlesien lagen weiterhin im Einflussbereich des böhmischen Staates. Allmählich wurde jedoch die Rivalität mit Böhmen von einer historisch immer wesentlicheren Sache verdrängt — von der Verteidigung der Westgrenze. Das deutsche Königreich geriet durch seine Ostmarken in unmittelbaren Konflikt mit dem sich herausbildenden polnischen Staat. Die noch zur Zeit der ersten Piasten bestehende slawische Barriere, die den Gnesener Staat von Deutschland trennte, hatte einen positiven Einfluss auf die staatsbildende Tätigkeit der Polanen. Die Ruhe an der Westgrenze machte es den Polanen leichter, den Wislanen und Lendzianen und auch den Masowiern, die im Kampf gegen die baltischen Stämme lagen und viel freies Land für die Besiedelung hatten, sowie den Pomoranen, deren Landwirtschaft nicht das erforderliche Entwicklungsniveau erreicht hatte, beim Aufbau eines Staates zuvorzukommen.

3. Wirtschaft, Gesellschaft und Kultur Polens im frühen Mittelalter

Wie bereits gesagt, entwickelte sich das Wirtschaftsleben sehr intensiv. Der beständige Ackerbau führte dazu, dass die Erträge von Hafer, Weizen, Gerste,

Roggen und Hirse sowie von Gemüse stiegen. Das gleiche galt auch für die Viehzucht, hauptsächlich für die Rinderhaltung, die die wirtschaftliche Grundlage für die sich herausbildende Schicht der Stammesaristokratie war. Für den Ackerbau wurden Hakenpflüge, für die Getreideernte Sicheln und für die Heuernte Halbsensen verwendet. Man führte die Winter- und Frühjahrsbestellung ein, die bis dahin nicht differenziert worden war. So konnte man im Anbau wechseln und die für das späte Mittelalter typische Dreifelderwirtschaft mit Winterfeldern, Frühjahrsfeldern und Brachen jedes Jahr wechselnd betreiben. Insgesamt wurden in den polnischen Gebieten Anfang des 10. Jh. etwa 200 000 t Getreide erzeugt. Man stellte auch vielerorts Eisen her, die Ausbeute betrug etwa 80 t jährlich.

Die benötigten handwerklichen Erzeugnisse stellte man im allgemeinen selbst her. Einige Handwerker wie z.B. Steinmetze und Töpfer wanderten von Ort zu Ort. Die Aufgliederung des Handwerks schritt jedoch im Laufe der Entwicklung der Städte und Marktsiedlungen weiter fort. Zu den bereits früher abgesonderten Gewerben wie Metallgewinnung und Schmiedehandwerk mit dem Goldschmiedehandwerk kamen die Töpferei, die Kammacherei, die Bernsteinbearbeitung, die Perlenherstellung und andere hinzu.

Die Entwicklung der Städte und Marktsiedlungen wird manchmal als Beginn der städtischen Revolution in Polen bezeichnet, die im. 9. Jh. einsetzte. Es handelte sich wirklich um den Beginn, obwohl Orte wie Gniezno, Poznań, Wolin, Wrocław, Kołobrzeg, Gdańsk und Krakau es bereits geschafft hatten, ziemlich deutlich auf der politischen, wirtschaftlichen und Siedlungskarte des Landes hervorzutreten. Die weitere Entwicklung des Staates trug dazu bei, dass sich die Verstädterungsprozesse verstärkten.

Interessante Beobachtungen kann man bei den Handelsbeziehungen in den polnischen Stammgebieten anstellen. Im 6. Jh. gingen sie noch in alten Formen vor sich. Aus West- und Südeuropa kamen Kaufleute, um Bernstein, Pelze, Honig, Wachs und Sklaven zu kaufen. Sie brachten vor allem Schmuck und Waffen mit. Dieser Tausch befriedigte die Bedürfnisse der Stammesaristokratie und wurde von ihr organisiert. Das 7. und das 8. Jahrhundert brachten viel Unruhe auf den Handelsstrassen, da die Awaren in das Donaubecken strömten, die Langobarden nach Italien und die Slawen nach Dalmatien und Istrien wanderten. Erst Ende des 8., Anfang des 9. Jh. nahmen die polnischen Stammgebiete aktiv an dem sich vor allem über Mittel-, Nord- und Osteuropa erstreckenden Tauschhandel teil. Bei diesem Tauschhandel ging es nicht um lebenswichtige Güter. Die Wirtschaft war eine Art Naturalwirtschaft. Der hauptsächliche Anreiz für die wirtschaftliche Aktivität war der Wunsch, die täglichen Bedürfnisse zu befriedigen und die von den sich entwickelnden Stammesorganismen auferlegten Lasten zu begleichen. Der Tausch war auch eine Art Naturaltausch (Ware gegen Ware), obwohl nicht auszuschliessen ist, dass vor allem gegen Ende der hier untersuchten Periode sog. Sachgeld, z.B. in Form von Tuchstücken, verwendet wurde.

Die bereits erwähnte Bevölkerungszunahme bewirkte eine Intensivierung des Siedlungswesens. Anfänglich waren die neuen Siedlungen nahe an Flüssen und Gewässern gelegen. Es waren meistens einzelne Höfe, die sich im allgemeinen, wie bereits erwähnt, im Besitz einzelner befanden. Manchmal waren es Gruppen von Höfen, seltener grössere Ansiedlungen. Man wohnte hauptsächlich noch in teilweise in die Erde eingegrabenen Häusern, in sog. Halberdhütten. Immer häufiger wurden die Hütten jedoch auf die Erde gestellt. Es waren aus Baumstämmen errichtete Blockhütten. Sie wurden auch als Pfahlbauten gebaut, deren Wände aus Weidengeflecht mit Lehm abgedichtet wurden. Holz und Lehm waren also der grundlegende Baustoff.

Die Kultur des täglichen Lebens war hoch. Sie stand dem von der Landbevölkerung anderer Länder im damaligen Europa erreichten Niveau nicht nach. Unterschiede traten damals vor allem in der Entwicklung des städtischen Lebens und in der Reichweite der aristokratischen Kultur auf. Das Volk lebte jedoch ähnlich. Die Unterschiede ergaben sich aus den andersartigen örtlichen Produkten. Die alten Polen bereiteten ihre Speisen aus Hirse- und Hafergrütze, Mehl, Gemüse, Obst, auch aus wild wachsendem Obst, aus Milch, Sahne, Käse und Eiern zu. Man verzehrte hauptsächlich gekochtes, gebratenes und geräuchertes Rind- und Schweinefleisch. Wildfleisch gab es nur noch als Ergänzung. Man buk Fladen. Brot in der heutigen Form aus Sauerteig trat erst in der folgenden Epoche auf (s. III. 4). Verbreitet waren Honigwein und Bier. Die Anzahl der Gefässe und des Hausrats nahm zu. Die Kleidung wurde aus Leinen und Tuch genäht. Die Schuhe wurden aus Holz oder Leder gefertigt. Mit der Vertiefung der sozialen Unterschiede wurden auch Unterschiede in der Kleidung, hauptsächlich jedoch beim Schmuck sichtbar.

Die urpolnische Bevölkerung kannte verschiedene Musikinstrumente wie Gitarre, Lyra, Flöte und Trommel. Sie hatte einen entwickelten Schönheitssinn, der in den Formen und in der Verzierung der Gebrauchsgegenstände sichtbar wurde. Ziemlich verbreitet war die Schnitzkunst.

Es entwickelte sich ein recht geschlossenes Religionssystem, das eine Weltanschauung ausdrückte, die vom Naturkult beherrscht war. Sehr stark traten das magische Denken und die damit verbundenen Rituale in den Vordergrund. Die Idee von einem Hauptgott bildete sich heraus, der von den Slawen Swarog oder Swarożyc genannt wurde. Man glaubte auch an in der Rangordnung tiefer eingestufte Götter und an den Menschen freundlich oder feindlich gesinnte Geister. Die Kultstätten waren Erhebungen wie z.B. der Ślęża-Berg in Schlesien, Haine oder einfache Holzbauten. Swarog (Świętowit) wurde in Holz geschnitzt oder in Stein gehauen, oft stellte man ihn in Form einer Statue mit mehreren Gesichtern dar.

Es war weiterhin allgemein Brauch, die Toten zu verbrennen. Die Asche wurde in Urnen getan, die meist auf kleinen Friedhöfen aufbewahrt wurden.

Die weit mehr als in den vorangegangenen Epochen differenzierte Gesellschaft bestand aus folgenden Schichten und Gruppen: Fürsten, Stammesälteste und ihre Familien (Stammesaristokratie), freie Kleinbauern, noch wenig zahlreiche, von den Grundherren abhängige Kleinbauern, Unfreie und in den Burgen und Unterburgen lebende Handwerker und Händler. Auch entwickelte sich nach und nach die Schicht der Priester und Krieger. Sie alle waren jedoch noch keine Klassen in der vollen Bedeutung dieses Wortes.

Die Bildung von Stämmen, ihr nachfolgender Zusammenschluss und der Aufbau eines Staates bewirkten erhebliche Bewusstseinsveränderungen in der damaligen Gesellschaft. Die Stammesbindungen und die über die Stämme hinausgehenden Bindungen wurden immer stärker.

III. Kapitel

Die Piastenmonarchie von Mieszko I. bis Boleslaus Schiefmund. Die Entwicklung Polens im Mittelalter

963—1138

1. Charakteristische Merkmale der Periode. Marksteine des zivilisatorischen Fortschritts

Als Widukind von Corvey 963 in seinen „Drei Büchern sächsischer Geschichten" zum ersten Mal Mieszko (rex Misaca) erwähnte, geschah das sicher zufällig. Diese Tatsache zeugt jedoch davon, dass das Interesse für Mieszko in Europa stieg und die Menschen den neu entstehenden Staat zur Kenntnis nahmen. In jenen Zeiten lebten viele hervorragende Herrscher, deren Wirken der Geschichte ihrer Länder ein deutliches Gepräge gab. In Deutschland war es die Zeit der Ottonen: Otto I., der Grosse (936—973), sein Sohn Otto II. (973—983) und sein Enkel Otto III. (983—1002), ein Freund Boleslaus' des Tapferen (Bolesław Chrobry). In Frankreich regierte Hugo Capet (um 940—996), der Begründer der Dynastie der Kapetinger, in der Rus Wladimir, der Fürst von Kiew (um 980—1015), auch der Grosse genannt, und in dem von den Arabern beherrschten Spanien ging eben die Herrschaft von Abd ar-Rahman III. (912—961) zu Ende.

Nach und nach hatte sich im 10. Jh. in Europa die Bezeichnung Polanen (und später Polen) für die Bewohner des polnischen Staates eingebürgert, den man immer häufiger „Polska" nannte (lateinisch Polonia, althochdeutsch Polan, altfranzösisch Polaine, Paulenne), obwohl auch weiterhin der traditionelle Name „Gnesener Staat" gebraucht wurde. Von „pola" (Felder) abstammend, findet die Bezeichnung „Polska" ihre Entsprechung in der französischen Champagne (von franz. champ, dtsch. Feld) oder in der italienischen Campagna (von ital. campo, dtsch. Feld) und die Bezeichnung „Wielkopolska" (Grosspolen) im französischen Namen Gronterre (franz. Grande Terre). Lange Zeit hindurch bezog sich übrigens die Bezeichnung „Polska" nur auf Grosspolen. Mit der Verbreitung dieses Namens wurde, um hervorzuheben, dass es sich beim Territorium der Polanen um den wichtigsten und ältesten Teil Polens handelte, Wielka Polska (dtsch. Grosspolen, lat. Polonia Maior) Małopolska (dtsch. Kleinpolen, lat. Polonia Minor) gegenübergestellt.

In den über 180 Jahren von Mieszko I. bis Boleslaus Schiefmund (Bolesław Krzywousty) waren die ersten 60 Jahre die dynamischsten und zugleich für die weiteren Geschicke Polens bestimmenden. Der Prozess der territorialen Konsolidierung des Staates und seiner inneren Organisation wurde damals abgeschlossen. Polen gewann die Anerkennung der beiden oft miteinander rivalisierenden Hauptmächte der damaligen Welt — des deutschen Kaiserreichs, das die Idee von der Fortsetzung des römisches Einheitsreichs verkündete, und des Papsttums, das Anspruch auf die geistige (und politische) Vorherrschaft erhob. Polen wurde durch die Annahme des Christentums 966 in den lateinischen Zivilisations- und Kulturkreis aufgenommen. Hier kam der Kirche die entscheidende Bedeutung zu, die zusammen mit dem Christentum in Polen eingeführt worden war. Die beiden anderen grossen kulturellen Einflusszentren in Europa, Byzanz (dem sich die Kiewer Rus fester anschloss) und die Welt des Islams, übten auf die polnischen Gebiete nur einen indirekten Einfluss aus. Das trifft besonders auf die arabische Welt zu, denn gerade arabische Reisende, u.a. Ibrahim ibn Jakub, waren es, die die meisten Informationen über Polen verbreiteten und Mieszko zu den mächtigsten Herrschern seiner Epoche zählten.

Mieszko I. verfolgte das Ziel, die polnischen Stammgebiete zu vereinigen. Sein Nachfolger, Boleslaus der Tapfere, strebte im Rahmen der universalistischen Ideologie des deutschen Kaiserreichs gleichzeitig danach, die Führung in der slawischen Welt zu übernehmen. Beide Pläne verlangten eine zentralisierte Staatsgewalt, die immer mehr von der wachsenden, sich ihrer Kraft bewussten und ehrgeizigen Schicht der Grundherren bedroht war. Es kam zu einer Schwächung des Staates und zu Schwierigkeiten bei der Aufrechterhaltung der territorialen Integrität. Viel hing in dieser Situation von den Fähigkeiten des Herrschers und vom internationalen Kräfteverhältnis ab. Die 120 Jahre nach dem Tod Boleslaus des Tapferen waren daher eine Periode des Kampfes um die Erhaltung der Grenzen und die Bewahrung der souveränen Rechte Polens gegenüber dem deutschen Kaiserreich. Ein fester Verbündeter in diesem Kampf war Ungarn, während Böhmen, das der Zugehörigkeit Schlesiens zu Polen nicht zustimmen wollte, sich im allgemeinen auf die Seite der Gegner schlug. Mit der damals starken Kiewer Rus dauerte der Streit vor allem um die tscherwenischen Burgen an, die von Boleslaus dem Tapferen während des grossen Feldzugs gegen die Rus an Polen angeschlossen worden waren (1018). Beide Staaten bemühten sich jedoch, weiter gute Beziehungen zu pflegen. Der zentrale Punkt waren daher die Beziehungen zu Deutschland.

Die innere Organisation des Staates und die unter Mieszko I. und Boleslaus dem Tapferen formulierten politischen Leitgedanken der Piasten, an die auch die späteren Herrscher anknüpften, die sich den grossen Boleslaus den Tapferen zum Vorbild nahmen, sind als wichtigstes Zeugnis für den Fortschritt der Zivilisation Polens im 10. und 11. Jh. anzuerkennen. In jener Zeit wurden auch bedeutende technische und organisatorische Errungenschaften erzielt. Schnell entwickelten sich die Befestigungskunst und der Wohnungsbau, der Brückenbau und die Steinarchitektur, bei der der Einfluss der präromanischen (karolingischen) und romanischen Kunst überwog. Es wurde eine Streitmacht geschaffen und eine Strategie, Taktik und Kampftechnik von höchstem europäischem Stand entwickelt. Auch die zahlenmässige Stärke des Heeres nahm zu. Mieszko I. unterhielt ständig etwa 3000 Krieger, Boleslaus hingegen schon weit über 10 000.

Mit der allgemeinen Entwicklung des polnischen Staates vervollkommnete sich die materielle und geistige Kultur der Bevölkerung ständig. Die geistige Kultur entwickelte sich anfänglich in enger Verbindung mit dem Wirken des Staates und der Kirche und stützte sich auf die neue christliche Ideologie. Diese Art Kultur, nämlich das lateinische Schrifttum und die Bildung sowie das mit den allgemeinen Strömungen in der damaligen Welt verbundene künstlerische Leben, war vor allem die Kultur des Herrscherhauses. Im gesellschaftlichen Leben und in den Sitten und Bräuchen begann man, die Anordnungen der Kirche zu respektieren, obwohl das Volk die traditionellen heidnischen Bräuche noch lange beibehielt. Im Zuge der inneren Konsolidierung des Staates begann sich ein Nationalbewusstsein zu entwickeln, das über die Stämme hinausging.

2. Polens Kampf um seine Position in der Welt. Charakter der Macht und Staatsgrenzen

Als Mieszko I. sich 966 im Einvernehmen mit dem deutschen Kaiserreich taufen liess und die böhmische Prinzessin Dubravka zur Frau nahm, strebte er gute Beziehungen zu seinen westlichen und südlichen Nachbarn an. Da sich Südpolen noch im böhmischen Einflussbereich befand, umfasste das erste Bistum (noch Missionsbistum) mit Bischof Jordan an der Spitze Kleinpolen und Schlesien nicht. Diese Gebiete standen noch unter dem Einfluss des Bistums Prag. Mieszko I. schlug daher die Taktik ein, allmählich die polnischen Einflüsse auf Kleinpolen und Schlesien auszudehnen. Im Norden, Pommern gegenüber, entschied er sich dagegen für einen bewaffneten Kampf gegen die Deutschen, die dieses Gebiet beherrschen wollten. Dieser von Böhmen unterstützte Kampf endete damit, dass Westpommern Polen angeschlossen wurde. Ein Teil dieses Kampfes war die siegreiche Schlacht bei Cedynia 972, in der der ostdeutsche Markgraf Hodo geschlagen wurde. Er hatte Polen angegriffen, weil er befürchtete, es werde in deutsches Expansionsgebiet einfallen.

Mieszko gelang es, 990 seinen Sohn Boleslaus den Tapferen in Krakau einzusetzen, der in diesen Gebieten die Macht ausübte, wobei er die böhmische Oberherrschaft anerkannte. Weitere Schritte zur Vereinigung der polnischen Gebiete strebte Mieszko I. nicht an, oder wollte er nicht unternehmen. Ein Problem war auch der Verlust der tscherwenischen Lande, des Gebiets zwischen dem Bug im Osten und dem Wieprz im Westen, dem Raum Bełżec im Süden und dem mittleren Cholmer Land im Norden, auf dem etliche Burgen standen, die Wladimir I., der Fürst der Kiewer Rus, 981 eingenommen hatte (s. III. 1).

Boleslaus der Tapfere (992—1025) beendete das Vereinigungswerk und schloss die polnischen Stammgebiete zu einem gefestigten Staat zusammen. Sein schon vorher erwähnter Plan war es, sein Wirkungsfeld auf die benachbarten slawischen Gebiete auszudehnen. Deshalb stiess er gegen die westlichen Elbslawen vor und griff in Böhmen und in der Rus ein.

Im Vordergrund der Aussenpolitik Boleslaus' des Tapferen standen die deutschen Angelegenheiten. Als erster Versuch, die polnisch-deutschen Beziehungen zu regeln, galt das Treffen zwischen Kaiser Otto III. und Boleslaus dem Tapferen im Jahre 1000 im Gniezno, der damaligen Hauptstadt Polens. Kaiser Otto III. kam in politischer Mission. Er billigte Boleslaus dem Tapferen Souveränität im Rahmen des Kaiserreichs zu und ordnete ihn sich als „Bruder und Mitarbeiter des Kaiserreichs" unter. Nach dem frühen Tod Ottos III. änderte sich jedoch die Politik des Kaiserreichs gegenüber Polen, es kam zu langwierigen Kriegen zwischen Polen und Deutschland. Als beständig erwiesen sich jedoch die Beschlüsse des Treffens über die Schaffung einer kirchlichen Organisation in Polen. Es wurden drei neue Bistümer — Krakau, Wrocław und Kołobrzeg — und das Erzbistum Gniezno gegründet. Dadurch wurde der Anspruch des Erzbistums Magdeburg gegenstandslos, denn nach dem Tod des Missionsbischofs Jordan (984) gab es in Polen praktisch keine kirchliche Organisation mehr. Es sei auf die früheren Aktivitäten Boleslaus' des Tapferen als christlicher Herrscher verwiesen, die z.B. bei der Einrichtung von Missionen zur Verbreitung des christlichen Glaubens unter den Pruzzen zutage traten. Die Pruzzen waren ein Volk, das die Küstengebiete zwischen Weichsel und Memel bewohnte und eine Gruppe der Balten bildete. Zu den Balten gehörten auch die Jatwjagen, Litauer und Letten. Die 997 gegründete Mission wurde von dem Präger Bischof Adalbert geleitet, der zwei Jahre später heiliggesprochen wurde. Die Gebeine des Bischofs, der während seiner Missionstätigkeit den Märtyrertod erlitt, ehrten die Würdenträger auf dem Treffen in Gniezno. Der Kult um den Märtyrer wurde vielfach ausgenutzt, um verschiedene politische Vorhaben zu realisieren. Der erste Metropolit von Gniezno war Gaudenty, der Bruder des hl. Adalbert, der zugleich Patron des Hauptdoms in Gniezno wurde.

In den folgenden Jahren seiner Herrschaft kämpfte Boleslaus der Tapfere vor allem gegen Heinrich II. (973—1024), den deutschen König und späteren Kaiser, um den Einfluss in der Lausitz und in Böhmen. Im Frühjahr 1002 nahm Boleslaus der Tapfere die Lausitz in Besitz, wo der Thron nach der Ermordung des Markgrafen Ekkehard frei geworden war, und gab Hermann, dem Sohn des Markgrafen, seine Tochter Regelinde zur Frau. Zwar erkannte der deutsche Kaiser die Lage der Dinge an, doch der Einmarsch Boleslaus' des Tapferen in Böhmen, wo er sich kurz danach zum Landesherrn ausrufen liess, verschärfte seine Beziehungen zu Heinrich II. Es kam zu dem mit kleinen Unterbrechungen von 1002 bis 1018 dauernden Krieg, der 1018 mit dem Bautzener Frieden endete. Der Krieg hatte Polens Souveränität verteidigt, das nach dem Friedensvertrag die Nieder- und Oberlausitz und Mähren erhielt. Boleslaus der Tapfere aber nahm Oda, die Tochter Ekkehards, zur Frau. In dieser Zeit fiel jedoch Westpommern von Polen ab.

Im Krieg hatte sich ein Kampfsystem bewährt, in dem der Gegner durch Befestigungsanlagen und Sperren aufgehalten und gezwungen wurde, die Burgen zu belagern und gleichzeitig Angriffe abzuwehren. Erfolgreich wurde auch der Kleinkrieg geführt, der den hohen Stand der polnischen Kriegskunst verdeutlichte.

Durch die Ehe seiner zweiten Tochter mit Svjatopolk, dem Sohn des Kiewer Fürsten Wladimir, verband sich Boleslaus der Tapfere mit der Kiewer Rus. Auf

Verlangen seines Schwiegersohns marschierte er in der Rus ein, um ihm zur Thronbesteigung zu verhelfen. Der Erfolg war jedoch nur von kurzer Dauer, da Svjatopolk bald zum Verlassen Kiews gezwungen wurde. Ein genauso kurzzeitiger Erfolg war seine Herrschaft in Böhmen und Mähren. In Böhmen regierte er nur anderthalb Jahre, in Mähren zwar über zehn Jahre, verlor es aber wahrscheinlich vor Ablauf seiner Regierungszeit, was übrigens nicht eindeutig aus den Quellen hervorgeht.

Die letzte bedeutungsvolle Tat Boleslaus' des Tapferen war seine Krönung 1025 in Gniezno. Sie war u.a. wichtig, weil der Herrscher durch die Krone gegenüber den Feudalherren an Ansehen gewann. Die Krönung symbolisierte die Unteilbarkeit der Monarchie und wertete die Bedeutung des Herrschers unter den seinerzeit regierenden Fürsten auf.

Nach dem Tod Boleslaus' des Tapferen folgten die schweren Regierungsjahre Mieszkos II., dem es trotz Schwierigkeiten gelang, die territoriale Einheit des Staates zu erhalten und den Staat innerlich zu festigen. Zwar fielen die Lausitz und Milsko ab, vielleicht auch Mähren, falls das nicht schon früher geschehen war, doch wurde Westpommern wiedergewonnen. Mieszko II. (1025—1034), der Sohn und Nachfolger Boleslaus' des Tapferen, setzte die Politik seines Vaters fort, doch seine von der Macht verdrängten Brüder Otto und Bezprym erschwerten ihm die Realisierung dieser Politik. So musste Mieszko II. 1031 während einer kurzzeitigen Verbannung, als Bezprym mit Hilfe der Rus Polen unterworfen hatte, die schweren Bedingungen des deutschen Kaisers annehmen und konnte nach Polen zurückkehren. Als Gegenleistung für die kaiserliche Hilfe verzichtete er auf die Königswürde. Die Krönungsinsignien hatte Bezprym schon vorher dem Kaiser Konrad II. geschickt, da auch er Unterstützung von ihm erhoffte.

Mit den Dezentralisierungstendenzen und den Folgen des Volksaufstandes, der 1037 gegen die Kirche und die Grundherren — auch im Ergebnis des zerstörerischen Einfalls des böhmischen Herzogs Břetislav I. (1038 oder 1039) — ausbrach, vermochte Kasimir der Erneuerer (Kazimierz Odnowiciel; 1034—1058) fertig zu werden, der ebenfalls anfangs das Land verlassen musste.

Kasimir der Erneuerer besiegte mit Unterstützung Jaroslaws, des Kiewer Fürsten, dessen Schwester Dobrogniewa er zur Frau nahm, den damaligen masowischen Herrscher Masław. Als Preis für den an Böhmen geleisteten Tribut erhielt er auch das von Břetislav I. besetzte Schlesien zurück.

Die Zerstörung Grosspolens, vor allem die Plünderung von Gniezno und Poznań, durch Břetislav entschied darüber, dass der Sitz des Herrschers aus den Städten der Polanen nach Krakau verlegt wurde.

Nach dem Tod Kasimirs des Erneuerers übernahm sein ältester Sohn Boleslaus der Kühne (Bolesław Śmiały; 1058—1079) die Macht in Polen. Er knüpfte deutlich an die Politik Boleslaus' des Tapferen an. Unter seiner Herrschaft festigte sich die internationale Stellung Polens. Auch die Zentralgewalt des Staates wurde stärker, was von den Grundherren, die Dezentralisierungstendenzen vertraten, nicht gebilligt wurde.

Boleslaus der Kühne strebte die volle Unabhängigkeit Polens an, zahlte Böhmen keinen Tribut mehr und nahm Verbindung mit den Gegnern König Heinrichs IV. auf. Aus diesem Grunde eben unterstützte er den Papst Gregor VII., der die volle Unabhängigkeit der Kirchenhierarchie vom Kaiser beanspruchte. Diesen Konflikt nutzte Boleslaus der Kühne aus, um den Königstitel (1076) zu erlangen und die kirchliche Organisation in Polen wiederherzustellen. Die Legaten des Papstes richteten 1075 in Gniezno wieder eine Metropole ein, ordneten ihr die Bistümer Poznań, Krakau und Wrocław unter und gründeten das neue Bistum Płock. Die restaurierte Monarchie erwies sich jedoch nicht als dauerhaft. Die wahrscheinlich von dem Magnaten Sieciech geleitete innere Opposition leistete starken Widerstand. Es kam zu einer Verschwörung, an deren Spitze der Krakauer Bischof Stanislaus stand, der später wegen Verrats verurteilt wurde. Das Todesurteil gegen den Bischof, gegen das der Erzbischof keinen Einwand erhob, führte 1079 zu einer Erhebung der Grundherren. Der Macht beraubt, floh Boleslaus der Kühne nach Ungarn.

Ladislaus Herman (Władysław Herman; 1079—1102), der Bruder Boleslaus' des Kühnen, den die Feudalherren auf den Thron gesetzt hatten, stützte sich hauptsächlich auf das Einvernehmen mit dem böhmisch-deutschen Lager. Mit der Schwester des Kaisers, Judith, verheiratet, liess er sich nicht krönen und leistete Böhmen wieder Tribut für Schlesien. Die Unzufriedenheit darüber, dass der Wojewode Sieciech zu grossen Einfluss besass, führte zu inneren Wirren und dann 1097 zur Übereinkunft, den Staat unter die Söhne Zbigniew und Boleslaus Schiefmund (Bolesław Krzywousty) aufzuteilen. Nach dem Tod des Vaters, in dessen Hand die Oberherrschaft gelegen hatte, strebte Boleslaus nach der Vereinigung der polnischen Lande und der vollen Souveränität Polens. Nach inneren Kämpfen realisierte er seine Pläne und konnte die Zersplitterung Polens in Provinzen verhindern. Wie Boleslaus der Kühne unterhielt er gute Beziehungen zu Ungarn und zur Rus. Er unterstützte Ungarn 1108 bei der Abwehr des Angriffs durch den deutschen König Heinrich V. Diese Unterstützung, die Polen Ungarn zuteil werden liess, bot einen Vorwand für den deutschen Feldzug gegen Polen. Heinrich V. gab vor, dem entmachteten Zbigniew zu Hilfe zu kommen. Zu diesem Zweck hatte er ein Heer von etwa 10 000 Rittern aus verschiedenen deutschen Gauen aufgestellt. Die schon von Boleslaus dem Kühnen entwickelte Kriegstaktik bewährte sich jedoch. Heinrich wurde gezwungen, die Belagerung von Głogów aufzugeben. Es kam zu einer Schlacht auf freiem Feld bei Wrocław, in der Heinrich geschlagen wurde.

Boleslaus Schiefmund strebte die Wiedervereinigung Pommerns mit Polen an und konnte sich in den Jahren 1122—1124 Westpommern endgültig unterordnen. Auf diese Weise bremste er die pommerschen Raubüberfälle in Grosspolen.

Die Kampfhandlungen in Westpommern waren von einer Missionstätigkeit begleitet. Im Ergebnis der von Boleslaus Schiefmund mit grossem Aufwand an Mitteln organisierten Mission des Bischofs Otto von Bamberg nahm ein Teil der Pomoranen 1124 das Christentum an. Anstelle des alten Bistums Kołobrzeg wurde das Bistum Uznam gegründet, das dann nach Wolin und Kamień Pomorski verlegt wurde. Ausserdem kamen zur polnischen kirchlichen Organisation das Bistum Lebus für das mittlere Odergebiet und das Bistum Kujawien mit Sitz in Włocławek, dem Pommerellen unterstand.

In den letzten Jahren seiner Herrschaft unterstützte Boleslaus Schiefmund den Deutschland feindlich gesinnten ungarischen Thronanwärter Boris, doch sein Eingreifen endete unglücklich. Schiefmund erlitt eine Niederlage. Seine aussenpolitischen Misserfolge wurden durch den Konflikt mit den polnischen Grundherren vertieft, der im Aufstand des Wojewoden Skarbimir gipfelte. Da es in Polen keine Einigkeit gab, wurde Boleslaus Schiefmund vom neuen Kaiser Lothar III. aufgefordert, zu einem Vermittlungsversuch nach Merseburg zu kommen (1133), in dessen Verlauf der Kaiser die Unabhängigkeit der polnischen kirchlichen Organisation bestätigte, und Boleslaus Schiefmund Westpommern mit der Insel Rügen als Lehen erhielt. In seinem Testament 1138 teilte Boleslaus Polen unter seine Söhne auf, legte jedoch das Prinzip des Seniorats fest. Der älteste der Brüder, der Senior, sollte als oberster Fürst des Landes regieren. Damit begann die etwa 200 Jahre andauernde territoriale Zersplitterung Polens, eine Erscheinung, die in jener Zeit auch in anderen europäischen Ländern zu beobachten war.

3. Staat, Wirtschaft, Gesellschaft

Die Gründung des Staates und die Befriedigung seiner Bedürfnisse prägten das gesamte wirtschaftliche und gesellschaftliche Leben der frühen Piastenmonarchie. Diese Bedürfnisse konnten nur durch die Bildung eines eigenen Wirtschaftssektors befriedigt werden, da man bei der noch schwachen Entwicklung von Markt und Geldwirtschaft die Staatseinnahmen nicht als Steuern in Geldform erheben konnte. Daher wurde ein System geschaffen, um die Landbevölkerung mit Lasten zu belegen. Sie wurde verpflichtet, Abgaben (Rinder oder Schafe) zu entrichten, bzw. das sog. Atzungsrecht (stacja) zu gewähren, d.h. den Herrscher und seinen Hof zu bewirten, sowie verschiedene andere Dienste wie Transportdienste, Jagd- und Kriegsdienste zu leisten. Damit dem Herrscherhaus und den örtlichen Vertretern des Herrschers die Produkte und speziellen Dienstleistungen zur Verfügung standen, entstand ein Netz von sog. Dienstdörfern mit rund 40 Fachgebieten. Die Bauern erhielten Land und waren als Dienstvolk dem Staat untergeordnet. Sie stellten Schilde, Pfeile, Fässer, Spiesse und Metallgegenstände her, buken Brot und andere Backwaren, züchteten Pferde und andere Tiere, lieferten Jagdfalken und leisteten andere Dienste. Sie wohnten in Dörfern, deren Name eindeutig ihre

Tätigkeit auswies. So kennt man noch heute Dörfer wie Łagiewniki, das Fassmacherdorf, Szczytniki, das Schildmacherdorf, Złotniki, das Goldschmiededorf, Piekary, das Bäckerdorf, Kobylniki, das Stutenzüchterdorf, Skotniki, das Viehhirtendorf, Sokolniki, das Falknerdorf, Świątniki, das Kirchendienerdorf, Szewce, das Schusterdorf, oder Kuchary, das Kochdorf, usw. Die Herrschenden profitierten ausserdem von den sog. Regalien, z.B. den Mühl- und Münzregalien. Dieses *ius ducale* (Herzogsrecht) genannte System stützte sich auf ein Netz von Burgen. Die Burgen waren die Zentren der sog. Kastellaneien, an deren Spitze die Kastellane standen (lat. castellum, dtsch. Burg). Eine bestimmte Anzahl von Kastellaneien bildete eine Provinz, die im allgemeinen dem früheren Stammesterritorium entsprach. Im 12. Jh. gab es insgesamt sieben Provinzen: Schlesien, Krakau, Sandomierz, Masowien, Kujawien, Łęczyca-Sieradz und Pommerellen. Nach und nach gewannen die Pfarreien, von denen es im 12. Jh. etwa 1000 gab, in der Verwaltungsaufteilung des Staates immer mehr an Bedeutung. Sie traten an die Stelle des ehemaligen Siedlungssystems mit den „opole" („osady") genannten Verwaltungs- und Gerichtsbezirken. In den Pfarreien verdrängte die Kirche in zunehmendem Masse die Burg als Zentrum des örtlichen Lebens und nahm deren Platz ein.

Die Hauptstadt des Staates war anfänglich Gniezno, dann teilte es diese Funktion mit Poznań, und in der Mitte des 11. Jh. wurde Krakau Hauptstadt — nach der Zerstörung Grosspolens durch Břetislav. Der Herrscher besuchte regelmässig die einzelnen Burgen. Während seiner Abwesenheit regierte in der Hauptstadt der Comes, der, als sich seine Funktion herauskristallisiert hatte, Wojewode (von „dowodzenie wojskiem" — das Heer befehligen) genannt wurde.

Zur Auflösung des Herzogsrechtssystems trugen zwei Faktoren bei: die Entwicklung der Städte und der Ware-Geld-Wirtschaft und die Entwicklung des Grossgrundbesitzes. Im 10. bis 12. Jh. wurden bei den Burgen oder Marktorten Dutzende Städte (vorerst in Holzbauweise), Zentren des Handwerks und des Handels, gegründet. Nur die Kirchen und Klöster in den grösseren Städten waren gemauert. Die Erd- und Holzhütten machten erst im 14. und 15. Jh. (s. V.) den Holz- und Steinbauten Platz. Zu den grössten Städten in der frühen Piastenmonarchie gehörten Gniezno, Poznań, Kruszwica, Szczecin, Krakau, Wrocław, Opole, Gdańsk, Wolin, Kołobrzeg und Sandomierz. Der ganze Siedlungskomplex Wrocław zählte im 12. Jh. 5000 bis 6000 Personen. Gniezno und Poznań zählten schon früher 2000 bis 3000 Einwohner. Szczecin hatte zu Beginn des 12. Jh. etwa 3000 Einwohner, und kleinere Städte 500 bis 1000 Einwohner. Die Städte waren dicht bebaut. In Gdańsk z.B. standen auf einem etwa 2 ha grossen Gebiet fast 200 Gebäude. Es gab gleichzeitig verschiedene Typen der Bebauung. Neben bis 1 m tief in die Erde gegrabenen Halberdhütten standen auf die Erde gesetzte Häuser mit geflochtenen Wänden und für die damalige Zeit am vollkommensten gebaute Blockhäuser, die eine Fläche von 10 bis 40 m^2 einnahmen. Ähnlich sahen damals die Häuser in den Dörfern aus. Doch waren dort häufiger teilweise in die Erde eingegrabene Hütten (Erdhütten und Halberdhütten) anzutreffen.

Die Städte waren die Zentren des örtlichen, regionalen (zwischen den Provinzen) und noch weiter reichenden Tauschhandels, der fast mit ganz Europa betrieben wurde. Das Geld war schon öfter in Umlauf, aber es befand sich grösstenteils im Besitz der Feudalherren. Das polnische Münzsystem wurde in der ersten Hälfte des 11. Jh. auf der Grundlage der polnischen Grzywna festgelegt, die etwa ein halbes karolingisches Pfund wert war und sich auch aus 240 Denaren (367,9 g Silber) zusammensetzte. Man handelte auch ausländische Münzen sowie Silbermetall und weiterhin Sachgeld, hauptsächlich in Form von Tierhäuten.

Entschieden überwog jedoch die autarke Naturalwirtschaft, die wenig Verbindung mit dem Markt hatte. Sogar grössere Rittergüter waren darauf eingestellt, für den unmittelbaren Bedarf des Eigentümers zu produzieren. Auf diesen Rittergütern arbeiteten hauptsächlich Hörige und die immer grösser werdende Schar abhängiger, sog. Schuldbauern, die vom Herzog zusammen mit dem Land vergeben wurden. Recht zahlreich waren die Neusiedler, die zu bestimmten Leistungen für den Grundherrn verpflichtet waren. Die Zahl der für die vorangegangene Periode typischen freien Bauern wurde geringer (s. II. 3). Im 10. bis 12. Jh. bildeten sich ganz allgemein gesagt einerseits die Adelsklasse und andererseits die Klasse der feudalabhängigen Bauern, der Leibeigenen, heraus, die zu verschiedenen Leistungen, d.h. der Feudalrente, verpflichtet waren. Unter den Feudalherren nahmen die kirchlichen Würdenträger erste Plätze ein, da die Kirche von den Herrschern reich versorgt worden war. Das Erzbistum Gniezno besass z.B. Anfang des 12.Jh. etwa 150 Dörfer.

Die Entwicklung der neuen Gesellschaftsordnung löste Unzufriedenheit bei den abhängigen Bevölkerungsschichten aus. Sie kam am schärfsten in dem Aufstand um 1037 zum Ausdruck (s. III. 2). Er breitete sich hauptsächlich in Grosspolen aus, dem der erstarkende Staat die meisten Lasten auferlegte.

4. Kultur und Gesellschaft

Die Entwicklung des Staates war von einer starken Entwicklung der materiellen und geistigen Kultur der Gesellschaft begleitet.

Ausser der bereits erwähnten Verbesserung im Bereich des Wohnungsbaus bestand eine für das tägliche Leben wichtige Neuerung darin, dass anstatt der ehemaligen offenen Feuerstelle inmitten der Stube nunmehr Öfen eingebaut wurden. Sie wurden in der Stube an die Wand oder in die Ecke gesetzt. Man schlief in Betten, auf Bänken oder Truhen, die je nach Wohlhabenheit des Hauses mit Fellen oder Decken bedeckt waren. Man sass auf Bänken, Schemeln oder Baumstümpfen, nach und nach auch auf Stühlen und Hockern. In reichen Häusern gab es Schränke und Tische. Weit verbreitet waren Vorrichtungen zum Spinnen und

Weben. Das Küchen- und Tischgeschirr bestand aus Ton oder Holz. Die Tongefässe wurden bald nur noch auf der Töpferscheibe gefertigt, es gab immer weniger handgeformte Gefässe. Durch die Einführung von Handmühlen war es möglich, verschiedene Mehlsorten herzustellen. Anstelle flacher Fladen buk man Sauerteigbrot, das zu einem Grundnahrungsmittel für alle Gesellschaftsschichten wurde. Man ass viele Grützesorten und kannte auch eine Menge Gemüse- und Obstsorten. Schweinefleisch wurde am meisten verzehrt, Rindfleisch weniger als zuvor (s. II. 3).

Das durchschnittliche Lebensalter war damals infolge der hohen Kindersterblichkeit, die 30 bis 50% erreichte, nicht hoch. Frauen lebten durchschnittlich 30 bis 32 Jahre, Männer 33 bis 36 Jahre. Nur 5 bis 7% der Menschen lebten über 50 Jahre.

Man kleidete sich sehr farbenfreudig, wie die damaligen Volkstrachten zeigen. Die Farbenpracht in den Kirchen mit ihren Wandmalereien und bunten Fussböden und auch in den Wohnungen zeugt ebenfalls vom Geschmack jener Epoche.

Mit der Differenzierung der Gesellschaft wurden die Klassenunterschiede deutlicher. Allmählich bildeten sich die Adels- und die Bürgerkultur heraus (s. IV.), während die Bauernkultur am traditionellsten war.

Die Wende in der geistigen Kultur trat vor allem durch die Einbeziehung Polens in den lateinischen Zivilisationskreis ein. Die Kulturvorbilder fanden Eingang durch Pilgerfahrten, diplomatische Reisen und verschiedene Höfe verbindende Ehebündnisse. Auf diese Weise war der polnische Hof beispielsweise mit den Höfen Böhmens, Ungarns, der Rus, Lothringens, Österreichs, Schwedens, Dänemarks und Deutschlands verbunden.

Bis zur Herrschaft Kasimirs des Erneuerers war Grosspolen das geistige Zentrum des Landes, dann nahm Krakau diese Stellung ein. Unter dem Einfluss des grosspolnischen Dialekts bildeten sich die polnische Sprache der höheren Schichten und später die Literatursprache heraus. Polen kam sehr früh mit der schriftlichen Kultur in Berührung. Die älteste in Gniezno aufbewahrte Handschrift trägt als Datum das Jahr 800. Nach der Annahme des Christentums führte man Berichte über geschichtliche Vorgänge und beschrieb das Leben der Heiligen. Die Verfasser jener Schriften waren vor allem Benediktinermönche. Zu jener Zeit gehörten die Benediktinerklöster und andere Klöster in Polen (Tyniec, Lubin, Święty Krzyż, Ołbin, Czerwińsk, Strzelno, Mogilno und Łęczyca) zu den wichtigsten Zentren des geistigen Lebens. In den Jahren 1113—1119 wurde die erste polnische Chronik wahrscheinlich von einem namentlich nicht bekannten Benediktinermönch geschrieben, der in die Literatur als Gallus Anonymus einging. Die Chronik trägt den Titel „Cronicae et gesta ducum sive principum Polonorum" und legt Zeugnis ab vom wachsenden Geschichtsbewusstsein und vom Patriotismus der sich entwickelnden polnischen Nation.

Es entwickelte sich auch das an die Tätigkeit der Kirche gebundene Schulwesen. Anfänglich, seit dem Jahre 1000 etwa, war die Domschule in Gniezno führend. Allmählich wuchs auch die Zahl der Schulen. Das Musikleben entfaltete sich stürmisch. Volksmusik und Tänze waren ständige Begleiter der Einwohner des damaligen Polens. Die Musikinstrumente wurden meistens von den Benutzern selbst angefertigt. Bei Ausgrabungen in Opole und Gdańsk wurden Lauten gefunden. Gallus berichtete, dass das polnische Volk meistens Zither spielte. Auch die Lyra, Flöten, Hörner und Zupfinstrumente verschiedener Art waren bekannt. Frühzeitig gelangte der gregorianische Choral nach Polen. Die erste polnische Choralkomposition war die Antiphonie zu Ehren des hl. Adalbert „Magna vox laude sonora", die entweder zur Weihe (zwischen 1090 und 1097) oder zum Einbau der berühmten Bronzetür des Gnesener Doms unter Boleslaus Schiefmund (um 1127) entstand.

In der Zeit vom 10. Jh. bis zum Beginn des 12. Jh. verbreiteten sich in Polen die präromanische und romanische Architektur und Plastik. Die präromanische Kunst im 10. und Anfang des 11. Jh. ahmte antike Formen nach. Die Kirchen hatten meist die Form von Rotunden (Rundbauten mit halbrunder Apsis). Sie wurden aber auch auf quadratischem oder rechteckigem Grundriss errichtet und auf einer Seite mit einer halbrunden Apsis abgeschlossen. Bauwerke dieser Art sind die Kirchen aus dem 10. Jh. auf der Insel Ostrów Lednicki, in Giecz, Krakau (Marienkapelle), Przemyśl, wahrscheinlich auch in Wiślica, Gniezno und Poznań. Charakteristisch für die Epoche der Piastenmonarchie sind die in den Burgen errichteten, mit Sakralbauten verbundenen Pfalzen. Bei den Klosterbauten ist hinzuweisen auf die Benediktinerklöster in Poznań, Gniezno, Tum bei Łęczyca, Trzemeszno, Ostrów Lednicki und Międzyrzecz.

Heute noch sind die Ruinen des herrlichen Palastkomplexes auf der Insel Ostrów Lednicki erhalten. Ende des 10. Jh. wurden dort eine Pfalz mit einer Kapelle, ein Kloster und daneben eine Anlegestelle mit einer 700 m langen Brücke gebaut. Der Bau einer ähnlichen Residenz in Giecz wurde durch den Einfall des böhmischen Herzogs Břetislav unterbrochen.

Die romanische Kunst drang bereits Mitte des 11. Jh. nach Polen vor. Eine Umwälzung im Bauwesen bestand darin, dass immer mehr Bauwerke aus behauenen Steinen errichtet wurden. Typisch für die Kirchen war der Grundriss in Form eines lateinischen Kreuzes mit einem Chor um den Hauptaltar. Meistens baute man dreischiffige Basiliken mit einem breiteren und höheren Mittelschiff. Diese Form erhielt der für das Treffen in Gniezno im Jahre 1000 errichtete Dom zu Gniezno, der nach einem Brand 1018 wieder umgebaut wurde. Dieselbe Form erhielten auch der nach 968 entstandene Dom zu Poznań und die Dome zu Płock, Wrocław und Włocławek. Noch älter waren die romanischen Kirchen in Kruszwica, Mogilno und Tyniec. Nach 1086 wurde die romanische Andreaskirche in Krakau errichtet. Von den Profanbauten im romanischen Baustil ist als grösste Leistung die alte Wawelburg in Krakau zu nennen.

Die romanische Architektur regte die Entwicklung der Bildhauerkunst und vieler Kunsthandwerke an. Zu erstklassigen Werken der romanischen Kunst gehören der Klostergarten in Tyniec und die Säulen der Kirchen in Strzelno und

Żarnów, die Flachreliefs der Abtei in Ołbin und die Fussböden in der Krypta der Stiftskirche in Wiślica. Die polnische romanische Kunst entstand in enger Verbindung mit den wallonischen, westdeutschen und norditalienischen Städten. Sie leistete einen eigenen originellen Beitrag zum künstlerischen Leben des damaligen Europa.

IV. Kapitel

Polen im hohen Mittelalter. Die Teilfürstentümer

1138—1333

1. Die Teilfürstentümer. Hauptentwicklungsrichtungen Polens

Gemäss dem Testament Boleslaus Schiefmunds (s. III. 2) übernahmen seine Söhne die Macht in den einzelnen Provinzen. Auf diese Weise entstanden die Linien der schlesischen, grosspolnischen, kleinpolnischen, masowischen und kujawischen Piasten. Mit Ladislaus II. (Władysław II; 1105—1159), der Schlesien und Kleinpolen mit Krakau als Hauptstadt erhielt, begann die Linie der schlesischen Piasten, die sich in die Linien von Schweidnitz (Świdnica), Liegnitz (Legnica), Glogau (Głogów), Sagan (Żagań), Oels (Oleśnica), Ratibor-Oppeln (Racibórz-Opole) und Teschen-Auschwitz (Cieszyn-Oświęcim) verzweigte.

Wesentlich weniger kompliziert war der Stammbaum der grosspolnischen Piasten, der sich nur in ein bis zwei Herzogtümer aufspaltete. Er begann mit Mieszko (1126—1202), einem anderen Sohn Boleslaus Schiefmunds, der später Mieszko der Alte (Mieszko Stary; 1126—1202) genannt wurde.

Der Urahn der kleinpolnischen, masowischen und kujawischen Piasten war Kasimir der Gerechte (Kazimierz Sprawiedliwy; 1138—1194), der jüngste Sohn Boleslaus Schiefmunds. Die für ihn abgetrennte Provinz (ein Teil der Provinz Sandomierz mit Wiślica) erhielt er erst nach 1166, d.h. nach dem Tod Heinrichs (Henryk; 1127/1131—1166), eines anderen Sohns Boleslaus Schiefmunds, der beim Aufsetzen des Testaments ebenfalls noch minderjährig gewesen war und ohne Nachkommen blieb. Masowien fiel Kasimir dem Gerechten nach dem Tode des ohne Nachkommen gebliebenen Leszek, eines Sohns von Boleslaus Kraushaar (Bolesław Kędzierzawy; 1125—1173), zu, dem diese Provinz einst im Testament Boleslaus Schiefmunds zuerkannt worden war.

Obwohl sich die Grenzen der Provinzen verschoben und die aufeinander folgenden Herzöge sie nach wechselnden Prinzipien regierten, leiteten die von Boleslaus Schiefmund vorgenommenen Teilungen die fast 200 Jahre währende Zersplitterung des Landes in immer kleinere Provinzen ein. In ihren Kämpfen untereinander wandten sich die Herzöge oftmals an den Kaiser oder den Papst, die weiterhin die beiden Hauptmächte im mittelalterlichen Europa waren. Dadurch wurden die inneren Schwierigkeiten noch weiter vertieft und die Bedrohung von aussen verschärft. Persönliche Wünsche vermischten sich mit dem polnischen Vereinigungsgedanken, den verschiedene Provinzialherrscher vertraten (s. IV. 2). Der Vereinigungsgedanke fand Unterstützung bei der sich trotz der Zersplitterung entwickelnden polnischen Nation sowie in der aufblühenden Wirtschaft (u.a. im Handel), für die die innere Teilung des Landes Erschwernisse brachte.

Der Vereinigungsgedanke und entsprechende Massnahmen für seine Verwirklichung wurden lange Zeit durch die starken Dezentralisierungstendenzen gestört, die im übrigen auch für andere europäische Länder wie Böhmen, die Rus, Ungarn und Frankreich charakteristisch waren. Dennoch hatte auch diese Tendenz ihre objektiven Grundlagen in der Entwicklung der Magnatenschicht, die danach strebte, ihren Einfluss weiter auszudehnen, und in der Verbreitung der politischen Ideen des Feudalismus. Diese Gesellschaftsordnung war u.a. durch die Machtzersplitterung gekennzeichnet. Die Wirtschaftsentwicklung konnte sowohl die zentralistischen Tendenzen als auch die Dezentralisierungstendenzen verstärken, und gerade letztere festigten sich in der ersten Periode. Solange die kleineren Provinzen bestanden, stand die Wirtschaft nämlich mehr im Mittelpunkt des Interesses der Herrscher. Sie besassen nicht mehr ihr vom Staat abgeteiltes Gebiet (s. III. 3), aus dem sie unmittelbar Nutzen zogen, sondern durch die Marktentwicklung waren ihre aus verschiedenen Quellen stammenden Einnahmen vom ökonomischen Stand der Landwirtschaft, des Handwerks oder des Handels abhängig. Erst als eine bestimmte Entwicklungsetappe erreicht war, wurden die innere Zentralisierung und eine einheitliche Wirtschaftspolitik vorteilhafter. Das galt übrigens auch für die Aussenpolitik und den Kampf um die Grenzen.

In der Zeit der Teilfürstentümer waren die Provinzialherzöge im allgemeinen auf Wirtschaftlichkeit bedacht. Zusammen mit den Feudalherren bemühten sie sich um die Bewirtschaftung ihrer Güter. Infolge ihrer Bemühungen stiegen die Einnahmen der Adelsklasse beträchtlich. Dieser Anstieg beruhte in erster Linie darauf, dass die Zahl der Bauernhöfe (auch durch Neusiedler) und Städte angewachsen war, dass die Abgaben und Leistungen (meist Zinsgelder mit hohem Anteil von Naturalabgaben) für den Grossgrundbesitzer in einer grossen Agrarreform nach westeuropäischem Muster geregelt und dass die Dörfer neu organisiert wurden. Ihr typischer Vertreter war der Zinsbauer mit etwa 15 ha Land. Mit dem Markt verbunden, vertrat er die bereits entwickelte feudale Bauernklasse. Diese Reform ist in der Wissenschaft unter dem Namen Siedlung nach deutschem Recht (*ius teutonicum*) bekannt. Die neue Ordnung wurde nämlich von deutschen Siedlern mit nach Polen gebracht, die auf Anregung polnischer Herzöge und Feudalherren nach Polen eingewandert waren. Diese Siedler spielten eine positive Rolle bei den wirtschaftlichen und gesellschaftlichen Umwälzungen, die sich im 12. bis 14. Jh. in den westslawischen Ländern vollzogen. Man darf jedoch den Begriff deutsches Recht nicht dem Bevölkerungszustrom aus dem Territorium des ehemaligen Karolingerreichs gleichsetzen. Die Verbreitung des deutschen Rechts, das auch umfassend von der örtlichen Bevölkerung übernommen wurde, umfasste grössere Gebiete als die Kolonisation bzw. die Ansiedlung der Neusiedler selbst. Es lässt sich schwer ermitteln, wie viele Menschen aus dem Ausland nach Polen kamen. Am stärksten war der Zustrom der deutschen Bevölkerung nach Schlesien. In den weiter östlich gelegenen Gebieten wurde das neue Recht auch in die alten Siedlungen getragen. Viele Deutsche, besonders Kaufleute und Handwerker, kamen auch in die Städte (s. IV. 3) und trugen dort zur Entwicklung der Wirtschaft und Selbstverwaltung und zu verstärkten Handelsbeziehungen zwischen den polnischen und deutschen Städten bei.

Das Fehlen eines starken einheitlichen Staates wirkte sich sehr negativ auf die internationale Situation Polens aus. Vor allem war Polen mehr als zuvor durch

Deutschland gefährdet, das dabei war, seine Grenzen nach Osten auszudehnen. Mit Ungarn waren die Beziehungen traditionsgemäss gut. Mit der im Inneren zersplitterten und unter dem mongolischen (tatarischen) Joch leidenden Rus gab es ebenfalls keinen Streit. Die Mongolen selbst hingegen begannen Polen zu bedrohen. Sie wurden 1241 von dem Wrocławer Herzog Heinrich dem Frommen (Henryk Pobożny; 1191—1241) bei Legnica (Heinrich fiel in dieser Schlacht) und bei weiteren Überfällen 1259 und 1287/88 aufgehalten. Darüber hinaus litten sie unter inneren Schwierigkeiten im Staat der Goldenen Horde, dem Tatarenreich in den Schwarzmeersteppen. So bildeten sie danach keine ernsthaftere Gefahr mehr, obwohl sie noch jahrhundertelang die Ostgrenzen des polnischen Staates bedrängten (s. VII. 2).

Die deutsche Ostexpansion, die man nicht den durch wirtschaftliche Gründe bedingten Migrationen der deutschen Bevölkerung gleichsetzen darf, wurde von den auf dem Territorium der Westslawen entstandenen Marken, hauptsächlich der Mark Brandenburg, und dem Deutschen Orden (gegründet 1190 vor Akkon) betrieben. Der 1226 von Herzog Konrad von Masowien (Konrad Mazowiecki) ins Land gerufene Kreuzritterorden sollte die unruhige Grenze zu den kriegerischen Pruzzen bewachen. Bereits 1237 schloss sich der Deutsche Orden mit dem bereits früher in Livland ansässigen Schwertbrüderorden zu einer Union zusammen. Westpommern, um das Mieszko der Alte und sein Sohn Ladislaus Dünnbein (Władysław Laskonogi) heftig gekämpft hatten, ging in den Jahren 1181—1205 verloren, zumal auch die Dänen Anspruch auf dieses Gebiet erhoben. Seit 1231 herrschten die Brandenburger mit Zustimmung des Kaisers Friedrich II. in Westpommern. Sie drangen entschlossen nach Osten vor und schufen auf diese Weise die Grundlagen für den späteren preussischen Staat. Sie bewegten sich in Richtung Pommern und Grosspolen und schoben sich wie ein Keil in diese Gebiete vor. Dort gründeten sie die Neumark, deren Zentrum die 1257 mit Stadtrechten ausgestattete Stadt Gorzów war. Trotz des starken Widerstands der grosspolnischen Herzöge verlor Grosspolen nach und nach Santok, Choszczno, Drezdenko, und Pommern musste Drawsko und Świdwin abtreten.

Der Raum Lubusz wurde 1252 durch Vermittlung des Magdeburger Erzbischofs, der dieses Gebiet 1250 von dem schlesischen Herzog Boleslaus Rogatka gekauft hatte, an Brandenburg angeschlossen. Pommerellen, das seine eigene Verwaltung und Herzöge aus der dort ansässigen Aristokratie hatte, die mit der Zeit wie die anderen Provinzialherzöge behandelt wurden, war immer mehr dem Expansionsstreben der im Kulmer Land angesiedelten Kreuzritter ausgesetzt. Bis 1273 gelang es ihnen, die Gebiete der baltischen Pruzzen und Jatwjagen zu unterwerfen. 1282 erhielten sie das päpstliche Legat für das Gniewer Land. Schliesslich nahmen sie 1308 das eben von Brandenburg eroberte Gdańsk ein, angeblich um den polnischen Verteidigern der Stadt „zu Hilfe" zu kommen. Gdańsk wurde den Brandenburgern zwar entrissen, doch die Kreuzritter gaben es Polen nicht zurück. Sie metzelten die polnische Besatzung der Stadt nieder und begannen mit der Eroberung der gesamten Provinz. Das bot Anlass, den Sitz des Hochmeisters von Venedig nach Malbork (Marienburg) zu verlegen. Die im Bündnis mit dem von den Kreuzrittern bedrohten litauischen Staat unternommenen Bemühungen Ladislaus Ellenlangs (Władysław Łokietek; 1260/1261—1333), der 1306 ganz Kleinpolen und Zentralpolen sowie einen Teil Grosspolens beherrschte, waren erfolglos. Trotz militärischer Siege Ladislaus Ellenlangs (Schlacht bei Płowce, 1331) behielten die Kreuzritter auch das Land Dobrzyń und Kujawien. Die Ansiedlung des Deutschen Ordens an den nördlichen Grenzen des Landes hatte zweifellos schwerwiegende Folgen für die politische Lage Polens. Sie führte zum 155 Jahre dauernden Verlust Pommerellens und zur Schwächung des Landes. Aus diesem Grund wird in der polnischen Geschichte stärker die militärische und expansive Rolle des Ordens hervorgehoben, während in der deutschen Geschichtsschreibung mehr von der zivilisatorischen Rolle des Ordens in den eroberten Gebieten und seinen Missionsaufgaben die Rede ist. Der Deutsche Orden kam nach Polen, als er 1225 von König Andreas II. aus Ungarn vertrieben wurde, der nicht zulassen wollte, dass die Kreuzritter, die ihn im Kampf gegen die Polowzer unterstützten, einen eigenen unabhängigen Staat auf ungarischem Boden gründeten. Doch in Polen konnten sie mit Hilfe des deutschen Kaisers Friedrich II. Fuss fassen. Der Hochmeister Hermann von Salza erhielt 1226 vom Kaiser ein 1234 vom Papst bestätigtes Privileg, das dem Orden das Land zusprach, das er von Konrad von Masowien erhalten hatte, d.h. einen grossen Teil des Kulmer Lands sowie die Gebiete, die er im heidnischen Pruzzen erobern würde. Schon 1238 fälschten die Kreuzritter Konrads Privileg und änderten seine Formulierungen derart, als ob Konrad zugunsten der Kreuzritter auf ihre künftigen Eroberungen verzichtet hätte. Auf diese Weise erlangten die Kreuzritter die rechtlichen Grundlagen für den Aufbau eines eigenen Staates. Ihr Land sollte ein direktes Lehen von Kaiser und Papst werden.

In den besetzten Gebieten entwickelte der Orden eine rege Siedlungsaktion, wobei er vor allem Siedler aus Deutschland holte. Er gründete Hunderte von Dörfern und zahlreiche Städte wie Malbork (Marienburg) und Königsberg oder baute bereits vorhandene Orte wie Chełmno und Toruń aus.

2. Versuche zur Einigung Polens

Im Laufe der Jahre nahm die Zahl der Herzogtümer zu. Am meisten zerstückelt wurde Schlesien, während Kleinpolen und Grosspolen in hohem Masse ihre Einheit bewahrten. In dem in viele Provinzen zersplitterten Masowien sonderten sich Kujawien, Sieradz, Łęczyca und Dobrzyń und später die Herzogtümer Płock, Czersk und Wizna ab, die weiter geteilt wurden.

Die von Boleslaus Schiefmund eingeführte Funktion des obersten Fürsten des Landes (Prinzipat) sollte den Zerfall der staatlichen Einheit verhindern. Dieser

Zerfall oder vielmehr die Verletzung des Prinzipats, das von den ehrgeizigeren Herrschern mit einem entwickelten politischen Bewusstsein vertreten wurde, sowie die Selbständigkeit der Herzogtümer waren durch die Entwicklung der feudalen Gesellschafts- und Wirtschaftsstruktur bedingt (s. IV. 1).

Im 12. Jh. verfiel das Prinzipat, so dass sich die Herzogtümer selbständig machten. Der Thron des Seniorherzogs wurde nicht mehr besetzt. Mieszko der Alte hatte sich noch Seniorherzog genannt. Die Zersplitterung schritt weiter fort. Trotzdem gab es im gesellschaftlichen Bewusstsein den Gedanken an einen polnischen Staat als ein bestimmtes Ganzes. Das Nationalbewusstsein entwickelte sich weiter und vertiefte sich. In den Quellen trat der Begriff *gens polonica* (polnische Nation) auf, der sich auf das Wissen um eine gemeinsame Vergangenheit und besonders auf die von Mieszko I. und Boleslaus dem Tapferen vertretenen Ideen sowie auf den gemeinsamen Glauben stützte. Das Nationalbewusstsein gewann in den nachfolgenden Epochen noch an Bedeutung, als die Konfessionen durch die Reformation differenziert wurden (s. VI. 3).

Die Kirche, die weiterhin nur dem Erzbistum Gniezno unterstand, war ein einigender Faktor. Sie führte in dieser Richtung eine aktive Politik. Die Schwächung des Staates und der ausdrücklich dem Staat untergeordneten Institutionen machte sie zu einer selbständigeren Kraft. Neben der zunehmenden Bedeutung der grossen Feudalherren, der Aristokratie (daher die ziemlich häufigen Magnatenaufstände), kam eine neue politische Kraft zu Wort, die der Fürst berücksichtigen musste. In der Innenpolitik war ein ständiger Kampf zwischen dem Fürsten, der Kirche und den grossen Feudalherren zu beobachten, aus dem im allgemeinen der Fürst geschwächt hervorging. Um sich der Unterstützung der Kirche zu versichern, musste er Zugeständnisse machen. Es waren politische Zugeständnisse, wenn er z.B. darauf verzichtete, den Bischof auszuwählen, oder ökonomische, wenn er Güter vergab, auf die im Herzogsrecht festgelegten Lasten verzichtete, der Münzprägung zustimmte usw. Die grossen Feudalherren forderten ihrerseits verschiedene Zugeständnisse, woraufhin sie praktisch in immer grösserem Masse bestimmten, wer den Thron in den Provinzen bestieg. Es bildete sich sogar ein politischer Gedanke heraus, der die Beteiligung der Gesellschaft an der Wahl des Herrschers und auch an der Festlegung der fürstlichen Pflichten und des Rechts, den Gehorsam zu verweigern, begründete.

Durch die Zerstückelung des Staates verschwanden die zentralen Ämter (s. III. 3). Es bildete sich eine örtliche Beamtenhierarchie heraus. An der Spitze dieser Hierarchie standen die Wojewoden, denen auch teilweise die richterliche Gewalt oblag. Mit den Angelegenheiten der Kanzlei und damit auch mit der vom Fürsten unterstützten Aussenpolitik befassten sich die Kanzler. Die Kastellaneien wurden von den Kastellanen verwaltet. Sie erfüllten die Funktionen der Zivil- und Ordnungsverwaltung sowie gerichtliche und militärische Funktionen. Erst König Ladislaus Ellenlang setzte bei der Vereinigung des Landes eng an den Herrscher gebundene Starosten ein, die eine effektivere Verwaltung im Lande gewährleisteten.

Die Vereinigungstendenzen waren auf verschiedene Prinzipien gestützt. In der ersten Zeit, d.h. bis zu den letzten Jahrzehnten des 13. Jh., wurde darum gekämpft, das Prinzipat zu erhalten und die frühere Piastenmonarchie wieder aufzubauen, wobei kleinere Gruppen von grossen Feudalherren und eventuell die Kirche Hilfe leisteten. Diesen Gedanken vertraten Mieszko der Alte, der die Linie der grosspolnischen Piasten gründete, sein Sohn Ladislaus Dünnbein (1161/1167—1231), Konrad von Masowien (1187—1247), der Sohn Kasimirs des Gerechten, des Begründers der kleinpolnischen, masowischen und kujawischen Linie, sowie in geringerem Masse Heinrich der Bärtige (Henryk Brodaty; 1167—1238), der Enkel Ladislaus' II., des Begründers der Linie der schlesischen Piasten. Heinrich dem Bärtigen gelang es, die Provinz Krakau, Schlesien und den südlichen Teil Grosspolens zu vereinigen. Jedoch seine Pläne, die Krone zumindest für seinen Sohn Heinrich den Frommen, der dann 1241 bei Legnica fiel (s. IV. 1), zu gewinnen, misslangen.

Die anderen Vereinigungsbestrebungen stimmten schon mehr mit dem Empfinden der Bevölkerung, in hohem Masse auch mit dem des aufstrebenden Bürgertums, überein, das ein Gegner der feudalen Anarchie war. Recht deutlich zeichneten sich Bestrebungen ab, die u.a. von der Krakauer Bürgerschaft vertreten wurden, Kleinpolen und Schlesien zu vereinen. Deshalb wurde nach dem Tode Leszeks des Schwarzen (Leszek Czarny; 1288) aus der Linie der kujawischen Piasten dem angesehenen schlesischen Herzog Heinrich Probus (Henryk Probus; um 1257—1290) der Krakauer Thron angetragen. Er vertrat die bereits offenkundige Idee von einem zentralisierten Staat und wollte sich um die Krone bewerben, starb jedoch allzu früh (1290).

Zu mehr Hoffnungen berechtigten die Bemühungen von Przemysł II. (1257—1296), einem Urenkel Mieszkos des Alten, der das polnische Königreich, gestützt auf Grosspolen, erneuern wollte. Bestärkt wurde er darin von Jakub Świnka, dem Erzbischof von Gniezno, einem hervorragenden Politiker und Patrioten. Mit dem kinderlosen Mściwój II. von Gdańsk schloss er 1282 in Kępno einen Vertrag, dem zufolge er nach dem Tod Mściwójs Pommerellen erhalten sollte, während Grosspolen im Falle eines frühzeitigen Todes von Przemysł II. von Mściwój II. regiert werden sollte. Mit Bogusław IV., dem Herzog von Westpommern, schloss er 1287 ein Bündnis. Nach dem Tode Mściwójs (1295) vereinigte Przemysław Pommerellen mit Grosspolen und liess sich im selben Jahr in Gniezno zum polnischen König krönen. Ein Jahr später wurde er jedoch auf Anregung der Markgrafen von Brandenburg ermordet.

Damit begann eine über 20 Jahre dauernde Periode, in der sich Ladislaus Ellenlang (s. IV. 1) um die Vereinigung der polnischen Provinzen bemühte. Nach dem Tod von Przemysł wählten die Grosspolen Ladislaus Ellenlang zum grosspolnischen Herzog. Er ergriff auch die Macht in Pommerellen. Da er aber von den grossen Feudalherren nicht unterstützt wurde, musste er Wenzel II., dem ehrgeizigen böhmischen König weichen, der 1300 die polnischen Lande ausser Masowien und Schlesien eroberte und sich in Gniezno krönen liess. Die böhmische Herrschaft dauerte bis 1305. Der Sohn und Nachfolger Wenzels II., Wenzel III., wurde 1306 in Mähren ermordet. In derselben Zeit gelang es Ladislaus Ellenlang, mit ungarischer Hilfe Kleinpolen, Kujawien und die Provinzen Sieradz und Łęczyca in seine Hand zu bekommen. Bei der Organisation der Verwaltung in Pommerellen erregte er das Missfallen des Magnatengeschlechts Święca, das sich mit den Brandenburgern verschworen hatte, so dass diese Provinz verlorenging (s. IV. 1). Ladislaus Ellenlang war nicht in der Lage, Pommern zu verteidigen, da er mit den Angelegenheiten Kleinpolens beschäftigt war. Nach dem Tode Wenzels III. erhoben die Erben der böhmischen Přemysliden Johann von Luxemburg und Rudolf von Habsburg Anspruch auf den polnischen Thron. In Krakau brach 1311 ein Aufstand unter der Führung des Stadtvogts Albert aus, der mit der Unterstützung Johanns von Luxemburg rechnete. Nach der Niederschlagung des Aufstands brachte Ladislaus Ellenlang im Kampf gegen die Anhänger Heinrichs (Henryk) von Glogau (1251/1260—1309) aus der schlesischen Piastenlinie Grosspolen in seinen Besitz, wobei er sich auf die breiten Massen stützen konnte. Poznań eroberte er 1314 und schlug in den folgenden Jahren die Angriffe der Brandenburger zurück. Als er bereits einen grossen Teil Polens wie Kleinpolen, Grosspolen, einen Teil Kujawiens und die Provinzen Sieradz und Łęczyca in seiner Hand hatte, liess er sich mit Zustimmung des Papstes Johannes XXII. 1320 in Krakau krönen. In den folgenden Jahren focht er schwere Kämpfe gegen die Kreuzritter aus (s. IV. 1). Er gewann Pommern nicht zurück, obwohl der Prozess zwischen Polen und den Kreuzrittern 1320/21 mit einem für ihn günstigen Ergebnis endete, als der Papst auf Bitten Ladislaus Ellenlangs Richter einsetzte, die den Streit schlichten sollten. Eine grosse Gefahr zog 1331 herauf, als die Kreuzritter sich mit Johann von Luxemburg verbündeten, um Ladislaus Ellenlang die Macht zu entreissen und Polen zu teilen. Von grosser Bedeutung für Ladislaus Ellenlang war die Unterstützung des Königs Karl Robert von Ungarn, der es verhinderte, dass sich die Kräfte beider Gegner vereinigten.

3. Die grosse Wirtschaftsreform auf dem Lande. Entwicklung der Städte und des Handels. Die Feudalgesellschaft

Die Siedlung nach deutschem Recht (s. IV. 1) war ein Teil der grossen europäischen Bewegung, die darauf beruhte, einerseits durch Rodung nahegelegener Landstriche neue Gebiete für den Ackerbau zu erschliessen und andererseits neue Organisationsformen auf dem Lande einzuführen. Wenn vom deutschen Recht die Rede ist, soll damit auf bestimmte, in Westeuropa entstandene Sitten hingewiesen werden, die von Land zu Land getragen wurden. In Spanien beispielsweise war diese Erscheinung unter der Bezeichnung Siedlung nach französischem Recht bekannt. Im allgemeinen bestand die Reorganisation darin, die ökonomischen Grundlagen für die Herausbildung des Grossgrundbesitzes (der Adelsklasse) zu schaffen. Für den Adel, der auf seinen Gütern lebte, kleinere Gutshöfe besass und Eigentümer der sich herausbildenden Dörfer wurde, wurden die Geld- und Naturalleistungen der Bauern zur Haupteinnahmequelle.

Die fortschreitenden Rodungen gingen Hand in Hand mit der Organisation der Landwirtschaft. All das stand wiederum mit der Auflösung des Systems des Herzogsrechts in Zusammenhang (s. III. 3). Für den Grossgrundbesitzer war jeder Siedler wertvoll, also wurden den neuen Siedlern günstigere Bedingungen geboten. Im 12. und 13. Jh. verbreitete sich anfänglich die Sitte *more liberum hospitum*, die sich auf polnischem Grund und Boden herausgebildet hatte. Später, im 13., 14. und 15. Jh., war das System schon geschlossener und wurde eben deutsches Recht genannt.

Die Entwicklung der Marktverhältnisse und des Grossgrundbesitzes bewirkte eine Veränderung des ehemaligen Wirtschaftsmodells mit seinem starken staatlichen Sektor. Auf diese Veränderung drang vor allem der Adel, der nach grösseren Einkünften strebte. Auch den Bauern war an einer Steigerung der landwirtschaftlichen Produktion gelegen. Sie konnten die Agrarprodukte verkaufen und dafür Erzeugnisse des Handwerks einkaufen, das bereits in grossem Umfang als spezialisierte Produktionsform wirkte und in geringerem Umfang als Heimarbeit für den Eigenbedarf bestand.

Die neuen technischen Errungenschaften in der Landwirtschaft begünstigten diese Entwicklung. Die Dreifelderwirtschaft wurde regelmässig betrieben. Frühjahrsgetreide, Wintergetreide und Brache wechselten einander ab. Die Felder wurden gemeinsam gewechselt, jeder Bauer hatte seinen Anteil daran. Auch die Brache wurde gemeinsam als Weideland genutzt, wodurch der Viehzucht grössere Möglichkeiten geboten wurden. Mit der Dreifelderwirtschaft verbreitete sich allmählich der asymmetrische Pflug. Im Gegensatz zum Hakenpflug lockerte er nicht nur die Erde, sondern wendete sie auch teilweise um und war leistungsfähiger.

Ein wesentliches Element in der neuen Organisation des Dorfes war neben der Dreifelderwirtschaft die Regelung der bäuerlichen Verpflichtungen (feudale Rente), die gewöhnlich im sog. Lokationsdokument schriftlich festgehalten waren. Diese Verpflichtungen umfassten Getreideabgaben von höchstens 15% des Ertrags eines Bauernhofes, einen Geldzins von durchschnittlich 24—48 g Silber (die Entsprechung von 1/8 bis 1/4 Grzywna) und auch andere kleinere Geld- und Naturalleistungen und bestimmte, nicht zu sehr belastende Fronarbeiten. Da die feudale Rente vorwiegend in Geld- und Naturalleistungen bestand, genoss der Bauer trotz seiner Leibeigenschaft eine grössere Freiheit.

Die neue Organisation des Dorfes und die Übereinstimmung der Interessen der

Eigentümer und Produzenten, die beide ihre steigenden Bedürfnisse befriedigen wollten, führten zu einer Intensivierung der Produktion und damit zu einer Erhöhung der Warenmenge. Seit dem 10. Jh. bis zu den ersten Jahrzehnten des 14. Jh., d.h. seit Mieszko I. und Boleslaus dem Tapferen bis König Ladislaus Ellenlang, war die Getreideproduktion um etwa 100% gestiegen und hatte in Grosspolen, Kleinpolen und Masowien rund eine halbe Million Tonnen erreicht. Das war möglich, weil einerseits das Anbaugebiet um etwa 33% grösser geworden war und andererseits die Arbeitsproduktivität durch bessere Technik und Organisation zugenommen hatte. Die erste Phase der grossen Rodungsperiode dauerte bis Ende des 15. Jh. (s. V. 3).

Die Steigerung der landwirtschaftlichen Produktion regte die Entwicklung der Städte an, die zu Zentren des Handels und des Handwerks wurden. Vorher hatten die Märkte, von denen es Ende des 12. Jh. etwa 250 gab, den wachsenden Warenaustausch abgewickelt. Die Städte entwickelten sich wie die Dörfer nach einer Organisation, die aus dem Westen, vor allem durch deutsche Siedler, nach Polen gelangte. Die deutschen Siedler waren die grösste nationale Minderheit innerhalb der wachsenden Stadtbevölkerung. Die Ausländergemeinden, vor allem die deutschen Gemeinden, waren auf die neue Organisation gestützt, die nach und nach auch auf andere Stadtteile übertragen wurde. In Ausnahmefällen wurden Städte auf zuvor unbesiedeltem Land angelegt. Die Anregung dazu ging vom Herzog oder von den Feudalherren aus. Die Anlage dieser Städte, die in Polen meistens nach dem Magdeburger Recht oder in Pommern nach dem Lübecker Recht erfolgte, brachte eine neue räumliche Gliederung mit sich. Im allgemeinen wurden um die Städte, insbesondere um die grösseren, Stadtmauern gezogen.

Im 13. und 14. Jh. intensivierte sich dieser Prozess. Im 13. Jh. z.B. entstanden allein in Schlesien etwa 200 neue Städte. Diese Entwicklung war die Grundlage für die Herausbildung des Bürgerstandes.

Die Gründung einer Stadt bedeutete die Aufhebung der Lasten und der Rechtsprechung des Herzogsrechts. Diese Aufhebung erfolgte direkt, wenn es sich um eine Stadt auf herzoglichem (staatlichem) Boden handelte, oder sie war auch schon früher durch die sog. Immunität vorgenommen worden, wenn die Stadt vom Feudalherrn auf seinem bereits von den herzoglichen Lasten befreiten Grund und Boden angelegt worden war. Der Grundherr, d.h. der Herzog oder Feudalherr, billigte auch die allmähliche Herausbildung einer städtischen Selbstverwaltung (Rat der Stadt mit dem Bürgermeister an der Spitze) und setzte seinen Vertreter als Stadtvogt ein. Die Stelle des Stadtvogts hatte auf dem Dorf der Schultheiss inne. Dem Stadtvogt übertrug der Herr einen Grossteil seiner Rechte, hauptsächlich die richterliche Gewalt, die dieser gemeinsam mit den Schöffen, dem sog. Schöffengericht, ausübte.

In der Zeit der feudalen Zersplitterung entwickelte sich vor allem der Warenaustausch innerhalb des Landes, obwohl auch der Fernhandel einen stürmischen Aufschwung nahm. Seine Zentren waren Krakau, Wrocław, Gdańsk und

Poznań. Die Hauptrichtung des weiter reichenden Handels aber war die Nordsüdachse, so dass die Weichsel und die Oder sowie die Hafenstädte Gdańsk und Szczecin an Bedeutung gewannen. Man handelte mit Tuch aus Flandern, mit Metallerzeugnissen aus Deutschland, u.a. aus Nürnberg, mit Holzwaren, Häuten, Leder und Pelzen aus Polen und auch mit Getreide, dessen Export langsam zunahm.

Die Steigerung der landwirtschaftlichen und handwerklichen Produktion und die damit einhergehende Entwicklung des Marktes und des Handels spiegelten sich in der wachsenden Einwohnerzahl Polens wider. Damals bestand ein sehr enger Zusammenhang zwischen der Lebensmittelmenge und dem Bevölkerungswachstum. Es gab eine Art Rückkopplung. Die Regulierung erfolgte weniger durch die Sterblichkeitsrate als vielmehr durch die beschränkte Möglichkeit, eine Familie zu gründen. Die Zahl der Familien wurde durch die Zahl der Produktionsstätten auf dem Lande und in der Stadt begrenzt.

Auf dem Territorium Polens (zusammen mit Schlesien und Pommerellen) lebten zu Zeiten Ladislaus Ellenlangs und Kasimirs des Grossen (s. V. 2) etwa 1 800 000 Menschen. Davon wohnten bereits über 10% (etwa 200 000) in Städten. Vordem war die Zahl der Stadtbewohner äusserst gering gewesen. Die um 100% gestiegene landwirtschaftliche Produktion konnte also sehr gut den erhöhten Bedarf der etwa um 80% angewachsenen Bevölkerung decken.

Den Kern der Bevölkerung machten die Bauern aus. Gross an der Zahl, wenn auch nicht so zahlreich wie das Bürgertum, war der Ritterstand (die Schlachta), der sich mit den Feudalherren an der Spitze in der Zeit der feudalen Zersplitterung endgültig herausgebildet hatte. Dieser Stand wurde sich allmählich seiner eigenen politischen Kraft bewusst. Die Städte waren zwar eine Kraft, die die Herrscher berücksichtigen mussten, sie konnten aber keine besondere politische Rolle spielen. Damals wuchs auch die Zahl der Geistlichkeit, vor allem in den Klöstern.

4. Kultur und Gesellschaft

Das kulturelle Leben nahm in der Zeit der Teilfürstentümer einen gewaltigen Aufschwung. Die bodenständige slawische Kultur, deren Träger hauptsächlich die Landbevölkerung war, wurde immer stärker von der kosmopolitischen lateinischen Kultur beeinflusst, die hauptsächlich von den höfischen Zentren und der Kirche, d.h. den Klöstern und dem höheren und niederen Klerus, vertreten wurde. Ausserdem bildete sich die bürgerliche Kultur heraus, die aus beiden Quellen schöpfte und dabei eng mit der Kultur der westeuropäischen Städte verbunden war. Es wurde also eine Kultur mit vielen polnischen Merkmalen geboren, die stark mit den verschiedenen Strömungen der europäischen Kultur verbunden war. Besonders aktiv waren die Kontakte mit den benachbarten slawischen Staaten Böhmen und der Rus. Mit Ungarn, das den italienischen Städten näher gelegen war, bestand ein reger kultureller Austausch. Die Beziehungen zum Westen verstärkten sich durch Reisen, Pilgerfahrten und Feldzüge.

Zwischen dem Stand der materiellen Kultur der herrschenden Klasse und den breiten Schichten der Bürger und Bauern klaffte bald ein riesiger Unterschied. Er zeigte sich auch in der Ernährung, da der Pflanzenanbau differenzierter wurde. Nur noch in den rückständigen Regionen ass man in Asche gebackene Fladen. Die meisten Menschen assen schon Brot aus Vollkornmehl, das in Wasser- und Windmühlen gemahlen wurde. Man trank Weizen- und Gerstenbier. Allgemein wurden Erbsen gegessen, die die Saubohnen und Linsen verdrängten. Als Gemüse gab es Kohl. Vielleicht hat man auch Kohlrüben gegessen. Von besonderer Bedeutung für die Ernährung waren Milch, insbesondere saure Milch, Käse und Eier. Es wurde viel Fleisch, etwas Wild und reichlich Fisch gegessen. Das Jagdrecht war eng mit der gesellschaftlichen Stellung verknüpft. Die Bauern (ausser dem Schultheissen) durften nur Hasen, Rebhühner und andere Vögel jagen. Obst ass man sehr gern. Man verstand es, das Obst zu lagern und zu verarbeiten. Weiterhin (s. II. 3) wurde Honigwein hergestellt. Da die Kirche Wein brauchte, wurden Rebstöcke eingeführt. Man ass zwei Hauptmahlzeiten, das Prandium zwischen 9.00 und 12.00 Uhr und die Cena zwischen 15.00 und 18.00 Uhr sowie zusätzlich das Collatio, eine leichte Abendmahlzeit. Festmähler wurden meistens abends veranstaltet.

Bei den Gefässen zur Zubereitung der Mahlzeiten tauchten Metallgefässe auf. Auch das Tafelgeschirr wurde vielfältiger.

Die Produktionssteigerung war in jener Zeit höher als der Bevölkerungszuwachs, oder anders gesagt, auf einen Durchschnittsbewohner entfielen mehr Lebensmittel als in der vorangegangenen Epoche. Das Hungergespenst war gebannt, obwohl es in den Jahren 1280—1282 z.B. an Lebensmitteln gefehlt hatte.

In der Kleidung (s. III. 4) änderte sich nicht viel. Die Differenzierung der Trachten drückte sich weniger im Schnitt als vielmehr in der Stoffqualität, in der Farbe, im Beiwerk und im Schmuck aus. Hier zeichneten sich die Unterschiede in der Kleidung der Feudalherren, der Schlachta, der Bürger und der Bauern sehr deutlich ab. Während sich die Männerkleidung noch im 13. Jh. nicht allzu sehr von der Frauenkleidung unterschied, wurde im nächsten Jahrhundert die Kleidung für die Frauen mehr auf die Figur zugeschnitten, und die Männerkleidung wurde bedeutend kürzer.

Die Stellung in der Gesellschaft wurde im Bauwesen und bei der Einrichtung der Wohnungen deutlich sichtbar. Mit der Entwicklung der Adelsklasse gab es mehr Gutshöfe und Rittersitze, mehr Herrenpaläste und Herzogsschlösser. In den Städten tauchten aus Ziegeln errichtete Häuser auf. Ihre Verbreitung war jedoch erst eine Frage der nächsten Epoche (s. V. 4). Allgemein, besonders jedoch in den Städten, zeichnete sich die Tendenz ab, den Wohnraum zu vergrössern. Die gesellschaftlichen Unterschiede traten auch bei der Verkleidung und Einrichtung der

Häuser zutage. Der pechgetränkte Kienspan, der die Bauernhütte erhellte, wurde bei der Schlachta durch Öllampen oder Kerzen ersetzt.

Im Zuge dieser Wandlungen in der materiellen Kultur wuchs der Personenkreis mit steigenden kulturellen und künstlerischen Bedürfnissen.

Der steigende Bedarf an kulturellen Dienstleistungen bewirkte, dass die Bedeutung der Schrift, des geschriebenen Dokuments, im täglichen Leben wuchs. Die auf Pergament geschriebenen Bücher verbreiteten sich. Sie wurden in den Klöstern gesammelt, die über eigene Skriptorien verfügten. Sie waren für den Gebrauch innerhalb der Klöster bestimmt und hatten keinen grossen Einfluss auf die Umwelt. Erst als man sich in weltlichen Kreisen für das Buch interessierte, wurden viele Anregungen auf kulturellem Gebiet geboren. Das älteste bekannte Bücherverzeichnis in Polen stammt aus der Krakauer Dombibliothek aus dem Jahre 1110. Die Zahl der Bücher musste also erheblich angewachsen sein. Der grösste Fortschritt vollzog sich jedoch bei der Verbreitung des Bildungswesens. Im 13. Jh. wurde das Netz der Domschulen bereits von Pfarrschulen ergänzt. So erhielt ein grösserer Personenkreis, darunter auch Bürger, die Gelegenheit, Lesen und Schreiben zu lernen. Unterrichtet wurde nach dem sog. Trivium (Grammatik, Rhetorik und Dialektik) oder nach dem sog. Quadrivium (Arithmetik, Geometrie, Astronomie und Musik), oder es wurde nur Schreiben, Lesen und Gesang gelehrt. Höhere Bildung erwarb man an den Universitäten, hauptsächlich in Paris und Padua. In jener Zeit waren die Werke von Marcin Polak (um 1205/08—1278/79), einem Historiker, Theologen und Juristen, von Witelo (um 1230—1314), einem Mathematiker und Naturwissenschaftler, oder auch die Werke anderer wie z.B. des Arztes von König Leszek Czarny, Mikołaj aus Polen, die zu den hervorragendsten Gelehrten ihrer Epoche gehörten, im Ausland bekannt. Marcin Polak war der Verfasser der Papst- und Kaiserchronik („Kronika papieży i cesarzy") und der systematisierten Vorlesungen über das kanonische Recht. Witelo schrieb viele Werke mit kühnem Gedankengut, das schon Ideen der Renaissancezeit vorwegnahm. Darunter zeichnete sich vor allem das Traktat „Perspektiva" aus. Witelo gehörte neben Albert dem Grossen und Roger Bacon zu den hervorragendsten Vertretern der europäischen Wissenschaft.

Im historiographischen Schaffen in der Zeit der feudalen Zersplitterung nahmen zwei Chroniken über die Geschichte Polens einen besonders wichtigen Platz ein. Der Verfasser der ersten war Wincenty Kadłubek (um 1150—1223), seit 1208 Krakauer Bischof, ein sehr vielseitiger Gelehrter und zugleich Jurist und Politiker, der mit dem Hof Kasimirs des Gerechten verbunden war. Das Werk mehrerer Personen war die spätere grosspolnische Chronik „Kronika wielkopolska", die sich durch ihr hohes Niveau auszeichnete. Sie enthielt die Geschichte Polens bis 1273 und vertrat die Idee der Wiedervereinigung Polens, gestützt auf Grosspolen. Es entwickelte sich auch das hagiographische Schaffen. Die Lebensläufe des Bischofs Stanislaus, des heiligen Adalbert, der Krakauer Herzogin Kinga und des heiligen Jacek wurden beschrieben.

In der Architektur jener Epoche überwog anfänglich weiterhin der romanische Stil (s. IV. 4). Erst seit Beginn des 13. Jh. nahm sie allmählich gotische Formen an. Durch die Entwicklung der kirchlichen Organisation, die Verbreitung der christlichen Religion und den zunehmenden Reichtum des Klerus wuchs die Zahl der Kirchen in Stadt und Land erheblich. Von den besonders prächtigen romanischen Kirchen sind die in der zweiten Hälfte des 12. Jh. errichtete Stiftskirche in Tum bei Łęczyca, die Basilika in Opatów, der Dom in Płock oder die Kirchen in Strzelno, Ołbin und Ostrów Piaskowy zu nennen. Höchstwahrscheinlich wurde das Königsschloss ausgebaut. Nach dem Tode Boleslaus Schiefmunds wurde der früher errichtete Wenzelsdom auf dem Wawel geweiht. Ein stattliches Schloss liess Heinrich der Bärtige in Legnica errichten.

Der Anstoss zur gotischen Architektur kam aus Frankreich, der Wiege dieses Stils. Ein paar Dutzend Jahre später gelangte die Gotik nach Polen und setzte sich in der Mitte des 13. Jh. durch. Der Zisterzienserorden spielte eine grosse Rolle bei der Verbreitung der Gotik. Vorherrschende Elemente dieses Stils waren die Spitzbögen, die den Bauwerken emporstrebende Formen verliehen, sowie die Kreuzrippengewölbe, die mit einem System von Stützpfeilern und Stützbögen verbunden waren. Die Entwicklung der gotischen Kunst deckte sich chronologisch mit dem zunehmenden Reichtum der Städte. Sie verfügten über die entsprechenden Mittel für kostspielige Ziegelbauten. In den Städten entstanden auch die meisten gotischen Bauwerke. Zu der Zeit, als die Kathedrale in Beauvais in Frankreich, einer der herrlichsten gotischen Sakralbauten, errichtet wurde, begann der Bau der Dome in Wrocław und Poznań. Dabei stützte man sich auf reichere architektonische Entwürfe und knüpfte an die französische Gotik an. Vom gotischen Stil geprägt waren auch die Stadtmauern. Viele gotische Burgen errichteten im 13. Jh. die Kreuzritter, obwohl diese Burgen stärker von nahöstlichen Einflüssen geprägt wurden. 1274 begann man mit dem Bau des grossen Schlosses in Marienburg.

Von den Kunsthistorikern wird stark hervorgehoben, dass die Steinplastik (Portale, Grabmäler und Ornamente) sowie die Flachreliefs aus Metall in der zweiten Hälfte des 12. und Anfang des 13. Jh. in Polen ein hohes künstlerisches Niveau aufwiesen. Die Bronzetür des Doms zu Gniezno, die noch heute ihren Zweck erfüllt, ist ein Meisterwerk, das in 18 Flachreliefs Leben und Tod des heiligen Adalbert darstellt. Diese Tür wurde wahrscheinlich um 1175 angefertigt.

Viele Kunsthandwerke wie die Goldschmiedekunst, die Buchmalerei (Illumination), die Stickerei und andere entwickelten sich. Reicher als zuvor (s. III. 4) war auch das Musikleben. Es gab weiter zwei Strömungen: die Volksmusik und die offizielle Musik, wobei die Bedeutung der letzteren stark zunahm. Ende des 12. Jh. wurde sichtbar, dass beide hauptsächlich unter dem Einfluss der Schulen einander durchdrangen. Von der grossen musikalischen Meisterschaft jener Zeit zeugt u.a. die Entdeckung der fünfsaitigen Lauten aus dem ausgehenden 12. Jh., die starke Beachtung in der Welt fanden.

Im Zusammenhang mit dem Heiligenkult entstanden viele Kompositionen. Es wurde Sitte, die Kirchenprozessionen mit Mysterienspielen zu verbinden. Das polnische religiöse Lied bildete sich heraus, das als wichtiges Element des Nationalbewusstseins galt, insbesondere in den Städten, in denen deutsche Siedler wohnten. Die polnische Sprache gewann auch immer mehr Raum in der Liturgie.

V. Kapitel

Das ausgehende Mittelalter in Polen. Die Ständemonarchie

1333—1501

1. Polen im Kreis der europäischen Mächte

Mit der Vereinigung Polens durch Ladislaus Ellenlang (s. IV. 2) begann die fast drei Jahrhunderte bis zu den ersten Jahrzehnten des 16. Jh. dauernde Periode, in der Polen eine hervorragende Rolle in der internationalen Politik spielte und sich zugleich ohne Unterbrechung wirtschaftlich entfaltete. In den anderthalb Jahrhunderten vom Tod des Königs Ladislaus Ellenlang bis zum Ausgang des Mittelalters hatte Polen drei bedeutende Herrscher, die es vermochten, den Bedürfnissen des sich entwickelnden Staates, der Gesellschaft und der Nation gerecht zu werden. Es waren Kasimir der Grosse (Kazimierz Wielki; 1333—1370), Ladislaus Jagiello (Władysław Jagiełło; 1386—1434) und Kasimir Jagiello (Kazimierz Jagiellończyk; 1447—1492), die die Kontinuität der politischen Ideologie gewährleisteten und den Staat und die staatliche Macht stabilisierten.

Kasimir der Grosse vollendete das Vereinigungswerk und festigte den Staat im Inneren. Ladislaus Jagiello brach die Macht des Deutschen Ordens. Kasimir Jagiello aber versetzte den Kreuzrittern den endgültigen Schlag und eroberte Pommerellen zurück.

Gemessen daran hatten die Regierungszeiten Ludwigs des Grossen von Ungarn (1370—1382), der sich vor allem mit den dynastischen Angelegenheiten des Hauses Anjou beschäftigte, der Königin Hedwig (Jadwiga; 1384—1399), der künftigen Frau von Ladislaus Jagiello, des jungen Ladislaus des Warnaers (Władysław Warneńczyk; 1434—1440) und Johann Olbrachts (Jan Olbracht; 1492—1501) eher episodische Bedeutung. Bei dem ersten denkt man an das Privileg von Košice, das die Epoche der Adelsprivilegien in Polen einleitete (1374), bei dem zweiten an die unglückselige Schlacht bei Warna (1444), bei dem dritten an die Niederlage in der Moldau (1497), die die polnischen Pläne für einen aktiven Kampf gegen die Türkei durchkreuzte. Ungünstig für die politische Stabilisierung des Landes waren die Interregnen von 1382 bis 1384 und von 1444 bis 1447, die die Schlachta und die Magnaten zur Festigung ihrer Einflüsse nutzten.

Der Ausgang des Mittelalters war eine Zeit, in der sich in fast ganz Europa die Idee souveräner, von den universalistischen Ansprüchen des Kaisertums und des Papsttums freier Nationalstaaten herausbildete, so dass diese Mächte geschwächt wurden. Die Staaten entwickelten sich, die in den folgenden Jahrhunderten die europäische Politik bestimmen sollten. Der französische Staat konsolidierte sich. Es war ihm gelungen, im Verlauf des Hundertjährigen Krieges (1337—1453) die Engländer aus seinem Territorium zu vertreiben. Die Expansion der Habsburger begann. In der nachfolgenden Epoche (s. VI. 1) entwickelte sich die langandauernde habsburgisch-französische Rivalität, die die europäische und damit auch die polnische Politik erheblich beeinflusste. England beschritt den Weg einer günstigen innenpolitischen Entwicklung, um im 16. Jh. als Staat mit wachsender internationaler Bedeutung am politischen Firmament Europas aufzusteigen.

Die östlich Polens vom tatarischen Joch befreiten Gebiete der Rus wurden unter Führung der Moskauer Fürsten zu einem vereinigten Staat zusammengeschlossen. In ihrer Ideologie knüpften sie an das Oströmische bzw. Byzantinische Reich an. Iwan III. (1462—1505), der die Nichte des letzten byzantinischen Kaisers heiratete, nannte sich Kaiser (lat. Caesar, russ. Zar). Es gelang ihm zwar, die östlichen und nördlichen Gebiete zu unterwerfen, aber als starker Konkurrent um die Macht in Russland erwies sich Litauen.

In dieser Rivalität gab Litauen zwar nicht nach, da es aber von dem mächtigeren Ordensstaat bedroht wurde, wandte es sich an Polen, das ebenfalls von den Kreuzrittern bedroht wurde. Die polnisch-litauische Union bot Polen die Grundlage, eine Grossmachtstellung in Europa zu erringen. Als der litauische Grossfürst Jagiello den polnischen Thron bestieg, begründete er die Dynastie der Jagiellonen, eines der mächtigsten Herrscherhäuser in Mitteleuropa. Das Polen Jagiellos besiegte den Deutschen Orden. Die Schlacht bei Grunwald (Tannenberg) 1410 bedeutete einen Wendepunkt. Im Ergebnis des dreizehnjährigen Krieges traten die Ordensritter das Gebiet Pommerellen und die östlichen Teile der Ostseeküste an Polen ab (1466, 2. Frieden zu Thorn). Danach regierten polnische Könige auf dem böhmischen und dem ungarischen Thron. So befanden sich Ende des 15. Jh. ausgedehnte Gebiete von Litauen, Belorussland und der Ukraine über Polen, Böhmen und Mähren bis hin nach Ungarn in den Händen der Jagiellonen. Dieser Zustand konnte nicht lange dauern, denn der expansiven Politik der Jagiellonen widersetzten sich die erstarkenden Habsburger und der Moskauer Staat.

Zur selben Zeit, in der sich das politische Kräfteverhältnis in West-, Mittel- und Osteuropa veränderte, entwickelte sich die türkische Expansion. Nach der Eroberung von Konstantinopel 1453 stiessen die Türken als Vorposten der ausgedehnten islamischen Welt auf den Balkan vor, um bereits in der folgenden Epoche (s. VI. 2) Polen von Süden her direkt zu bedrohen.

Das ausgehende Mittelalter brachte Polen demnach nicht nur viele Erfolge im Kampf um seine Stellung in Europa, sondern entfachte auch Probleme, die in der nachfolgenden Periode zum Inhalt des politischen Lebens wurden, als Polen seine politische Ideologie und seine Kräfte den Bestrebungen der Habsburger, Frankreichs, Russlands und der Türkei gegenüberstellen musste.

Die politische Bilanz des ausgehenden Mittelalters war in Polen nicht eindeutig positiv. Am schwersten wog die Tatsache, dass es nicht gelungen war, die in der Zeit der feudalen Zersplitterung verlorengegangenen West- und Nordgebiete (Westpommern, der Raum Lubusz und Schlesien) ausser kleinen Randgebieten zurückzugewinnen. Polen entwickelte eine Expansion in östlicher Richtung, die auf den Widerstand des Moskauer Staates stossen musste, der alle Gebiete der Rus unter seinen Einfluss bringen wollte. Diese Expansion war der Anfang einer Art des politischen Denkens, die später Jagiellonenideologie genannt wurde. Sie wurde der Piastenideologie gegenübergestellt, die alle Gebiete der Piastenmonarchie zurückgewinnen wollte und empfindlich auf die deutsche Gefahr reagierte.

2. Der polnische Staat, seine Grenzen und seine Politik

Im Verlauf der anderthalb Jahrhunderte dauernden Ständemonarchie erweiterte der polnische Staat seine Grenzen erheblich. Während Kasimir der Grosse zu Beginn seiner Herrschaft über ein Gebiet von rund 100 000 km^2 mit etwa 700 000 Einwohnern regiert hatte, war dieses Gebiet nach der Wiedererlangung Pommerellens dreimal grösser, und die Bevölkerung war auf etwa 2,5 bis 3 Millionen angewachsen. Die Bevölkerungsdichte wuchs daher von ca. 6 auf 8 Einwohner pro km^2. Damit stand Polen etwas unter dem europäischen, aber etwas über dem litauischen bzw. russischen Durchschnitt. Seit der Herrschaft Boleslaus' des Tapferen hatten sich die Einwohnerzahl und die Bevölkerungsdichte mindestens verdoppelt.

Kasimir der Grosse, der die Vereinigung Polens fortsetzte, richtete seine Aufmerksamkeit auf das von den Kreuzrittern eroberte Pommern und Kujawien. Er war jedoch nicht in der Lage, diese Gebiete mit der Waffe zurückzugewinnen, da er auch Schlesien und den Raum Lubusz wiedererlangen wollte und die in Böhmen herrschenden Luxemburger mit den Kreuzrittern verbündet waren. Er wählte daher den Weg diplomatischer Verhandlungen und schloss mit der Dynastie der Anjou ein Bündnis, das durch die 1320 geschlossene Ehe zwischen Kasimirs Schwester Elisabeth (Elżbieta Łokietkówna) und Karl Robert von Ungarn gefestigt wurde. Das Bündnis mit dem Hause Anjou sollte Polens internationale Stellung sichern. Für die Anerkennung der böhmischen Suzeränität in Schlesien, das Herzogtum Świdnica ausgenommen, wirkte Johann von Luxemburg an der Lösung des Konflikts mit den Kreuzrittern mit. Die Kreuzritter gaben 1337 einen Teil Kujawiens (mit Inowrocław) zurück. Unter dem Druck des 1339 in Warschau erlassenen Urteils (Legatsgericht des Papstes Benedikt XII.) gaben die Kreuzritter im „ewigen", siebenundsechzig Jahre währenden Frieden, der 1343 in Kalisz unterzeichnet wurde, ganz Kujawien und das Land Dobrzyń zurück, erkannten die polnische Oberhoheit in Pommern an und zahlten für diese Gebiete Tribut.

Im selben Jahr nahm Kasimir das Gebiet Wschowa ein. Er konnte jedoch nicht damit rechnen, ganz Schlesien zurückzugewinnen. Der mächtige Karl IV., der Nachfolger Johanns von Luxemburg, erliess 1348 einen Akt über die Angliederung Schlesiens an Böhmen. Diesen Zustand musste Kasimir der Grosse anerkennen, als er mit Böhmen in Namysłów Frieden schloss. Bald darauf fiel das Herzogtum Świdnica (1356) ab.

Die nächsten Jahre brachten weitere Revindikationen. 1352 wurde dem polnischen Staat das Gebiet Łęczyca einverleibt, als die letzten Nachkommen des dortigen Herzogshauses verstorben waren. Ein Jahr zuvor wurde Masowien als polnisches Lehen anerkannt, da Polen in der Lage war, es vor den Einfällen der Litauer zu schützen. Kasimir der Grosse unterwarf 1368 Santok und Drezdenko und annektierte den Kreis Wałcz mit Czaplinek und Drawsko. Damit waren die

Pläne verbunden, die er hinsichtlich der Odermündung hegte und zu denen ihn die Grosspolen angeregt hatten. Westpommern war es gelungen, die brandenburgische Oberhoheit abzuschütteln. Die Grosspolen wollten den Thron nach dem Tod Kasimirs des Grossen nicht der Dynastie der Anjou überlassen, wie es das Bündnis mit Ungarn vorsah. Bereits 1343 verheiratete Kasimir seine Tochter Elisabeth mit Bogusław V., dem westpommerschen Herzog von Słupsk und Sławno, der die Oberhoheit des Kaisers nicht anerkannt hatte, und bereitete seinen Enkel Kasimir (Kaźko) von Słupsk darauf vor, den polnischen Thron zu besteigen. Darin drückte sich des Königs ständiges Bemühen aus, Polen einen Zugang zum Meer zu verschaffen.

Kasimirs politische Pläne umfassten auch die Eroberung der Rus, die den Weg zum Schwarzen Meer und damit zur Kontrolle eines wichtigen Handelsweges freigab. Diese Sache wurde dadurch erleichtert, dass sich die Bojaren von Halitsch (Galizien) nach dem Aussterben des Herrscherhauses Romanowitsch mit den Polen verbündeten. Auf diese Gebiete erhoben auch die Litauer und die Ungarn Anspruch, Kasimir blieb jedoch Sieger. Bis 1366 beherrschte er fast das ganze Fürstentum Halitsch-Wladimir mit Wladimir, Lwow, Halitsch, Chełm und Bels.

Unterstützt von den kleinpolnischen Feudalherren und dem am Handel mit Ungarn interessierten Krakau bestieg nach Kasimir dem Grossen Ludwig, der Sohn Karl Roberts von Ungarn, den Thron. Er widmete sich weitreichenden Plänen auf dem Balkan, so dass er nicht daran interessiert war, die Politik Kasimirs fortzusetzen. 1372 gab er alle Ansprüche auf Schlesien auf und verlor auch Santok und Drezdenko. Das mit der grosspolnischen Opposition verbündete Masowien kündigte die Lehnsabhängigkeit, die litauischen Herzöge besetzten das Gebiet Wladimir-Wolhynien, und Ludwig selbst versuchte, die Halitscher Rus von Polen abzutrennen.

In dieser politisch unruhigen Atmosphäre wuchsen die Dezentralisierungstendenzen in den Reihen des Adels. Sechs Jahre lang versuchte der Herzog Ladislaus der Weisse (Władysław Biały) aus der Linie der kujawischen Piasten (s. IV. 1), den Thron zu besteigen. Dazu versuchte er zunächst, die Herrschaft in Grosspolen und Kujawien zu erringen. Jedoch weder er noch Kasimir von Słupsk, der Enkel Kasimirs des Grossen, hatten Aussichten auf Erfolg. Um die Herrschaft seiner Dynastie in Polen zu festigen, war Ludwig der Grosse bemüht, die Feudalherren, die Schlachta und auch die Kirche für sich zu gewinnen. Das Ergebnis war das 1374 in Košice erlassene Privileg, das dem Adel Steuerfreiheit (bis auf 2 Groschen je Hufe) gewährte. Dieses Privileg wurde 1381 auch auf den Klerus ausgedehnt. Die Bemühungen Kasimirs von Słupsk und Ladislaus' des Weissen um den Thron, die Massnahmen der Partei der Anjou und die Rivalität der Feudalherren, begünstigt durch die Schwächung der Zentralgewalt (Ludwig weilte selten in Polen, er regierte mit Hilfe seiner Mutter Elisabeth sowie von Statthaltern und Starosten), waren die Ursache für innere Schwierigkeiten und Wirren, insbesondere in Grosspolen.

Nach Ludwigs Tode sollte seine Tochter Maria mit ihrem Verlobten Sigismund von Luxemburg (dem Sohn Karls IV.), der in der Mark Brandenburg herrschte, den Thron besteigen. Dieser Plan wurde von den einflussreichen Feudalherren nicht gebilligt, die das Thronfolgerecht Hedwig, der jüngeren Tochter Ludwigs, zuerkannten. Als sie nach dem Tod Ludwigs des Grossen 1384 den Thron bestieg, kam der Gedanke auf, sie durch eine Ehe mit dem litauischen Grossfürsten Jagiello zu verbinden. Auf diese Weise sollte die Idee verwirklicht werden, die polnischen Einflüsse im Osten auszudehnen. Sie waren verlorengegangen, als Ludwig die Gebiete der Rus direkt an Ungarn anschloss. Aufgrund des Abkommens in Krewo 1385 wurde Jagiello getauft, nahm den Vornamen Ladislaus an und vereinigte Litauen mit Polen. Er wurde zugleich König von Polen und Grossfürst von Litauen. Nach seiner Taufe 1386 heiratete er Hedwig und wurde zum König von Polen gekrönt.

Da durch die Union ein starker polnisch-litauischer Staat entstanden war, trat eine Wende in der politischen Situation in Europa ein. Ladislaus Jagiello war zwar gezwungen, die Verwaltung Litauens in die Hand seines Vetters Witold zu legen, die wachsenden Bindungen und die politische Einheit wurden dadurch jedoch nicht geschwächt. Angesichts eines solchen Kräfteverhältnisses konnte Polen die Gebiete der Rus zurückerobern, die ungarischen Truppen von dort vertreiben und Ladislaus von Opole (Władysław Opolczyk), einem Vertrauten Ludwigs des Grossen, der eine Aktion mit Sigismund von Luxemburg (seit 1387 König von Ungarn) und den Kreuzrittern gegen Polen geplant hatte, die Lehen abnehmen. Die Kreuzritter kauften Sigismund die Neumark ab (s. IV. 2), um die sich auch Grosspolen bemüht hatte, und erhielten Drezdenko als Lehen. Gleichzeitig bildeten sie eine tödliche Gefahr für Litauen. Nicht ohne Witolds Beteiligung kam es in dem von ihnen seit 1398 besetzten Samogitien (Schamaiten, Schmuden) zu einem Aufstand gegen die Kreuzritter. Der Streit um Samogitien, das den Kreuzrittern vom böhmischen König Wenzel von Luxemburg zuerkannt worden war, an den man sich auch um einen Richtspruch in dieser Sache wandte, war der Anlass zum Krieg, auf den man sich schon seit 1409 vorbereitete. Bei Grunwald, genauer gesagt auf den Feldern der Dörfer Grunwald, Łodwigowo und Stębark, standen sich die polnische Armee mit 29 000 Soldaten, davon 11 000 Mann litauisch-ruthenische Truppen, und das 21 000 Mann starke Ordensheer gegenüber. Die Schlacht am 15. Juli 1410, eine der grössten Schlachten des Mittelalters, endete mit einem Sieg der polnischen Seite. Leider wurde dieser Sieg nicht voll genutzt. Marienburg wurde nicht erobert, auch erhielt Polen nicht alle eroberten Burgen. Die Sieger erhielten nur aufgrund des 1. Friedens zu Thron 1411 das Land Dobrzyń und Samogitien. Die Kreuzritter planten einen neuen Schlag, erlitten jedoch bei Koronowo wieder eine Niederlage, die ihnen der Wojewode von Poznań, Sędziwój Ostroróg, zufügte. Die polnische Diplomatie bemühte sich, der von den Kreuzrittern und Sigismund von Luxemburg betriebenen antipolnischen Propaganda entgegenzuwirken, in der die siegreichen Polen und Litauer als Heiden und die Kreuzritter als Vertreter der Christenheit dargestellt wurden. Höhepunkt dieser Aktion war das 1414 bis 1418 abgehaltene Konzil von Konstanz. Hier hatten die Polen Erfolg, und der damaligen Öffentlichkeit wurde das tatsächliche Bild des Krieges gezeigt. Bei der Darstellung der polnischen Gründe und damit der fortschrittlichen Ansichten zur Regelung der internationalen Beziehungen spielte Paweł Włodkowic, der Rektor der Krakauer Universität (s. V. 4), eine hervorragende Rolle. Er wandte sich u.a. gegen die mittelalterliche Idee der Kreuzzüge, die die Anwendung von Gewalt bei der Bekehrung zum christlichen Glauben begründete, und zog die Daseinsberechtigung des Ritterordens selbst in Zweifel.

DER KRIEG GEGEN DEN DEUTSCHEN ORDEN 1410

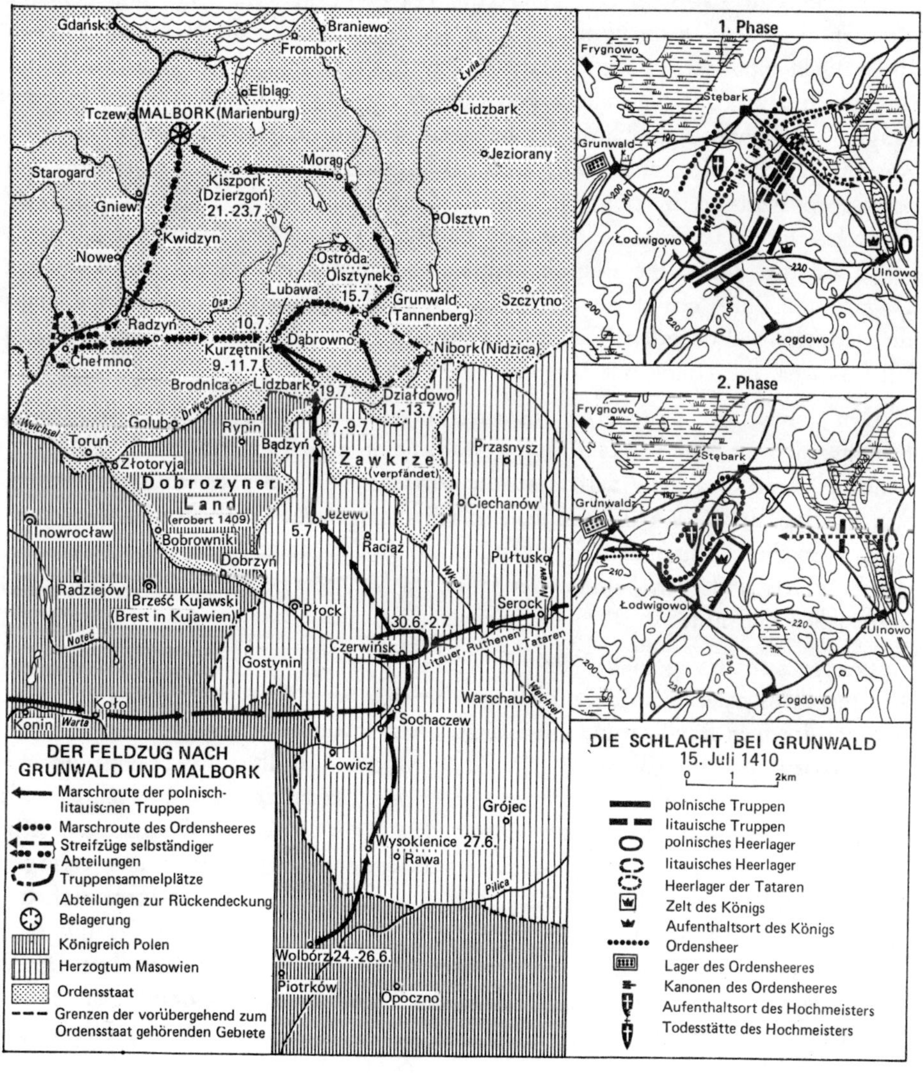

Die Schlacht bei Grunwald beendete die Kämpfe gegen die Kreuzritter noch nicht. Sie dauerten bis zum Frieden zu Brześć in Kujawien (1435) und brachten Polen Pommern und das Kulmer Land nicht zurück. In jenen Jahren waren es jedoch andere Dinge, die die Aufmerksamkeit Jagiellos beanspruchten. Nach dem Ausbruch des Hussitenaufstandes mit stark antideutscher Färbung wurde Jagiello der Thron in Böhmen angeboten. Er lehnte zwar ab, denn er befürchtete, man würde ihm Unterstützung der Ketzer vorwerfen, aber die freundschaftlichen Kontakte zur Hussitenbewegung blieben bestehen, und Böhmen unterstützte den polnischen Kampf gegen die Kreuzritter. Nach einer fast fünfzigjährigen Regierungszeit in Polen starb Ladislaus Jagiello 1434.

Als sein Sohn Ladislaus III. Jagiello der Warnaer (Władysław III. Jagiellończyk Warneńczyk) den Thron bestieg, war er kaum zehn Jahre alt. In seinem Namen übten die kleinpolnischen Herzöge die Regentschaft aus und setzten Jagiellos Politik fort. Nach dem Tode Sigismunds von Luxemburg 1437 stand man erneut vor der Frage, den böhmischen Thron zu besetzen. Er wurde Jagiellos jüngerem Sohn Kasimir Jagiello (Kazimierz Jagiellończyk) angetragen. Durch den Misserfolg des polnischen Feldzugs in Böhmen wurden diese Pläne vereitelt. Nach dem Tode Albrechts von Habsburg 1439 wurde Ladislaus III. auf den Vorschlag Ungarns 1440 auf den ungarischen Thron berufen. So wurde die Personalunion zwischen Ungarn und Polen neu belebt. Ladislaus III. wurde dadurch in einen Krieg gegen die Ungarn bedrohenden Türken hineingezogen. 1444 fiel er in der Schlacht bei Warna, die Union mit Ungarn wurde aufgelöst.

Den polnischen Thron erhielt Kasimir Jagiello, der 1447 gekrönt wurde. Er bemühte sich um eine starke Königsgewalt. Seine Situation war jedoch schwierig, denn die Bedeutung der Adelsklasse, die wirtschaftlich und politisch immer aktiver wurde, stieg. Er war gezwungen, der Schlachta einige neue politische und wirtschaftliche Vorrechte einzuräumen. So musste er z.B. in den Statuten von Nieszawa 1454 den Provinziallandtagen (Sejmiki) der Schlachta das Recht zugestehen, den Landsturm einzuziehen und neue Abgaben festzulegen.

Der grösste Erfolg in der Politik Kasimir Jagiellos war die Wiedererlangung Pommerellens nach dem dreizehnjährigen Krieg. Dieser Krieg wurde voll und ganz von der dortigen Bevölkerung unterstützt, die sich von der Herrschaft der Kreuzritter befreien und die Bindung mit Polen vertiefen wollte. 1440 entstand der Preussische Bund, eine Konföderation von Landadligen und Städten mit Thorn und Kulm an der Spitze. Dieser Bund, der in seinem Konflikt mit dem Orden kein gerechtes Urteil von Kaiser Friedrich III. von Habsburg erlangen konnte, bat Polen um Unterstützung. Der Anschluss aller unter der Herrschaft des Ordens stehenden polnischen Gebiete an Polen am 6. Juni 1454 fiel mit dem Aufstand gegen die Kreuzritter in Preussen zusammen. Polen erklärte dem Orden den Krieg. Er endete mit dem 2. Frieden zu Thorn am 19. Oktober 1466. Polen erhielt Pommerellen, das Kulmer Land und das Ermland, das autonome Dominium der ermländischen Bischöfe. Der Deutsche Orden behielt den östlichen Teil der preussischen Gebiete als polnisches Lehen. Das genügte, damit daraus nach zweieinhalb Jahrhunderten das gefährliche Königreich Preussen entstehen konnte.

Kasimir Jagiello setzte in den Beziehungen zu Böhmen und Ungarn die Politik seiner Vorgänger fort. Nach dem Tode des böhmischen Königs Georg von Poděbrad 1471 übernahm dort Kasimirs ältester Sohn Ladislaus die Regierung, der nach dem Tode von Matthias Corvinus seine Herrschaft auch auf Ungarn ausgedehnt hatte. Als Johann Olbracht 1492 die Regierung in Polen übernahm und sein jüngerer Bruder Alexander Grossfürst von Litauen wurde, wurden Böhmen, Ungarn, Polen und Litauen von Kasimir Jagiellos drei Söhnen regiert. Hedwig (Jadwiga), die Tochter Kasimir Jagiellos und Elisabeths von Österreich (Elżbieta Rakuszanka), heiratete den bayrischen Herzog Georg den Reichen. Ihre Hochzeit fand 1475 in Landshut statt, und ihr Jahrestag wird in der bayrischen Stadt noch heute alle drei Jahre mit einem grossen Volksfest begangen.

Die Herrschaft der Jagiellonendynastie in zahlreichen Ländern Europas dauerte der internationalen Situation wegen nicht lange (s. VI. 1). Nicht diese Tatsache war jedoch für die Geschichte Polens jener Zeit am wichtigsten. Wichtiger waren die Wiedergewinnung Pommerns, die Union mit Litauen und innere Wandlungen, die einen starken, vereinigten, die polnischen Stammgebiete umfassenden Staat entstehen liessen, der Königreich Polen (Królestwo Polskie) oder etwas später Krone des Königreichs (Korona Królestwa) genannt wurde. Das System dieses Staates war die Ständemonarchie. Der König hatte eine starke Machtstellung inne und wurde nicht von den übermächtigen Einflüssen der Schlachta oder der Kirche bedroht. Die Städte spielten eine aktive politische Rolle. Zwar waren die Bauern Leibeigene, doch wurden sie nicht völlig von der Schlachta unterdrückt und wie in der nächsten Periode (s. VI) zur Fronarbeit gezwungen. Adel, Bürger, Bauern und Klerus, die typischen Stände der Feudalgesellschaft, bestanden nebeneinander. Erst in der folgenden Epoche geriet dieses spezifische Gleichgewicht ins Wanken. Die beherrschende Kraft wurde die Schlachta, da sich die Städte in Polen schwächer entwickelten als in Westeuropa.

Der Staatsapparat wurde erheblich verbessert. Die Hauptvertreter der Königsmacht in der Provinz waren bereits seit König Ladislaus Ellenlang (s. IV. 2) die Starosten. Sie wurden in Grosspolen Generalstarosten genannt und traten an die Stelle der ehemaligen Kastellane. Mit der Gerichtsbarkeit, den militärischen, polizeilichen und einigen ökonomischen Kompetenzen wurde ihnen ein grosser Machtbereich in die Hand gelegt. Zur gleichen Zeit wurde die Gesetzgebung geregelt, die bis dahin auf dem Gewohnheitsrecht fusste. An erster Stelle standen hierbei die Statuten Kasimirs des Grossen, der auch den einheitlichen Obersten Gerichtshof nach deutschem Recht in Wawel zu Krakau einsetzte, um Berufungsverfahren vor deutschen Gerichten einzuschränken. Die Angelegenheiten des Heeres und der Schatzkammer wurden geregelt. Geleitet wurde die Staatskasse von einem Beamten, der Kronschatzmeister genannt wurde.

Nach und nach begannen jedoch in diesem Organismus Risse zu entstehen, ausgelöst durch die Anhäufung von Privilegien für den Adel. Von der Zustimmung der Schlachta hing anfangs nur die Königswahl ab, ein noch nicht formal festgelegtes, aber faktisch seit dem Tod Kasimirs des Grossen bestehendes Recht. Nach Anerkennung der Privilegien von Košice 1374 sollte die Auferlegung von höheren Steuern künftig auch von der Zustimmung des Adels abhängen. Die brauchte der König am meisten, denn die Einnahmen waren durch die Aufteilung der Kronlande immer geringer geworden. Das bestehende Landsturmsystem machte den König auch in dieser Beziehung von der Schlachta abhängig. Das Privileg von Czerwińsk 1422 schützte die Schlachta vor einer allzu grossen Einmischung der Starosten, und in den bereits erwähnten Privilegien von Nieszawa (1454) war festgelegt, dass die Aushebung des Landsturms und neue Gesetze von den Provinziallandtagen bestätigt werden mussten. Die Provinziallandtage entwickelten sich im 15. Jh. und schränkten die Macht der Starosten beträchtlich ein. In jener Zeit konstituierte sich auch der Kronrat, dem die höchsten Beamten angehörten. Aus der Verbindung des Rats, der den Namen Senat erhielt, mit der Institution der Adelsversammlungen entstand Ende des 15. Jh. der Sejm, ein Parlament mit Zweikammersystem. Diese Verbindung wurde 1496 vom Landtag in Piotrków bestätigt. Dem Sejm unterstanden die Provinziallandtage, auf denen die Sejmabgeordneten gewählt und örtliche Probleme gelöst wurden. Die Bildung des von der Schlachta beherrschten Sejms war gleichbedeutend mit dem Zusammenburch der Ständemonarchie. Zugleich schränkte die Schlachta die Möglichkeit der Bauern ein, das Dorf zu verlassen, und verbot, Grundbesitz an Bürger und andere Plebejer zu verkaufen.

3. Wirtschaftsleben und Gesellschaft

Die Entwicklungsprozesse des Staates und der Stände in der Feudalgesellschaft standen mit der wirtschaftlichen Entwicklung des Landes in Zusammenhang. Sowohl die landwirtschaftliche als auch die handwerkliche Produktion nahmen zu. Der Binnen- und Aussenhandel entwickelte sich. Die Zahl der Städte und ihrer Einwohner wuchs, und zugleich entwickelte sich die städtische Selbstverwaltung, was sich auf die Entwicklung des Bürgerstandes auswirkte. Ende des 15. Jh. zählte Gdańsk 30 000—35 000 Einwohner, Wrocław etwa 20 000 Einwohner und Krakau ebensoviel. Andere Städte hatten gewöhnlich 2000—6000 Einwohner. Poznań und Toruń nahmen an Bedeutung zu, Warschau begann sich zu entwickeln und überholte das bisher bedeutendere Czersk in Masowien. Im 14. und 15. Jh. wurde 350 Städten in Polen das Stadtrecht verliehen, dabei gab es Ende des 15. Jh. in ganz Polen 500 Städte und Kleinstädte.

Die in allen Klassen und Schichten der Gesellschaft gestiegenen Bedürfnisse waren eine Folge des allgemeinen zivilisatorischen Fortschritts, der wiederum eine zunehmende wirtschaftliche Aktivität der Gesellschaft bewirkte. In Polen wurde dieser Fortschritt nicht wie in Westeuropa durch den „schwarzen Tod", die Pest, unterbrochen, die in der zweiten Hälfte des 14. Jh. die Bevölkerung vieler Länder dezimierte.

Die Gutsbesitzer propagierten weiterhin das Siedlungswesen. Es siedelten sich auch auf eigene Faust Bauern an. Im 14. und 15. Jh. wurden viele Wälder für die Landwirtschaft gerodet. So entstand das Landschaftsbild, das man heute kennt. Besonders intensiv entwickelte sich das Siedlungswesen in den grossen, die Provinzen des Landes teilenden Urwaldgebieten, den Bergvorländern, in Masowien, im Lubliner Land, in Podlasie und in dem den Kreuzrittern gebliebenen Teil Preussens, wo viele hundert Dörfer von den Bewohnern Masowiens gegründet wurden, die dem Gebiet den Namen Masuren gaben. Die hauptsächlich dem niederen Adel angehörenden Siedler wurden auch in die gerade eroberten ruthenischen Gebiete geschickt.

In der Landwirtschaft verbreitete sich die Sense. Neben dem asymmetrischen Pflug wurde weiterhin der Hakenpflug zum Zerkleinern der Scholle verwendet. Die Egge wurde verbessert. Für die Bodenbearbeitung wurden neben Ochsen auch Pferde eingesetzt. Man baute dieselben Pflanzen an wie in der vorangegangenen Epoche (s. V. 4). Gartenbau und Viehzucht entwickelten sich günstig.

Am meisten verbreitet waren Kleinbauernwirtschaften. Typisch aber waren die 15 ha (1 Hufe) grossen Bauernhöfe, die Getreide und andere Pflanzen produzierten und eine ansehnliche Viehzucht betrieben. Im Durchschnitt hatte ein Bauernhof im 15. Jh. drei bis vier Pferde, zwei bis drei Ochsen, zwei bis drei Kühe, 15 Schafe, fünf bis sechs Ziegen und sieben Schweine. Der Hof des Dorfschultheissen war zwei- bis dreimal grösser. Die Höfe der adligen Eigentümer waren 2 bis 4 Hufe gross (30 bis 60 ha). Die Feldarbeiten darauf verrichteten die Bauern, die zu mehreren Tagen Fronarbeit jährlich verpflichtet waren. Ausserdem dingte man zur Arbeit Bauern, sog. Hintersassen, die 2 bis 3 ha grosse unselbständige Wirtschaften besassen. Die Haupteinnahmen des Gutsherrn, des Schlachtschitzen, waren die ständigen Geldabgaben, deren Wert in bezug auf die Geldentwertung und die steigenden Preise fiel. Deshalb beobachteten die Adligen mit Missgunst die immer reicher werdenden Dorfschultheissen. Ihren Einfluss auf die königliche Entscheidung ausnutzend, bewirkten sie, dass einige Erlässe verabschiedet wurden, von denen das 1423 in Warka verkündete Statut am wichtigsten war. Es ermöglichte den Zwangsaufkauf des Schulzenamtes. Sie entledigten sich also ihrer Konkurrenten und bekamen Land zur Erweiterung ihrer Höfe (die sog. Reserve). Zusammen mit dem unbebauten Boden, wovon es in den Dörfern recht viel gab, u.a. weil die Bauern in die aufblühenden Städte verzogen, entwickelten sie sich zu den Fronhöfen. Dieser Prozess ist für das 16. Jh. (s. VI. 4) charakteristisch, begonnen hatte er aber bereits im 15. Jh. Auch wurde die Wochenfron anstelle der Jahresfron eingeführt. Sie betrug durchschnittlich einen Tag in der Woche pro Hufe.

Neben der landwirtschaftlichen Produktion wuchs die Gewinnung von mineralischen Rohstoffen. Handwerk und Industrie entwickelten sich. Im 14. Jh. blühte die Goldgewinnung in Schlesien. Nach und nach nahmen die Bleierzlagerstätten im Raum Olkusz an Bedeutung zu, auch die Technik der Eisenerzgewinnung wurde verbessert. Neben Rasenerzen wurde auch Eisenerz aus der Tiefe gefördert. Zur Zeit Kasimirs des Grossen wurde viel mehr Eisen je Einwohner verbraucht als zur Zeit Boleslaus' des Tapferen. Für die Eisenschmelze wurden kleine Schmelzöfen eingesetzt, deren Blasebälge mit Wasserkraft oder Pferden betrieben wurden. Man bereitete die Erze auch in Eisenhütten auf, deren Leistungsfähigkeit zwei- bis dreimal über der der hand- oder fussbetriebenen Schmelzöfen lag.

Im Handwerk vertiefte sich die Spezialisierung. Die Zahl der Zünfte in den Städten wuchs. Gleichzeitig bildeten sich die ersten Industrieregionen heraus. Das Metallhandwerk entwickelte sich. Die Goldschmiedearbeiten zeichneten sich durch hohe Kunstfertigkeit aus. Diese Erzeugnisse waren im übrigen immer mehr gefragt, insbesondere bei den reich gewordenen Bürgern und den besser gestellten Adligen. Die Waffenherstellung nahm einen Aufschwung, da der Besitz von Waffen auch bei einem Teil der Bauern ziemlich verbreitet war. Zur grundlegenden Rüstung gehörten weiterhin das Schwert, die Armbrust, das Panzerhemd und der Helm. Kurzschwerter und Armbrüste wurden häufiger. Fachleute vertreten die Ansicht, dass die umfassend mit Schusswaffen ausgerüstete Fusstruppe sich vorteilhaft von den Fusstruppen der westeuropäischen Länder unterschieden hat, deren Armeen nicht mehr als 15% Schützen hatten. Die Artillerie kam auf. Janko aus Czarnkowo erwähnte sie erstmals 1383 in seiner Chronik. Die Disproportionen zwischen der höher entwickelten Festungsverteidigung und der weniger wirksamen Belagerung waren durch die Artillerie geringer geworden, wie es sich im dreizehnjährigen Krieg herausgestellt hatte (s. V. 2).

Von den anderen Gewerben, ausser den für den Krieg produzierenden und den Metallhandwerken, nahm die einheimische Rohstoffe (Wolle, Leinen und Hanf) verarbeitende Textilindustrie den ersten Platz ein. Ein Fortschritt in der Webtechnik zeichnete sich ab. Mindestens seit dem 13. Jh. wurde in horizontaler Richtung gewebt, wie es heute noch typisch ist. Ebenfalls wichtig war die Verbreitung der mechanischen Walkmühle bei der Tuchherstellung sowie der Bleichtechnik. Die Tuchweberei entwickelte sich in Schlesien, Masowien, im östlichen Grosspolen und in Kleinpolen. Im 15. Jh. entfaltete sich die grosspolnische Tuchweberei, die der schlesischen Tuchweberei jedoch nicht gleichkam und ausserdem eine grosse Konkurrenz in den importierten Tuchen hatte. Polen war ein wichtiger Abnehmer von Tuchen aus westlichen Ländern, hauptsächlich aus Flandern. Durch Polen führte eine Handelsstrasse in die Rus, nach Ungarn und in andere Länder.

Der grosse Bedarf an Pelzwerk brachte die Entwicklung des Kürschnerhandwerks mit sich. Schuster und andere Vertreter der Lederindustrie befriedigten einen grossen Verbrauchermarkt. Seit Beginn des 15. Jh. wuchs die Papierherstellung besonders rasch. Auch die Arbeiten des Bauhandwerks nahmen an Umfang zu, da mehr als bisher gebaut wurde.

Belebt durch die Zinswirtschaft, d.h. durch die überwiegend auf Geldzins beruhende Feudalrente, weitete sich der Binnenhandel aus. Dieser Handel ging vor allem zwischen Stadt und Land vor sich. Im 15. Jh. begann man, Getreide aus Polen zu exportieren. Mit dem Getreideexport befassten sich die Kaufleute von Gdańsk. Sie kauften das Getreide von der Schlachta, die ihre Güter vergrössert hatte und auch Getreide von den Bauern kaufte. Dieser Handel entwickelte sich jedoch erst in der folgenden Epoche besonders stark (s. VI. 4).

Ausser Getreide und Holz, das nach Westeuropa geschickt wurde, gingen auch andere wichtige Waren als Gegenstände des Fernhandels im Transit durch Polen. Rinder wurden aus der Ukraine nach Westeuropa geliefert. Aus dem Osten kamen chinesische Seiden, aus Westeuropa kam, wie bereits gesagt, das Tuch, aus dem Süden kamen slowakische und ungarische Weine und Kupfer. Ein dichtes Netz von Märkten bildete sich heraus, von denen ein Teil wie Poznań, Gniezno, Lublin, Gdańsk und andere Städte die Funktion internationaler Handelszentren übernahm.

Für den entwickelten Binnen- und Aussenhandel musste Kasimir der Grosse eine Münzreform durchführen. In Polen wurde das System der „dicken" Münze (nummi grossi), d.h. der in Westeuropa verbreiteten Groschenmünze gültig. Da das schnelle Tempo im Wirtschaftsleben einen ständigen Geldmangel mit sich brachte, sank der Wert des Geldes, d.h. der Silbergehalt des Groschens nahm ab.

In der Epoche der Ständemonarchie stellte sich Polen als Land mit leistungsfähiger und vielseitiger Produktion dar. Das Tempo des wirtschaftlichen Wachstums war hoch, höher als in vielen anderen Ländern.

4. Kultur und Gesellschaft. Aufblühen von Bildung und Wissenschaft. Die Kunst

Mit dem Aufblühen des Wirtschaftslebens und den grossen politischen Erfolgen verbesserten sich die materiellen Verhältnisse der polnischen Bevölkerung stark. Weite Bevölkerungskreise beteiligten sich an der Schaffung der Kulturgüter. Trotzdem wurde bereits gegen Ende dieser Epoche die Vorherrschaft der Schlachta spürbar. Sie wirkte sich in Zukunft (s. VI. 4) negativ auf die Beteiligung der Bauern an der Entwicklung der Nationalkultur aus. Die hauptsächlich von der Schlachta und der Kirche repräsentierte elitäre Kultur wurde von der Volkskultur getrennt. Vorerst wurde allerdings der Personenkreis, der mit der christlich-lateinischen Kultur als intellektueller Basis der sich herausbildenden Nation verbunden war, immer grösser. Das betraf hauptsächlich das Bürgertum. Erst Ende des 18. und im 19. Jh. griff man wieder auf die Motive der Volkskultur zurück, um mit ihren teils noch aus vorchristlichen Zeiten stammenden Elementen die Nationalkultur zu bereichern.

Der Anstieg des Lebensstandards bewirkte die Entwicklung der Kultur des täglichen Lebens. Die Ernährung wurde vielfältiger. Neue Grützearten wie Hirse- und Buchweizengrütze kamen auf. In den verschiedenen Klassen und Schichten wurden Heringe zu einem beliebten Nahrungsmittel. Mehr als zuvor wurde der Speisezettel zum Symbol des sozialen Status. Der Unterschied zwischen den höheren und niederen sozialen Schichten drückte sich vor allem durch Menge und Qualität des verzehrten Fleisches aus. Man ass vor allem Schweinefleisch, Rindfleisch und Geflügel. Wild (ausser Kleinwild) wurde etwas Besonderes. Die Esskultur wurde immer raffinierter. So besagte es wenigstens das bekannte Gedicht über das Verhalten bei Tisch „O zachowaniu się przy stole" aus dem 15. Jh., das dem Burggrafen von Poznań Słot zugeschrieben wurde. Jedoch nur in den reichsten Häusern ass jeder von seinem eigenen Teller.

Mit der Entwicklung der Stände wurden die sozialen Unterschiede auch in der Kleidung ausgedrückt. Es bildete sich eine besondere Kleidung für Bauern, Bürger, Adlige und Magnaten heraus. Auf diesem Gebiet brachte das 14. Jahrhundert recht grosse Veränderungen. Die Tunika, ein von Männern wie Frauen getragenes loses Gewand, das für die vorangegangenen Jahrhunderte charakteristisch gewesen war, machte eng anliegenden, mehr die Figur betonenden Kleidungsstücken wie Blusen, Beinkleidern und Gürteln Platz, so dass die Silhouette schlanker erschien. Die Männerkleidung wurde kürzer und unterschied sich von der Frauenkleidung. Damals war sie noch sehr vielfältig. Später entfaltete sich jedoch nur noch die Frauenkleidung, da sich die Rolle der Frau und ihre Stellung in der Gesellschaft gewandelt hatten. Im mittelalterlichen Polen genoss die Frau sowohl in der rechtlichen Sphäre als auch in der gesellschaftlichen Sphäre hohes Ansehen.

Immer mehr Menschen erlangten Grundkenntnisse im Schreiben und Lesen. Die Bedeutung der Schrift, des Dokuments und des handgeschriebenen Buchs im Leben der Gesellschaft wuchs und bewirkte eine beachtliche Entwicklung des Bildungswesens. Die Hauptrolle spielten hier die Pfarrschulen in Stadt und Land. Ende des 15. Jh. gab es mindestens 3000. Jährlich verliessen Zehntausende junge Menschen diese Schulen. Unter den Burschen waren viele Bauernjungen. Weiterhin gab es Domschulen und Ordensschulen mit einem ehrgeizigeren Lehrplan. In Krakau gründete Kasimir der Grosse 1364 eine Universität. Nach der Prager Universität war sie die zweite in Mitteleuropa. Erst ein Jahr später wurde eine Universität in Wien gegründet, noch später entstanden viele berühmte deutsche Universitäten wie z.B. die Heidelberger Universität.

Die Lehrtätigkeit an der Krakauer Universität wurde während der politischen Wirren zur Regierungszeit Ludwigs des Grossen (s. V. 2) unterbrochen. Aber 1400 erneuerte Jagiello die Krakauer Hochschule und legte die Grundlagen ihrer materiellen Existenz. Beträchtliche Mittel steuerte Königin Hedwig bei.

An der Krakauer Universität studierten im 15. Jh. etwa 8000—10 000 aus-

Piastenadler auf dem Schlußstein der Kapelle der schlesischen Herzöge in der Franziskanerkirche in Opole (Mitte des 14. Jh.)

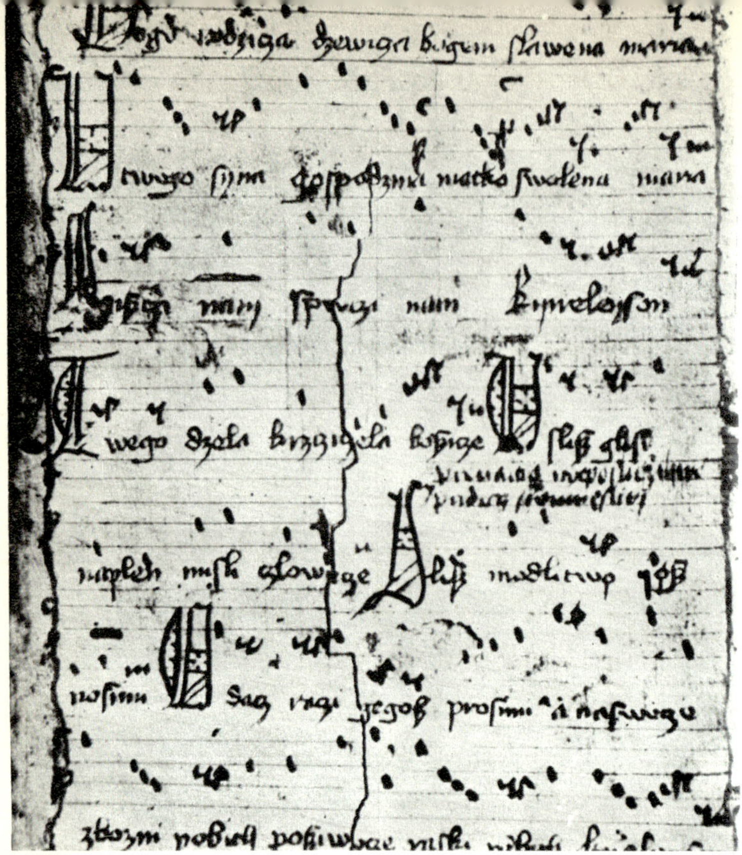

Das Lied von der Gottesgebärerin (Bogurodzica), das älteste überlieferte polnische Lied, das die Ritter vor der Schlacht sangen. Handschrift um 1407

Blatt aus den Predigten *Kazania Świętokrzyskie*, dem ältesten Schriftdenkmal polnischer Prosa (13./14. Jh.)

ländische Studenten. Sie kamen aus Deutschland, Böhmen, Ungarn, aus der Schweiz, aus Skandinavien und Spanien, auch aus Schlesien und dem Ordensstaat (d.h. bis 1466 aus Pommern, Ermland und Masuren), der Ende des 14. Jh. vergeblich versucht hatte, eine Universität in Kulm zu eröffnen. Etwa die Hälfte der Studenten waren Bürger, in geringerer Zahl waren Bauern vertreten.

Eine wesentliche Rolle bei der Entwicklung der Kultur spielten weiterhin die Magnaten als Mäzene. Auf Anregung des königlichen Hofs, der Kirche und der Magnatenfamilien Szamotulski, Odrowąż, Tarnowski, Oleśnicki und Melsztyński entstanden oftmals hervorragende wissenschaftliche Werke. Der Krakauer Bürger Jan Stobner stiftete 1405 der Universität einen Lehrstuhl für Mathematik und Astronomie, zu jener Zeit der einzige in Mitteleuropa.

Die allgemeine Verbreitung von Bildung und Kultur wurde durch das wachsende Interesse am Lesen gefördert. Eben in der zweiten Hälfte des 15. Jh. tauchte in Polen eine Erfindung auf, die eine technische Revolution bedeutete — der Buchdruck. Man nimmt an, dass der älteste bekannte polnische Druck um 1473 in Krakau entstanden ist (Kalender für das Jahr 1474). Aber gedruckte Bücher gab es schon früher in Polen. Sie waren aus dem Ausland eingeführt worden.

Im 15. Jh. entwickelte sich die polnische Wissenschaft. Die polnischen Gelehrten scharten sich vor allem um die neue Universität. Die schöpferischsten Disziplinen waren damals Mathematik und Astronomie, Theologie und Philosophie, die politischen und juristischen Wissenschaften und die Ethik. Zu den hervorragendsten Astronomen und Mathematikern gehörten Benedykt Hesse (gest. 1456), Marcin Król aus Żurawica (um 1426—1460), Mikołaj Wodka aus Kwidzyn (um 1442—1492), Wojciech aus Brudzewo (um 1445—1495) und Marcin Bylica aus Olkusz (1433—1493). Aus dieser damals sehr angesehenen astronomischen Schule ging auch Nicolaus Copernicus hervor, der sich 1491 an der Jagiellonenuniversität immatrikulieren liess.

Hervorragende Theologen und zugleich Philosophen und Vertreter der juristischen und politischen Wissenschaften (diese Gebiete waren damals eng miteinander verflochten) waren u.a. Andrzej aus Kokorzyn, Andrzej Wężyk, Jakub aus Paradyż, Stanisław aus Skalbmierz, Paweł aus Worczyn, Jan aus Ludzisko und Mateusz aus Krakau (1345—1410), einer der bedeutendsten europäischen Theologen jener Zeit und zugleich Organisator und Rektor der Heidelberger Universität. Sie verkündeten fortschrittliche und für die damalige Zeit einzigartige Ideen von der Gleichheit der Völker, vom gerechten Krieg, von einer Kirchenreform im demokratischen Geist und von der Würde des Menschen. Die stärker werdenden neuen Tendenzen trugen dazu bei, dass die Ideen des Humanismus aufgenommen wurden, die in Polen eine gut vorbereitete Grundlage im wissenschaftlichen Schaffen und in der kulturellen Tätigkeit fanden. In Polen wurde das humanistische Gedankengut u.a. von Filippo Buonaccorsi, genannt Kallimach (1437—1496), verbreitet, der aus Italien gekommen war und unter der Obhut des Erzbischofs von Lwow, Grzegorz aus Sanok (um 1407—1477), einem berühmten Kenner der antiken Kultur, stand.

Besondere Aufmerksamkeit verdient die Geschichtsschreibung gegen Ende des Mittelalters. Die bedeutendsten Werke waren die Chronik Jankos aus Czarnkowo, des Vizekanzlers Kasimirs des Grossen, die die Jahre 1370—1384 umfasste, und die Jahrbücher von Jan Długosz (1415—1480) aus dem 15. Jh., die die Geschichte Polens von den sagenumwobenen Zeiten bis zum Jahre 1480 umfassten. Dieses Werk gehört zu den überragenden Leistungen der damaligen europäischen Geschichtsschreibung. Es legt Zeugnis ab von den Anfängen der wissenschaftlichen kritischen Methode und der genetischen Betrachtung historischer Fakten.

Aus dem ausgehenden Mittelalter sind in Polen viele Schriftdenkmäler überliefert. Das Schrifttum wurde im 15. Jh. zweisprachig. Neben Latein wurde auch Polnisch geschrieben. Man schrieb überlieferte religiöse Lieder auf, die die Gläubigen dann zu den liturgischen Zeremonien sangen. Den polyphonen Gesang lehrten anfänglich die Franziskanerkantoren. Im 15. Jh. wurde er von dem hervorragenden Komponisten Mikołaj aus Radom geschaffen. Die erzählende Dichtung entstand, in der manchmal aktuelle Ereignisse festgehalten wurden wie z.B. im Lied über die Ermordung Jędrzej Tęczyńskis „Pieśń o zamordowaniu Jędrzeja Tęczyńskiego" (1461), Moral und Sittenlehren beschrieben wurden wie im Lied vom Brottisch „Pieśń o chlebowym stole" (um 1410) oder satirische Inhalte dargestellt wurden wie im Gespräch des Meisters Polikarp mit dem Tode „Rozmowa mistrza Polikarpa ze śmiercią", einem mittelalterlichen polnischen Gedicht von über 300 Zeilen. Zur polnischen künstlerischen Prosa gehörten die Predigten vom Heiligen Kreuz „Kazania świętokrzyskie" (wahrscheinlich vom Ende des 13. Jh.) und die Gnesener Predigten „Kazania gnieźnieńskie". Das grösste Werk in dieser Gruppe waren die Betrachtungen „Rozmyślania przemyskie" aus Przemyśl, die das Leben von Jesus und Maria darstellten. Auch die Dramendichtung war vertreten, wie das kurze Zeremonienstück „Skarga umierającego" (Die Wehklage des Sterbenden) zeigte. Die Aktivität des kulturellen Lebens wurde auch in der Musik deutlich. Nach wie vor wurden alle Familienfeiern der Bürger, insbesondere der Patrizier, von Musik und Tänzen fahrender Sänger und Spielleute sowie ansässiger Musikanten umrahmt, deren Zahl angewachsen war. Während der Regierungszeit Ludwigs des Grossen (1370—1382) bürgerte sich in Krakau die Sitte ein, ein Turmlied zu blasen. In den Kirchen wurden Orgeln eingebaut und Organisten ausgebildet, obwohl der einstimmige Gesang noch immer typisch für die Kirchenmusik in Stadt und Land war. Hofmusik, religiöse Lieder, Weihnachtslieder (15. Jh.) und weltliche Lieder entstanden. Letztere wurden vor allem von den Scholaren verbreitet.

Im späten Mittelalter war die künstlerische Kultur in Polen auf dem Gebiet der Architektur, der Bildhauerei, der Malerei und des Kunsthandwerks durch die Gotik geprägt. Das Aufblühen der gotischen Architektur zeigte sich darin, dass viele gemauerte Gebäude entstanden. Trotzdem blühte — vor allem auf dem Land — nach wie vor die Holzbauweise. Berühmte Kunstwerke jener Epoche sind die Marienkirche in Gdańsk, die umgebauten Dome in Gniezno und Poznań, die Marienkirche in Krakau, der Dom auf dem Wawel, die Elisabeth- und die Marienkirche in Wrocław und die Elisabethkirche in Świdnica. Die Kirchen wurden vom König, den Magnaten und Geistlichen auf ihren Besitztümern und von den Bürgern gestiftet. Bestimmte Regionen wie z.B. Schlesien, Pommern und Grosspolen schufen in der Architektur ihren eigenständigen gotischen Stil. Nicht nur Kirchen, sondern auch Burgen, Bürgerhäuser und öffentliche Bauten wie z.B. Tuchhallen und Stadtmauern wurden im gotischen Stil erbaut.

Die Kirchen und Magnatenburgen zeugten von der Bedeutung und der Wohlhabenheit ihrer Stifter und Eigentümer. Das wurde von den Bildhauern und Malern bei der Ausschmückung der Bauten noch hervorgehoben. Die Steinmetze schufen Gruften und Grabplatten, die Holzschnitzer Madonnen, Altäre, Kirchengestühl usw. Zu den Meisterwerken jener Epoche in europäischem Massstab zählen der berühmte Hochaltar in der Krakauer Marienkirche, der von dem in Krakau ansässigen Nürnberger Veit Stoss (1477—1489) geschaffen wurde, und die um 1400 bis 1410 entstandene Madonna von Krużlowa.

Das kulturelle, wissenschaftliche und künstlerische Leben hätte sich ohne ständige und lebhafte Kontakte mit den Nachbarländern nicht so intensiv entfalten können. Die neuen Vorbilder kamen durch die deutschen Kolonisten aus dem Osten Deutschlands und später durch ständige Kontakte mit verschiedenen Teilen Deutschlands. Überaus rege waren die Verbindungen zu Böhmen; viele Polen studierten und lehrten an der Prager Universität. Kulturelle Anregungen kamen aus Ungarn, Italien oder Frankreich und schliesslich aus den Ostseeländern über Pommern, das zum Deutschen Orden gehörte, seit 1466 jedoch wieder polnisch war.

Mit vielen wertvollen Errungenschaften gingen der polnische Staat und das polnische Volk in die Neuzeit. Die Entdeckung Amerikas 1492 durch Christoph Kolumbus, eine Entdeckung, die das damalige Weltbild der Europäer beträchtlich erweiterte, bildete den Auftakt dazu.

VI. Kapitel

Polen im Zeitalter der Renaissance und der Adelsdemokratie

1501—1618

1. Allgemeine Charakteristik

Das 16. Jahrhundert, von den Historikern das „goldene Zeitalter" genannt in Zeiten, als man die früheren Jahrhunderte in allzu dunklen Farben sah, war tatsächlich eine Fortsetzung des Aufschwungs in der polnischen Politik, Wirtschaft und Kultur aus der vorangegangenen Epoche. In den Errungenschaften des goldenen Zeitalters lag jedoch bereits der Keim für die späteren Entwicklungsschwierigkeiten. Als Ende des 16. Jh. die seit Jahrhunderten andauernde Entwicklung stagnierte, war das in erster Linie der Vorherrschaft der Schlachta im politischen, wirtschaftlichen und gesellschaftlichen Leben zuzuschreiben. Die Schlachta unterband den Unternehmungsgeist und die kulturelle Betätigung der Bauern und Bürger und liess im Volk keine schöpferischen Kräfte aufkommen. Die Folgen zeigten sich, als die Magnaten, d.h. die mächtigsten Adligen, die aktive mittlere Adelsklasse im 16. Jh. vom politischen Leben ausschlossen (s. VII. 3).

Das 16. Jahrhundert kann dagegen das goldene Zeitalter der polnischen Kultur genannt werden. Polen wurde im Ergebnis bereits früher eingeleiteter Prozesse zu einem führenden Zentrum der Renaissancekultur im umfassenden Sinne. Nicolaus Copernicus (1473—1543), mit dessen Namen die grösste wissenschaftliche Revolution verknüpft ist, verdankte seine ersten Anregungen der bereits seit fast einem Jahrhundert in Krakau tätigen astronomischen Schule, dem ersten Lehrstuhl für Mathematik und Astronomie an der Jagiellonenuniversität. Weitere Schritte auf dem von ihm für das wissenschaftliche Denken abgesteckten Weg waren in der Neuzeit die Entdeckungen Galileis und Newtons. In Polen schrieb Jan Kochanowski (1530—1584) seine Werke. Er war einer der bedeutendsten Dichter im damaligen Europa und Schöpfer der polnischen Literatursprache, der das bereits früher in der polnischen Wissenschaft zutage getretene humanistische Gedankengut weiterentwickelte. Die polnische Kultur strahlte auf viele Länder aus, so auf Litauen, Russland, die Moldau, die Walachei, Siebenbürgen und das Herzogtum Preussen. In diesem Teil Europas war Polnisch die Sprache der Diplomatie. Die fortschrittliche Philosophie der polnischen Arianer (Sozinianer) wirkte sich auf die frühe Aufklärung aus. Die Union Polens mit Litauen wurde auch in hohem Masse durch den starken Einfluss der polnischen politischen und sozialökonomischen Einrichtungen und durch die Anziehungskraft der polnischen Kultur bewirkt.

Die Buchdruckerkunst breitete sich aus, es wurde mehr gelesen. Im 16. Jh. wurden in Polen etwa 4 Mill. Bücher herausgegeben. Das Bildungswesen blühte, eine neue Universität wurde gegründet.

Ein Beweis für die Veränderungen im sozialpolitischen Denken war das schriftstellerische Schaffen von Andrzej Frycz Modrzewski (um 1503—1573), der als einziger europäischer Schriftsteller in seinen Büchern wie z.B. in dem Buch „Von Verbesserung des Gemeinen Nütz" (O poprawie Rzeczypospolitej) die zutiefst demokratische Forderung nach der Gleichheit aller Staatsbürger vor dem Gesetz aufstellte.

Polen war im 16. Jh. ein grosses, dicht besiedeltes Land. Durch die Union mit Litauen war es nach Russland das zweitgrösste Land Europas. Nach 1569 (Lubliner Union) und dem Anschluss Livlands (s. VI. 2) war es als Krone und Grossfürstentum Litauen (Korona i Wielkie Księstwo Litewskie) 815 000 km^2 gross, davon entfielen rund 550 000 km^2 (65%) auf das Grossfürstentum Litauen. Die Bevölkerung zählte etwa 6 Mill. Einwohner, 40% lebten im Grossfürstentum Litauen. Das nationale Territorium wurde vereinigt. 1526 vereinigten sich die Gebiete Lębork und Bytów als Lehen mit Polen. Trotz der Vorschläge des pommerschen Herzogs Bogusław X. aus den Jahren 1513—1518 gelang es nicht, das schon stark germanisierte Westpommern mit Polen zu vereinigen. Masowien wurde der Krone 1529 und Podlasie 1569 angeschlossen. Dann kam die Ukraine hinzu, wodurch die Magnaten der Krone Gebiete für ihre Besitzerweiterung erhielten. Man kann auch sagen, dass gleichzeitig Magnaten ruthenischer Abstammung wie z.B. die Familien Wiśniowiecki, Korecki und Ostrogski politischen Einfluss in der polnischen Adelsrepublik gewannen. Livland und Kurland wurden gemeinsames Gebiet der Krone und Litauens.

Die landwirtschaftliche Produktion stieg. Die Überschüsse wurden im Ausland gern gekauft. Die Fronhöfe hatten sich weit auf dem unbebauten Grund und Boden ausgedehnt und trugen zur Steigerung der Produktion bei. Zwar wurden somit die Produktionsmöglichkeiten der Bauernhöfe eingeschränkt, doch erst in der nachfolgenden Epoche erwies sich dieser Einfluss als negativ für das ganze Wirtschaftsleben. Im Polen des goldenen Zeitalters wuchsen die meisten Städte und wurden reich. Ihre Marktplätze und Strassen zierten neue Renaissancehäuser.

Polen war im 16. Jh. ein Land mit einer hohen politischen Kultur, eine Ausnahme in Europa. Es war ein Land, in dem die Andersgläubigen und politischen Verbrecher nicht verfolgt wurden, in dem es keine Scheiterhaufen gab. Ein beredtes Beispiel dafür waren die Herausbildung der Ideen der religiösen Toleranz in Polen und die Trennung der Religion von der Politik, eine Seltenheit im damaligen Europa. Zwar hielt die Schlachta die Macht immer fester in ihrer Hand, doch wenn man in Betracht zieht, dass ca. 10% der Bevölkerung adlig waren und alle Angehörigen des Adels die gleichen politischen Rechte hatten, ist das ein bemerkenswertes Phänomen. Die Adelsdemokratie war demnach eine Demokratie für einen weit grösseren Prozentsatz der Bevölkerung als nach den Wahlreformen im 19. Jh. Als 1867 in England das sog. zweite Reformgesetz beschlossen wurde, ging die Wählerzahl kaum über 3% hinaus, in Frankreich waren es 1831—1848 mit ca. 1% noch weniger. Selbstverständlich gab es im Adel Standesbarrieren. In den Gesellschaften des 19. Jh. waren es die Vermögensbarrieren, da die politischen Rechte von der Grösse des Vermögens abhingen.

Bis 1572 herrschten die Jagiellonen in Polen: Alexander (Aleksander; 1501—1506), Sigismund I. der Alte (Zygmunt I. Stary; 1506—1548) und Sigismund August (Zygmunt August; 1548—1572). Besonders hinzuweisen ist in diesem Zusammenhang auf die Gattin Sigismunds I., die Königin Bona Sforza, die 1518—1556 in Polen lebte. Sie trat für eine Festigung der königlichen Macht ein und lehnte die Habsburger ab. Dann folgte die Epoche der Wahlkönige. Die Aufzählung beginnt mit Heinrich von Valois (1573/74), der vor allem den französischen Thron erobern wollte. Es folgten Stephan Bathory aus Siebenbürgen (István IV. Bathory; 1577—1586), der hauptsächlich an sein von den Türken besetztes ungarisches Vaterland dachte, und Sigismund III. Wasa (1587—1632), dem der Gedanke an seinen Einfluss auf Schweden die polnische Wirklichkeit verschleierte. Mit den Wahlkönigen wurden die politischen Massnahmen kompliziert, da zu den die polnische Staatspolitik bestimmenden historischen Tendenzen neue, von aussen hereingetragene hinzukamen, die nur zum Teil mit den Anliegen Polens übereinstimmten, meist jedoch das Land in Konflikte hineinzogen, die sich ungünstig auf seine Entwicklung auswirkten.

Obwohl durch die Wahl selbst eine bestimmte politische Linie festgelegt wurde, war nicht gewährleistet, dass der König sie verwirklichte. Die Wahl der Könige Heinrich von Valois, Stephan Bathory und Sigismund III. bedeutete zwar immer ein Übergewicht der gegen die Habsburger gerichteten Tendenzen wie z.B. eine Ablehnung des Konflikts mit der Türkei und gute Beziehungen zu Frankreich, doch die politische Wirklichkeit entstand durch das Aufeinandertreffen der politischen Ideen des Königs mit den von Schlachta und Magnaten vertretenen Tendenzen.

Wie in anderen Ländern Europas nahm auch in Polen das Nationalbewusstsein zusammen mit der Entwicklung des Geschichtsbewusstseins zu. Die sprachliche Gemeinsamkeit bedeutete damals weniger als einige Jahrhunderte später. Ethnisch nicht polnische Angehörige des Adels wurden durch die Zugehörigkeit zu einem gemeinsamen Staat polonisiert. Dasselbe traf auch auf die Schichten des städtischen Patriziats zu, die im Mittelalter aus Deutschland kamen. Genau so rasch assimilierten sich die im 16. Jh. in die polnischen Städte gekommenen Italiener, Schotten, Engländer und andere Ausländer. In den östlichen Gebieten kamen zum Standesunterschied zwischen Bauern und Adel im allgemeinen der Unterschied in der Religion und ausserdem die Tatsache hinzu, dass sich die Adligen als Polen fühlten, während die Bauern ukrainischer, belorussischer oder litauischer Nationalität waren.

Die Renaissancezeit war durch das Aufblühen der polnischen Kultur und die staatlichen Erfolge eine Epoche der Aufwärtsentwicklung der polnischen Nation. Auf diesen Fortschritt hatten die Religionsteilungen in der Zeit der Reformation keinen negativen Einfluss (s. VI. 3). Nur in den Städten Westpolens trug das Luthertum dazu bei, dass sich die ethnische Besonderheit bei den nichtpolonisierten deutschstämmigen Bürgern festigte.

2. Polen im „goldenen Zeitalter" und Europa

Im 16. Jh. waren in der politischen Geschichte des polnischen Staates und der polnischen Nation einige wichtige Ereignisse mit grossen, wenn auch nicht immer positiven Konsequenzen zu verzeichnen. In chronologischer Reihenfolge waren es das Wiener Treffen 1515, der preussische Lehnseid 1525, die Aktivierung der polnischen Politik im Ostseeraum und daraufhin die Teilnahme am siebenjährigen Nordischen Krieg 1563—1570 sowie die 1569 in Lublin geschlossene polnisch-litauische Union. An dem grossen kolonialen Expansionsprozess, einer Hauptströmung in der damaligen Weltgeschichte, die vor allem England, Spanien und Portugal erfasste, war Polen nicht beteiligt.

Durch seine Aktivität wirkte Polen als wichtiger Partner an der politischen Gestaltung Europas mit. Diese aktive Stellung verlor es erst im 18. Jh., als rings um Polen die absoluten Monarchien Preussen, Österreich und Russland immer mächtiger wurden, die Wahlkönige aus den ausländischen Dynastien jedoch, wie bereits festgestellt wurde, dem polnischen Nationalinteresse fern liegende politische Ideologien vertraten (s. VII. 2 und VIII. 2).

Anfang des 16. Jh. herrschte die Jagiellonendynastie mit Sigismund I. und seinem Bruder Ladislaus Jagiello (Władysław Jagiellończyk) in Polen, Litauen, Böhmen und Ungarn, einem grossen Teil Europas. Damit war sie eine starke Konkurrenz für die Habsburger, die die Hegemonie in Europa anstrebten (s. V. 1) und die Herrschaft über Böhmen und Ungarn zu erringen trachteten. Kaiser Maximilian I. (1489—1519) schuf die Grundlage für die künftige habsburgische Macht und gewann durch seine und seines Sohnes Heirat die Niederlande, Spanien und Neapel, wodurch das Fundament für weitere dynastische Erwerbungen gelegt war. Als Maximilian I. 1514 das Abkommen mit Moskau schloss, das seit 1507 gegen das von Sigismund verteidigte Litauen kämpfte und die Kreuzritter unterstützte, die wiederum den Thorner Friedensvertrag aus dem Jahre 1466 anfochten (s. V. 2) und sogar die Oberherrschaft über Gdańsk und Elbląg anstrebten, war eine grosse Gefahr für Polen entstanden. Ausserdem näherte sich der Moskauer Grossfürst Wassili II. dem Hochmeister des Deutschen Ordens Albrecht von Hohenzollern (aus der Linie Ansbach), wodurch die Schwierigkeiten für Sigismund noch grösser wurden. Er war sich sehr wohl der habsburgischen Gefahr bewusst, als er sagte: „Wenn man die Deutschen nur einmal in diese Königreiche hineinliesse, dann wäre es unmöglich, sie ihnen jemals wieder zu entreissen." Daher verbündete er sich 1511 durch seine Ehe mit Barbara Zápolya mit dem mächtigen ungarischen Geschlecht Zápolya und war zugleich bemüht, Maximilians Tätigkeit durch den Abschluss des Vertrags in Wien 1515 zu neutralisieren. Der Vertrag besagte, dass Ludwig, der Sohn, und Anna, die Tochter Ladislaus Jagiellos, die Enkel Maximilians Maria und Ferdinand heiraten sollten, woraufhin den Habsburgern die Möglichkeit erschlossen wurde, den böhmischen und den ungarischen Thron zu besteigen. Maximilian, dem Meister matrimonialer Kombinationen, war die Sache geglückt, da Ludwig 1526 im Kampf gegen die Türken bei Mohács fiel. Im Zusammenhang damit erlangte Ferdinand (der Gemahl Marias) Böhmen und den nordwestlichen Teil Ungarns. Die Habsburger liessen sich in Böhmen nieder, jedoch Ungarn und dann auch die Moldau, gegen die Polen um

Pokutien gekämpft hatte, wurden von den Türken besetzt. Nur Siebenbürgen blieb als Lehnsherzogtum übrig.

Wie viele einflussreiche Politiker wünschte Sigismund I. keinen Krieg mit der Türkei. Übrigens war gerade eine Krise im Konflikt mit dem Ordensstaat eingetreten, wo seit 1511 Albrecht von Hohenzollern regierte, der sich von Polen unabhängig machen wollte und die polnische Souveränität negierte. Dem Angriff des Ordens zuvorkommend, eröffnete er 1519 einen Feldzug gegen Albrecht, wurde aber zwei Jahre später durch eine Intervention des Kaisers Karl V. zum Waffenstillstand gezwungen. Beide Seiten sahen keinen Sinn im weiteren Kampf. Albrecht erwog daher den Plan, aus dem preussischen Ordensstaat einen protestantischen weltlichen Staat zu machen und ihn der Lehnshoheit Polens zu unterstellen. Unterstützt wurde er dabei von dem dort ansässigen deutschen Adel, der vom Orden ausgedehnte Besitztümer erhalten hatte. Günstig für ihn war auch der Sieg Karls V. — seit 1524 Polens Verbündeter — 1525 bei Padua über die Franzosen. Sigismund I. ging also auf Albrechts Vorschlag ein, obwohl er die Anhänger einer bewaffneten Auseinandersetzung, zu denen der Primas Jan Łaski, ein hervorragender polnischer Politiker, gehörte, gegen sich hatte. So kam es am 10. April 1525 zu dem berühmten, auf dem bekannten Gemälde Jan Matejkos verewigten preussischen Lehnseid. Er bedeutete damals einen Erfolg Polens, denn er brachte die moderne weltliche Politik des polnischen Herrschers zum Ausdruck. Aus dem lutherischen Gebiet griffen schnell starke Reformationstendenzen über. Erst durch die Massnahmen der Nachfolger Sigismunds I., d.h. Sigismund Augusts, Stephan Bathorys und Sigismunds III., war eine gefährliche Situation für Polen entstanden, die schon 80. Jahre später zur Gründung des brandenburgisch-preussischen Staates führte. 1563 waren nämlich die brandenburgischen Hohenzollern als Kurfürsten des Kaiserreichs für die Nachfolge in Preussen zugelassen worden, und 1611 wurden ihnen Lehen verliehen, die sie sich nach dem Tode von Albrechts Sohn, dem geisteskranken Albrecht Friedrich, 1618 aneigneten. An dieser Stelle sei daran erinnert, dass sich die Hohenzollern zur gleichen Zeit bemühten, Westpommern, Schlesien und Livland (Lettland und Estland) in ihren Besitz zu bringen.

Die Konzessionen Sigismund Augusts an die Hohenzollern standen mit seinem Kampf um das *Dominium Maris Baltici,* d.h. um die Vorherrschaft im Ostseeraum, im Zusammenhang. Der polnische Adel brauchte die Ostsee, um über die Häfen von Gdańsk und andere Häfen wie Riga landwirtschaftliche Produkte zu exportieren (s. VI. 3). Deshalb war es ein Problem, dass in Livland weiterhin der Schwertbrüderorden (s. IV. 1) bestand. Albrecht wollte durch die Auflösung dieses Ordens seine Herrschaft über die Ostsee ausdehnen. Sigismund August hingegen wollte die Seepolitik entwickeln und war bemüht, Gdańsk der königlichen Macht unterzuordnen. Er baute eine Flotte und unternahm andere Schritte in dieser Richtung. Gleichzeitig wollte er jedoch nicht, dass sich der Orden mit Moskau verbündete. Er unterstützte den Erzbischof von Riga, der die Idee eines Bündnisses mit Litauen gegen den livländischen Hochmeister vertrat, und zwang den Hochmeister 1557, mit Moskau zu brechen. Dadurch wurde Iwan IV. der Schreckliche herausgefordert, 1558 Narwa zu besetzen, das dem Moskauer Staat den Zugang zur Ostsee und zu anderen Städten gewährleistete, und Dänemark und Schweden wurden bewogen, andere Gebiete zu besetzen. Der parallel verlaufende schwedisch-dänische und litauisch(polnisch)-russische Krieg endete 1570 mit einem Frieden zwischen Dänemark und Schweden und einem Waffenstillstand zwischen Polen und Moskau. Jede Seite bekam einen Teil von Livland. Moskau behielt Narwa und das 1563 von Iwan dem Schrecklichen eroberte Polozk. Litauen erhielt Riga und Perniö, Dänemark Ösel, Schweden Nordestland. Livland war der Zündstoff für weitere polnisch-schwedische, polnisch-russische und russisch-schwedische Konflikte. Es sei hinzugefügt, dass der Schwertbrüderorden 1561 aufgelöst wurde. Gotthard Kettler, der letzte Hochmeister, wurde Vasall Polens in Kurland und Semgallen, die übrigen Gebiete wurden 1569 Litauen als dessen und der Krone Kondominium angeschlossen.

Dem Konflikt mit Moskau (s. V. 2) lag seit jeher zugrunde, dass die litauische Expansion auf die Vereinigungsbestrebungen Moskaus stiess. In den Krieg zwischen Moskau und Litauen 1507/08, 1512—1522 und 1534—1537 wurde zum ersten Mal die Krone mit hineingezogen. Die aktivere Seite war der Moskauer Staat. Es gelang ihm, sein Territorium auf Smolensk auszudehnen. Dieser Krieg, in dessen Verlauf eine Annäherung des Moskauer Grossfürsten an Maximilian erfolgte, zwang Sigismund zu Versuchen (Wiener Vertrag 1515), die darauf gerichtet waren, den Kaiser für sich zu gewinnen. Der Krieg endete 1537 mit einem Waffenstillstand, in dem die litauisch-russische Grenze für ein Vierteljahrhundert festgelegt wurde.

Eine neue Situation entstand, als der Sejm in Lublin 1569 eine Union mit Litauen schloss. Nun war ein Vielvölkerstaat — die Rzeczpospolita (*res publica*) — entstanden, der einen gemeinsamen König, einen gemeinsamen Sejm, ein einheitliches Währungssystem und eine gemeinsame Diplomatie hatte. Die einzelnen Verwaltungen, der Schatz und das Heer verblieben jedem dieser Länder. Die Ukraine, die zum Expansionsgebiet für die Magnaten geworden war (s. VI. 1), wurde direkt an die Krone angeschlossen. Somit entstand zwischen Polen und Russland ein zusätzlicher, bald hauptsächlicher Konfliktgrund. Beide Staaten wollten sich die Ukraine einverleiben, während die Ukraine selbst ihre eigenen Ziele verwirklichen wollte. Nachdem dem polnischen Staat durch die Union grosse Gebiete im Osten zugefallen waren, und er dadurch in die Interessensphäre Russlands geraten war, standen die polnisch-russischen Beziehungen in der Aussenpolitik Polens an vorderster Stelle.

In den Beziehungen zu Russland war zur Zeit Stephan Bathorys wieder eine Krisensituation entstanden. Russland hatte in den Jahren 1575—1577 Livland bis zur Düna, ausgenommen Riga und Tallinn, besetzt. Um die russische Expansion in Livland zu bremsen, sah sich Bathory veranlasst, einen Krieg zu beginnen. Er wollte die Interessen der immer grösser werdenden Kreise des verarmten Adels, der im Kriegsdienst materiellen Nutzen suchte, befriedigen und das Interesse des polnisch-litauischen Staates an der Ostsee wahren. Und schliesslich wollte sich Bathory beim Heiligen Stuhl einschmeicheln, um ihn zur Aufnahme eines Kreuzzuges gegen die Türken zu bewegen.

Die finanziellen Mittel für den Krieg bekam Stephan Bathory von Gdańsk (200 000 polnische Złoty) und von Fürst Georg Friedrich von Hohenzollern-Ansbach (200 000 Gulden) für die Vormundschaft über den geisteskranken preussischen Herzog Albrecht Friedrich, den Sohn des 1568 verstorbenen Albrecht. Drei Tage vor Bathory war Maximilian II. von einer Magnatengruppe gewählt worden, den die den Habsburgern feindlich gesinnte Schlachta zum Rückzug zwang. Da Gdańsk Bathorys Wahl nicht anerkannt hatte und die Hafengebühren (das sog. Pfahlgeld) nicht teilen wollte und auch nicht daran dachte, seine privilegierte Stellung aufzugeben, wollte Bathory der Stadt seinen Willen mit Gewalt aufzwingen. Das gelang dem König teilweise und brachte ihm die besagte finanzielle Unterstützung ein.

In drei Feldzügen eroberten Bathorys Truppen 1579 Polozk, Welikije Luki, Cholm und 1580 Woronez und belagerten Pskow, das sich tapfer zur Wehr setzte. Unter dem Einfluss des Papsttums, das auf eine Union mit der griechisch-orthodoxen Kirche gesetzt hatte, und unterstützt von der mittleren Schlachta, die den Krieg ablehnte, sowie unter dem Druck der schwedischen Expansion in Nordlivland wurde 1582 der Waffenstillstand in Jam Sapolski geschlossen. Bereits 1581 jedoch besetzte Polen aufgrund der Inkorporationsakte Livland bis Perniö und Dorpat und — für Litauen — das Polozker Land. Das bedeutete, dass die erste Phase des Kampfs um das *Dominium Maris Baltici* zwischen Polen, Schweden und Russland mit einem grossen Erfolg für Polen endete.

Die zweite Phase dieses Kampfes zwischen Polen und Schweden, die mit der Ankunft von Sigismund III. Wasa in Polen begann, war am Anfang ebenfalls erfolgreich. Sigismund III., seit 1587 König von Polen, strebte nach dem Tode seines Vaters Johann III., des Königs von Schweden (1592), eine Personalunion mit Schweden an. Ständig von der protestantischen Opposition bedroht, bestand sie formal bis 1598, als Sigismund III. nach einem misslungenen Feldzug nach Schweden vom schwedischen Reichstag entthront wurde. Als Antwort darauf inkorporierte der polnische Sejm 1600 das von den Schweden besetzte Nordestland. Der Krieg brach aus. Während das von den Schweden belagerte Riga verteidigt wurde, errang Jan Karol Chodkiewicz bei Kircholm 1605 einen grossartigen Sieg, und der Starost von Puck, Jan Wejher, erzielte bei Hel 1606 einen grossen Erfolg, so dass eine schwedische Diversion in diesem Gebiet unmöglich geworden war. Die Kämpfe ebbten langsam ab, da beide Staaten in einen Krieg gegen Russland, den gemeinsamen Rivalen, verwickelt wurden.

Sigismund III. wollte sich für die Misserfolge in Schweden entschädigen. Dazu nutzte er die Interessen der verarmenden Schlachta („der sich vermehrenden Söhne der Krone", wie Piotr Grabowski 1595 schrieb, der Pläne für die Ansiedlung der Schlachta in der Ukraine schmiedete, damit sie Einnahmen „ihrem Ritterstande gemäss" hätte) und der eine Expansion nach Osten anstrebenden Magnaten aus und zog Polen in einen für Staat und Nation schädlichen Krieg gegen Russland. Er machte die Chance eines konkreteren Abkommens zunichte, die 1600 durch den Abschluss des zwanzigjährigen Waffenstillstands angedeutet worden war. Den Vorwand für den Einmarsch lieferten die Ansprüche des „Falschen Demetrius", des angeblich geretteten Halbbruders des kinderlos verstorbenen Zaren Fjodor, nach dem Boris Godunow die Macht im Kreml übernommen hatte. Diese Aktionen aber wurden durch innere Schwierigkeiten Russlands erleichtert. Ungeachtet der Meinung weiter Adelskreise und der Warnungen von Politikern (u.a. Jan Zamoyski, Stanisław Żółkiewski und Jan Karol Chodkiewicz) unterstützte Sigismund III. inoffiziell die draufgängerischen Magnaten Konstantin und Adam Wiśniowiecki aus der Wojewodschaft Kiew und den Wojewoden Jerzy Mniszech aus Sandomierz, die zur Verteidigung der „Rechte" des Falschen Demetrius einen Feldzug nach Moskau geplant hatten und Demetrius 1605 auf den Zarenthron verhalfen. Offiziell hingegen liess sich Sigismund III. entgegen der Ansicht der Schlachta, die mit Moskau Frieden wünschte, 1609 auf einen Krieg gegen Russland ein, als nach einem vorübergehenden Erfolg Demetrius', der 1606 ums Leben kam, in Moskau Unruhen unter der Bevölkerung ausbrachen und die Bojaren Wassili Schuiski 1606 auf den Zarenthron setzten. Nach dem Sieg bei Kluschino 1610, den Stanisław Żółkiewski errang, wurde Schuiski abgesetzt. Anwärter auf den Zarenthron wurde der Sohn Sigismunds III., der Kronprinz Ladislaus IV. (Władysław IV.). Sigismund III. nutzte die Möglichkeit für eine Beendigung des Konflikt nicht aus, sondern schürte die wachsende Abneigung gegen die polnische Intervention in Russland. Die polnische Besatzung im Kreml wurde zur Kapitulation gezwungen, und die Adelsversammlung wählte 1613 Michail Romanow zum Zaren, der die Dynastie der Romanows begründete, die bis 1762 regierte. Den Namen Romanow nahm die verwandte Oldenburger Linie an, die bis 1917 regierte. Trotz scharfer Proteste der Schlachta, die den Krieg gegen Russland „einen grossen Schaden und eine Schande für unser Volk" nannte, unternahm Sigismund III. 1617/18 einen Feldzug, um die Rechte Ladislaus' auf den Zarenthron zu erzwingen. Da der bei Kluschino siegreiche Stanisław Żółkiewski es ebenfalls abgelehnt hatte, sich an diesem Feldzug zu beteiligen, endete er mit einem Misserfolg. Der Anfang 1619 im Dorf Deulino geschlossene Waffenstillstand sollte bis 1633 dauern. Dieser Feldzug brachte Polen das Gebiet von Smolensk, Tschernigow und Sewersk von insgesamt 75 000 km² ein. Damit war aber auch die Intervention zusammengebrochen und ein Wendepunkt in der polnischen Ostexpansion erreicht. Im Waffenstillstand wurden die Ansprüche Ladislaus' auf den russischen Thron nicht berücksichtigt. Gleichen Inhalts war der 1634 an der Poljanowka geschlossene Friedensvertrag. Er brachte beiden Ländern einen langjährigen Frieden, der erst durch den Streit um die Ukraine gestört wurde

(s. VII. 2). Gesondert sind die misslungenen Expansionsversuche in Richtung Moldau und Walachei zu erwähnen, die 1616 durch die türkische Eroberung dieser Gebiete unterbrochen wurden.

3. Der Kampf um die Macht. Die Entwicklung der politischen Ordnung des Staates. Die Reformationsbewegung und ihr Zusammenbruch

Die grosse internationale Aktivität wäre nicht ohne einen funktionstüchtigen Staat möglich gewesen. Als solchen kann man mit einigen Vorbehalten den polnischen Staat im 16. Jh. bezeichnen. Grosse Erfolge wurden bei der inneren Zentralisierung des Staates erreicht. Ausdruck dafür waren u.a. die 1506 erlassene, nach dem Kanzler und späteren Erzbischof von Gniezno Jan Łaski „Statut Łaskiego" genannte Gesetzessammlung, des weiteren die Übertragung polnischer Rechte auf die Herzogtümer Oświęcim und Zator 1564, die Übernahme des Kronrechts in Masowien und Pommerellen und die Angleichung des litauischen Rechts an das Kronrecht, insbesondere im sog. III. Litauischen Statut 1588. Der Begriff Krone (*Corona Regni Poloniae*) verbreitete sich nach der Vereinigung mit Litauen und wurde während der territorialen Zersplitterung zur Bezeichnung für die historische Bindung der zersplitterten Gebiete gebraucht. Das Symbol dieser Bindung aber war die Königskrone.

1528 wurde eine Münzunion des Königlichen Preussens und des Herzogtums Preussen mit Polen vollzogen, und 1569 wurde das Münzsystem Litauens und der Krone einander angeglichen. Immer mehr wurde mit dem in 30 Groschen aufgeteilten Złoty gerechnet und nicht wie zuvor in Grzywna. Die sog. dicke Münze (Silbertaler und Golddukaten) wurde eingeführt.

Die Hauptvertreter der Macht waren der König und die wirtschaftlich erstarkte mittlere Schlachta. Die Schlachta war wirtschaftlich und politisch aktiv, und so wurde sie auch von Europa gesehen, wo die Bedeutung der verschiedenen Gruppen des neuen Adels wuchs (die *gentry* in England, die *hidalgos* und *caballeros* in Spanien, die *dworjanje* in Russland, die *noblesse de robe* oder die *gentilshommes campagnards* in Frankreich usw.). Die Schlachta beschränkte die Einflüsse der Magnaten bzw. der Aristokratie. Das Privileg von Mielnik 1501, das die Macht in die Hand des Senats legte, blieb auf dem Papier. Dafür erhielt die Schlachta selbst zahlreiche Privilegien. Das wichtigste war die sog. Verfassung *Nihil novi*, die bestimmte, dass von jetzt an ohne Zustimmung der Abgeordnetenkammer „nichts Neues" in den für Staat und Gesellschaft wichtigen Angelegenheiten festgelegt werden durfte. Somit hatte sich ein Sejm herausgebildet (s. VI. 2), der von nun an aus der Abgeordnetenkammer, dem Senat und dem als „besonderer Faktor" behandelten „König im Sejm" bestand. Nach der

Lubliner Union waren in der Abgeordnetenkammer 170 Abgeordnete, davon 48 aus Litauen, vertreten, die auf etwa 70 Provinziallandtagen gewählt worden waren, an denen die gesamte Schlachta des betreffenden Gebiets teilnehmen konnte. Auch wurde das Einstimmigkeitsprinzip in der Abgeordnetenkammer festgelegt, denn die Abgeordneten wurden als Repräsentanten der Provinzen und nicht als selbständige Mitglieder der Kammer behandelt. Dieses Prinzip wurde jedoch nicht immer gewissenhaft eingehalten. Erst in der nachfolgenden Periode (s. VII. 3), als die Magnaten versuchten, die Abgeordnetenkammer für ihre Ziele auszunutzen, setzte sich das berüchtigte *liberum veto* (das freie „ich gestatte nicht") allgemein durch.

Die Schlachta verband ihr Streben nach politischen Rechten mit dem Programm staatlicher Reformen. Das bedeutete Kampf um die Einhaltung des von den Magnaten nicht befolgten Rechts. Es ging auch darum, die Rechte der Kirche zu beschneiden. Das gegen die Aristokratie gerichtete Programm der Schlachta wandte sich auch gegen die Versuche, die Königsmacht zu festigen. Infolgedessen bewirkte der Zwiespalt zwischen den Programmen der Schlachta, des Königs, seiner Beratergruppe und der Magnaten, dass keine wirklichen Erfolge erreicht wurden, obwohl alle den Willen geäussert hatten, Verbesserungen auf verschiedenen Gebieten des staatlichen Lebens einzuführen. Ein zusätzliches Element der Desintegration bestand darin, dass sich mit der geringer gewordenen Bedeutung des Landsturms die vom König in hohem Masse unabhängige Macht des Hetmans herausbildete.

Die folgenden Etappen des Kampfes der Schlachta um Privilegien und Reformen waren der Aufstand 1537, der Sejm 1562/63, die Interregnen 1572/73 und 1574/75 sowie die Bestätigung der sog. Heinrichschen Artikel (*Articuli Henriciani*) und der sog. *Pacta conventa,* die Gründung des Krontribunals 1578 und schliesslich der Zebrzydowski-Aufstand 1606 bis 1609.

Als sich die Schlachta 1537 unter Führung Mikołaj Taszyckis und Walenty Dembińskis versammelte, erzwang sie von Sigismund I. die Erklärung, dass der Verfassungsgrundsatz des *Nihil novi* eingehalten werden müsse. In der folgenden Etappe zur Durchsetzung der Rechte (Exekutivbewegung) unter Sigismund August und Stephan Bathory war die Schlachta im Kampf erstarkt, und ihre erfahrenen Vertreter wie Walenty Dembiński, Mikołaj Sienicki, Hieronim Ossoliński und Rafał Leszczyński übernahmen die Führung. Als Theoretiker der Bewegung für eine Verbesserung der Adelsrepublik traten Andrzej Frycz Modrzewski und der Kanzler und Krongrosshetman Jan Zamoyski hervor. Ähnlich wie der Aufstand 1537 bedeutete auch der Sejm von 1562/63, dass sich der König den Forderungen der Schlachta fügte. Auf den vorangegangenen Sejms hatte Sigismund August den Ton angegeben. So war es auch 1550 gewesen, als er seine Geliebte, Barbara Radziwiłł, krönte, mit der er sich gegen den Willen der Schlachta vermählt hatte, die den zunehmenden Einfluss der litauischen Magnaten fürchtete. Auf dem Sejm 1562/63 erschien er in Adelstracht und wirkte mit an der Annahme des

Gesetzes über die Revindikation der Krongüter, d.h. der Rückgabe der nach 1504 verteilten königlichen Güter, und über die Aufhebung der Pflicht, dass die Urteile der geistlichen Gerichte von der weltlichen Macht zu vollstrecken waren. Auch wurden gewisse Änderungen in der Besetzung höherer Ämter vorgenommen, um zu vermeiden, dass sie in einer Hand vereinigt wurden. Es handelte sich hierbei um das Inkompatibilitätsprinzip, um das die Schlachta schon zu Beginn des 16. Jh. gekämpft hatte. Auch wurde beschlossen, ein ständiges Heer einzurichten, das aus einem Viertel der Einnahmen der königlichen Güter besoldet und „Viertelsheer" (wojsko kwarciane) genannt wurde. Die königlichen Güter wurden zu einer Art Staatsgut. Für die Bedürfnisse des Hofes wurde ein Teil, die sog. Ökonomie, abgetrennt. Die polnische Schlachta war der am wenigsten besteuerte Adel in Europa. Ihre Hauptsteuer, die sog. ordentliche Hufesteuer, die seit der Zeit Ludwigs des Grossen bestand, und die ausserordentliche Hufesteuer, d.h. die Erhebung von 30 Groschen, dem Wert von ein bis zwei Mass Getreide, waren auf die Bauern abgewälzt worden. Der König unterhielt auch ein Heer. Es war in der Ukraine stationiert und zählte 3000 Soldaten. Unter Bathory entstand die ausgehobene Infanterie mit etwa 2000 Soldaten, Bauern von den königlichen Gütern. Von den Steuern mussten nach der Lubliner Union das Söldnerheer, d.h. die im Dienst der Adelsrepublik stehenden registrierten Kosaken, und die 1561 gegründete reguläre staatliche Marine bezahlt werden. Um die Entwicklung der Seestreitkräfte bemühte sich die 1568 gegründete Seekommission. Doch der Widerstand der Stadt Gdańsk und die Befürchtungen der Schlachta, dass die Macht des Königs zu gross würde, hemmten diese Entwicklung.

Während des Interregnums bildete sich das Prinzip der freien Wahl, der *Electio viritim,* heraus, an der jeder Schlachtschitz teilnehmen konnte und musste. Dieses Prinzip wurde wie das Einstimmigkeitsprinzip bei Beratungen bald zu einem Mittel, das von den Magnaten ausgenutzt wurde. Bereits damals wurde eine Auflösung des Reformlagers offenkundig. Viele hervorragende Vertreter des Adels wie z.B. Jan Zamoyski, die Familien Ossoliński und Leszczyński waren reich geworden und wechselten ins Lager der Magnaten über.

Die Magnaten zogen letztlich Nutzen aus den Heinrichschen Artikeln, d.h. aus den Grundsätzen, die zu wahren der König verpflichtet war. Zum ersten Mal wurden sie 1573 Heinrich von Valois vorgelegt, der bald darauf heimlich Polen verliess, um, wenn auch nur für kurze Zeit, die Regierung in Frankreich zu übernehmen. Sie wiederholten die bisherigen Errungenschaften der Schlachta, darunter auch die Religionsfreiheit, noch mehr jedoch schränkten sie die Königsmacht ein. Bemerkenswert war die Möglichkeit, dem König den Gehorsam zu verweigern (*Articulus de non praestanda oboedientia*). Während die Schlachta die Macht des Königs schmälerte, stand sie selbst der wachsenden Macht der Magnaten allein gegenüber (s. VII. 3). Die Einberufung des Krontribunals, d.h. des höchsten Gerichts, das bisher dem König vorbehalten war und nun in die Hand der auf den Provinziallandtagen gewählten Schlachta gelegt wurde, bedeutete noch eine

Das Königsschloß auf dem Wawel in Krakau

Kasimir Jagiello (1447–1492). Teilansicht der 1492 von Veit Stoß geschaffenen Skulptur am Grabmal im Waweldom

Teilansicht des Sarkophags von Kasimir Jagiello

Kasimir Jagiello empfängt preußische Gesandte. Miniatur in einem Meßbuch, das zum Schatz des Waweldoms gehört (1496)

Der Wawel zur Zeit der Jagiellonen auf einer Ansicht von Krakau. Kupferstich von Matthäus Merian d.Ä. (um 1620)

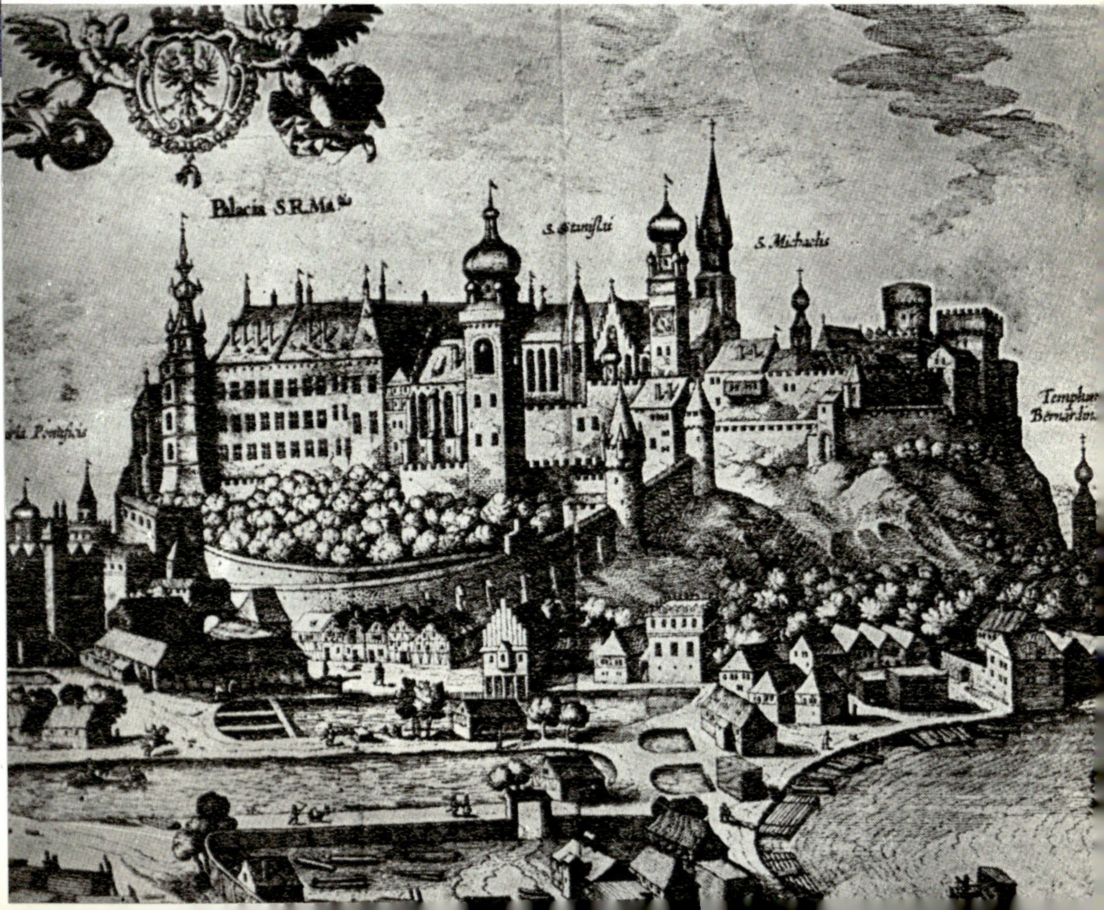

1477–1489 von Veit Stoß geschaffener spätgotischer Hauptaltar in der Marienkirche zu Krakau

Madonna von Krużlowa, eine der vielen sog. schönen Madonnen, die Ende des 14., Anfang des 15. Jh. entstanden. Gotische Holzschnitzerei (um 1410)

Polychrome Malereien in der spätgotischen Pfarrkirche in Dębno (1500)

Die Schlacht bei Orsza 1514. Ausschnitt aus dem Gemälde eines unbekannten Malers

Der Waweldom in Krakau. In seinen Grüften ruhen polnische Könige.

Kuppel der Sigismundkapelle auf dem Wawel (um 1525), plastische Dekoration von Bartolommeo Berrecci und Giovanni Cini

Teilansicht der Sigismundkapelle mit den Grabmälern polnischer Könige: der Sarkophag Sigismunds des Alten (1505–1548), ein Werk Bartolommeo Berreccis (um 1530), und der Sarkophag Sigismund Augusts (1548–1572), ein Werk Giovanni Maria Padovanos (um 1574)

Die Abgeordnetenkammer, der ehemalige Thron- und Sejmsaal, im Königsschloß auf dem Wawel in Krakau. Seine Zierde sind die Arazzi genannten Brüsseler Wandteppiche Sigismund Augusts, der gemalte Fries (1532) und die Kassettendecke.

Salzbergwerk-
museum
in Wieliczka.
Göpelwerk aus dem
17. Jh., mit dem das
abgebaute Salz
gefördert wurde

Förderung und
Gewinnung von
Salz im Bergwerk
von Wieliczka.
Ausschnitt aus
einem Stich von
J. Nilson nach einer
Zeichnung von
J.G. Borlach

Hüttenarbeiter bei
der Arbeit (16. Jh.).
Stich aus dem Werk
„De re metallica
libri XII" von
Georgius Agricola

Burg der Piastenherzöge in Brzeg. Teil des Fassadenfrieses am Torgebäude mit Büsten der Piasten

Miniatur des Renaissancemalers Stanisław Samostrzelnik (um 1485–1541) aus „Lebensläufen der Erzbischöfe von Gniezno" (um 1534)

Jagiellonenuniversität in Krakau. Innenhof des Collegium Maius (15. Jh.)

Nicolaus Copernicus (1473–1543), Astronom, Mathematiker, Wirtschaftswissenschaftler, Arzt und Begründer des heliozentrischen Weltsystems. Sogenanntes Toruńer Porträt (16. Jh.)

Jan Brożek (1585–1652), Mathematiker, Astronom und erster Erforscher der Geschichte der Wissenschaft in Polen. Ölgemälde eines unbekannten Malers

Gewölbe in der Marienkirche in Gdańsk (15./16. Jh.)

Bilder aus dem Leben der Bürger: Werkstatt eines Krakauer Schwertschmieds sowie Glockengießer. Miniaturen aus der Handschrift Balthasar Behems, einer illuminierten Handschrift der Statuten und Zunftprivilegien der Stadt Krakau aus dem Jahre 1505

Renaissancerathaus in Poznań, umgebaut von Giovanni Battista Quadro (16. Jh.)

Jan Kochanowski (1530–1584), Schöpfer der polnischen Literatursprache und berühmtester polnischer Dichter der Renaissance. Büste am Grabmal in Zwoleń

Mikołaj Rej (1505–1569), „Vater der polnischen Literatur". Holzschnitt eines unbekannten Meisters

Renaissancerathaus in Szydłowiec

Realisierung der Forderungen der Exekutivbewegung und eine Tendenz zur Modernisierung des Staatsapparats. Der Zebrzydowski-Aufstand machte bereits klar, dass die mittlere Adelsschicht ihren Einfluss im Sejm verloren hatte und eine neue Parole suchte. Sie lautete: „Nicht Exekution der Rechte und Revindikation der Güter, sondern Verteidigung der erkämpften »goldenen Freiheit«, die es der Schlachta gestattete, ausserhalb des Sejms politisch zu wirken." Das Programm des Aufstands war der Kampf gegen die Bestrebungen des königlichen Lagers um die Festigung der Macht, der Kampf gegen die Verbindung mit den Habsburgern, mit Rom und den Jesuiten, gegen die Gegenreformation der Kirche. Die Empörung zeigte, dass sowohl die Schlachta als auch das Magnatentum, das bisher mit den Parolen der goldenen Freiheit gefochten hatte, gegen die Festigung der königlichen Macht auftraten. Zugleich war aber das Magnatenlager nicht imstande, ein gemeinsames positives Programm aufzustellen. Die Niederlage der Aufständischen bei Guzów 1607 bedeutete einen Sieg für die Linie der Magnaten und der Gegenreformation und den Verzicht des Königs auf weitere Versuche, seine Macht zu festigen.

Die kurz skizzierten stürmischen Kämpfe um Macht und Einfluss im Staat waren eng mit der mächtigen Bewegung der Reformation und Gegenreformation verbunden. Die Reformation entstand aus der bereits früher zutage getretenen Kritik an der Kirche (z.B. die Hussitenbewegung). Formal nahm sie mit den 95 Thesen Martin Luthers vom 31. Oktober 1517 in Wittenberg ihren Anfang und breitete sich im 16. Jh. bei einem Teil der Schlachta und des pommerschen Bürgertums aus.

Die Reformation des polnischen Adels war recht oberflächlich. Sie war vor allem ein Instrument für die Kritik an der Kirche und ihrem wachsenden Reichtum. Da die Adelseinkünfte bedroht waren, bot die Reformationsbewegung Gelegenheit, den lästigen Kirchenzehnt abzuschaffen. Dagegen wurde nicht so nachhaltig wie im Westen die Forderung gestellt, die Güter der Kirche zu konfiszieren, da man verhältnismässig viel Boden hatte.

Die neuen Reformationsströmungen und die schrittweise Ausbreitung der neuen, von Rom unabhängigen Konfessionen wurde durch die liberale, intellektuelle Atmosphäre am Königshof, an den Magnatenhöfen und sogar an den Bischofshöfen begünstigt. Die Aufnahme der neuen Ideen bedeutete in diesen Kreisen und später auch in weiten Adelskreisen die Demonstration einer modernen weltoffenen Einstellung. Nicht immer führte das zum Bruch mit der Kirche, sondern drückte nur die innere Kritik an der Kirche und ihrer Politik und den bereits erwähnten ökonomischen Faktor aus. Anders sah die Sache bei der Stadtbevölkerung und bei den Bauern, insbesondere bei den armen Schichten, aus, die oft einen sozialen Protest zum Ausdruck brachten, wenn sie sich auf die Seite der Reformationsbewegung stellten. Solche Proteste waren der Aufruhr von Gdańsk 1525/26 und die Bauernaufstände im preussischen Ordensstaat (Samland) 1525, die vom Patriziat und der Schlachta, unabhängig von ihren religiösen Überzeugungen, grausam niedergeschlagen wurden. Daran war deutlich sichtbar, dass die Konfession den oberen Gesellschaftsschichten lediglich als Instrument diente.

In Polen fanden die Anabaptisten (Wiedertäufer) sicheren Schutz. Es waren holländische Bürger, die es verstanden, den Boden trocken zu legen. Dasselbe galt für die Böhmischen Brüder. Von Ferdinand nach blutigen Unruhen aus Prag vertrieben, kamen sie in Scharen 1548—1551 nach Polen und siedelten sich vor allem in Grosspolen an, wo sie viele Anhänger fanden. Polen war eine Art Asyl für Verfolgte. Der Kalvinismus fand Mitte des 16. Jh. die zahlreichsten Anhänger. Hauptsächlich nahm ihn die kleinpolnische Schlachta an, weniger die grosspolnische Schlachta. Der Protestantismus kam früher als der Kalvinismus nach Schlesien, Grosspolen und Pommern. Ihm schlossen sich die Angehörigen der reichen Familien Górka, Leszczyński und Ostroróg an.

Der grösste Erfolg der polnischen Reformation bestand darin, dass mit den Polnischen Brüdern (Arianer, Sozinianer) eine polnische Konfession entstand, deren Doktrin unmittelbar die Philosophie und das soziale Denken der europäischen Aufklärung beeinflusste (s. VIII. 5). In dieser Doktrin negierten die Polnischen Brüder in der theologischen Sphäre das Dogma von der heiligen Dreieinigkeit (Antitrinitarismus) und betonten nachdrücklich die Würde und die Freiheit des Menschen, womit sie im Widerspruch zu den Grundsätzen des Feudalismus standen. Aus ihrer Doktrin zogen viele Menschen radikale soziale Schlussfolgerungen (Pazifismus und Anfänge des Gleichheitsgedankens). Sie waren für religiöse Toleranz und für die Begrenzung der Einmischung des Staates in religiöse Angelegenheiten.

Die katholische Kirche ging recht schnell zum Kampf gegen die Reformation über und führte gleichzeitig Reformen durch, die ihr eine geschlossenere Organisation gewährleisteten. In den Plänen der Kirche, die das geistige Leben der Gesellschaft in neuer Form kontrollieren wollte, sollten die zentral vom Papst kontrollierten Orden eine grosse Rolle spielen, insbesondere der seit 1540 tätige, die Gesellschaft Jesu genannte Jesuitenorden. Nach Polen hatte sie der ermländische Bischof Stanislaus Hosius geholt. Bereits neun Jahre nach der Gründung dieses Ordens gab es in Polen etwa 450 Jesuiten. Im 16. Jh. richteten sie in Polen über ein Dutzend Kollegien genannte Oberschulen ein und erlangten allmählich einen immer grösseren Einfluss auf das Schulwesen.

Die Zahl der Nichtkatholiken nahm ab. Sie wurden jedoch immer aktiver. Als Ausdruck der Selbstverteidigung gegenüber dem Druck der katholischen Kirche kam es 1570 zum Vergleich von Sandomierz, der die Protestanten, Kalvinisten und Böhmischen Brüder vereinigte und Bewunderung im protestantischen Europa hervorrief. Seine Fortsetzung war die 1573 vom Sejm beschlossene Warschauer Konföderation, die einen bedingungslosen und ewigen Frieden zwischen den unterschiedlichen Konfessionen gewährleistete und ausserdem die Nichtkatholiken, zu denen auch die Arianer gehörten, unter staatlichen Schutz stellte.

Diese Verpflichtung nahm der Staat überaus ernst, denn als fast ein Jahrhundert später die für die Adelsgesellschaft allzu radikalen Arianer vertrieben wurden, kümmerten sich die Könige um ihr Schicksal im Ausland.

4. Wirtschaft und Gesellschaft

Im 16. Jh. erfolgte ein weiterer Aufschwung in der Guts- und Fronwirtschaft (s. VI. I). Das war ein Zeichen der wachsenden wirtschaftlichen Aktivität der Schlachta, die verhindern musste, dass ihre Einnahmen aus dem Geldzins weiter sanken. Der Lebensstandard der Bevölkerung stieg, vornehmlich jedoch der Schlachta, die aus ihren Gütern grössere Einnahmen erzielte. Die Lage der Bauern hingegen wurde unter diesen Bedingungen systematisch schlechter. Nach und nach wurden sie mit immer mehr Frondiensten belastet. Als Mindestlast erlegte der Sejm 1520 einen Tag Frondienst in der Woche pro Hufe (ca. 15 ha) und folglich zwei Tage je halbe Hufe fest, wobei es immer mehr eine halbe Hufe grosse Höfe gab. Ende des 16., Anfang des 17. Jh. wurde die Fronarbeit um ca. 200%, d.h. auf durchschnittlich drei Tage pro Hufe, erhöht. Die reicheren Bauern konnten sich oft ärmere dingen, die, wie die Hintersassen, nicht genug Boden, oder, wie die Einlieger, überhaupt keinen Boden hatten, damit sie für sie die Fronarbeit leisteten. Mit dem Ausbau der Gutshöfe ging die Zahl der Bauernwirtschaften, die Überschüsse für den Markt produzierten, deutlich zurück.

Das Guts- und Fronwirtschaftssystem führte den Zusammenbruch der selbständigen, für das Mittelalter typischen Bauernwirtschaft und eine vertiefte Leibeigenschaft der Bauern herbei. Bereits Kasimir der Grosse hatte in seinen Statuten das Recht der Bauern, die Dörfer ohne Zustimmung des Gutsherrn zu verlassen, eingeschränkt. Praktisch wurde es jedoch nicht befolgt, und im 15. Jh. gingen die Bauern relativ ungehindert in die aufblühenden Städte. Der Schlachta war das angenehm, sie konnte sich den bäuerlichen Grundbesitz aneignen. Die sog. Wüstungen, die Anfang des 16. Jh. über 10% der Anbaufläche ausmachten, wurden neben der Schulzenflur (s. V. 3) für den sich entfaltenden Gutshof zum hauptsächlichen Bodenreservoir. Dem Gutshof gehörten im 16. und Anfang des 17. Jh. ca 20 bis 25% des Bodens im Dorf. Der Bauer wurde für die Arbeit auf dem Gutshof gebraucht und war damit erneut an die Scholle gebunden. Man gestattete ihm nicht, das Dorf zu verlassen, und mischte sich in alle seine Lebensbereiche ein. Wenn vom 16. und 17. Jh. die Rede ist, wird oft der Begriff „zweite Leibeigenschaft" verwendet. Ungünstige Bestimmungen, u.a. zur Bekämpfung der Landflucht, gab es für die Bauern bereits in der zweiten Hälfte des 15. Jh., allmählich konnte die Schlachta jedoch unmittelbar alle die Bauern betreffenden Angelegenheiten entscheiden, ohne sich an den Sejm wenden zu müssen.

Die Verhältnisse hatten die Schlachta dazu gezwungen, Gutshöfe anzulegen. Vor allem wurden die landwirtschaftlichen Produkte in den aufblühenden Städten gebraucht. Ausserdem war der Getreidebedarf ausserhalb der Landesgrenzen erheblich gestiegen. Als arbeitsintensive Produktion war der Getreideanbau in Polen durch die Leibeigenschaft der Bauern möglich, die im Gegensatz zu den westeuropäischen Ländern im Mittelalter nicht abgeklungen war. Die Schlachta nutzte ihr politisches Übergewicht im Staat aus und verpflichtete die Bauern, unentgeltlich auf den Feldern zu arbeiten. Die natürlichen Bedingungen wie Boden, Klima und Relief begünstigten die Getreideproduktion. Ein zusätzlicher Anreiz war im 16. Jh. die ständige Steigerung der Preise für landwirtschaftliche Produkte im Vergleich zu den Industrieprodukten. Ende des 16. Jh. erzielten die Agrarprodukte einen fast doppelt so hohen Preis wie Handwerkserzeugnisse oder verschiedene ausländische Waren.

Es bildeten sich zwei Gutshoftypen heraus. Abhängig von den Produktionsbedingungen gab es den expansiven Typ, der auf den Export über die Ostseehäfen, vor allem über Gdańsk, eingestellt war und sich entlang der schiffbaren Flüsse entwickelte, und dann den autonomen Typ, der für die Gebiete charakteristisch war, in denen keine Schiffahrt möglich war (z.B. Grosspolen). Dieser Typ hatte sich auf den Binnenmarkt eingestellt.

Das Guts- und Fronwirtschaftssystem entwickelte sich auch im Grossfürstentum Litauen. Hier sei auf die von Sigismund I. und Bona Sforza begonnene Agrarreform auf den grossfürstlichen Gütern verwiesen, die von Sigismund August bereits in grösserem Massstab fortgesetzt und für die Privateigentümer zum Vorbild wurde. Der Boden wurde in Ackerhufen gemessen, daher wurde diese Reform Ackerhufreform genannt. Das Dorf wurde nach polnischem Vorbild reorganisiert. Obwohl es grosszügige Projekte gab, entwickelten sich die Gutshöfe nur dort, wo es günstige Absatzbedingungen für die landwirtschaftlichen Produkte gab. Die meisten Bauern mussten Geldzins und Naturalabgaben leisten. Die Reform brachte einen achtfachen Zuwachs der Einnahmen des grossfürstlichen Schatzes.

Die Entwicklung des Gutshofes führte durch die Nutzung der unbebauten, frischen Böden im 16. Jh. zu einem rund 15%igen Anstieg der Getreideproduktion. Da es andererseits weniger Weiden auf freien Böden gab, sich die Zeitbilanz in den Bauernwirtschaften verschlechterte und Zugvieh für die Arbeit auf dem Gutshof gehalten werden musste, war die Viehhaltung rückläufig, und die Struktur der Viehzucht veränderte sich ungünstig. Ende des 16. Jh. wurden in Polen — das Grossfürstentum Litauen ausgenommen — ca. 1,5 Mill. t Getreide jährlich produziert. Gegenüber Mitte des 14. Jh. (s. V. 3) bedeutete das eine Steigerung von über 100%. Ein Bestand von etwa 2,5 Mill. Rindern, die Kälber nicht gerechnet, machte etwa 70 Stück je 100 ha landwirtschaftliche Nutzfläche aus. Das zeigt, dass für die Feldarbeiten vor allem Ochsen eingesetzt wurden.

Die Schlachta versuchte, den Getreideexport zu monopolisieren. Sie erlaubte praktisch nur den Hafenstädten, hauptsächlich Gdańsk, sich daran zu beteiligen. Sie wurde jedoch nicht müde, über die Ausbeutung zu klagen, der sie ausgesetzt war. Der Getreidehandel stieg zu einer des Schlachtschitzen würdigen Beschäftigung auf, obwohl er nicht in die klassische Adelsdoktrin passte. Hauptabnehmer des polnischen Getreides (ca. 80%). war Holland. Andere Länder wie z.B. Frankreich, England, Italien und Spanien kauften hin und wieder polnisches Getreide. Das bereits erwähnte Holland und auch Schweden waren ständige Abnehmer. Die Getreideausfuhr aus Polen erhöhte sich in den letzten Jahrzehnten des 16. Jh. und in den ersten Jahrzehnten des 17. Jh. beträchtlich. Die Ausfuhr stieg von durchschnittlich 80 000 t auf ca. 130 000 bis 150 000 t jährlich und machte etwa 7 bis 10% der gesamten Getreideproduktion Polens aus.

Neben der bedeutenden Rolle im europäischen Getreidehandel wuchs Polens Bedeutung im Handel zwischen Ost- und Westeuropa auf dem Landweg. Auf polnischem Gebiet bildete sich ein recht dichtes Netz von internationalen Märkten heraus wie z.B. in Gniezno, Poznań, Toruń, Lublin und Gdańsk. Dort wurde hauptsächlich mit russischen Pelzen, Häuten und Leder und mit westeuropäischem, auch polnischem Tuch gehandelt. Besondere Märkte waren für den Viehhandel vorgesehen. Aus Polen ausgeführt wurden ziemlich viel Holz für den Schiffbau oder für die Herstellung von Fässern, Pottasche, Wolle, Bekleidung, Pelz- und Lederwaren. Eingeführt wurden ausser besseren Tuchsorten viele Metallerzeugnisse, hauptsächlich Sicheln, Sensen, Waffen, und auch Eisen und Stahl. Die Handelsbilanz des Landes war hauptsächlich durch den Getreideexport positiv. Die Transporttechnik veränderte sich nicht wesentlich. Am Kaufmannswagen gab es lediglich mehr Metallteile. Für die Flussschiffahrt wurden weiterhin verschiedene Schuten verwendet. In der Ostseeschiffahrt tauchte Ende des 16. Jh. die Karavelle, ein dreimastiges Segelschiff mit gewöhnlich einem Deck, auf. 1558 wurde in Polen die Post eingerichtet. Sie war dem europäischen Postnetz angeschlossen.

Durch das Aufblühen der Städte wurde das Handwerk gefördert. In der sich ausdehnenden Metallurgie gab es mehr und grössere Eisenhütten. Die ersten Hochöfen wurden gebaut. Man begann, Feuerwaffen und Kugeln, Artilleriegeschütze und Schiesspulver herzustellen. In der Töpferei setzte sich die produktivere Technik der Herstellung von Irdenwaren mit der Töpferscheibe durch. Ein besonders leistungsfähiges Zentrum der Tucherzeugung war im 16. und 17. Jh. Gdańsk. Am meisten entwickelte sich die Tuchweberei jedoch in Grosspolen. Ferner entwickelten sich die Lederverarbeitung und das Kürschnerhandwerk in Abhängigkeit von der Nachfrage des Handels.

Charakteristisch für die Organisation des Handwerks war der Zusammenschluss in Zünften, wodurch die Zahl der Werkstätten begrenzt wurde. Deshalb entwickelte sich die handwerkliche Produktion auch ausserhalb der Zünfte. Damit befassten sich die ungelernten Handwerker. Sie wurden meist von der Schlachta oder von der Geistlichkeit geschützt und arbeiteten in Gebieten, die nicht der städtischen Rechtsprechung unterstanden. Die Schlachta, die versuchte, die Preise für die handwerklichen Erzeugnisse festzusetzen, siedelte die Produktion auch in den Dörfern an. Das Zunftsystem erstreckte sich nicht auf die Forstproduktion wie Holzkohle,

Pech oder Pottasche und auch nicht auf die neuen Handwerke wie die Druckerei oder die Herstellung neuer Waffenarten. In Zünften organisiert waren auch niemals die Metallhütten und Glashütten, der hauptsächlich in Elbląg angesiedelte Schiffbau und das Bauwesen. In diesen Bereichen gab es bereits Produktionsbetriebe. Die ersten Manufakturen tauchten auf, grosse Betriebe, in denen bis zu 40 Arbeiter beschäftigt waren. In den Manufakturen verwandte man das Prinzip der Arbeitsteilung. Gearbeitet wurde jedoch nach handwerklichen Methoden.

Der Salzbergbau entwickelte sich zusehends. Die Gruben in Bochnia und Wieliczka produzierten bis zu 30 000 t Salz jährlich. Insgesamt erzeugten Industrie, Handwerk und Bergbau im 16. Jh. ca. 20% des Nationaleinkommens, was ungefähr dem Prozentsatz der Stadtbevölkerung in Polen entsprach.

Ende des 16. Jh. gab es in Polen etwa 1000 Städte. Rund 100 Städte hatten über 3000 Einwohner. Demnach gab es jetzt mehr Städte. Das zeugte von der Entwicklung des Absatzmarktes, ohne den sich die Gutswirtschaft nicht hätte entwickeln können. Auch in Westeuropa ging die Einwohnerzahl der Städte meist nicht über 2000 bis 3000 hinaus. Anfang des 16. Jh. hatten in Deutschland nur etwa 5% der 3000 Städte mehr Einwohner.

5. Die Vermögensstruktur des Volkes

Der wichtigste soziale Prozess für die Schlachta waren die bereits im 15. Jh. vor sich gegangenen Veränderungen innerhalb ihres Standes. Sie führten dazu, dass die mittlere Schlachta wirtschaftlich erstarkte und sich ihrer Ziele bewusst wurde.

Die Vermögensstruktur der Schlachta wies (ausgenommen der niedere Adel) eine beträchtliche territoriale Differenzierung auf. Extreme Fälle waren einerseits Grosspolen, wo die Schlachta meist ein Dorf besass, und andererseits die südwestlichen Wojewodschaften, wo richtige Magnatenstaaten mit Hunderten von Dörfern entstanden. Schon ab Ende des 16., Anfang des 17. Jh. bildeten sich die Vermögen der Geschlechter Zamoyski, Lubomirski, Potocki, Ossoliński, Sapieha, Ostroróg und anderer heraus (s. VII. 3). Der niedere Adel (die Schlachta ohne Untertanen) war hauptsächlich auf Masowien und Podlessje konzentriert. In der neuesten Fachliteratur wird die polnische Gesellschaft Ende des 16. Jh. in bezug auf ihr Vermögen in acht Hauptschichten gegliedert:

1. die reichste Schicht, zu der in der Regel die katholischen Bischöfe der Krone und Litauens gehörten,

2. die reiche Schicht mit den weltlichen Senatsmitgliedern, den Ministern, Äbten, orthodoxen Kirchenfürsten und den Leuten, die die wichtigsten Stellungen in der Wirtschaft des Landes einnahmen,

3. die obere Mittelschicht, bestehend aus Prälaten, der Schlachta, die mehrere

Dörfer besass, den Beamten in der Stellung von Starosten und in den Städten den reichen Kaufleuten und Unternehmern,

4. die mittlere Schicht, zu der die Domherren, die sog. mittlere Gutsschlachta und der Amtsadel, das reiche Bürgertum und das technische Bergbaupersonal gehörten,

5. die niedere Mittelschicht mit den Pfarrern, der Schlachta, die nur einen Teil eines Dorfes besass, den Handwerkern und den kleinen Kaufleuten,

6. die niedere Schicht, zu der die Vikare, der niedere Landadel, die Lohnarbeiter und die Handwerksgesellen gehörten,

7. die arme Schicht mit dem Kirchengesinde, den Studenten, dem Adels- und Plebejergesinde und der Mehrheit der bäuerlichen Bevölkerung,

8. die ärmste Schicht, d.h. die Stadt- und Dorfarmut und die Handwerkslehrlinge.

Wie die Schlachta war auch die Bauernschicht stark differenziert. Allgemein kann man die Bauernwirtschaften in selbständige, deren Eigentümer vor allem Grossbauern (kmiecie) und Mittelbauern waren, und unselbständige Höfe gliedern, die den Hintersassen, Häuslern und Einliegern gehörten. Die Zahl der Handwerker auf dem Lande nahm zu. Über alle Wandlungen in der sozialen Struktur des leibeigenen Dorfes wachte der Eigentümer, der es durch Unterstützung mit Geld, Getreide oder Zuchttieren zu seinem Nutzen formte.

6. Kultur und Wissenschaft im „goldenen Zeitalter"

Charakteristisch für das 16. Jahrhundert war die Herausbildung der Adelskultur und der Anfänge der Magnatenkultur. Die Bauernkultur entwickelte sich in herkömmlichen Formen. Insbesondere in den grösseren Städten zeichnete sich eine starke Entwicklung der Bürgerkultur ab. Bestimmte spezifische Merkmale verliehen dieser Kultur die zugereisten Schotten, Griechen, Deutschen, Armenier sowie die Menschen jüdischer Abstammung, die in grösserem Masse ihre eigenen religionsgebundenen Sitten pflegten.

Den stärksten Einfluss übte die Adelskultur aus. Sie war Vorbild für die anderen Stände, hauptsächlich für das Bürgertum, obwohl sie selbst imstande war, sich hervorragend zu assimilieren. Sie hatte grosse Anziehungskraft für den russischen, litauischen und belorussischen Adel sowie für das armenische, schottische und deutsche Bürgertum.

In den Städten begann man, die Häuser im neuen Stil — im Renaissancestil oder im frühen Barockstil — umzubauen. Neue, grössere Häuser wurden errichtet. Sie entsprachen besser den erweiterten Funktionen, wie sie sich z.B. aus dem Handel ergeben hatten. Für die einzelnen Stadtviertel waren bestimmte Arten der städtischen Bauweise charakteristisch. Das Vermögen der Schlachta wuchs, und die Magnatenschicht bildete sich heraus. Infolgedessen wurden in den Städten immer mehr Häuser und Paläste gebaut. In den kleineren Städten war der Baustoff auch fernerhin Holz. Das galt auch für die Vorstädte der grösseren Städte. Die Häuser des niederen Adels unterschieden sich jedoch nicht viel von den Bauernhütten. Ende des 16., Anfang des 17. Jh. wurden die neuen Höfe nach italienischem Vorbild errichtet. Unter demselben Einfluss entstanden die Magnatenresidenzen in Zamość, Neswesh, Łańcut und viele andere.

Die Magnaten liessen sich Renaissancemöbel entweder aus Gdańsk kommen oder führten sie aus Italien ein. Für die Bürger und die Schlachta wurden die Möbel wie verschiedene Truhen mit unterschiedlichstem Verwendungszweck, Tische, Bänke, Stühle, Schemel und Schränke im allgemeinen an Ort und Stelle hergestellt. Stil und Ausführung der Möbel waren vom Grad der Wohlhabenheit abhängig. Das traf auch auf die Inneneinrichtung der Häuser zu. Hier gab es mit Stoff bespannte Wände, Teppiche, Wandteppiche, Bettwäsche, silberne Gefässe und andere Gegenstände wie Musikinstrumente, Uhren, Gemälde oder Bücher. Die Häuser wurden mit Öfen für Holzfeuerung beheizt. Im 16. und 17. Jh. kam Glas in Form bleigefasster oder holzgerahmter Scheiben auf.

Die materielle Kultur der Schlachta und der Bürger hatte einen verhältnismässig hohen Stand erreicht. Darin drückten sich sowohl das Streben nach einem der Renaissance gemässen Leben als auch der Wunsch zur Anhebung des Standesprestiges aus.

Die Realisierung des neuen Lebensmodells wurde am deutlichsten in der Kleidung ausgedrückt. Im 16. Jh. stand die Mode in Polen sowohl unter westeuropäischem, hauptsächlich italienischem, spanischem, deutschem, als auch unter orientalischem, über Unagrn vermitteltem Einfluss. Charakteristisch waren die enganliegenden Kaftane, die sog. Sajane und Wämse, über die als Oberbekleidung lose, pelzgefütterte Überröcke getragen wurden. Nach und nach bildete sich eine Nationaltracht (Adelstracht) heraus. Sie entstand durch die Einwirkung der ungarischen, russischen, litauischen und orientalischen Mode. Voll entwickelte sie sich allerdings erst in der nächsten Periode (s. VII. 3). Das typische Kleidungsstück war weiterhin der Kaftan, über dem ein pelzgefütterter Überrock (szuby, delie, hazuki, giermaki), ein langer pelzgefütterter Mantel oder Umhang und oft auch, um die gesellschaftliche Stellung hervorzuheben, Pelze getragen wurden. Dazu trug man immer häufiger Hosen, farbige Stiefel und kurze Überkaftane, die Kopieniak und Doloman genannt wurden. Weniger differenziert war die Frauenkleidung. In der Renaissancemode trat die schlanke gotische Linie zurück und wurde durch bauschigere Kleidung, die die Figur kleiner erscheinen liess, ersetzt. Dieser Eindruck wurde zusätzlich durch eine niedrige Kopfbedeckung unterstrichen. Die Oberbekleidung der Frauen war der Männerkleidung ähnlich. In der Bauerntracht gab es starke Unterschiede zwischen der Alltagskleidung aus ungefärbtem Gewebe oder Homespun und der Feiertagstracht, die der Bürger- und Adelstracht ähnelte. Allerdings verarbeitete man billigere Stoffe und nähte sparsamer. Immer mehr Bekleidung wurde für unbekannte Verbraucher genäht, obwohl man überwiegend auf Einzelbestellung arbeitete.

Auf dem Gebiet der Ernährung waren die Standesgrenzen fliessend, obschon zwischen dem Magnatentisch und dem Bauerntisch selbstverständlich ein Abgrund klaffte. Vor allem durch die Entwicklung des Handels standen mehr Lebensmittel zur Auswahl. Grundsätzliche Änderungen gab es jedoch nicht. Man ass weiter hauptsächlich Roggenvollkornbrot, selten und nur bei den Reichen Weizenbrot, wenn auch der Verzehr von Kuchen, Rührkuchen, Brötchen, Striezeln, Kolatschen usw. zunahm. Man verbrauchte mehr Fisch, vor allem Karpfen, die in den zahlreich angelegten Teichen gezüchtet wurden. Bisher unbekannte Gemüsesorten wie Radieschen, Grünkohl, Spargel, grüner Salat und Blumenkohl gelangten auf den Tisch. An Obst ass man vor allem Pflaumen, Äpfel, Birnen, Sauerkirschen, Süsskirschen und importierte Südfrüchte. Anfang des 16. Jh. trank man den schon etwas früher bekannten Schnaps aus Roggen, Weizen und Pflaumen und immer häufiger auch Bier. Besonders war das Goldwasser aus Gdańsk geschätzt. Auf das Ausschmücken der Tafel wurde grosser Wert gelegt. Ein gut gedeckter Tisch drückte die Gastfreundschaft aus, an der Tafel entfaltete sich das gesellige Leben. Die Bauern assen aus Holzschüsseln oder Tonschüsseln mit Holzlöffeln. Die Bürger (ausser den Armen) und die Schlachta assen an gedeckten Tischen. Man verwendete mehr Gefässe und Besteck. Die Zahl der Tischgeräte in den Bürgerhäusern nahm in der zweiten Hälfte des 16. Jh. um rund 35% zu.

Die Hygiene verbesserte sich etwas, obwohl man auch weiterhin die Sauberkeit kaum mit der Gesundheit in Zusammenhang brachte. Nicht selten traten Pestepidemien auf wie z.B. in den Jahren 1526, 1572/73, 1591, 1599—1602. Das Auftauchen von Geschlechtskrankheiten rief Besorgnis hervor.

Die wissenschaftlichen und literarischen Leistungen wurden den Menschen vor allem durch Bücher vermittelt. Die Renaissanceepoche legt Zeugnis ab von der immensen Entwicklung des Buchdrucks zusammen mit der Entwicklung der Papierherstellung und des Buchhandels in Polen, die in der vorangegangenen Epoche begonnen hatte. Eine der ältesten Papierfabriken befand sich in Prądnik bei Krakau. Sie wurde etwa 1493 in Betrieb genommen. Insgesamt arbeiteten in der zweiten Hälfte des 16. Jh. und in der ersten Hälfte des 17. Jh. in Polen etwa 100 Papierfabriken. Zu den berühmtesten Buchdruckereien jener Zeit gehörten die Betriebe Jan Hallers (1505—1525), Florian Unglers und dann der Witwe Ungler (1510—1556) und Maciej Szarfenbergs (1521—1547) in Krakau oder der Wolrabes in Poznań. Es sei hinzugefügt, dass es in der ersten Hälfte des 17. Jh. neun Druckereien in Krakau und fünf Druckereien in Wilna gab. Viele Druckereien in Polen wurden von den Jesuiten gegründet und unterhalten, um gegenreformatorische Schriften herzustellen. Die arianischen Drucke wurden vor allem in Raków hergestellt. Die Böhmischen Brüder hatten ihre Druckerei in Leszno. Die Tätigkeit der staatlichen und kirchlichen Zensur führte dazu, dass sich die Zahl der Druckereien im 17. Jh. verringerte. Insgesamt wurden in Polen im 16. Jh. über 4000 Bücher mit einer Gesamtauflage von ca. 4 000 000 Exemplaren hergestellt.

Die Zahl der Pfarrschulen nahm weiterhin zu. Im 16. Jh. gab es in fast jeder Pfarrei eine Schule, womit sich die Gesamtzahl der Schulen im Lande mit 3000—4000 verdoppelt und vielleicht verdreifacht hatte. Es gab katholische Schulen und Schulen anderer Konfessionen, deren Zahl jedoch während der Gegenreformation abnahm. Das Niveau von Oberschulen (Gymnasien) erreichten die kalvinistische (später arianische) Schule in Pińczów (1551), die arianische Schule in Raków (1602), die Schulen der Böhmischen Brüder in Leszno und Koźminek, die kalvinistischen Schulen in Krakau, Łańcut und Secymin, die Stadtschulen in Toruń und auch die Schulen in Chełmno, Bojanowo, Wschowa und Elbląg. Dem Hochschulniveau näherten sich die von Bischof Jan Lubrański gegründeten akademischen Gymnasien in Poznań (1519) und Gdańsk (1558), aktive Zentren des Humanismus. 1578 wurde die von den Jesuiten geleitete Universität in Wilna gegründet, die im ersten Studienjahr 600 Studenten annahm. An den Universitäten des 16. Jh. studierten noch ca. 50% Bürger und sogar Bauern. Die Vermögenderen studierten im Ausland, hauptsächlich an den italienischen Universitäten Padua und Bologna und an den deutschen Universitäten Leipzig und Wittenberg. In Zamość nahm 1600 die von Jan Zamoyski gegründete Akademia Zamojska ihre Tätigkeit auf.

Die Entwicklung des Schul- und Bildungswesens zeugte von einer zunehmenden Wertschätzung des Wissens und der Wissenschaft. Die wissenschaftlichen Errungenschaften Polens im 16. Jh. wären ohne das schöpferische Ferment, das in alle traditionellen Domänen der philosophischen Untersuchungen, auch der Theologie, in den Bereich der Naturkunde und in die polnischen Wissenschaftskreise des 16. Jh. eindrang, nicht denkbar gewesen. Dieses Ferment bestand darin, dass die Akzente auf die irdische Aktivität verschoben wurden und man die Menschen lehrte, wie sie leben und handeln sollten, dass man sich von der Spekulation abwandte und die praktischen Disziplinen wie Ethik, Politik und Ökonomie in den Vordergrund stellte, dass man im Bereich der Theologie die *Devotio moderna* propagierte und die Lehren von Aristoteles wieder aufleben liess, der die Beobachtung der Umwelt für notwendig hielt. Nicolaus Copernicus, die Hauptpersönlichkeit dieser Wissenschaft, war ein echter Renaissancemensch. Er war nicht nur ein genialer Astronom, sondern zugleich Mathematiker, Ökonom und Arzt und wirkte auch auf dem Gebiet von Politik und Wirtschaft. Seine heliozentrische Planetentheorie, die er in seinem Werk „De revolutionibus orbium coelestium" (Über die Umdrehungen der Himmelskörper, 1543) niederschrieb, räumte nicht nur mit der Ansicht auf, dass die Erde der unbewegliche Mittelpunkt des Weltalls sei, sondern bedeutete zugleich auch eine methodologische Wende in der Wissenschaft und eine Umwälzung im weltanschaulichen Denken — eine Kampfansage an die Autorität der Bibel.

In der Renaissance kam ausser der Mathematik und Astronomie die Physik in Polen zur Geltung, für die die Entdeckung von Copernicus ebenfalls bahnbrechende Bedeutung hatte. Das Werk von Copernicus bereitete Galilei und Huyghens und schliesslich Newton den Weg zu einer modernen Auffassung der Erscheinungen der Gravitation. Die Alchimie entwickelte sich. Daraus entstanden die Chemie (Michał Sędziwój), die Medizin (Józef Struś) und die Botanik (Szymon Syreniusz). Technische Literatur, auch Militärliteratur, wurde gedruckt. In der Geographie und in der Kartographie zeichnete sich ein beträchtlicher Fortschritt ab (Jan aus Stobnica, Maciej aus Miechów, Bernard Wapowski). In der Renaissance wurden viele hervorragende Geschichtswerke geschrieben. Sie stammten von dem bereits erwähnten Maciej aus Miechów, dem mehr als politischer Schriftsteller bekannten Stanisław Orzechowski, von Marcin Kromer, dem Verfasser der sehr gern gelesenen Geschichte Polens „De origine et rebus gestis Polonorum" (1555), von Reinhold Heidenstein, Krzysztof Warszewicki und Marcin Bielski. Es erschienen Werke über Regionalgeschichte, über die Synthese der Geschichte Polens und die Weltgeschichte. Allgemeine Betrachtungen über die Methode der Geschichtsschreibung wurden veröffentlicht (Stanisław Iłowski). Die Entwicklung des historischen Denkens und der historischen Erziehung wurde zu einem wichtigen und unerlässlichen Element bei der Herausbildung des Nationalbewusstseins.

Neben der Geschichtswissenschaft entwickelte sich die klassische Philologie, wie z.B. die berühmte Bibelübersetzung von Jakub Wujek (1599) bewies. Von herausragender Bedeutung waren die Rechtswissenschaften und die politischen Wissenschaften. Ohne sie wären die zahlreichen Kodifikationsversuche (s. Pkt. 1) nicht möglich gewesen. Bei den politischen Erörterungen standen die Schriften Andrzej Frycz Modrzewskis, der sich auch mit der Rechtstheorie beschäftigte („De legibus" im Werk „Von Verbesserung des Gemeinen Nütz"), und Stanisław Orzechowskis an erster Stelle. Modrzewski umriss den Strukturplan für einen idealen Staat, der ein stark utopisches Gepräge hatte und für das damalige politische Denken charakteristisch war. Er kämpfte gegen die Absichten der Schlachta, die Rechte der Bürger und Bauern einzuschränken. Er forderte eine weltliche Erziehung sowie die Demokratisierung und die nationale Souveränität der Kirche in Polen.

Die Gesellschaft erkannte die neuen Strömungen am deutlichsten in der Architektur und in der bildenden Kunst. Auf diesem Gebiet erwiesen sich die italienischen Einflüsse als besonders stark. Für die polnische Architektur kennzeichnend waren die Betonung der waagerechten anstelle der früheren senkrechten Quaderformen, die Verdrängung der Spitzbögen durch die Rundbögen und die Verzierung der Giebel und Attiken, wie die Brüstungsmauern über dem Kranzgesims hiessen, mit neuromanischen Blendbögen, Zinnbekrönung und Voluten. Zu den berühmten Renaissancewerken der Architektur gehörte der Umbau des Wawel 1507—1536, für den Sigismund August rund 200 herrliche Bildteppiche (sog. Arrazzi) in

Brüssel bestellte, um das Schloss innen zu schmücken. Ein bedeutendes Werk der Renaissance war auch die Sigismundkapelle (1517—1533) am Waweldom.

Der von Sigismund III. geförderte Giovanni Trevano (gest. nach 1641) leitete einen neuen Umbau des Wawels. Er entwarf vermutlich auch das Königsschloss in Warschau (um 1588—1611) und die Residenz in Ujazdów (1606—1619).

Es bauten die Magnaten und die Schlachta. Der grösste und modernste Baukomplex der Adelsrepublik war das von Bernardo Morando entworfene Zamość, die erste Magnatenstadt. Nach dem Vorbild des Wawel entstanden u.a. das Schloss von Stanisław Szafraniec in Pieskowa Skała und das Schloss der Familie Leszczyński in Baranów. Zu den bedeutendsten Stadtbauten gehörten der Umbau des Rathauses von Poznań, den Giovanni Battista Quadro aus Lugano 1550 bis 1560 durchführte, und die Krakauer Tuchhallen 1555. Sakralbauten wurden nicht viele errichtet, dagegen tauchten in den Kirchen viele Renaissanceelemente wie Kapellen, Grabmäler, Grabplatten und Skulpturen auf. Die Vertreter der Gegenreformation unterstützten ein künstlerisch-ideelles Programm, das anfänglich zum Manierismus, später zum Barock neigte, beides Richtungen, die die Menschen durch ihre reichen und unregelmässigen Formen emotionell beeinflussen sollten. Dieses Programm wurde besonders eifrig von den Jesuiten verfochten. Der Manierismus aber setzte sich in den Städten, vor allem in Gdańsk, Krakau und Lwow, durch. Stilwandlungen machten sich auch in der Bildhauerei und in der Malerei bemerkbar. Neben religiösen Gemälden entstanden auch Gemälde mit weltlicher Thematik. Die Wandmalerei (polychrome Malerei) entwickelte sich. Herrliche Miniaturen entstanden wie z.B. die Miniaturen im Codex von Baltazar Behem, die die Arbeit der Krakauer Handwerker verschiedener Zünfte darstellten.

Einen Aufschwung erlebte die schöngeistige Literatur, für die die Renaissance in vielerlei Hinsicht eine Periode des Umbruchs war. Durch das grosse Interesse an der Antike und insbesondere an den Werken der antiken Dichter entwickelte sich in Polen die humanistische Literatur in lateinischer Sprache (Klemens Janicki, Jan Dantyszek, Andrzej Krzycki). Um weitere Kreise zu erreichen, erschienen zahlreiche politische Schriften und religiöse Polemiken bereits in polnischer Sprache, die eine immer grössere Rolle bei der Herausbildung des Nationalbewusstseins spielte. Herrliche belletristische Werke wurden in polnischer Sprache geschrieben. Eingeleitet wurde die polnische Belletristik durch das Schaffen des Bürgers Biernat aus Lublin (um 1465 — nach 1520) und Mikołaj Rejs (1505—1569). Zu den hervorragendsten literarischen Leistungen gehörte das Schaffen Jan Kochanowskis (1530—1584), der das Lob der Welt und der Menschen und die Gedankenfreiheit verkündete. Mit den humanistischen Werten seines Schaffens überschritt er die Schranke seiner Epoche. Er schuf Lyrik, epische Werke, Scherzgedichte, ein Drama. Jan Kochanowski bewirkte das Entstehen eines spezifisch schlesischen Dichterkreises in der deutschen Literatur. Die Dichter aus dieser Gruppe übersetzten seine Werke ins Deutsche.

Die Bedeutung der Musik im täglichen Leben nahm zu. Petrycy aus Pilzno

(1554—1626) schrieb, dass „die Musik auch zur Übung der Jugendlichen gebraucht wird (...) die Musik ist eine redliche Erfrischung oder Erholung. Sie erneuert den überarbeiteten Geist." Jetzt gab es auch an den Magnatenhöfen Kapellen, nicht nur, wie vorher, am Königshof. Ein schöpferisches Musikzentrum war Krakau, das Menschen von allerorts anlockte. Zu den glänzendsten Komponisten polnischer Renaissancemusik gehörten Jerzy Liban aus Legnica (um 1464 — nach 1564), Sebastian aus Felsztyn (um 1485 — nach 1536), Jan aus Lublin (1. Hälfte des 16. Jh.), der die berühmte Orgeltabulatur, eines der wertvollsten Denkmäler alter polnischer Musik, komponierte, Mikołaj aus Krakau (1. Hälfte des 16. Jh.), der unter niederländischem Einfluss stand, Wacław aus Szamotuły (um 1526 — um 1560), der Hofkomponist Sigismund Augusts, einer der hervorragendsten polnischen Musiker, oder Mikołaj Gomółka (um 1539 — nach 1591), der Komponist der Melodien für den Polnischen Psalter, die Krönung des polnischen Liedschaffens der Renaissance. Es verbreitete sich das Lautenspiel. Die Orgelmusik blühte auf. Die Bauern spielten auf Volksinstrumenten wie Sackpfeifen und Violen. Die Musik verschönte die Familienfeiern und das Beisammensein in der Schenke. Der Renaissancemensch bezog die Unterhaltung mit in sein Leben ein. Die Menschen aller Klassen tanzten, spielten Karten, würfelten, spielten Dame oder kegelten. Die Zeit der Ritterspiele, Turniere oder grossen Jagden war vorüber.

VII. Kapitel

Polen im Zeitalter des Barocks und der Magnatenoligarchie

1618—1733

1. Charakteristik der Epoche. Hauptsächliche Entwicklungstendenzen des Staates und der Nation

In Europa war das Barockzeitalter eine Zeit mit vielen widersprüchlichen Tendenzen. In Westeuropa entwickelte sich die kapitalistische Wirtschaft. In Mittel- und Osteuropa kam es zur Herausbildung der Gutswirtschaft und der sog. zweiten Leibeigenschaft der Bauern. Gleichzeitig wuchsen die Widersprüche zwischen den katholischen und protestantischen Ländern, zwischen den neuen und alten Ideen. Einerseits reichte die Renaissance noch in diese Epoche hinein, andererseits begann eine grundsätzliche intellektuelle Wandlung, die zur Aufklärung führte. Das ruft Assoziationen zum 15. Jh. hervor, in dem das Mittelalter zur Neige ging und die Grundlagen für die Renaissance geschaffen wurden. Auch wenn man das Barockzeitalter auf ganz Europa bezieht, muss man diesen Begriff tatsächlich auf die katholischen Länder beschränken, d.h. auf die Länder — und hier ist die Gemeinsamkeit sehr deutlich —, in denen ähnlich wie in Polen die Aristokratie an Bedeutung und Einfluss gewonnen hatte.

Das kennzeichnende Merkmal des 17. Jh. und der ersten Jahrzehnte des 18. Jh. bestand in der Verschärfung und Ausweitung der früheren Konflikte. So führten der Streit zwischen den Habsburgern und Frankreich und zum Teil der Konflikt im Ostseeraum durch die Einbeziehung der religiösen und gesellschaftlichen Widersprüche (Entwicklung des Absolutismus und seine Bekämpfung) in die politischen Kämpfe zum Ausbruch des Dreissigjährigen Krieges (1618—1648), in dessen Ergebnis Frankreich die politische Hegemonie in Westeuropa erlangte und Österreich seine Interessen nach Mitteleuropa verlegte, was sich für Polen sehr ungünstig auswirkte. Anfang des 18. Jh. veränderte sich die Situation abermals. Nach dem spanischen Erbfolgekrieg (1701—1713), der auch in den Kolonien geführt wurde, wurde England eine Grossmacht, die Habsburger aber mussten auf den spanischen Thron verzichten. Polen musste aus den Kämpfen um das *Dominium Maris Baltici* ausscheiden. Schweden schränkte den polnischen Einfluss in dieser Region ein, um dann selbst Russland zu unterliegen. Der Sieg Peters I. über Karl XII. bei Poltawa 1709 verhiess, dass Russland nun zu den Grossmächten gehörte, die die europäische Politik bestimmten. Dadurch wurde auch die Position der Türkei geschwächt und die Position Österreichs weiter gestärkt, das daran interessiert war, gemeinsam mit Russland die Türken zu besiegen. Im 18. Jh. festigte sich schrittweise die Stellung Preussens, das aus der Verbindung Brandenburgs mit dem Herzogtum Preussen entstanden war. Der Kurfürst von Brandenburg Friedrich III. von Hohenzollern liess sich in Königsberg krönen und nahm den Namen Friedrich I. an.

Polen gehörte im 17. Jh. weiterhin zu den ausgedehntesten und zugleich volkreichsten Ländern Europas. Nach dem Waffenstillstand in Deulino 1619 (s. VI. 2) hatten die Grenzen des polnischen Staates ihre grösste Ausdehnung erreicht. Sie umfassten die Gebiete von Pernau und Dorpat im Norden bis Kolomyja und Kamenez Podolski im Süden und von der Linie Lębork-Żywiec im Westen bis ins Vorfeld von Wjasma und bis hin zu den Dneprstromschnellen im Osten — insgesamt 990 000 km². Die ethnisch polnische Bevölkerung im Staat, die etwa 10 Mill. Menschen zählte, machte nur 40% der Gesamtbevölkerung aus. Die Bevölkerung war überwiegend belorussischer und ukrainischer, auch lettischer und litauischer Abstammung. Ein gewisser Prozentsatz waren Deutsche (in den Westgebieten Polens), Italiener und Schotten. Rund 5% der Bevölkerung waren Juden, die ihre religiöse und kulturelle Besonderheit wahrten. Der Fläche nach war Polen nach Russland der zweitgrösste und seiner Bevölkerungszahl nach der sechstgrösste Staat in Europa. Von diesem Territorium verlor Polen im 17. Jh. ca. 160 000 km² an Russland (s. Pkt. 2) und umfasste seitdem ca. 730 000 km². Die Bevölkerungszahl stieg bis Mitte des 17. Jh., um dann durch die Kriege und eingeschleppte Krankheiten auf etwa 6 Millionen zurückzugehen. Der Ausgleich der Bevölkerungsverluste wurde durch die Kriegszerstörungen Anfang des 18. Jh. unterbrochen.

Angesichts der mächtigeren Nachbarländer, in denen sich starke absolutistische Regierungen herausbildeten, war die innere Schwäche Polens für seine Zukunft überaus gefährlich. Diese Schwäche resultierte daraus, dass die recht funktionstüchtige Adelsdemokratie dem anarchistischen System der Magnatenoligarchie gewichen war. Formal blieb die Regierungsform unverändert. Die Magnaten setzten aber einen Mechanismus in Gang, der es ihnen ermöglichte, die Macht in ihren Händen zu konzentrieren, die dadurch geschwächt und dezentralisiert wurde. Der politische Kampf spielte sich zwischen dem nach einer Zentralregierung trachtenden König und der Aristokratie, die Losungen von der „goldenen Freiheit" im Munde führte und sich damit bei einem Teil der Schlachta populär machte, sowie zwischen verschiedenen Magnatengruppen ab. Noch zu Zeiten der Wasakönige Sigismund III. (Zygmunt III.; 1587—1632), Ladislaus IV. (Władysław IV.; 1632—1648) und Johann Kasimir (Jan Kazimierz; 1648—1668) hatte der König eine ziemlich starke Position inne, denn sie sicherte die Kontinuität der Dynastie. Später allerdings wurde die Vorherrschaft der Magnatengruppen entscheidend.

Die Magnatenoligarchie übte die Macht mit sozialen und institutionellen Mitteln aus. Sie nutzte die Stimmen des Kleinadels, der politisch voll gleichberechtigt war und dem sie verschiedene Vorteile dafür gewährte, und bediente sich ausserdem, wie bereits gesagt, der Losungen von der Verteidigung der Adelsfreiheit und der unveränderlichen Grundrechte. Im institutionellen Bereich wirkten die Magnaten darauf hin, die Reibungslosigkeit der Sejmberatungen zu stören, die Rolle der Provinziallandtage zu stärken und von der freien Königswahl Gebrauch zu machen. Die Abgeordneten waren an die Anweisungen des Provinziallandtags gebunden. Das führte zur Herausbildung des Grundsatzes der Einstimmigkeit, des *Liberum veto.* Er besagte, dass ein einziger Abgeordneter die Beratungen sprengen konnte. „Die Landboten, die meist aus der einfachen und oft sogar aus der armen Schlachta kommen, sind Instrumente der Senatoren, reicher Leute, die ihnen den Lebensunterhalt geben", schrieb 1636 der päpstliche Nuntius Visconti.

Die Situation war reformbedürftig, um so mehr, als die fortgeschrittene Dezentralisierung der Staatsfinanzen den Zustand des Heers direkt beeinträchtigte, das bei den ständigen Bedrohungen und Kriegen doch so notwendig gebraucht wurde. Die Reformpläne gingen entweder von der Adelsgesellschaft im Sejm und in gedruckten Schriften oder auch vom König und seiner Umgebung aus. Erste betrafen die Staatsfinanzen und das Heer, seltener Fragen der Gesellschaftsordnung, letztere die Festigung der Macht und die Verbesserung ihrer finanziellen Grundlagen, wobei hervorgehoben werden muss, dass diese beiden Strömungen nur ausnahmsweise ineinander flossen.

Ladislaus IV. bemühte sich vergebens um die Festigung seiner Macht. Noch beharrlicher kämpfte Johann Kasimir mit seiner ehrgeizigen Frau Marie-Louise, der Witwe Ladislaus' IV., darum. In den Reformen ging es um die Wahl *Vivente rege* (d.h. zu Lebzeiten des Herrschers), die Aufhebung des *Liberum veto,* die Einberufung eines Rates, der zwischen den einzelnen Sejmberatungen wirken würde, und um ständige Steuern. Jedoch selbst die Erschütterung durch den schwedischen Einfall 1655 (s. Pkt. 2) trug nicht dazu bei, dass sich die Königspartei und das Magnatenlager über die Reformen einigten. Dem Hof, d.h. dem Reformlager, schloss sich u.a. der künftige König Johann Sobieski (Jan Sobieski) an. Doch die schon seit langem gegen den König und seine Frau (und gegen die Verbindungen des Königspaares mit Frankreich) eingestellten Magnatengeschlechter, hauptsächlich die Lubomirskis und Leszczyńskis, verstärkten ihre Tätigkeit. Grössere Schlachtakreise und das Heer, das seinen rückständigen Sold forderte, schlossen sich ihnen an, so dass es zu einem Bürgerkrieg kam, der als Lubomirski-Aufstand (1665/66) bekannt wurde. Er endete in der Schlacht bei Mątwy 1666 mit starken Verlusten auf beiden Seiten. Im Abkommen von Łęgonice 1666 verzichtete der König auf die Pläne der Wahl *Vivente rege.* Marie-Louise starb 1667. 1668 dankte Johann Kasimir ab und ging nach Frankreich. Er starb 1672. Vier Jahre später wurde sein Leichnam auf den Wawel überführt. Im Waweldom wurde zur selben Zeit auch Michael Korybuth Wiśniowiecki (Michał Korybut Wiśniowiecki; 1669—1673) beigesetzt. In der Wahl Wiśniowieckis, eines „Piasten", d.h. eines Königs polnischer Abstammung, kamen die Idee der nationalen Unabhängigkeit und die Abneigung gegen die Machenschaften der Magnatenoligarchie zum Ausdruck, die mit ausländischen Höfen paktierte. Dieser Idee hing Johann III. Sobieski (1674—1696) in noch grösserem Masse an. Sowohl er als auch Stanislaus Leszczyński, der 1704 und 1733 zum König gewählt wurde, aber nie regieren konnte (s. Pkt. 2), verbanden den Unabhängigkeitsgedanken mit innerstaatlichen Reformen.

Von einer anderen politischen Ideologie liess sich August II. von Sachsen (1697—1733) leiten, mit dem die siebenundsechzigjährige Herrschaft der Wettiner in Polen begann. Er wollte mit der polnischen Krone und seiner zugleich gefestigten Macht sowie durch die Eroberung Livlands den Rang der Wettiner im deutschen Reich anheben (s. Pkt. 2). Die polnisch-sächsische Union war zwar nur eine Personalunion, verstärkte aber die polnisch-deutschen Kultureinflüsse. Die polnisch-sächsische Union hätte auch in der Geschichte Polens, nicht nur auf dem Gebiet der Kultur, eine positive Rolle spielen können, wenn August II. und seine Minister ihre politische Ideologie so gestaltet hätten, dass sie auch die politischen Interessen des polnischen Staates berücksichtigte. August II. trachtete nach absoluter Regierungsgewalt und schickte u.a. sächsische Truppen nach Polen. Damit forderte er den entschiedenen Widerstand der Schlachta heraus. In Tarnogród wurde 1715 eine antisächsische Konföderation gebildet. Marschall der Konföderation wurde Stanisław Ledóchowski, ein fähiger adliger Politiker. Anfänglich wollte er mit dem König verhandeln, aber die plündernden sächsischen Truppen riefen bei den Polen spontan aktiven Widerstand hervor. Der natürliche Verbündete der Konföderierten im Kampf gegen die absolutistischen Pläne Augusts II. war der russische Zar Peter I., der keine starke Königsmacht in Polen brauchen konnte. Durch seine Vermittlung und zugleich unter dem Druck des russischen Heeres, das auf Wunsch Augusts II. anrückte, wurde zwischen dem König und den Konföderierten 1716 ein Vertrag ausgehandelt. Er wurde von dem sog. stummen Sejm ratifiziert, der so hiess, weil der Sejmmarschall Ledóchowski keine Diskussion über die Bestimmungen des Vertrags zuliess. Aufgrund des Vertrags mit Sachsen zogen sich die sächsischen Truppen aus Polen zurück, und die Union wurde wieder eine Personalunion. Die polnisch-sächsischen Bindungen waren daraufhin überaus lose. 1717 beschloss der Sejm auch eine Reihe von Reformen, die zeigten, dass man einen Kompromiss zwischen dem sächsischen Absolutismus und der polnischen „goldenen Freiheit" suchte und dabei deutlich den Forderungen der Schlachta entgegenkam. Obgleich die Gesellschaftsordnung in ihren Hauptumrissen bestehen blieb, waren die Sejmbeschlüsse von 1717 ein erster Schritt auf dem Weg zu Sejmreformen. Weitere Schritte folgten erst ein halbes Jahrhundert später.

Das wichtigste war, ständige Steuern festzulegen, und zwar Kopfsteuern in der Krone und Haussteuern in Litauen. Sie waren für den Unterhalt eines 24 000 Mann starken Heeres bestimmt. Praktisch aber wurde diese Zahl nie erreicht. Andere Bestimmungen schränkten die Macht der Hetmane ein.

Die Beschlüsse des „stummen Sejms" brachten die Strömung der Hofreform und die Strömung der Schlachtareform ausnahmsweise miteinander in Berührung. In den adligen Kreisen gewann man gerade erst die Überzeugung, dass wesentliche gesellschaftliche Veränderungen eingeführt werden müssten, obwohl kritische Stimmen gegen die bestehende Situation schon seit Modrzewski (s. VI. 3) laut geworden waren. In diesem Zusammenhang sei auf zwei Verfasser kritischer Arbeiten hingewiesen: den litauischen Vizekanzler Stanisław Szczuka (1654—1710) und den Unterkämmerer von Sandomierz, Stanisław Dunin-Karwicki (1640—1724), der nicht nur Änderungen in Fragen des Staatsschatzes und des Heeres, sondern auch Verbesserungen im Sejm forderte. Sein Werk „De ordinanda Republica seu de corrigendis defectibus in statu Reipublicae Poloniae" erschien erst 1871 gedruckt.

Im 17. und Anfang des 18. Jh. war eine Weiterentwicklung des Nationalbewusstseins der Polen zu beobachten. Von grosser Bedeutung für diesen Prozess waren der nationale Kampf gegen den Schwedeneinfall (s. Pkt. 2), an dem sich auch die Bauern beteiligten, die Entwicklung des Geschichtsbewusstseins aller Gesellschaftsschichten und auch die sog. Polonisierung des Katholizismus, der mehr als zuvor in die Volkskultur und Mentalität der Bauernmassen Eingang gefunden hatte.

2. Aussenpolitik. Schwedeneinfall (Sintflut) und andere Kriege. Beziehungen zu Russland

Im 17. Jh. und in den ersten Jahrzehnten des 18. Jh. gab es in der Aussenpolitik Polens drei Hauptfragen, die türkische Frage, die Ostseefrage (Schwedenfrage) und die ukrainisch-russische Frage. Ausserdem hatte man nie den Gedanken aufgegeben, Schlesien zurückzugewinnen und das Herzogtum Preussen stärker unterzuordnen. Die erste Frage war durch das weitere Vorrücken der Türken nach Norden und durch die Verbindung mit dem habsburgischen Österreich hervorgerufen worden. Die zweite Frage hatte die Wasadynastie nach Polen hineingetragen, die ihren Einfluss auf Schweden behalten wollte. Die dritte Frage ergab sich aus der Ostexpansion der polnischen Magnaten und der Schlachta.

Als sich Sigismund III. während des Dreissigjährigen Krieges mit den Habsburgern verbündete, verschlechterten sich Polens Beziehungen zur Türkei, um die es schon vorher nicht gut bestellt war. Die Polen unterstehenden Saporoger Kosaken unternahmen Raubüberfälle auf türkisches Gebiet, und ausserdem widerstrebten der Türkei die polnischen Interessen in der Moldau und in der Walachei. Die Türkei ging sogar in einem bewaffneten Überfall 1617 gegen Polens Grenzen vor und zwang Polen im Vertrag von Busz, auf die Pläne in diesen Gebieten zu verzichten.

Die Kriege gegen die Türkei zogen sich bis Ende des 17. Jh. hin. In der Schlacht bei Cecora 1620, in der Hetman Stanisław Żółkiewski fiel, erlitt Polen eine Niederlage. Unter der Führung von Jan Karol Chodkiewicz verteidigten sich die polnischen Truppen 1621 bei Chotin. Nach unentschiedenen Kämpfen wurde ein Frieden geschlossen, der jedoch die Konfliktursachen nicht beseitigte, da die Türken auch weiterhin auf eine Expansion nicht verzichteten. Ladislaus IV. schlug zwei Jahre nach seiner Thronbesteigung einen türkischen Angriff zurück, den Mahmed Abazy Pascha, der Anführer der türkischen Truppen, ohne Absprache mit Istanbul angezettelt hatte. So entstanden des Königs Pläne für einen Präventivkrieg gegen die Türkei. Er wollte den ständigen, vernichtenden Überfällen der Krimtataren auf Polen ein Ende bereiten. Allein in Rotreussen, d.h. in den westlichen Gebieten der Ukraine, verlor Polen in der ersten Hälfte des 17. Jh. ca. 300 000 Menschen. Der Tod des Königs (1648) brachte diese Pläne jedoch zu Fall.

In den nächsten Jahrzehnten war Polen hauptsächlich mit der ukrainischen Frage und mit der schwedischen Expansion beschäftigt und band sich mehr an Frankreich als an die Habsburger, den Hauptfeind der Türkei.

Eine Ursache für den Konflikt mit Schweden war auch die Politik Sigismunds III. Von den Habsburgern in seiner Oberherrschaft im Ostseeraum gefährdet, rückte Schweden 1626 zuerst gegen Pommerellen vor, um dann später in Deutschland einzufallen und Stralsund zu bedrohen. Bereits vorher (1621), als Polen in den Krieg gegen die Türkei verwickelt war, eroberte Gustav Adolf den grössten Teil Livlands mit Riga. Bei Polen verblieben Kurland mit Mitau und der südöstliche Teil von Livland mit Dünaburg und Rositten. Der Vorstoss auf Pommerellen war der Anfang der bis 1629 dauernden polnischen Periode des Dreissigjährigen Krieges. Polen errang im Krieg gegen Schweden gewisse Erfolge wie den Sieg in der Seeschlacht bei Oliwa 1627 und in der Schlacht bei Trzciana 1629. Doch der 1629 in Altmarkt, dem heutigen Stary Targ, vereinbarte Friedensvertrag war nicht günstig für Polen. Schweden erhielt das Recht, in Gdańsk 3,5% Zollgebühr zu erheben, und behielt die livländischen und preussischen Häfen. Für diese Häfen belegte der preussische Herzog Malbork, Sztum und Żuławy mit Beschlag. Ladislaus IV., der grosses Interesse an der Ostsee zeigte, von der er sich grosse Einnahmen durch den Handel versprach, hatte den Gedanken an die schwedische Königskrone nicht aufgegeben. Er erreichte 1635 in Sztumska Wieś den Abschluss eines sechsundzwanzigjährigen Waffenstillstands mit Schweden, dem der Zustand vor 1626 zugrunde gelegt wurde. Unter dem Eindruck der Niederlage in Deutschland waren die Schweden verhandlungsbereit, und auch die polnische Oligarchie wünschte keinen Krieg. Der Waffenstillstand durchkreuzte die Pläne des Königs, der einen direkten Zusammenstoss mit Schweden anstrebte, und beeinträchtigte seine Tätigkeit im Ostseeraum. Die vorteilhaftesten Unternehmungen des Königs waren der Bau einer eigenen Handelsflotte zur Beförderung der polnischen Waren nach Westen sowie die Einrichtung eines Kriegshafens auf Hel. Er gründete eine Siedlung, die sich zur Seestadt entwickeln sollte und nach seinem Vornamen Władysławowo hiess. Finanzielle Schwierigkeiten und der Widerstand der Stadt Gdańsk unterbanden jedoch weitere Fortschritte.

Der Frieden mit Schweden dauerte nur 21 Jahre, d.h. bis 1655. Karl X. Gustav stiess bei der Realisierung seines Plans, die Herrschaft über das Einzugsgebiet der Ostsee zu gewinnen, mit Polen und Russland zusammen. Obwohl der Waffenstillstand von Sztumska Wieś noch nicht abgelaufen war, begann er 1655 mit Aktionen gegen Polen. Ein halbes Jahrhundert später übernahm Karl X. die Aufgabe, Russland als Konkurrenten auszuschalten. Der neue König Johann Kasimir (Jan Kazimierz; 1648—1668) war sich bewusst, was ein erstarktes Schweden bedeutete, das im Westfälischen Frieden, der den Dreissigjährigen Krieg beendete, Vor-

DER ERSTE NORDISCHE KRIEG (1655—1660) ZWISCHEN SCHWEDEN UND POLEN

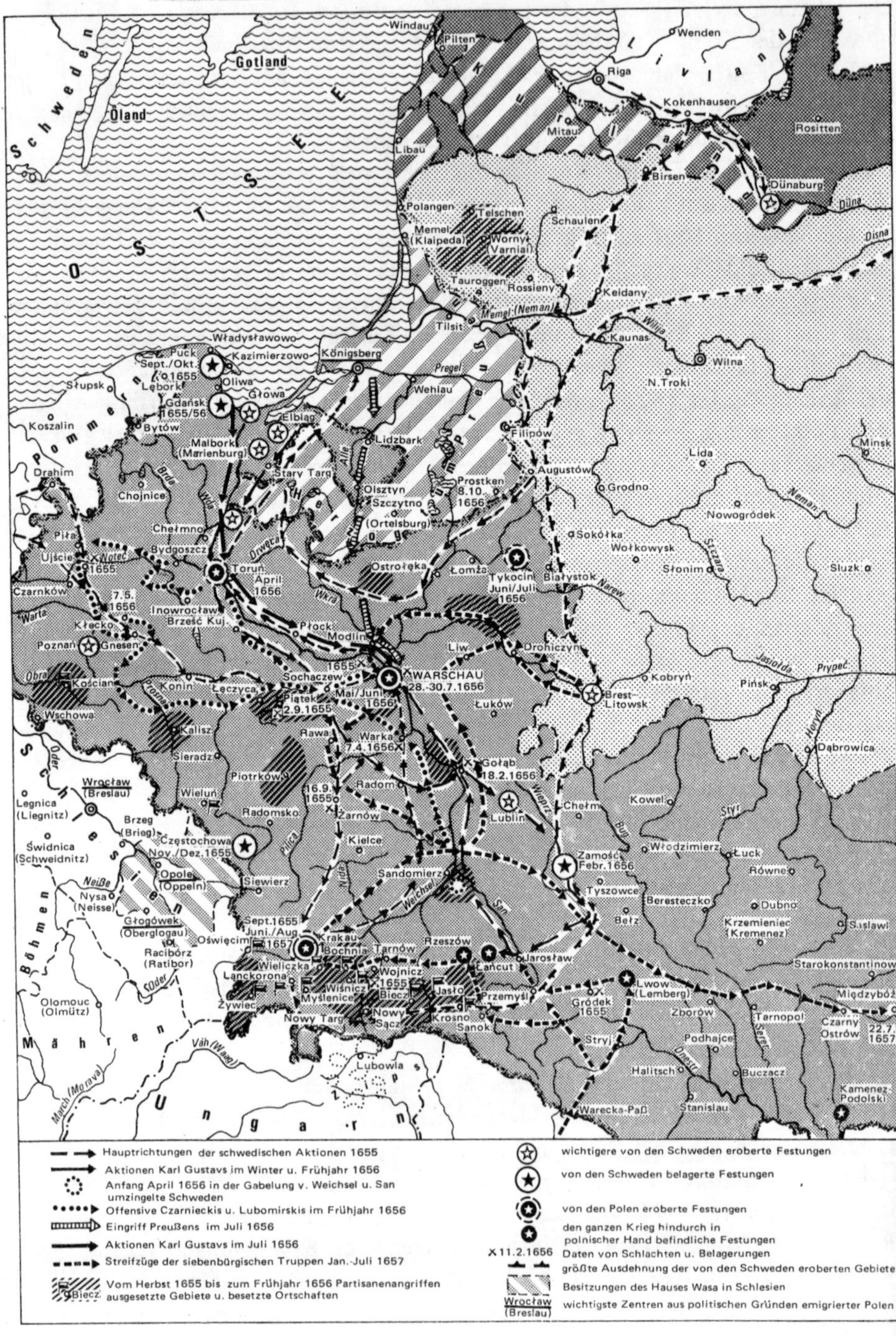

pommern von Stralsund bis Szczecin bekommen hatte. Erfolglos bemühte er sich, die Gefahr zu bannen. Die 40 000 Mann starke schwedische Armee stiess gleichzeitig in Richtung Grosspolen und Litauen vor. Das Aufgebot unter der Führung des Wojewoden Krzysztof Opaliński kapitulierte bei Ujście. Grosspolen wurde schwedisches Protektorat. In Litauen aber verbündeten sich der litauische Grosshetman Janusz Radziwiłł und Bogusław Radziwiłł mit den Schweden und erklärten die Auflösung der polnisch-litauischen Union. Sie konnten die Herrschaft im Land um so leichter an sich bringen, als ein Teil der Magnaten und der Schlachta hoffte, dass Karl Gustav gegen Russland vorgehen würde, mit dem der heftige Streit um die Ukraine noch immer andauerte, und für Karl Gustav Partei ergriff. Sie rechneten — übrigens innerhalb derselben Dynastie — mit einem gewöhnlichen Herrscherwechsel. Erst die rücksichtslose und räuberische Besetzung Polens rief einen Gesinnungswechsel hervor und liess zugleich eine gesamtnationale Widerstandsbewegung entstehen. An ihrer Spitze stand Stefan Czarniecki, der sich der Taktik des Kleinkriegs bediente und aus dem Hinterhalt kämpfte. Die Kämpfe brachen in Grosspolen, Kleinpolen und Podlessję aus. Im November 1655 suchte Johann Kasimir im Oppelner Schlesien in Głogówek Zuflucht, das im Besitz der Wasas war. Dort erliess er einen Aufruf, der alle zum Kampf gegen die Schweden aufforderte. Gleichzeitig spielte die erfolgreiche Verteidigung von Częstochowa im Vorfeld von Schlesien, die von Paulinerprior Augustyn Kordecki geschürt worden war, eine fördernde Rolle. Jedoch erst später wurde sie durch die Aktion der Kirche zu einem Symbol für die Verteidigung des katholischen Glaubens erhoben. Da man gegen die „protestantischen Abtrünnigen" kämpfte, konnten sich die Ideen der Gegenreformation leichter durchsetzen und die Position der Kirche festigen. Auch die Entwicklungsprozesse der polnischen Nation wurden beeinflusst.

Im Dezember 1655 schlossen sich die Kronhetmane Stanisław Potocki und Stanisław Lanckoroński in Tyszowce zu einer Konföderation zusammen, die nach der Rückkehr von Johann Kasimir nach Polen in Łańcut zu einer Generalkonföderation umgebildet wurde. Das Jahr 1656 war günstiger. Weite Landesteile wurden befreit. Mit Russland wurde in Nemesh ein Waffenstillstand geschlossen, der den Krieg um die Ukraine unterbrach und Russland mit in die Abwehr der schwedischen Expansion einbezog. Infolgedessen war die allgemeine Lage Polens verändert. Andererseits war die Tätigkeit des brandenburgischen Kurfürsten Friedrich Wilhelm, des sog. Grossen Kurfürsten (1640—1688), der gerade eine absolute Regierungsgewalt in Brandenburg und im Herzogtum Preussen aufzubauen begann, sehr nachteilig. Er schloss sich dem schwedischen Lager an, fiel in Grosspolen ein und trug dazu bei, dass das 1656 von Czarniecki befreite Warschau wieder von den Schweden erobert wurde. Zusammen mit Georg Rákóczi, dem Herzog von Siebenbürgen, Bogdan Chmelnizki und Bogusław Radziwiłł spann er sogar Pläne von einer Teilung Polens. Erst der Widerstand Grosspolens, das einen gemeinsamen „Feldzug" beschloss und einen grossen Teil der brandenburgischen Besatzung verjagte, ja Frankfurt an der Oder und selbst

Berlin in Angst und Schrecken versetzte, sowie der Sieg über Rákóczi und der Eingriff Österreichs und Dänemarks in den Krieg gegen Schweden veränderten die Taktik des Grossen Kurfürsten. Er suchte jetzt eine Annäherung an Polen.

Um sich die Unterstützung der über ihren Botschafter Lisola drängenden Habsburger zu sichern und die internationale Lage in dem zu erwartenden Konflikt mit Russland zu verbessern, gab Johann Kasimir 1657 im Vertrag von Wehlau, der durch das Bündnis in Bydgoszcz bestätigt wurde, seine Zustimmung, das Lehnsverhältnis mit dem Herzogtum Preussen zu lösen. Geblieben war nur das sog. *Eventuale homagium,* falls die Hohenzollernlinie aussterben sollte.

Der Krieg gegen Schweden endete mit dem Frieden von Oliwa 1660, dem der *Status quo ante bellum,* d.h. der Zustand vor dem Krieg, zugrunde lag. Polen brachte dieser Krieg ungeheure Verluste. Rund 40% der Bevölkerung hatten ihr Leben lassen müssen, weite Gebiete waren zerstört, das preussische Lehen ging verloren.

1669 wurde Michael Korybuth Wiśniowiecki zum König gewählt, der sich durch die Heirat mit der habsburgischen Eleonore von Österreich (1670) Österreich näherte und so die Gegner der französischen Orientierung unterstützte. Das verstärkte die Gefahr eines Türkeneinfalls. Zu diesem Einfall kam es 1672. Damit begann der über dreissig Jahre dauernde Zeitraum der Kriege gegen die Türkei. Eine Art Prüfstein für die Erfolge der einen oder anderen Seite war der Besitz von Kamenez Podolski. 1672 eroberten die Türken Kamenez. Sie rückten in das südliche Gebiet Polens vor und zwangen es durch das Traktat von Butschatsch, das als „schändlich" bezeichnet und vom Sejm nicht ratifiziert wurde, grosse Teile der Ukraine abzutreten. Ein Jahr später verloren sie nach Johann Sobieskis Sieg bei Chotin die eroberten Gebiete, allerdings mit Ausnahme von Kamenez Podolski. Der Sieg bei Chotin brachte Sobieski die Königswürde, und damit erlangte Polen eine neue politische Ideologie. Ausschlaggebend waren dabei die Pläne, im Bündnis mit Frankreich und Schweden das Herzogtum Preussen zurückzugewinnen, sowie das Interesse an der Ostsee. Dazu war es nötig, die Beziehungen zur Türkei zu verändern, da es infolge der verschlechterten Beziehungen im Streit um die Ukraine nicht gelungen war, mit dem Moskauer Staat ein gegen die Türkei gerichtetes Bündnis zustande zu bringen. Der von König Sobieski 1678 in Shurawno geschlossene Waffenstillstand, der nach Absicht des Königs dazu dienen sollte, die friedliche Lösung des Konflikts mit der Türkei einzuleiten, brachte wegen des chauvinistischen Grossmachtstrebens der Türkei nicht die erwarteten Ergebnisse. In diesem Zusammenhang erwog man am polnischen Hof ein Bündnis mit Russland, das aber im Traktat von Bachtschissarai selbst Frieden mit der Türkei schloss. In dieser Lage verstärkte Sobieski seine Bemühungen, eine antitürkische Koalition zu bilden. Das Bündnis mit Österreich 1683, das durch den Marsch der Türken gen Wien direkt bedroht war, war ein erster Schritt in diese Richtung. Dieses Bündnis rettete Österreich. Mit der 25 000 Mann starken polnischen Armee errang Sobieski am 12. September 1683

DIE SCHLACHT BEI WIEN 1683

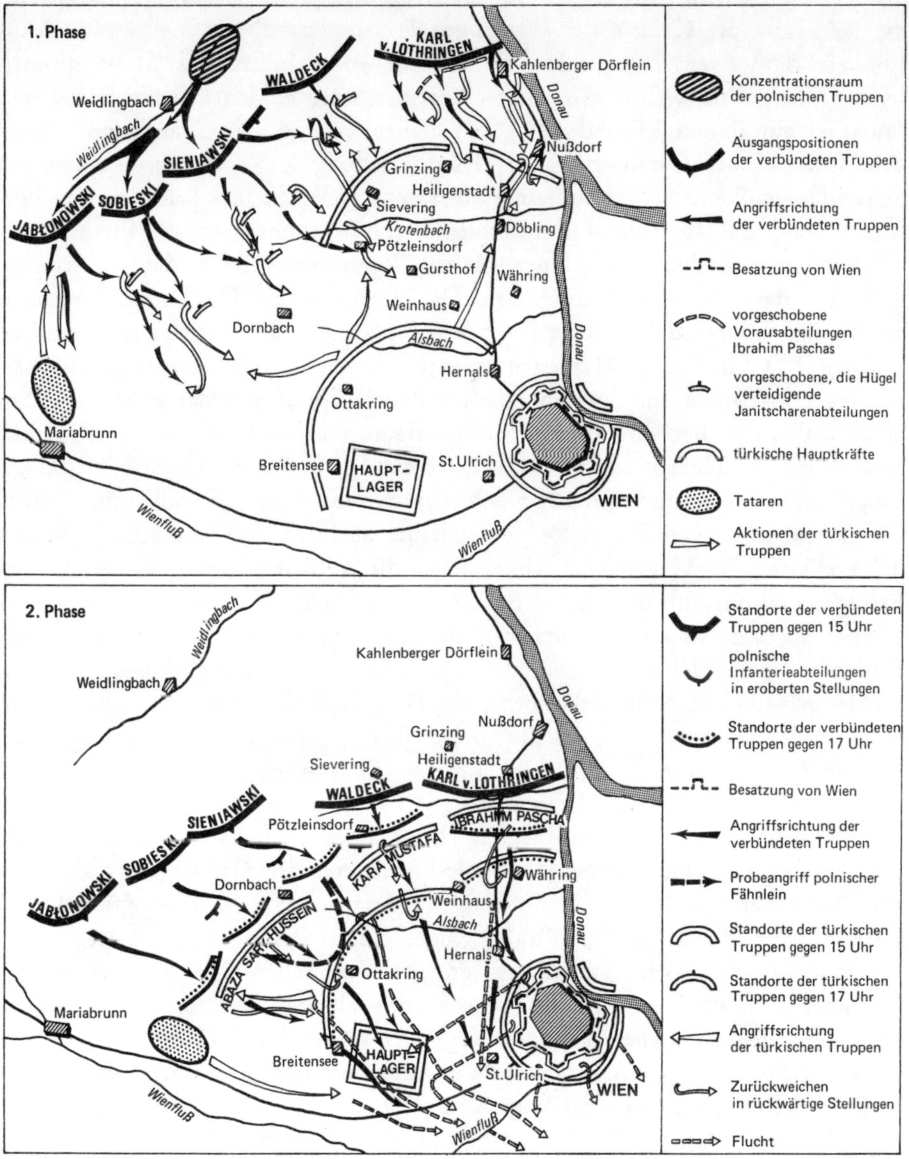

bei Wien einen grossen Sieg über die Türken und eröffnete somit eine grosse internationale Aktion zur Befreiung der europäischen Gebiete von der türkischen Besatzung, an der sich auch Russland beteiligte. Der Krieg endete mit dem Frieden von Karlowitz 1699, aufgrund dessen Polen die durch den Vertrag von Butschatsch verlorenen Gebiete zurückerhielt.

Der Wiederaufbau nach der schwedischen „Sintflut" erwies sich in einer auf der Leibeigenschaft basierenden Gesellschaftsordnung als überaus schwierig. Auf die Rückgabe der Gebiete des ehemaligen Herzogtums Preussen musste man bis zum 20. Jh. warten. Den Fehler von Wehlau wollte Johann III. Sobieski durch seine Ostseepolitik wettmachen. 1675 unterzeichnete er den Geheimvertrag von Jaworow mit Frankreich und 1677 den Geheimvertrag von Gdańsk mit Schweden. Gestützt auf den französischen König Ludwig XIV. und im Bündnis mit Schweden, wollte er das Herzogtum Preussen und vielleicht auch Schlesien zurückgewinnen und das Geschlecht der Sobieskis stärken, indem er aus Preussen ein Erbherzogtum machte. Durch innenpolitische Reformen wollte er die freie Königswahl und das *Liberum veto* abschaffen. Die innenpolitische Opposition, vor allem die Magnatenopposition, und die veränderte Situation in den Beziehungen zwischen Ludwig XIV. und dem Kurfürsten Friedrich Wilhelm vereitelten seine ehrgeizigen innenpolitischen und aussenpolitischen Pläne. Vor dem Senat 1688 sagte Sobieski u.a.: „Darüber wird die Nachwelt erstaunt sein, dass uns jetzt nach solchen Siegen und Triumphen, nach weltweit verkündetem Ruhm, Gott sei's geklagt, ewige Schande und unersetzlicher Schaden treffen, gegen die wir keine Mittel und Wege sehen und fast ratlos oder unfähig zu raten sind." In seinen Worten drückte sich die Widersprüchlichkeit aus, die zwischen den aussenpolitischen Erfolgen und der innenpolitischen Schwäche des Staates bestand.

Die Wiedererlangung Schlesiens, das nach wie vor von einem hohen Prozentsatz polnischer Bevölkerung bewohnt wurde, war womöglich noch schwieriger. Es gelang nicht, Schlesien während des Dreissigjährigen Krieges anzuschliessen. Nur in den Jahren 1645—1666 besassen die polnischen Könige das Herzogtum Oppeln-Ratibor als Lehen. Im 17. Jh. starben die letzten Linien der schlesischen Piasten aus (s. IV. 1), d.h. 1625 die Linie von Teschen (Cieszyn) und 1675 die Linie von Brieg-Liegnitz (Brzeg-Legnica). Es sei noch hinzugefügt, dass Jakub, der Sohn Johanns III. Sobieski, der mit der Tochter des pfälzischen Kurfürsten verheiratet war, in den Jahren 1691—1737 im Herzogtum Ohlau (Oława) lebte, das er mit der Mitgift seiner Frau als Pfand erhalten hatte.

Polen wurde in die Wirren des grossen Nordischen Krieges 1700—1721 hineingezogen, als August II. den französischen Thronanwärter Conti ausschaltete und selbst den polnischen Thron bestieg. Der sächsische Kurfürst griff 1700 in Livland Schweden an, um es für die Wettiner zu erobern. Er wurde aber von dem jungen streitbaren Schwedenkönig Karl XII. bei Riga geschlagen. Nachdem Karl XII. auch Russland bei Narwa besiegt hatte, marschierte er in Polen ein und besetzte fast das ganze Land. 1704 wurde in Narwa zwischen der polnischen Adelsrepublik und Russland ein Vertrag gegen Schweden abgeschlossen, womit Polens Beitritt zum Krieg offiziell wurde. In dieser Zeit war die öffentliche Meinung in Polen geteilt. Ein Teil der Schlachta, hauptsächlich in Grosspolen, unterstützte Stanislaus Leszczyński, der unter dem Schutz Karls XII. zum König gewählt worden war. Der junge, damals sechsundzwanzigjährige Leszczyński träumte davon, ein Dynast westlicher Prägung zu werden. Erfolglos versuchte er, souveräne Beziehungen zu Schweden herzustellen und Polen politisch zu einen. Zugleich warnte er Karl XII., in Russlands Weiten vorzudringen. Statt dessen sollte er den Krieg in Sachsen, der Heimat Augusts II., austragen.

Wie vor einem halben Jahrhundert riefen die schwedischen Plünderungen und die Rücksichtslosigkeit gegenüber dem Volk Widerstand hervor, und die 1704 zur Verteidigung des Königs gegründete Konföderation von Sandomierz errang die militärische Überlegenheit. Zwar wurde August II. 1706 im Vertrag von Altranstädt gezwungen, auf den polnischen Thron zu verzichten, doch nach dem Sieg Russlands über die Schweden bei Poltawa 1709 kehrte er wieder auf den polnischen Thron zurück und plante, seine Macht weiter zu stärken (s. Pkt. 1).

Die Probleme mit Schweden waren eng mit der Entwicklung der polnisch-russischen Beziehungen verbunden, die allmählich internationale Bedeutung annahmen (s. VII. 1). Ausgangspunkt des Streits mit Russland waren vor allem die polnische Expansion auf ukrainische Gebiete, die mit der Einverleibung dieser Ländereien durch die Union mit Litauen 1569 begonnen hatte, sowie die Ausdehnung der Grenzen des Grossfürstentums Litauen in Richtung Moskau. Der ungünstige Waffenstillstand von Deulino 1619 (s. VII. 1) reizte die Russen, um die Wiedererlangung der verlorenen Gebiete zu kämpfen. Sie begannen 1632 einen Krieg, um Smolensk zurückzuerobern, hatten aber keinen Erfolg. Der 1634 geschlossene Frieden an der Poljanowka änderte nichts. Ladislaus IV. verzichtete lediglich auf den russischen Thron und den Zarentitel.

Inzwischen war die Unzufriedenheit in den Reihen der Kosaken gewachsen, die als freie Bauern im Gebiet von Saporoshje hinter den Dneprstromschnellen lebten. Sie bildeten eine militärische Organisation zum Schutz vor Tataren und Türken, gegen die sie auch selbständige Feldzüge unternahmen. Schon Sigismund August hatte ein paar hundert Kosaken als Söldner gehabt, d.h., sie in sein Register aufgenommen. Die Zahl der registrierten Kosaken wuchs. Die ständigen Veränderungen in der Zahlenstärke des Registers waren jedoch Anlass zu Streitigkeiten zwischen den Kosaken und der Adelsrepublik. Die Vergrösserung des Registers und der wachsende Reichtum der Kosaken, die in den Adelsstand erhoben werden wollten, verdrossen die Magnaten, die Güter in der Ukraine besassen und die dort ansässigen Bauern möglichst bequem ausbeuten wollten. In den Jahren 1630, 1637 und 1638 brachen Kosakenaufstände aus. Alle wurden niedergeschlagen. Zur Kontrolle wurde ausserdem die Saporoger Festung Kudak errichtet. Der Scheinfrieden, der sog. goldene Frieden, dauerte zehn Jahre, d.h. bis zu der Zeit, als Ladislaus den besagten grossen Feldzug gegen die Türkei plante und den Ehrgeiz und die Hoffnungen der Kosaken weckte, die an diesem Feldzug teilnehmen sollten. Das Fiasko, das diese Pläne erlitten, beschleunigte den Ausbruch des nächsten Aufstands, der diesmal besonders weite Kreise ergriff. Der Anführer des Aufstands war Bogdan Chmelnizki, ein bedeutender Feldherr und Staatsmann, einer der reich gewordenen Kosaken, der mit den Polen eine private Rechnung zu begleichen hatte. Ein Beamter des Magnaten Aleksander Koniecpolski, Daniel Czapliński, hatte seine Güter konfisziert und seine Frau entführt. Der Aufstand, an dem auch die ukrainischen Bauern teilnahmen, brach in dem Augenblick aus, als der Konsolidierungsprozess der ukrainischen Nation fortgeschritten war, sich die religiösen Gegensätze zwischen den katholischen Polen und den orthodoxen Ruthenen verschärft hatten und sich ausserdem die Klassengegensätze zwischen den ukrainischen Bauern und den Kosaken einerseits und zwischen der polnischen Schlachta und der Aristokratie andererseits bemerkbar machten. In der 1596 auf der Synode in Brest beschlossenen Union zwischen der orthodoxen und der katholischen Kirche war ein Programm aufgestellt worden, in dem die orthodoxe Kirche der katholischen unterstellt werden sollte, um die ukrainische und belorussische Bevölkerung enger an die Adelsrepublik zu binden. Die Union verschärfte jedoch die Konfessions- und Nationalitätenfrage.

Beim Chmelnizki-Aufstand, in dessen Ergebnis ein selbständiger ukrainischer Staat mit einem Territorium von 200 000 km^2 — regiert vom Ältestenrat der Kosaken mit dem Hetman an der Spitze — gebildet wurde, war das Kriegsglück mal auf der einen, mal auf der anderen Seite. Nach anfänglichen Niederlagen der polnischen Heere bei Sholtyje Wody, Korsun und Pilawce (1648) kam es 1649 zum Vergleich von Sborow, aufgrund dessen Chmelnizki Hetman der Kosakentruppen wurde, deren Register auf 40 000 Mann erhöht wurde. Es gelang dem polnischen Heer, 1651 die ukrainischen Truppen bei Berestetschko zu besiegen. Danach wurde ein Vertrag in Belaja Zerkow geschlossen, den die Kosaken übrigens nicht einhielten. Sie brachten den Polen 1652 bei Batog eine Niederlage bei, als diese versuchten, den Kosakenangriff in der Moldau zu verhindern. Im Vertrag von Shwanez wurden die Bedingungen des Vergleichs von Sborow wiederholt. Die Lage änderte sich 1654 grundlegend, als Chmelnizki in Perejaslaw einen Vertrag mit Russland schloss und die befreiten ukrainischen Gebiete unter russische Herrschaft stellte. Das verursachte den Ausbruch des polnisch-russischen Krieges, der, wie bereits gesagt, durch die von Schweden ausgehende Gefahr unterbrochen wurde. Chmelnizki suchte einen Vergleich mit Schweden, da der Vertrag von Perejaslaw für ihn seine Bedeutung verloren hatte. Der nächste Hetman Jan Wyhowski kündigte 1657 den besagten Vertrag und schloss in Gadjatsch ein Bündnis (1658) mit Polen, wonach aus der Ukraine ein gleichberechtigtes Mitglied des polnisch-litauisch-ukrainischen Bundes werden sollte. Dieser Plan wurde jedoch vom ukrainischen Volk und den Kosaken abgelehnt. Die Ukraine kam wieder zu Russland. Nach weiteren Kämpfen, bei denen Polen siegreich war, wurde 1667 der für die Ukraine unglückliche Waffenstillstand in Andrussowo geschlossen, der die Ukraine zwischen Polen und Russland teilte. Aufgrund dieses Waffenstillstands erhielt Russland die Gebiete von Smolensk, Tschernigow und Sewersk sowie das Dneprgebiet mit Kiew. Der Waffenstillstand wurde 1686 unter dem Druck der Türkengefahr in den „ewigen" Frieden umgewandelt (im sog. Grzymułtowski-Vertrag).

Diese Regelungen konnten die Kosakenbewegung nicht aufhalten. Im Gegenteil, sie mobilisierten die ganze Bevölkerung, und 1704 brach ein von Samus und Palej geführter grosser Aufstand aus. Er wurde ausgelöst, als der Sejm 1699 die Auflösung des Kosakenheeres beschloss. Es war der letzte Versuch, die Ideen Chmelnizkis zu verwirklichen. Auf eine völlige Unabhängigkeit von Russland zielte Hetman Mazeppa im Bündnis mit Karl XII. ab. Dieser Versuch endete jedoch nach der Niederlage bei Poltawa mit einem Misserfolg. Bis 1764 gab es in der westlichen Ukraine eine Art Kosakenrepublik unter dem Protektorat Russlands.

Die wachsende Bedeutung Russlands, Österreichs und des brandenburgischen Preussens veränderte die internationale Lage Polens. Die unmittelbar angrenzenden Nachbarstaaten blickten unfreundlich auf alle Versuche zur Stärkung des polnischen Staates, da unter der Schlachta inzwischen die Tendenz wuchs, innenpolitische Reformen durchzuführen. Gleichzeitig tauchte die Parole „Die Anarchie hält Polen zusammen" auf, da man überzeugt war, Polens beste Verteidigung gegen eventuelle Eroberungsgelüste der Nachbarn sei es, keinerlei Veränderungen vorzunehmen.

Ein sichtbares Zeichen der Reformtendenzen bestand darin, dass man nach dem Tode Augusts II. den von Frankreich protegierten Stanislaus Leszczyński unterstützte, dessen Tochter Maria als Gattin Ludwigs XV. Königin von Frankreich war. Das Bestreben der Nachbarn, Polen zu kontrollieren, kam darin zum Ausdruck, dass man unter dem Druck der von einem Teil der unzufriedenen Magnaten herbeigerufenen russischen Truppen die Kandidatur Friedrich Augusts III., des Sohns von August II., förderte, der als August III. in Polen regierte. Dann wurde 1732 zwischen Österreich, Russland und Preussen der sog. Löwenwoldvertrag (der Vertrag der drei schwarzen Adler) abgeschlossen, der Polen den König aufzwingen sollte. Preussen und Russland hatten sich bereits 1720 verständigt, die freie Königswahl in Polen aufrechtzuerhalten. Trotz Unterstützung des Volkes und der aufopfernden Hilfe der Stadt Gdańsk und sogar der Bauern musste Leszczyński abdanken. Durchgreifende Reformen wurden auf spätere Jahrzehnte verschoben. Unter dem Druck der Ereignisse von 1733, die ein Zeichen für die schwindende Unabhängigkeit Polens waren, schloss die Schlachta die Konföderation von Dzików ab. Sie appellierte an das russische und sächsische Volk, ihr bei der Erhaltung der Unabhängigkeit zu helfen.

3. Wirtschaft und Gesellschaft

Die Jahre 1618 bis 1733 waren für die Wirtschaft ungünstig. Die Guts- und Fronwirtschaft, auf der die Landwirtschaft aufgebaut war, erlebte erst einen Aufschwung, um später in erhebliche Schwierigkeiten zu geraten. In den ersten Jahrzehnten war die Stagnation noch nicht so offenkundig wie später, obwohl die Periode der wirtschaftlichen Blütezeit der Schlachta vorbei war. Seit dem zweiten

Jahrzehnt des 17. Jh. waren die Getreidepreise allmählich gesunken. In Westeuropa aber hatte sich in dieser Zeit eine Landwirtschaft entwickelt, die mit der polnischen Landwirtschaft konkurrierte. Auf den westlichen Märkten tauchte auch russisches Getreide auf. Das hinderte die polnische Schlachta jedoch nicht, gerade zu diesem Zeitpunkt zu verkünden, dass das polnische Getreide für Europa unentbehrlich sei (sog. Speicher-Dogma). Die Versuche, eventuelle Veränderungen in der Wirtschaft durchzuführen, wurden somit gebremst. Der Export entwikkelte sich weiter. In der ersten Hälfte des 17. Jh. machte er durchschnittlich etwa 140 000 t jährlich aus. In der zweiten Hälfte desselben Jahrhunderts betrug er 80 000 t. Das war zwar weniger als zuvor, aber angesichts der grossen Verheerungen durch die schwedische „Sintflut" noch immer sehr viel. Der Export war nicht mehr so vorteilhaft wie zuvor. Ohne den Export zu vermindern, war man bemüht, auch die Möglichkeiten des Binnenmarktes zu erschliessen, und verkaufte die in den Gutsbrauereien und Gutsbrennereien hergestellten Getränke.

Wenn man die Nennpreise für Feldfrüchte in Polen 1649/50 mit 100 ansetzt, können die Preisschwankungen in den nächsten Jahrzehnten der zweiten Hälfte des 17. Jh. durch folgende Kennziffern dargestellt werden: 101, 110, 121, 140 und 202. In der gleichen Zeit lagen die Preisschwankungen für importierte Waren bei 118, 156, 190, 244 und 272. Der Getreideexport wurde also immer unrentabler. Gewinnbringender war der Viehhandel, vor allem mit Ochsen. Aber diese Art Produktion und der Export nach Schlesien und Sachsen wurden hauptsächlich in Podolien, Wolhynien und in der Ukraine betrieben, also in Regionen, in denen die Magnaten ihre Latifundien hatten.

In den ersten Jahrzehnten des 18. Jh. ging der Getreideexport weiter zurück. Wenn man den Export über die Städte Gdańsk und Elbląg in den Jahren 1605—1615 und 1625 mit 100 ansetzt, entsprechen den Daten für die Jahre 1685, 1695 und 1705 die Kennziffer 53 und für die Jahre 1715, 1725 und 1735 die Kennziffer 33. In jener Zeit mussten jedoch die verheerenden Folgen des grossen Nordischen Krieges in den Jahren 1700—1729 überwunden werden, der die Bevölkerungszahl in Polen um ca. 25% dezimiert hatte.

Der Rückgang der landwirtschaftlichen und industriellen Produktion vor dem Schwedeneinfall 1655 wurde durch die Kriegszerstörungen noch beschleunigt. Unmittelbar nach den Kriegen hatte die Getreideproduktion erst 40% des Vorkriegsstandes erreicht. Die Zahl völlig zerstörter Dörfer und Städte lag in den verschiedenen Teilen Polens zwischen 10 und 30%. Andererseits war der Rückgang der Getreideerträge auf den erschöpften Boden, auf ungünstige Veränderungen in der Bodenstruktur und Anbaufehler zurückzuführen. Mit der Dreifelderwirtschaft war es bei ungenügender Düngung nicht möglich, die Bodenfruchtbarkeit zu regeln. Das eine Jahr Brache, in dem die Felder übrigens als Weide genutzt wurden, reichte nicht aus. Die Ackerbautechnik und die Geräte hatten sich nicht verändert. Der Holzpflug mit der eisernen Pflugschar, der hölzerne Hakenpflug mit der eisernen Hakenschar und die Holzeggen wurden nach wie vor verwendet. Den Bauern, die gezwungen waren, mit ihren Geräten auf den Gutshöfen Fronarbeit zu leisten, fehlte der Anreiz zur Arbeit. Ihre eigenen Wirtschaften behandelten sie immer mehr als sog. Ernährungsparzellen. Während im 16. Jh. auf den Gutshöfen aus einem gesäten Korn durchschnittlich fünf Körner geerntet wurden, waren es im 17. Jh. nur noch vier und in der ersten Hälfte des 18. Jh. drei.

Im ganzen waren dadurch die Einnahmen des Adels unmittelbar bedroht. Je grösser aber die Güter waren, um so weniger waren die Folgen dieser neuen Situation spürbar. Damit bekamen die Magnaten das wirtschaftliche Übergewicht, und die ärmere Schlachta wurde von ihnen abhängig.

Vereinzelt wurden Stimmen laut, dass man die Industrie entwickeln müsse (z.B. Andrzej Maksymilian Fredro). Überwiegend vertrat man jedoch — zu Unrecht — die oberflächliche Meinung, es gäbe eine Möglichkeit, die Adelseinkünfte durch finanzielle Manipulationen steigern zu können. Man wollte z.B. den Kurs der sog. dicken Münzen, d.h. des Silbertalers oder des Golddukatens, die den ausländischen Kaufleuten gezahlt werden mussten, herabsetzen. Die Schlachta meinte, auf diese Weise mehr Taler oder Dukaten für die kupferne Groschenmünze einnehmen zu können. In den Jahren 1580—1650 stieg der Preis für einen Taler in Groschen auf 160% und für einen Dukaten auf 220%. Die Erzvorräte im Land hatten wegen der riesigen Aufrüstung abgenommen. Da die Münzanstalten an ausländische Münzpräger verpachtet worden waren, wurde Polen von minderwertigen Münzen überschwemmt. Es waren hauptsächlich die sog. Timpen (Tynfen oder Tymfen), die massenhaft in den Jahren 1663—1667 von einem der Unternehmer (Andrzej Tymf) geprägt wurden. Diese Bezeichnung erhielten dann auch andere kleine Münzen. Infolgedessen ging man in der Binnenwirtschaft zur Naturalvergütung über und verwendete weniger Geld. Die Sphären des Finanzkredits und des Finanzumsatzes waren noch nicht getrennt, obwohl die Bedeutung des Kredits in den Städten schon recht gross war.

Die Umsätze im internationalen Handel waren stark zurückgegangen, da auch die durch Polen führenden Handelsstrassen an Bedeutung verloren hatten. Das Handwerk beschränkte seine Produktion mehr als vorher auf den örtlichen Bedarf. Zu den Ausnahmen gehörten das sich entwickelnde Hüttenwesen in Zagłębie Staropolskie (Altpolnisches Industrierevier) in der Umgebung von Kielce und die Tuchweberei in Grosspolen, die frühe Industrialisierungsmerkmale aufwies. In Grosspolen war die Wirtschaftsdynamik grösser (s. VI. 4). Hier entwickelte sich die Lebensmittelindustrie durch den Verkauf von Getreideerzeugnissen nach Schlesien. Die Schafhaltung war verbreitet. Auch wurden intensiv neue Böden bebaut.

Nach den Zerstörungen durch den grossen Nordischen Krieg war insbesondere in den Westgebieten Polens, Pommerns und Schlesiens zu beobachten, dass man in der herkömmlichen Guts- und Fronwirtschaft gewisse Veränderungen vornehmen wollte, um die Einnahmen zu steigern. Die immer weniger einträgliche Fronarbeit wurde in Geldzins umgewandelt. Die Behörden der Stadt Poznań, die eine bestimmte Anzahl während des Krieges zerstörter Dörfer besass, holten z.B. ab 1719 deutsche Siedler aus der Gegend von Bamberg ins Land. Daher stammt die später im Volksmund gebrauchte Bezeichnung „Bambry" für „Bauern" im Raum Poznań. Seit Ende des 17., Anfang des 18. Jh. entwickelte sich in Grosspolen und Pommern intensiv das sog. holländische Siedlungswesen (so genannt nach den Holländern, die bereits im 16. Jh. als erste Siedler aus den Niederlanden nach Pommern kamen). Die Siedler waren Freie, ihrer Nationalität nach waren sie teils Deutsche, teils Polen. Schon in den ersten Jahrzehnten des 18. Jh. entstanden einige Dutzend solcher Siedlungen.

Die Ansiedlung von Freien und die Umwandlung der Fronarbeit in Geldzins hatten das traditionelle soziale Bild im Zeitalter der Gutswirtschaft (s. VI. 4) etwas verändert, wenn auch diese Änderungen noch nicht einschneidend waren. Da die Schlachta durch den Bevölkerungsrückgang Schwierigkeiten hatte, die benötigte Menge Fronarbeit zu bekommen, musste sie vorübergehend mehr Lohnarbeiter dingen. Die Haupttendenz jedoch bestand darin, die Ausbeutung durch Erweiterung der Fronlasten zu verstärken. Es gab immer mehr unselbständige Bauernwirtschaften (s. VI. 4) und landlose Bauern.

Da die Lage der reicheren Bauern bedroht war und sich das Los der gesamten Landbevölkerung verschlimmert hatte, setzte ein energischer Kampf um Verbesserungen ein. Eine ständige Form des bäuerlichen Widerstandes war die Landflucht. Die Bauern verliessen ihre Wirtschaften und suchten bessere Bedingungen. Das war möglich, da Neusiedler für die Gutsbesitzer gewöhnlich eine wertvolle Erwerbung waren. Es ist anzunehmen, dass ca. 10% Bauern ständig auf der Suche nach einem neuen Wohnsitz waren. Somit war die zunehmende Ausbeutung der Bauern durch die Schlachta erheblich eingeschränkt.

Offenere Kampfformen waren die Meutereien der Leibeigenen, Sabotageakte bei der Fronarbeit und schliesslich bewaffnete Aufstände, die von der Schlachta blutig niedergeworfen wurden. Dazu kam es in Podhale, in Podlessje, in Grosspolen und im Raum Kurpien. Als die Schlachta in den Kampf gegen Chmelnizki verwickelt war (s. VII. 2), brach 1651 unter Führung von Aleksander Kostka Napierski und Stanisław Łętowski ein Bauernaufstand in Podhale aus. Zur selben Zeit erhoben sich die Bauern im mittleren Teil Grosspolens.

Auch die Bauern erreichten nicht viel, die untertänigst Bittgesuche einreichten oder, wenn sie Bauern auf den Krongütern waren, sich mit ihren Klagen über die Pächter oder Besitzer an das Referendargericht wandten, das diese Sachen behandelte.

Die Verarmung der Bauern ging mit einer zweiten ungünstigen Erscheinung in der Sozialstruktur, der Verschlechterung der Standessituation der Bürger, einher. Zwar hatten die reichsten Familien Vermögen angehäuft, die sie aber nicht investieren konnten. Obgleich sich Gdańsk und einige pommersche und grosspolnische Städte entwickelten, war eine allgemeine Stagnation eingetreten. In den Städten

Rathaus der Rechtstadt in Gdańsk. Manieristisches Interieur mit dem Deckengemälde „Allegorie der Verbundenheit von Gdańsk mit Polen" (1608) von Isaak van den Blocke

Bürgerhäuser in Kazimierz Dolny an der Weichsel. Fassadenschmuck aus dem Jahre 1615

König Stephan Báthory (1576–1586). Gemälde von Marcin Kober

Sigismund III. Wasa (1587–1632).
Bildnis auf einem Silbertaler

Der polnische Sejm. Stich von J. Lauri (1622)

Stefan Czarniecki (1599–1665), Feldhetman der polnischen Krone und Befehlshaber zur Zeit des Schwedeneinfalls. Bildnis auf einer Votivplakette

Frühbarocker Bischofspalast in Kielce (17. Jh.)

Johann III. Sobieski vor Wien. Das Gemälde eines unbekannten Hofmalers vom Ende des 17. Jh. zeigt den Entsatz von Wien im Jahre 1683.

Husarenrüstung (17. Jh.) mit Messingverzierungen und Flügeln

Marysieńka Sobieska, die Gattin König Johanns III. Sobieski, zu Pferde. Gemälde eines unbekannten Malers

Schloß Wilanów, die Residenz König Johanns III. Sobieski aus dem 17. Jh.
Architekt Augustino Locci

Warschauer Panorama 1656.
Stich von Erik Dahlberg

F L U V I U S

Ostrogskipalais in Warschau (17. Jh.). Architekt Tylman van Gameren

Holzkirche in Rabka (17./18. Jh.)

Teilansicht des Langen Markts in Gdańsk (15.–17. Jh.)

waren die Gegensätze zwischen den einzelnen Nationalitäten und Konfessionen sehr stark. Das galt sowohl für die grösseren Städte in Pommerellen wie Gdańsk, Elbląg und Toruń, wo die oberen und mittleren Bürgerschichten Deutsch sprachen, als auch für die Städte Rutheniens wie Lwow, Kiew und Kamenez Podolski, wo sich eine Gliederung in polnische, russische und armenische Bevölkerung abzuzeichnen begann. Damit wurde praktisch auch ein Gefühl der Andersartigkeit gegenüber dem polnischstämmigen Bürgertum in Krakau, Lublin, Poznań und anderen Städten erzeugt. Eine besondere Organisation in den Städten hatten die Juden. In die Sejms schickten sie ihre Vertreter, die die Interessen der jüdischen Gemeinden wahrnahmen.

Man darf spätere Einschätzungen auf der Grundlage des entwickelten Nationalbewusstseins nicht auf die Verhältnisse vor dem 19. Jh. übertragen. Für die Menschen damals hatten die Staatsangehörigkeit sowie die Religions- und Standesgemeinschaft eine grössere Bedeutung. Das Nationalbewusstsein bildete sich allmählich auf der Basis der sich entwickelnden, über den eigenen Stand und die Konfession hinausgehenden Bindungen heraus, die erst mit dem Bewusstsein, dem gleichen Staat anzugehören, die Menschen auf mehreren Ebenen allgemein zusammenhielten. So betrachteten z.B. die Bewohner von Gdańsk alle Angelegenheiten der Adelsrepublik oft vom Standpunkt ihrer Interessen aus, obwohl sie sich wie die Bürger anderer Städte des Königlichen Preussens durch die Teilnahme am politischen Leben ihres Gebiets sowie durch kulturelle Kontakte und Handelsbeziehungen mit der polnischen Schlachta mehr mit dem polnischen Volk als z.B. mit den Bewohnern Brandenburgs verbunden fühlten, die dieselbe Sprache sprachen und derselben Konfession angehörten. Wenn die Adelsrepublik in Gefahr war, zeigte Gdańsk aktiv seine Treue. So war es während des Schwedeneinfalles 1655—1660, bei der Wahl Leszczyńskis (1733/34) oder auch später (s. VIII. 2) während der Teilungen Polens.

Innerhalb des Adelsstandes vollzogen sich damals zwei Prozesse. Einerseits verarmte die niedere Schlachta, und die Lage der mittleren Schlachta verschlechterte sich, andererseits aber wuchs die Bedeutung der reicheren Schlachta und der Magnaten. Die Ursache dafür lag in der Konzentration des Grundbesitzes in den Händen weniger. Die Zahl der Güter, die 20 und mehr Dörfer zählten und die man schon als Magnatengüter bezeichnen konnte, war gewachsen. Die Magnaten konzentrierten im allgemeinen die Senatorenwürden und die staatlichen Ämter in ihren Händen, obwohl die Könige auch Vertreter aus Familien ernannten, die nicht die Senatoren stellten. Zur Zeit der Sachsenkönige waren es etwa ein Drittel der Ämter. Bei den bedeutendsten Adelsgeschlechtern gingen ständig Veränderungen vor sich. Sie wechselten in die Aristokratie über und erlangten dort grössere Bedeutung. Eine grosse Rolle bei dieser Umgruppierung der Familien spielten die Unterstützung des Königs und Eheschliessungen. In der zweiten Hälfte des 16. Jh. und in den ersten Jahrzehnten des 17. Jh. verarmten die Familien Tęczyński, Górka, Tarnowski, Kurozwęcki, Szafraniec, Kmita und Odrowąż oder starben aus. Die Familien Leszczyński, Zamoyski, Potocki, Lubomirski, Gembicki, Przyjemski, Ossoliński, Grudziński, Lanckoroński, Koniecpolski, Wiśniowiecki, Mniszech und Sieniawski dagegen entfalteten sich. Auch das Ansehen der Familien Czartoryski, Poniatowski, Moszyński, Branicki und vieler anderer nahm zu, sehr oft gerade durch Eheschliessungen. Die Ehe mit der Gräfin Brühl war für die Laufbahn Jerzy Mniszechs im 18. Jh. sehr von Belang. Ebenso wurde der Aufstieg des Geschlechts Moszyński durch die Heirat mit der Gräfin Cosel ausgelöst. Unter der Herrschaft der Sachsenkönige stieg die Bedeutung der Familien Szembek, Rzewuski, Poniatowski, Jabłonowski, Sapieha, Tyszkiewicz, Potocki, Lubomirski und Sułkowski (Höhepunkt Ende des 17., Anfang des 18. Jh.), später der Familien Zamoyski, Mniszech und ihrer Widersacher Czartoryski. Die Familien Opaliński, Firlej, Gembicki und — nachdem der im Ausland lebende König Stanislaus die Güter verkauft hatte — Leszczyński gerieten in Niedergang.

4. Barockkultur und Geistesleben während der Kriege und der Gegenreformation

Im 17. Jh. und Anfang des 18. Jh. bildeten sich wenigstens vier grundlegende Kulturmodelle heraus — das Magnatenmodell, das Schlachtamodell, das Bürgermodell und das Bauernmodell, wobei das Lebensmodell der Magnaten eine Neuheit in dieser Periode war. Gleichzeitig wuchs die Zahl der Armen, die entweder innerhalb der Feudalgesellschaft lebten wie z.B. die Einlieger und die Hintersassen auf dem Lande oder die sich als ungebundene, keinem Stand angehörende Menschen zu verschiedenen Arbeiten verdingten. Um ihre Bedeutung zu unterstreichen, bauten sich die Magnaten nach dem Vorbild des Königshofs herrliche Paläste. Zu den stattlichsten gehörten das Schloss der Familie Lubomirski in Wiśnicz Nowy, das 1621 von dem italienischen Architekten Maciej Trapola errichtet wurde, das Schloss des Bischofs Jakub Zadzik in Kielce (1637—1641), das Schloss Stanisław Koniecpolskis in Podhorce (1635—1640) oder auch das Schloss Krzyżtopór Krzysztof Ossolińskis in Ujazd (1626—1644). Ladislaus IV. erweiterte das Königsschloss in Warschau und liess in der Nähe zu Ehren seines Vaters Sigismund III. eine Säule aufstellen (1643/44), die Constantino Tencalla schuf. Einen grossartigen Palast liess auch die Familie Krasiński (1675—1700) errichten. Die Familie Lubomirski besass ein wundervolles Schloss in Warschau (um 1694), das Tilman van Gameren durch den Umbau des ehemaligen Ossoliński-Palastes geschaffen hatte. Besonders hervorgehoben werden muss das Schloss in Wilanów, das der Hofingenieur Johanns III. Sobieski, der polonisierte Italiener Augustyn Locci, unter der Mitwirkung des Königs im Stil eines italienischen Landschlosses entworfen hatte. Der Ausbau zog sich bis in die dreissiger Jahre des 18. Jh. hin.

Bei den Magnaten waren in der ersten Hälfte des 17. Jh. die Renaissancetraditionen noch sehr lebendig. Das Studium an ausländischen Universitäten und Auslandsreisen, hauptsächlich nach Deutschland, Italien, den Niederlanden und Frankreich, genossen hohes Ansehen. Sie nahmen die gesamteuropäische Kultur nicht nur passiv auf, sondern schufen auch eigene Kulturmodelle.

Ehen wurden meist innerhalb der eigenen Schicht geschlossen. Auch bei der weniger reichen Schlachta waren Mesalliancen selten. Am Magnatenhof lebten gewöhnlich viele Leute. Am Hof Jeremi Wiśniowieckis waren es z.B. rund 50 Personen. Die Magnaten unterhielten eigene Truppen, sie finanzierten auch diplomatische Missionen selbst. Ein Magnat, der grössere Latifundien besass, verfügte im 18. Jh. über Jahreseinkünfte von durchschnittlich 200 000 polnischen Złoty (damals zu 30 Groschen). Vergleichsweise erhielt ein Husar einen Jahressold von 160 bis 320 polnischen Złoty.

Die Geisteshaltung der Schlachta, die darauf bedacht war, den erreichten Stand zu halten, war recht unzugänglich. In ihrem Denken war sie bestimmten Dogmen verhaftet. Sie bekannte sich zu dem bereits erwähnten Speicher-Dogma (s. Pkt. 3), betrachtete die „goldene Freiheit" als grösste Kostbarkeit des Adelslebens und hielt Polen für das Bollwerk des Christentums. Dieser ganze Komplex von Dogmen, der die angebliche Überlegenheit des adligen Polens, seiner Rechte und Sitten über den Rest der Welt hervorhob und diesem den besonderen Schutz Gottes (und hie und da auch der heiligen Jungfrau Maria) verhiess, wurde von den führenden Persönlichkeiten der Aufklärung, die diese Sinnesart kritisierten, Sarmatismus genannt. Diese sarmatische Unzugänglichkeit hatte auch eine andere Seite. Man hegte Bedenken gegenüber Ausländern und deren Einflüssen. Die Frustrationen, die sich aus der wachsenden und bemerkbaren Distanz zum schnelleren Wirtschaftswachstum im Westen ergaben, entlud man dadurch, dass man den Blick auf das Leben daheim richtete. Zwar erkannte die Schlachta das Modell der Magnatenkultur als eine Art Vorbild an, das jedoch unerreichbar war. Daher vertiefte sich die sarmatische Einstellung. Obwohl innerhalb der Schlachta nach und nach der Gedanke auftauchte, dass Reformen notwendig seien, schlossen sich erst in der nächsten Periode (s. VII.) einige Magnatengeschlechter zur Verwirklichung der eigenen Interessen dieser Strömung an. Die Aristokratie behandelte die Schlachta gönnerhaft. Durch Demagogie und wirtschaftliche Abhängigkeit, die in der zunehmenden Zahl der Klientel eines Magnaten zum Ausdruck kam, versuchten sie, bei der Schlachta Gehör zu finden.

Während die Abneigung gegenüber den westlichen Einflüssen gross war, scheute man sich nicht, den Orient nachzuahmen. Die ungarische, türkische, tatarische und sogar persische Mode war es vor allem, die die Adelstracht prägte. Im Barock setzte sich der Kontusch, ein langes Obergewand für Männer, durch, der den Kopieniak (s. VI. 4) verdrängte und das Hauptkleidungsstück der adligen Nationaltracht wurde. Modern waren u.a. auch die aus der Türkei eingeführten Gürtel.

Es gab auch regionale Unterschiede. Die grosspolnische Schlachta trug gern lange Kleidung, während in den östlichen Gebieten des Landes alltags kurze Militärjacken getragen wurden.

Die Bürger ahmten in der Kleidung gern die Schlachta nach, auch wenn sie insgesamt ein anderes Lebensmodell repräsentierten. Sie konzentrierten sich mehr direkt auf die wirtschaftliche Tätigkeit. Die oberen Schichten, das Patriziat, waren ebenfalls in einem dogmatischen Denken befangen, das darauf gerichtet war, den *Status quo* zu erhalten.

In der materiellen Kultur gingen im Vergleich zur vorangegangenen Epoche keine so sichtbaren Veränderungen (s. VI. 6) vor sich, obwohl sich Unterschiede im Lebensstandard der verschiedenen Gruppen des Bürgertums abzeichneten. Das traf auch auf die Bauern zu. Durch die allgemeine Verarmung sank ihr Lebensstandard, gleichzeitig wurde der Gegensatz zwischen den wenigen reicheren Höfen und dem Rest des Dorfes grösser.

Die schweren Lebensbedingungen, die ständigen Kriege und Seuchen hatten bewirkt, dass weite Kreise kaum das Existenzminimum zur Verfügung hatten. Die arme Bevölkerung ass nicht mehr als 10 kg Fleisch im Jahr und trank etwa 120 l Milch. Die Mahlzeiten der Reichen waren wie im vorangegangenen Zeitraum (s. VI. 6) pikant, fett und süss, die der Armen aber sauer.

Ausgenommen bei den Magnaten und der Schlachta wurde die polnische Kultur im 17. Jh. und Anfang des 18. Jh. in hohem Masse von der Kirche bestimmt, die eine gegen die Reformation gerichtete Tätigkeit entfaltete. Die Zahl der Orden und Ordensbrüder nahm zu. Im 17. Jh. gab es bereits ca. 15 000 Ordensbrüder. Sie übten keinen geringen Einfluss auf die Bevölkerung aus. Die grossen Erfolge bei der Festigung des Katholizismus — sowohl im Bereich der Organisation der Kirche und der Vergrösserung ihrer Einkünfte als auch im Bereich der Ideologie und Denkweise — wurden dadurch bewirkt, dass die Schlachta die polnische Kirche als Bollwerk für die sarmatische Stabilität und als Garanten der Gesellschaftsordnung betrachtete. Auch die wirtschaftlichen Schwierigkeiten in den Städten mündeten darin, dass man sich gegen die Protestanten und Juden wandte. Es muss jedoch hervorgehoben werden, dass die polnische Gegenreformation einen besonderen Weg ging, da die religiöse Toleranz ständig gegenwärtig, wenn auch verblasst war. Offiziell lehnte die Kirche diese Toleranz selbstverständlich ab, obwohl die Toleranz immer weniger vom Standpunkt der Gleichwertigkeit erfolgte, sondern auf blosses „Tolerieren" absank. Die von Sigismund August (1557/58) garantierte Religionsfreiheit wurde in Pommerellen bestätigt, denn dort gab es in den grösseren Städten ziemlich viele Lutheraner. In Grosspolen hatten sich damals viele Protestanten angesiedelt. Sie waren von der grosspolnischen Schlachta herbeigeholt worden, die Arbeitskräfte brauchte. Zur selben Zeit erkannte Ladislaus IV. (1633) die Existenz der orthodoxen Kirche an, die seit der Union in Brest illegal tätig war (s. Pkt. 2).

Nach dem Schwedeneinfall hatte sich die Situation etwas verändert, als die

Andersgläubigen (die protestantischen Schweden) als „Verräter" der nationalen Sache betrachtet wurden. Das Wirken der Protestanten wurde eingeschränkt. Die drastischste Massnahme war 1658 die Vertreibung der Arianer aus Polen. Doch lässt sich dieses Vorgehen z.B. nicht mit der Vertreibung der französischen Kalvinisten, der Hugenotten, 1685 vergleichen. Niemand verfolgte die Arianer, wenn sie ihre Familien besuchen kamen. Die polnischen Könige hielten es für ihre Pflicht, sie in der Emigration zu beschützen.

Trotz des wachsenden Einflusses der Kirche auf die Sinnesart der Gläubigen und des ausgedehnten Schulwesens der Jesuiten, die nicht selten Fanatismus schürten und den geistigen Horizont der Schlachta einengten, war Polen doch ein Land mit relativ grosser Religionsfreiheit. Erst 1717 wurde der Bau neuer protestantischer Kirchen verboten, als es mindestens 150 gab. Die unglückselige Thorner Angelegenheit von 1724, als provozierte Protestanten die Kirche und das Jesuitenkolleg demolierten und als Vergeltung dafür der Bürgermeister und neun Bürger zum Tode verurteilt wurden, war eine Demonstration Augusts II. Er forderte die Vollstreckung des Urteils, denn er wollte den europäischen Höfen beweisen, dass nur der Absolutismus dem Fanatismus in Polen Einhalt gebieten könne. Das war nur ein erstes Anzeichen dafür, dass eine Dissidentenangelegenheit für Aktionen gegen Polen, diesmal von der preussischen Propaganda, ausgenutzt wurde.

Ein anderer Faktor mit beträchtlichem Einfluss auf die Denk- und Lebensweise war in dieser von zahlreichen Kriegen heimgesuchten Epoche das Heer. Die militärische Grundeinheit in Polen war wie in anderen Ländern Europas die Soldtruppe, die im Namen des Königs (des Staates) geworben wurde, während im Dreissigjährigen Krieg noch die von den Heerführern zusammengestellten Söldnereinheiten typisch waren. Die Heerführer hatten mit den Monarchen Verträge über militärische Dienste abgeschlossen. Das allgemeine Aufgebot hatte an Bedeutung verloren, obwohl es noch in den Jahren 1621, 1649, 1651, 1655—1657 und 1672 ausgehoben wurde. Ausser dem staatlichen Heer gab es verschiedene nichtstaatliche Truppen wie die während des Interregnums als Ordnungskräfte eingesetzten Gebiets- und Wojewodschaftstruppen, die zahlenmässig geringen Streitkräfte der Städte, die Magnatentruppen und die Privattruppe des Königs, die königliche Garde. Anfang des 17. Jh. gab es in Europa noch keine ständigen Armeen. Nur die Kriege bewirkten eine verstärkte Mobilmachung. In Polen war die Keimzelle für eine ständige Armee das zahlenmässig schwache „Viertelsheer", das aus einem Viertel der Einnahmen der königlichen Güter bezahlt wurde. Die Schlachta, die eine finanzielle Belastung von sich wies und sich vor dem Absolutismus fürchtete, förderte damit die Erhöhung des Truppenstandes nicht. Für eine aussergewöhnliche Aushebung war die Zustimmung des Sejms erforderlich. In der Schlacht bei Pilawce waren rund 30 000 Mann aufgestellt, es überwogen Privattruppen. Später kämpften mehr Söldnereinheiten. In Friedenszeiten, d.h. in der zweiten Hälfte des 17. Jh., betrug der Truppenstand in Polen (Krone und Litauen) ca. 15 000, in Frankreich 200 000 und in Brandenburg ca. 30 000 Soldaten. Die Türkei stellte 1683 eine Armee von ca. 150 000 Mann auf.

Trotz seiner zahlenmässigen Schwäche entwickelte das polnische Heer viele moderne Kampfformen. Nach dem polnischen Beispiel hatte Gustav Adolf auch die Taktik seiner Kavallerie reformiert und den Vorstoss der Kavallerie mit der blanken Waffe im Trab eingeführt. Von den Schweden übernahm dann die kaiserliche Armee diese Taktik. Nur in Polen und ausserdem in Frankreich wurden ständige Infanterie- und Dragonereinheiten zum Schutz der Artillerie bei Vormärschen und Schlachten aufgestellt. Das militärische Wissen entfaltete sich. Wenn auch die Haupteinheit des polnischen Heeres die Kavallerie (die schwerbewaffneten Husaren, die leichte Kavallerie und dann die mittelschwere Kavallerie) war, glichen sich die Proportionen zwischen der Kavallerie und der Infanterie allmählich aus. Die nicht regelmässig besoldeten Truppen waren oft eine Plage für die Menschen, denn sie plünderten Dörfer und Städte. Während des Schwedeneinfalls und während des grossen Nordischen Krieges litt die Bevölkerung oftmals sowohl unter den fremden als auch unter den eigenen Truppen.

Das Schulwesen als weiterer Faktor bei der Gestaltung des Bewusstseins stand immer mehr unter dem Einfluss der katholischen Kirche. Die Schulen der Andersgläubigen wurden eingeschränkt, die Jesuitenschulen überwogen allmählich. Zu Anfang hatten die Jesuiten ein für die damalige Zeit recht hohes Unterrichtsniveau. Sie richteten Oberschulen ein und unterhielten ein recht dichtes Netz von Pfarrschulen. Zu den bekannteren Gymnasien in der ersten Hälfte des 17. Jh. gehörten das Nowodworskie-Kolleg in Krakau, das Gymnasium in Poznań, die Arianerschule in Raków, die 1638 vom Sejm geschlossen wurde, das von Krzysztof Opaliński in Sieraków gegründete Gymnasium und die Schule der Böhmischen Brüder in Leszno, die bis 1656 blühte, bis die Stadt während der schwedischen „Sintflut" abbrannte. Ihr Rektor war der berühmte tschechische Gelehrte Jan Ámos Komenský (lat. Comenius), der Schöpfer der modernen Pädagogik (1592—1670), der viele Jahre in dieser Stadt lebte. In den Jahren 1625—1656 wirkte der Polyhistor Jan Jonston in Leszno. In der zweiten Hälfte des 17. Jh. gab es die pommerschen Gymnasien in Toruń, Elbląg und Gdańsk, deren beachtlicher wissenschaftlicher Ehrgeiz im 18. Jh. in Erscheinung trat. Das Gymnasium in Chełmno nahm 1692 den Schulbetrieb wieder auf. In Schlesien entfaltete sich das polnische Schulwesen in Byczyna, Kluczbork und Wrocław günstig. Die Hochschulen fanden weit schlechtere Entwicklungsbedingungen vor als in der Renaissancezeit. Die Magnaten studierten an ausländischen Universitäten und hatten ihr privates Bildungssystem.

Für die Schlachta und die Bürger diente das Buch in hohem Grade als Informationsquelle. Es war viel weiter verbreitet als in der vorangegangenen Epoche. Anfang des 18. Jh. konnten ca. 70% der Adligen und ca. 60% der Bürger schreiben und lesen. Rund 5 bis 10% der Angehörigen des niederen Adels, der ärmeren

Schichten in der Stadt und der Bauern waren ebenfalls des Lesens und Schreibens mächtig.

Im Vergleich zu anderen Ländern waren diese Kennziffern nicht gering. Im Zeitalter des Barocks wuchs der Abnehmerkreis des gedruckten Wortes. Es erschien nämlich ein neuer Typ von Publikationen für diese Abnehmer. Es war vor allem der Kalender, der verschiedene, oft unkritisch wiederholte Nachrichten enthielt. In Krakau erschien 1661 der „Merkuriusz Polski Ordynaryjny" als erste gedruckte polnische Zeitung. In den Jahren 1718—1720 druckte der polnische Drucker Jan Cenkier in Königsberg die „Poczta Królewiecka", und seit 1730 wurde die Zeitung „Kurier Polski" in Warschau herausgegeben.

Das Interesse an der Welt nahm zu, schon früher geweckt durch die geographischen Entdeckungen. Eine Gruppe Polen wanderte nach Amerika aus und gründete eine der ersten Siedlungen auf dem neuen Kontinent. Angeregt von einem vertieften historischen Bewusstsein, verfasste man Tagebücher. Kunstvolle Briefe ersetzten zum Teil die Zeitungen. Es entstanden private Aufzeichnungen von den Sejmberatungen, Familienchroniken usw. Von diesem Schrifttum sind besonders die Tagebücher „Pamiętniki" von Jan Chryzostom Pasek (um 1636— um 1701) und die Briefe von Krzysztof Opaliński (1609—1655) an seinen Bruder Łukasz (1612—1662) erwähnenswert.

Von den Wissenschaften entwickelten sich die Astronomie und die Mathematik, die Geschichte und die klassische Philologie besonders rege. Eng mit der polnischen Situation verbunden war das politische (s. Pkt. 2) und ökonomische Gedankengut. Zu den hervorragendsten Astronomen und Mathematikern gehörten Jan Brożek (1585—1652), Jan Heweliusz aus Gdańsk (1611—1687), dessen Mäzen König Johann III. Sobieski war, die Jesuiten Adam Kochański (1631—1700), Bartłomiej Nataniel Wąsowski (1617—1687) und Michał Sędziwój (1566—1636), einer der berühmtesten Alchimisten seiner Zeit. Von der Entwicklung der Geschichtsschreibung zeugten die Werke Szymon Starowolskis (1588—1656), Kacper Niesieckis (1687—1744), der die Genealogie der Adelsgeschlechter „Korona polska" (Die polnische Krone) auf den seinerzeit höchsten Stand der Kritik erhob, und Bartłomiej Keckermanns, des Verfassers von „De natura et proprietatibus historiae" (1610), sowie von Joachim Pastorius (1610—1682), der die moderne Geschichtsschreibung direkt bei Vossius aus Leiden, dem bedeutendsten Geschichtsmethodologen jener Zeit, erlernte.

Der Geschichtsschreibung und den geographisch-historischen Beschreibungen, insbesondere den Tagebüchern, stand die schöngeistige Literatur nahe, die die aktuelle Thematik behandelte. Allgemeiner Thematik widmete sich in seiner Poesie Maciej Kazimierz Sarbiewski (1595—1640), der der „christliche Horaz" genannt wurde. Seine in Latein geschriebenen Verse wurden in ganz Europa gelesen. Sie waren von der Zwiespältigkeit der Barockliteratur geprägt, in der die klassischen Schemata gesprengt wurden, um die menschliche Wirklichkeit und den handelnden Menschen zu erfassen, und in der der Religion die Treue gewahrt wurde. Gott hat in dieser Literatur zweierlei Gesichter. Er ist der strenge Gott und der Gott, der versteht, warum der Mensch sein Erdenglück braucht. Das gleiche kam in der Poesie des Hofdichters Jan Andrzej Morsztyn (um 1620—1693) zum Ausdruck. Sarmatisch geprägt war die Dichtkunst Wacław Potockis (1621—1696) und Wespazjan Hieronim Kochowskis (1633—1700), der eine Apologie der „goldenen Freiheit" verkündete. Mehr kritische Elemente enthielt die Epik Samuel Twardowskis (geb. zwischen 1595 und 1606—1661). Als besondere Strömung entwickelte sich die plebejische Literatur. In Schlesien gehörten dazu die Werke der polnischen Pastoren Jerzy Bocek (1621—1690) aus Oleśnica und Adam Gdacjusz (1615—1688) aus Kluczbork, die das Leben der Bürger und Bauern realistisch beschrieben und die Schlachta kritisierten. Die Herausgabe von Werken mit liberalerem Inhalt wurde von der Kirchenzensur unterdrückt.

In der Barockkultur, die auf äussere Effekte aus war, spielte das Theater eine grosse Rolle. Sehr beliebt waren Stücke mit religiösem Inhalt. Das Hoftheater am Königshof und an den Höfen der Magnaten und das Schultheater, inbesondere das Jesuitentheater, entwickelten sich. Schon 1687 wurde in Leszno das Stück „Der Bürger als Edelmann" von Molière gedruckt und aufgeführt.

Neben dem Theater bereicherte das Barock auch das Musikleben Europas deutlich. Polen trug mit dazu bei und galt im 17. Jh. als Land mit hervorragender Musikkultur. Zu den originellen polnischen Komponisten dieser Zeit gehörten Bartłomiej Pękiel (gest. 1670), Jacek Różycki (gest. nach 1697) und Marcin Kretzner (1631—1696). Die Kirche war während der Gegenreformation besonders darum bemüht, die religiösen Feiern mit Musik und Gesang auszugestalten. Die Orgelmusik entwickelte sich.

Musiziert wurde auch an den Magnatenhöfen. Zur Zeit Ladislaus' IV. führte die Oper im königlichen Theater 12 Opernpremieren und 3 Ballettpremieren auf. In der Volksmusik bildeten sich im Barockzeitalter viele typische Formen heraus (wie z.B. die masurische Form), die schon auf die europäische Musik, z.B. auf die Sonaten Georg Philipp Telemanns, eines berühmten deutschen Komponisten, Einfluss hatten.

Der Barockstil verlieh der Architektur und den bildenden Künsten durch die Unterbrechung der geraden Linien und die prächtigen Verzierungen ein besonderes Gepräge. In Polen gab es eine einheimische Variante des Barocks, obwohl es sich sowohl an die Renaissancetradition als auch an italienische und spanische Vorbilder hielt. Weiterhin wurden besonders in den Städten holländische Einflüsse offenkundig. In der Architektur traten sie im Bau von Palästen, Klöstern und Kirchen zutage. Im allgemeinen wurde das Kircheninnere dem Barockstil hauptsächlich im Bereich der Skulptur (u.a. die herrlichen Grabdenkmäler) angepasst. Viele neue Kirchen baute der bereits erwähnte Tilman van Gameren. Zu den herrlichsten damals errichteten Barockkirchen gehört die von Bartłomiej Wąsowski entworfene und von Giovanni Catenaci in den Jahren 1698—1701 im römischen Barockstil erbaute Jesuitenkirche in Poznań. Ebenfalls im Barockstil bauten die berühmten

Architekten Kacper Bażanka (geb. um 1680—1726) und Pompeo Ferrari (geb. um 1660—1736).

Auch Schlachta und Bürgertum erwarben Kenntnisse auf dem Gebiet der Architektur. 1690 wurde das Werk „Der polnische Architekt" (Architekt Polski) von Stanisław Solski herausgegeben. Auch die Stellung des Architekten änderte sich. Er war nicht mehr der Zunfthandwerker, sondern der Vorläufer des Ingenieurberufs. Immer mehr Menschen beschäftigten sich mit dem Bauwesen, mit der Konstruktion von Maschinen und mit dem Befestigungsbau.

Der Stil des Landhauses als Edelsitz bildete sich endgültig heraus. Das Parterregebäude hatte einen leicht zu erweiternden symmetrischen Grundriss. Der verwendete Baustoff war Holz. Galerien, Erker und Dächer wurden stark betont. In den Städten gab es damals zwei Typen von Steinhäusern, das kleinpolnische Haus wie z.B. in Kazimierz und Lublin mit grossen Attiken und das pommersche, grosspolnische, masowische Steinhaus mit reich geschmückten Fassaden in Gdańsk, Toruń, Elbląg, Poznań, Warschau und Krakau.

In der Malerei sind ausgezeichnete Werke aus dem Raum Pommern und Grosspolen (Herman Han und Bartłomiej Strobel) und aus dem Raum Krakau (Tomaso Dolabella, ein bis zu seinem Tod 1650 in Krakau lebender Venezianer) zu vermerken. Das Interesse am Porträt und an der historischen Schlachtenmalerei stieg. Eine besondere Form der Malerei war in Polen das sechseckige Sargporträt, das auf das Kopfende des Sargs gemalt wurde.

Kultur und Wissenschaft des polnischen Barocks schöpften aus dem Werk und der Tradition Europas, leisteten aber auch ihren eigenen Beitrag. Man kann von einer Ausstrahlung der polnischen Kultur auf viele Nationen sprechen. Die polnische Sprache war die Sprache der Diplomatie im Südosten Europas. Die Ukrainer, Moldauer und andere schrieben ihre Werke in Polnisch. Polnisch schrieb z.B. der berühmte moldauische Historiker Miron Costin (1633—1691), der sich ausserdem die polnischen historischen Werke (z.B. Maciej Stryjkowskis) zum Vorbild nahm. Viele kulturelle Errungenschaften (auch in der materiellen Kultur) gelangten durch polnische Vermittlung aus Westeuropa weiter nach Osten. Polen hat auch zur geistigen Entwicklung Schwedens beigetragen, das sich im 17. Jh. „europäisierte". Der aus historischer Sicht wertvollste Beitrag Polens zur Geschichte des menschlichen Gedankenguts der Neuzeit war das bereits erwähnte (s. VI. 3) geistige Werk der polnischen Arianer (Sozinianer, Polnische Brüder). Ihre Konzeptionen über die Gedankenfreiheit beeinflussten in starkem Masse die Philosophie der Aufklärung und wurden, wie die Wissenschaftler heute sagen, zu einem Bindeglied zwischen der Reformation und den Anfängen der Aufklärung. Nach ihrer Vertreibung aus Polen 1668/69 gründeten die Arianer in Amsterdam die später berühmte Bibliothek der Polnischen Brüder (*Biblioteca Fratrum Polonorum*), die die Arbeiten von Johannes Crell, Samuel Przypkowski, Jonasz Szlichtyng, Fausto Sozzini und Ludwig Wolzogen drucken liess. Wie bahnbrechend diese Gedanken waren, zeigte die Tatsache, dass sogar in den gegenüber gedruckten

Werken liberal eingestellten Niederlanden 1674 der Vertrieb der Bibliothek neben den Werken „Leviatan" von Hobbs und dem „Theologisch-politischen Traktat" Spinozas verboten wurde. Den Einfluss der Sozinianer auf die neue Denkweise erkannten Menschen wie Pierre Bayle, ein Vorläufer der Aufklärung, oder Voltaire in eigener Person.

VIII. Kapitel

Polen in der Epoche der Aufklärung und der Reformen. Die Tragödie der Teilungen

1733—1795

1. Die Veränderungen und ihre Ursachen

Für die Zukunft Polens war es am wichtigsten, Reformen zur Verbesserung des Staatswesens durchzuführen (s. VII, 1, 2). Dazu mussten die Widersprüche beseitigt werden, die zwischen den grossen kulturellen Errungenschaften, der politischen Aktivität und dem politischen Bewusstsein der Adelsgesellschaft einerseits und der geschwächten Staatsmacht und der internationalen Bedeutung Polens andererseits herrschten. Die Aufgabe, den Staat zu festigen, war um so dringlicher, als die Nachbarstaaten derzeitig stärker wurden und ihnen ein eventuell mächtiges Polen, das die bestehenden Kräfteverhältnisse gefährden konnte, ein Dorn im Auge war.

Diese Angelegenheit war nicht nur wegen der gemeinsamen Interessen Russlands, Preussens und Österreichs oder wegen der partikularen Interessen eines jeden dieser Staaten besonders schwierig, sondern in noch grösserem Masse wegen der für die Reform überaus ungünstigen gesellschaftspolitischen Struktur Polens. Während z.B. in Frankreich die Reformen des 18. Jh., die durch die Revolution 1789 gekrönt wurden, mit einem Aufbegehren der Aristokratie eingeleitet wurden, die immer aufgeklärter unmittelbar an der Regierung teilhaben wollte, konnte sich die polnische Magnatenschaft nicht über eine absolutistische Regierung des Königs beklagen. Sie zog den grössten ökonomischen Nutzen aus den bestehenden Verhältnissen. Allein durch die Ausmasse ihrer Latifundien erzielten sie grössere Einnahmen. Was für die Magnaten rentabel war, z.B. der längere Transportweg für das Getreide nach Gdańsk, schloss die mittlere Schlachta als Konkurrenz aus. Der grösste Teil der Aristokratie wollte demnach die Situation nicht ändern und baute auf die Parole „Die Anarchie hält Polen zusammen". Man glaubte, Polens Rettung läge darin, auf Reformen zu verzichten, um die Nachbarn nicht zu reizen. Der Kampf gegen den König in Frankreich war verständlicher als der Versuch, die eigenen Einflüsse im Staat einzuschränken. Am extremsten in ihren Bestrebungen waren diejenigen, die bereit waren, Polen in eine Föderation von Magnatenstaaten umzuwandeln. Das würde zur Rekonstitution der Feudalordnung führen, eingeleitet durch die bereits erwähnte Ausweitung der sog. zweiten Leibeigenschaft.

Diese reaktionären Ansichten standen im Widerspruch zum Gedankengut der Aufklärung, die den Feudalismus ablehnte, den Staat reformieren und grössere Bevölkerungskreise an der Regierung beteiligen wollte. Gegen die rückschrittlichen Anschauungen erhoben einige Aristokratengruppen Einspruch, hauptsächlich die sog. Familia, die erste in gewissem Masse organisierte politische Partei in Polen, die von der Familie Czartoryski geleitet wurde. Sie wollte in einem besser regierten Staat die Macht ausüben, jedoch weiterhin mit der aristokratischen Elite ohne eine starke königliche Zentralgewalt.

Dieses Programm stimmte nur in gewissen Punkten mit den Ideen überein, die die wieder aktiv werdende mittlere Schlachta zu verteidigen bereit war. Sie erkannte immer deutlicher, dass ihr in einem schwachen Staat mit einem kleinen Heer wenig Möglichkeiten offenstanden. Sie sprach immer weniger von der „goldenen Freiheit" und mehr von einer leistungsfähigeren Regierung. Gleichzeitig interessierte sie sich mehr für wirtschaftliche Dinge. Sie war lebhaft an der Steigerung der durch die geringe Arbeitsproduktivität der leibeigenen Bauern gesunkenen Einnahmen interessiert. Ihr Programm war gegen die Magnaten gerichtet, denn sie erblickte in einer starken Zentralgewalt mehr Nutzen. Wie die überwiegende Mehrheit der Aristokratie wollte die Schlachta weder die gesellschaftliche Situation verändern noch die Lage der Bauern verbessern, weil dazu das Wirtschaftssystem hätte geändert werden müssen. In vielen Punkten wurde dieses Programm vom Bürgertum unterstützt. Es hatte sich im 18. Jh. lebhafter entwickelt, war aber unfähig, eine eigene politische Linie zu vertreten.

Neben diesen beiden Programmen gab es noch ein Reformprogramm, das von den Königen Stanislaus Leszczyński während seiner Regierungszeit in Lothringen und von Stanislaus August Poniatowski (Stanisław August Poniatowski; 1764—1795) entworfen worden war.

Zu einem immer mächtigeren Strom wurden die Reformideen der radikaleren Denker wie Stanisław Konarski (1700—1773), Stanisław Staszic (1755—1826), Hugo Kołłątaj (1750—1812) und andere. Sie verbanden sich zwar taktisch mit den aufgeklärten Magnaten, der Schlachta, dem Bürgertum oder mit dem König, hielten aber an ihren eigenen Ansichten fest, die den realen Massnahmen und den damit verbundenen Losungen weit voraus waren. Kołłątaj war sich z.B. genau darüber im klaren, dass nur eine begrenzte Reform reale Aussichten auf Verwirklichung hatte. Er war jedoch davon überzeugt, dass die Nachwelt verstehen würde, warum zwischen dem politischen Bewusstsein der Reformerelite und den Losungen, die man verteidigen konnte, eine Lücke klaffte. Die Magnatenopposition, das schwache Bürgertum, die weiten Kreise der unaufgeklärten Schlachta, die die Bauern ausbeutete und besonders in diesem Punkt keine Veränderungen wünschte, sowie schliesslich die Lücken zwischen den verschiedenen Programmen boten nicht viele Möglichkeiten, eine Reform durchzusetzen. Zusätzlich behindert wurde die patriotische Bewegung durch die Nachbarstaaten, die, wie gesagt, daran interessiert waren, Polen zu schwächen. Die Reformanhänger mussten die internationale Situation, insbesondere die Wechselbeziehungen zwischen Russland, Österreich und Preussen, sehr wachsam beobachten, um jeden kleinsten Widerspruch zu nutzen, der sich in diesen Beziehungen abzeichnete. Deshalb konzentrierte sich die ganze damalige Aussenpolitik Polens gerade auf die Reformfrage. Die innenpolitischen Probleme verflochten sich so sehr wie niemals zuvor mit den aussenpolitischen Angelegenheiten, dass man sie nicht mehr getrennt behandeln konnte.

Um so stärker muss die historische Bedeutung der Errungenschaften hervorgehoben werden, die Polen in der zweiten Hälfte des 18. Jh. zu verzeichnen hatte. 1773 wurde die Kommission für Nationale Bildung gegründet, das erste europäische Bildungsministerium. Die berühmte Verfassung vom 3. Mai 1791 war die erste Verfassung auf europäischem Boden, die, wenn auch nicht konsequent, nicht die Geburt, sondern den Besitz zugrunde legte. In der Geschichtswissenschaft gilt die Einführung dieser Verfassung neben der französischen und der amerikanischen Revolution als wichtigste — wenn auch unblutige — Revolution in der ganzen Welt.

Das alles wäre nicht möglich gewesen, wenn sich die Denkweise nicht schrittweise verändert hätte und der Personenkreis nicht grösser geworden wäre, der in Kategorien des ganzen Staates und nicht nur des Standes, der sozialen Gruppe oder der Region dachte. Immer weniger aktuell wurde der Begriff „Adelsvolk", immer grössere Kreise von Menschen, nicht nur der Schlachta, betrachteten sich als Angehörige der polnischen Nation und als Bürger des polnischen Staates mit einer gemeinsamen Vergangenheit und Gegenwart. Die Standessolidarität der Bürger nahm zu. Sie fühlten sich als Stadtvolk, verbunden durch den Kampf um die Staatsbürgerschaft, d.h. um politische Rechte, die bisher ausschliesslich der Adelsstand wahrgenommen hatte. Dieser Kampf brachte Schlachta und Bürgertum einander näher. Diese Beziehungen sollten sich in den folgenden historischen Epochen weiter vertiefen. Auch die Bauern fühlten sich immer mehr dem Staat verbunden. Die aufgeklärteren von ihnen beobachteten interessiert den Kampf um Reformen und richteten sogar Bittgesuche an die „erlauchten, im Sejm vertretenen Stände". Sie erhofften sich nicht mehr nur von ihrem Herrn, sondern vom Staat eine Besserung ihres Daseins.

Da wurden der von tiefgreifenden positiven Wandlungen gekennzeichnete Staat, die aufblühende Nation, das Zentrum lebendiger Kultur von einer Tragödie — den Teilungen — betroffen. Deshalb wurden sie auch so schmerzhaft empfunden und zugleich von der europäischen Öffentlichkeit zutiefst verdammt. Die Teilungen vergifteten die politische Moral der Teilerstaaten, die vor unerfüllbare Aufgaben gestellt waren. Die Teilungen waren nicht zu rechtfertigen. Als undurchführbar erwiesen sich auch die Programme zur nationalen Entwurzelung der Polen oder zur Verschmelzung der polnischen Gebiete mit den fremden Staaten. Noch während der Teilungen begann mit dem Kościuszko-Aufstand 1794 der Befreiungskampf, der dann im 19. Jh. fortgesetzt wurde. Das aufblühende Polen war ein fetter Bissen für die absolutistischen Nachbarstaaten, die für ihre Aufrüstung Einkünfte brauchten. Die Staatseinnahmen Preussens stiegen nach der ersten Teilung Polens um ca. 90%. Es ging damals nicht um ethnische Gründe. Erst die spätere nationalistische Geschichtsschreibung fügte diesen Gesichtspunkt hinzu. Schrieb doch Friedrich II. 1772 in einem Brief an den Vorsitzenden der Danziger Kammer, Friedrich von Domhardt, dass die Einwohner, insbesondere in Pommern, hauptsächlich polnischer Nation seien.

2. Das Reformproblem und die internationale Situation bis zur ersten Teilung Polens (1733—1772)

Der Tod Augusts II. 1733 brachte die polnische Thronfolge wieder auf die Tagesordnung. Anfänglich sprach alles dafür, dass der von Frankreich unterstützte Stanislaus Leszczyński (seit 1725 der Schwiegervater Ludwigs XV.) König würde. Er wurde auch im Warschauer Stadtteil Wola von der Adelsversammlung gewählt, zu der 13 000 Edelleute gekommen waren. Das zeugte davon, wie politisch aktiv die Schlachta geworden war. Im Einvernehmen mit Österreich schlug Russland die Kandidatur des sächsischen Kurfürsten Friedrich August vor. Unter dem Schutz der russischen Truppen, die inzwischen an die Weichsel vorgerückt waren, wurde mit zehnmal weniger Stimmen bei Kamień am rechten Weichselufer, nicht in Wola, der Kurfürst als August III. zum König von Polen gewählt. Leszczyński zog sich nach Gdańsk zurück. Obwohl die Stadt ein 23 000 Mann starkes Heer aushob, gelang es nicht, Leszczyński den Thron zu sichern. Gdańsk verteidigte sich einige Monate, erlag dann aber der russischen Übermacht. Leszczyński rettete sich durch Flucht. In dem 1735 in Wien abgeschlossenen Vertrag verzichtete er auf den polnischen Thron und erhielt dafür das Herzogtum Lothringen. Dort machte er sich als kluger, wohltätiger König einen guten Namen in der Geschichte Frankreichs. August III. (1733—1763), der neue polnische König, weilte hauptsächlich in Dresden und überliess Polen seinen Beamten und den untereinander rivalisierenden Magnatengruppen. Damals entwickelte sich eine spezifische Magnatendoktrin, der Republikanismus, also eine Gesellschaftsordnung, in der der König nur „repräsentative" Funktionen ausüben sollte. Ein klares Anzeichen für die Zersplitterung der Staatsgewalt bestand darin, dass die Sejms nicht mehr zum Zuge kamen. Von den 14 Sejms zur Zeit August III. wurde nur der sog. Befriedungssejm 1736 nicht aufgelöst, der die Amnestie für die Anhänger Leszczyńskis beschloss, die an der Konföderation von Dzików teilgenommen hatten.

Vor diesem Hintergrund hebt sich das bereits erwähnte (s. Pkt. 1) Programm der Partei der Czartoryskis, der Familia, klar ab. Der Besitz dieser Magnatenfamilie wurde 1731 durch die Ehe des ruthenischen Wojewoden August Aleksander mit Maria Zofia Denhoff geb. Sieniawska begründet, die als Mitgift ein riesengrosses Vermögen einbrachte, u.a. Sieniawa, Puławy, Wilanów und Brzeżany. Verwandtschaftliche Beziehungen zur Familia hatte Stanisław Poniatowski, der Vater des späteren Königs und engster Mitarbeiter Stanislaus Leszczyńskis, der den berühmten Brief eines Landedelmanns an einen bestimmten Freund aus einer anderen Wojewodschaft „List ziemianina do pewnego przyjaciela z innego województwa" (1744) verfasste, in dem ein Programm zur Festigung des Staates umrissen wurde.

Leszczyński hatte Einfluss auf hervorragende Vertreter der frühen Aufklärung in Polen, die Brüder Andrzej Stanisław und Józef Andrzej Załuski. Andrzej Stanisław, Krongrosskanzler von 1735—1746 und Bischof von Krakau, verkündete politische, wirtschaftliche und Finanzreformen. Józef Andrzej, Bischof von Kiew, unterstützte die Wissenschaften und die Literatur. Beide gründeten die berühmte Załuski-Bibliothek, eine der grössten Büchereien Europas. Feliks Oraczewski (1739—1799), einer der Initiatoren der Gründung der Kommission für Nationale Bildung, der sich für die Verbesserung der Lage der Bauern einsetzte, war Absolvent der von Leszczyński gegründeten Ritterschule in Luneville. Unter dem Einfluss des mit Grosspolen verbundenen Leszczyński stand auch Stefan Garczyński, der Wojewode von Poznań (um 1690—1755), Verfasser der Anatomie der Adelsrepublik „Anatomia Rzeczypospolitej", die 1751 erschien, aber bereits früher geschrieben wurde und Gedanken zur Wirtschaftsentwicklung und zum Bevölkerungswachstum des Landes enthielt. Diese Ideen standen mit den Grundsätzen der sog. Kameralistik im Zusammenhang, die nachdrücklich für den Einsatz des Staates in Wirtschaftsfragen plädierte und feststellte, dass das Wohlergehen des Landes vom Bevölkerungswachstum abhinge. Diese Schriften lieferten zusammen mit dem Werk Leszczyńskis „Głos wolny wolność ubezpieczający" (Eine freie Stimme sichert die Freiheit, 1749) Anregungen für das politische und ökonomische Denken der sich herausbildenden fortschrittlichen intellektuellen Elite. Auf dieser Basis entstanden die Schriften Stanisław Konarskis (1700—1773), des führenden Denkers der Familia in der späteren Sachsenzeit, der sich unmittelbar für die Person Leszczyńskis und dessen Programm einsetzte. Sein Werk „O skutecznym rad sposobie" (Über ein wirksames Verfahren von Beratungen, 1760—1763) ist deutlich von diesem Programm geprägt. Konarski übte allseitig Kritik am bestehenden System und schlug ein Reformprogramm vor, das hauptsächlich den Sejm betraf und die Abschaffung des *Liberum veto* forderte.

Die Familia reichte den Sejms der Jahre 1738—1752 Pläne für eine Finanz- und Heeresreform ein. Sie wurde von Russland und Österreich unterstützt, die durch das erstarkende Preussen beunruhigt waren. Unter der Herrschaft Friedrichs II. (1740—1786) hatte Preussen in den Jahren 1740—1745 Schlesien annektiert, das in Besitz Österreichs gewesen war. Nur die Herzogtümer Troppau und Teschen waren bei Österreich geblieben. Die „Republikaner" widersetzten sich den Reformplänen. Sie wurden von den Potockis geführt, hauptsächlich von Józef Potocki, dem Krongrosshetman, und dem Primas Teodor Potocki, und von Preussen und seinem damaligen Verbündeten Frankreich unterstützt. Als Schlesien unter preussische Herrschaft kam, verschlechterte sich die Lage der überwiegend polnischen Bevölkerung in Oberschlesien.

Am Siebenjährigen Krieg (1756—1763), in dem Österreich vergebens versuchte, Preussen Schlesien zu entreissen, beteiligte sich Polen nicht. Es war jedoch nicht imstande, sich gegen den Durchmarsch der plündernden fremden Truppen zu wehren. Das galt vor allem für die schlesischen Kriege 1740—1745. Besonders spürbar waren die von Friedrich II. angewiesenen Beschlagnahmungen und Truppenanwerbungen sowie die Überschwemmung Polens mit Falschgeld. Seine

Politik lief schon damals darauf hinaus, Polen, insbesondere Grosspolen, wirtschaftlich auszubeuten und nach und nach verschiedene Gebiete an sich zu reissen, als ob man Blätter von einer Artischocke reisse, wie es in seinem politischen Testament hiess.

Ein Gegner Preussens im Siebenjährigen Krieg war auch Russland. Nur der Tod der Zarin Elisabeth 1762 und die Thronbesteigung Peters III. aus dem deutschen Hause Holstein, einem fanatischen Anhänger Friedrichs II., retteten Preussen vor der Teilung. Der neue Zar schloss 1762 mit Preussen Frieden und dann — angesichts der baldigen Königswahl in Polen — 1763 einen Bündnisvertrag. Aus diesem Krieg ging Europa geteilt in zwei feindliche Blöcke hervor. Zum sog. Südblock gehörten Frankreich, Österreich, Spanien und die Türkei, zum sich herausbildenden sog. Nordblock Russland, das ein deutliches Vormachtstreben an den Tag legte, sowie Preussen, England und Dänemark. Damit war der Bund der Kaiserhöfe aufgelöst. Gleichzeitig war Russland an einer gewissen Stärkung Polens als eventuellem Bündnispartner im drohenden Krieg gegen die Türkei interessiert.

Als August III. 1763 starb, war zu befürchten, dass wegen der polnischen Thronfolge ein neuer Krieg ausbrechen würde. In dieser Situation bat die Familia Russland um Unterstützung, da sie dem bereits erwähnten ruthenischen Wojewoden August Aleksander Czartoryski oder seinem Sohn Adam Kazimierz Czartoryski (1734—1823) den Thron sichern wollte. Russland durchkreuzte die teilweise von den „Republikanern" unterstützten Pläne, Karl, den Sohn Augusts III., auf den Thron zu setzen, und sprach sich auch nicht für den Vorschlag der Familia aus, sondern lancierte die Kandidatur Stanislaus August Poniatowskis. „Es ist unumgänglich, dass wir einen König polnischen Geblüts auf den Thron Polens setzen, der uns genehm ist, unseren tatsächlichen Interessen nutzt, mit einem Wort ein Mensch ist, der seine Ernennung ausschliesslich uns verdankt. In der Person des Grafen Poniatowski, einem litauischen Truchsess, finden wir alle Voraussetzungen, die wir zu unserer Zufriedenheit unbedingt brauchen, und daher haben wir beschlossen, ihn auf den Thron Polens zu setzen", schrieb Katharina II. an ihre diplomatischen Vertreter in Polen.

Die Wirklichkeit erwies sich jedoch als viel komplizierter. Der König selbst war ein ausserordentlich begabter Mann, ein überaus geschickter und nüchterner Politiker, der Menschen für sich einnehmen und für sein Gefolge auswählen konnte. Mit seinem grossen Wissen und seinen weitgespannten kulturellen Interessen erwarb er sich grosse Verdienste um die Entwicklung verschiedener Gebiete des geistigen und künstlerischen Lebens. Er vertrat die Ideen der Aufklärung und verurteilte den Sarmatismus (s. VII. 4). Allen Lebensbereichen wie dem Gesellschaftssystem, der Verwaltung, der Diplomatie, dem Staatsschatz und der Wirtschaft, dem Heer, dem Schulwesen, dem Theater und anderen Gebieten der Kunst verlieh er ein so charakteristisches Gepräge, dass es sich eingebürgert hat, seine Regierungszeit als Stanislausepoche zu bezeichnen. König Stanislaus August bestieg den Thron mit einem durchdachten, ständig weiter entwickelten Programm, dessen Ziel es war, ein neues, modernes Polen, das Gegenteil der sächsischen Anarchie, zu schaffen. „Ich und alle polnischen Bürger", sagte er, „sind Freunde Russlands und sollten es gerade aus patriotischen Beweggründen sein. Um jedoch (...) dieses Ziel zu erreichen, brauchen wir eine bessere Verfassung, eine stärkere Armee und grössere Einnahmen." Er regte auch verschiedene Reformmassnahmen an. Nach und nach wurde seine Anhängerschaft immer zahlreicher, immer öfter traten auch ehemalige Feinde, überzeugt von der Richtigkeit seiner Reformen, zu ihm über. Er wollte weder ein von den Czartoryskis gelenktes Werkzeug noch eine Marionette des Petersburger Hofes sein, obwohl die ihm feindlich gesinnten „Republikaner", die sich auf den Südblock orientiert hatten, alle Reformen hassten und nicht verwinden konnten, dass ein Truchsess auf dem Thron sass, ihm eine solche Gesinnung vorwarfen.

Das Programm des Königs stimmte mit der immer stärker und allmählich immer radikaler werdenden Strömung des Reformgedankens überein, die schliesslich dazu beitrug, die Stellung des Königs zu festigen.

Es erwies sich also für den Petersburger und den Berliner Hof als unmöglich, die Situation in Polen über die Person des Königs zu steuern. Eine Schranke war sowohl der König selbst als auch das zum aktiven Handeln ansetzende Volk, das in dieser Beziehung die von ihren absolutistischen Regierungen unterjochten Menschen in Preussen und Russland überragte. Man musste zu anderen Druckmitteln greifen. Russland und Preussen mischten sich 1764—1772 in die inneren Angelegenheiten Polens ein. Sie nahmen die Andersglaübigen, die Dissidenten, in Schutz, durchkreuzten die Reformen, indem sie die Magnatenopposition unterstützten, und lancierten Pläne zur Annektion (Teilung) der polnischen Gebiete — hauptsächlich auf Initiative Friedrichs II. —, um den polnischen Staat unmittelbar zu schwächen und zugleich grossen Nutzen daraus zu ziehen.

In den Jahren 1764—1772 wirkten die Czartoryskis zwar für die Reformen, unterstützten jedoch das Programm des Königs nicht, der Polen an der Seite Russlands im Rahmen des Nordblocks stärken wollte. Sie rechneten immer noch damit, die Macht zu übernehmen. Die republikanischen Pläne dagegen liefen darauf hinaus, das Land mit Hilfe russischer Truppen von der „Tyrannei" des Königs zu befreien und die Magnatenoligarchie wiederherzustellen.

Der Sejm 1764, auf dem der Krongrosskanzler Andrzej Zamoyski (1716—1792), der Hauptjurist der Familia, eine berühmte Rede hielt, brachte eine Reihe wesentlicher Wirtschafts- und Verwaltungsreformen. Die Gründung einer Militärkommission beschränkte die Macht der Hetmane und damit auch der Magnaten. Durch die Gründung einer Finanzkommission für die Krone und im Krönungssejm für Litauen wurde die Verwaltung des Staates vervollkommnet. Die von der Finanzkommission vor den Sejm gebrachten Angelegenheiten sollten mit Stimmenmehrheit entschieden werden. Ausserdem wurde es den Abgeordneten verboten, den Eid auf die Landtagsinstruktionen zu leisten. Der König stellte ein inoffizielles Fachberatungsorgan, das sog. Königliche Kabinett, zusammen und richtete auch einen polnischen diplomatischen Dienst ein. Durch die Postreform 1764 wurde eine der tauglichsten Postorganisationen in Europa geschaffen.

Als sich in Polen die Reformpläne mehrten, legte der Berliner Hof in Petersburg Protest ein. Das Verhältnis Russlands zum König änderte sich. Man versuchte anfangs, ihn von den Czartoryskis zu isolieren und diese in jedem Fall vor weitgehenden Reformen zu warnen, da man befürchtete, dass sich Stanislaus August an Österreich und an die Türkei wenden könnte. Man nutzte die Feindseligkeiten der „Republikaner" gegen den König und die Dissidentenfrage aus. Die gewissen rechtlichen Beschränkungen für Andersgläubige bei ihrer Teilnahme am öffentlichen Leben, die viel geringer waren als in vielen anderen Ländern, dienten als Vorwand zur Einmischung in die inneren Angelegenheiten Polens, wie z.B. Friedrich II. eindeutig feststellte. Russland beschloss, durch Repnin, seinen Gesandten in Warschau, die Gleichberechtigung der Dissidenten durchzusetzen. Als der Sejm 1767 die Forderungen Russlands und Preussens nicht erfüllte, stiftete Repnin die Magnatenopposition an, sich unter Führung des berüchtigten Sarmaten Karol Radziwiłł zu einer Konföderation zusammenzuschliessen, sich also legal gegen den König aufzulehnen (Juni 1767 in Radom). Repnin genügte die Demonstration. Doch die Konföderierten, hinter denen teilweise die Schlachta stand, die von den Kampfparolen für den Glauben gegen die auch von Repnin angeregten Dissidentenkonföderationen angezogen wurde, wollten den König entthronen und die Macht übernehmen.

Als man Repnins meisterhaft eingefädelte Intrigen durchschaute, wuchs die antirussische Stimmung. Im Kampf für die Religion und für die „Befreiung" (von Russland und vom König) schlossen sich verschiedene Gruppen zusammen. Die weiterhin ihren alten Ideen verhaftete Schlachta liess sich vor den Wagen der Magnaten spannen, die verschiedene Losungen verbreiteten. Gleichzeitig schulte sie sich in der politischen Taktik. Auf dem Sejm 1767/68, der sich wiederum den Forderungen in der Dissidentenfrage widersetzte und neue Reformen beschloss, kam es zu einem folgenschweren Schritt Repnins. Er liess mehrere hervorragende Abgeordnete (die der Radomer Konföderation angehörten) in Kaluga in Russland internieren, wo sie fünf Jahre bleiben mussten. Das vertiefte die gegen Russland gerichtete Stimmung. Sie wurde von der Magnatenopposition ausgenutzt, die weiterhin darauf brannte, den König abzusetzen und die Reformen einzudämmen. In Bar (Podolien) schloss sie sich zu einer Konföderation gegen Stanislaus August, gegen die Reformen und gegen Russland zusammen. An der Spitze dieser Konföderation standen Adam und Michał Krasiński sowie Józef Pułaski (1704—1769), der Vater des ebenfalls in den Reihen der Konföderierten kämpfenden Kazimierz Pułaski (1747—1779), des Helden der späteren Unabhängigkeitskämpfe in den USA. Kazimierz Pułaski ging nach der Niederlage der Konföderation in die Emigration. 1777 wanderte er nach Amerika aus, wo er als General der amerikanischen Armee durch den Sieg bei Charleston im Kampf um die

Unabhängigkeit der Vereinigten Staaten berühmt wurde. Er fiel am 11. Oktober 1779 während der Belagerung von Savannah.

Die Konföderation von Bar, die das Land vier Jahre lang (1768—1772) durch bewaffnete innere Kämpfe erschütterte, hatte eine neue Situation geschaffen, mit der Russland nicht gerechnet hatte, das insgeheim gegen den König und die Czartoryskis intrigierte. Im Herbst 1770 verkündeten die Konföderierten die Absetzung des Königs. Der nahm aber den russischen Vorschlag nicht an, die Konföderation unter seiner Führung mit zaristischen Truppen niederzuschlagen.

Die in Polen entstandene Situation führte zu einer weiteren Annäherung Russlands und Preussens, die inzwischen weitere Pläne für die Annexion Polens geschmiedet hatten. Schon 1770 hatte sich Friedrich II. ein ziemlich grosses Stück von Grosspolen einverleibt, angeblich, um es vor der Pest zu bewahren (der sog. *Cordon sanitaire*). Er entwickelte eine rege diplomatische Tätigkeit, um Österreich und Russland zur Teilung Polens zu veranlassen. Vorwände lieferte auch die internationale Lage. Die Siege Russlands über die Türkei auf dem Balkan in dem seit 1774 dauernden Krieg, der auch von den Konföderierten von Bar ausging, beunruhigten Österreich. Noch immer an Schlesien interessiert, suchte es eine Annäherung an Preussen, was von Friedrich geschickt geschürt wurde. Andererseits fürchtete Russland die preussisch-österreichische Annäherung. So erhielt Friedrich II. leichter die Zustimmung Russlands (das bisher keine Teilungspläne vorgelegt hatte) und Österreichs für die gemeinsame Annexion eines Teils der polnischen Gebiete. Das bedeutete selbstverständlich die Niederlage der russischen Politik und die Stärkung der Position Preussens und Österreichs. Zuerst wurde am 17. Februar 1772 der zweiseitige russisch-preussische Vertrag und dann am 5. August 1772 der dreiseitige Vertrag unterzeichnet. Zu den endgültigen territorialen Regelungen kam es erst 1776, da Preussen und Österreich über die Bestimmungen des Vertrags hinausgehende Gebiete besetzten. Die am besten bewirtschafteten Gebiete wie Pommerellen ohne Gdańsk und Toruń sowie der Nordteil Grosspolens mit Kujawien fielen Preussen zu und umfassten 36 000 km² mit 580 000 Einwohnern. Österreich riss die kleinpolnischen Gebiete östlich von Weichsel und San, fast ganz Rotreussen und das Gebiet Belz und einen Teil Podoliens und Wolhyniens mit 83 000 km² und 2 650 000 Einwohnern an sich. Russland annektierte den östlichen Teil Belorusslands mit Livland, den nördlichen Teil der Wojewodschaft Polozk, fast die ganze Wojewodschaft Witebsk, Mstislaw und den südöstlichen Teil der Wojewodschaft Minsk mit 92 000 km² und 1 300 000 Einwohnern. An Preussen und Österreich ging ein grosser Teil der polnischen Kernlande verloren. Preussen erhielt durch seine Position an der Weichsel ausserdem die Kontrolle über den polnischen Aussenhandel. Die Piastenstädte Krakau, Poznań und Gniezno, einst Hauptstädte des Landes, auch Sandomierz, wurden Grenzstädte. Preussen zwang Polen 1775 einen überaus ungünstigen Handelsvertrag auf, durch den vor allem die preussischen Zolleinkünfte erhöht werden sollten.

Das politische Kräfteverhältnis in Europa hatte sich verändert. Der Nordblock und der Südblock waren zusammengebrochen. An ihre Stelle trat jetzt das Bündnis der drei Teilermächte.

3. Zwischen der ersten und zweiten Teilung Polens. Das grosse nationale Aufbegehren. Die Verfassung vom 3. Mai

Schon bald nach der Annexion forderten die Eroberer vom Sejm ihre formale Ratifizierung (1773—1775). Unter dem militärischen Druck der Teilermächte war der Sejm gezwungen, der Teilung und auch den Handelsverträgen zuzustimmen, wobei der Zollvertrag mit Preussen besonders verderblich war. Stanislaus August unternahm diplomatische Schritte und warb um Verständnis. Er wollte Europa auf den Gewaltakt aufmerksam machen. Die Wirkung war jedoch nur moralisch. Russland unterstützte zwar einige Reformen im Sejm, beteuerte aber, sein Hauptziel wäre, Polen in seine Einflusssphäre einzubeziehen, falls es, wie sich der neue russische Gesandte Otto Magnus Graf von Stackelberg ausdrückte, „die Unabhängigkeitsphantasien" aufgäbe, die seiner Ansicht nach vor allem Stanislaus August vertrat. In erster Linie ging es um die Einschränkung der königlichen Macht. Diesem Ziel sollte der Ständige Rat dienen, hinter dem eine Gruppe gegen den König eingestellter Politiker mit August Sułkowski an der Spitze stand. Zum Teil unterstützte ihn auch der König, da er gleichzeitig die Magnatenwillkür bremste. Der Ständige Rat bestand aus 36 vom Sejm gewählten Mitgliedern und war in fünf Departements gegliedert: für ausländische Interessen, d.h. für auswärtige Angelegenheiten, für Polizei und öffentliche Ordnung, d.h. für innere Angelegenheiten, sowie für Heer, Justiz und Finanzen. Allerdings war man nicht konsequent und löste die 1764 gegründeten (s. Pkt. 2) Kommissionen, u.a. die Militärkommission, nicht auf, die den Magnatenhetmanen seit 1775 ein Feld zur Betätigung boten. Voll und ganz wurde aber die bereits (s. Pkt. 1) erwähnte Kommission für Nationale Bildung dem König unterstellt. Es wurde auch eine Krankenhaus-Kommission gebildet, das erste Ministerium für Gesundheitswesen und Sozialfürsorge in der Adelsrepublik. Einige Finanz- und Wirtschaftsreformen wurden durchgesetzt. So wurde z.B. das Wechselgesetz beschlossen. Über die Lage der Bauern wurde viel diskutiert. Man schlug u.a. vor, ihren Frondienst im ganzen Land zu vereinheitlichen. Doch das Thema war weiterhin tabu. Die Schlachta wünschte nicht, dass sich der Staat in die Verhältnisse auf dem Lande einmischte.

Die königliche Macht konnte der Ständige Rat nicht einschränken, da ihn der König durch ihm ergebene Leute dirigierte und auch die Regierungsgewalt durch seine Kanzleien ausübte. Der Sejm beschloss 1776 die Auflösung der Militärkommission, um die Macht der Hetmane einzuschränken, und übertrug die Ernennung der Heerführer dem König und seiner Militärkanzlei.

Aus dem Ständigen Rat wurde durch vielerlei Bestimmungen ein modernes Ausführungsorgan der Staatsmacht. Man beauftragte Andrzej Zamoyski mit der Ausarbeitung eines Gesetzbuches, das die in Polen geltenden Rechte systematisieren sollte. Es wurde jedoch 1780 vom Sejm nicht angenommen. Die Einführung bestimmter Rechtsnormen zur Erweiterung der Rechte der Bürger, zur Verbesserung der Lage der Bauern und zur Regelung einiger Kirchenfragen vereinte die „republikanischen" Magnaten, die rückständige Schlachta, Stackelberg und den päpstlichen Nuntius Archetti gegen dieses Gesetzbuch. Das war ein Symptom, das die Grenzen einer damals in Polen auf normalem parlamentarischem Weg durchführbaren Reform aufzeigte. Trotzdem erfasste das Streben nach Reformen immer grössere Bevölkerungskreise. Die Nachbarstaaten, die sich in die polnischen Angelegenheiten einmischten, hatten sowohl diese Tatsache als auch die entschlossene Politik des Königs unterschätzt. Stackelberg bemühte sich, die innerhalb der Schlachta und der Aristokratie bestehenden politischen Widersprüche auszunutzen, er war jedoch nicht imstande, den wachsenden gesellschaftlichen Kräften, die sich für Reformen und eine Stärkung des Staates aussprachen, die Stirn zu bieten.

Der Staat begann effektiver zu arbeiten. Es wurde prophezeit — in diesem Sinne äusserte sich z.B. der französische Aussenminister Vergennes —, dass Polen bald wieder die Stellung einer europäischen Grossmacht einnehmen werde. Sowohl im Senat als auch im Sejm hatten die Königstreuen mit wachsender Zahl das Übergewicht.

Die Politiker mit Stanislaus August an der Spitze nutzten alle Differenzen zwischen den Teilermächten aus. Man hatte also allen Grund anzunehmen, dass 1778 zwischen Österreich und Preussen ein Krieg ausbrechen würde. Um sich aktiv an der internationalen Politik zu beteiligen, bot Polen Russland seine Hilfe im Krieg gegen die Türkei an. Damit wäre Polen in den russisch-österreichischen Block aufgenommen worden. Aber das Treffen der Zarin Katharina II. (1729—1796) mit Stanislaus August 1787 in Kanew brachte nicht den erwünschten Erfolg. Den Vorwand für die endgültige Ablehnung des polnischen Vorschlags lieferte der Protest Preussens gegen die polnisch-russischen Unterhandlungen.

Inzwischen tagte in Warschau der Sejm, der in die Geschichte als Grosser oder Vierjähriger Sejm (1788—1792) eingegangen ist. Die Beratungen wurden von Stanisław Małachowski und Kazimierz Nestor Sapieha geleitet. In Europa war die revolutionäre Stimmung angeschwollen. Während der Vierjährige Sejm seine Beschlüsse fasste, brach 1789 die französische bürgerliche Revolution aus, die zur wachsenden politischen Aktivität breiter Kreise des Adels und des Bürgertums beitrug. Vier Monate nach dem Sturm auf die Bastille, dem symbolischen Beginn der französischen Revolution, fand im November 1789 in Warschau die sog. schwarze Prozession statt. Die Vertreter von 141 Städten begaben sich, angeführt von Jan Dekert, dem Präsidenten der Stadt Warschau, zum König und zum Sejm und verkündeten ihre Forderungen. Als Mitglieder der immer mächtiger werdenden Patriotischen Partei arbeiteten Ignacy und Stanisław Potocki, Adam Kazimierz Czartoryski, Stanisław Małachowski, der Italiener Scipione Piattoli und der ideologische Anführer dieser Gruppe Hugo Kołłątaj mit Stanislaus August zusammen. Vom König angeregt und nach seiner Konzeption arbeitete diese Gruppe den Plan für eine Verfassung aus, die am 3. Mai 1791 beschlossen wurde. Die Beschlussfassung ging wie ein Staatsstreich vor sich. Als das wegen der Feiertagspause auf ein Drittel zusammengeschmolzene, zum Teil durch vorherige Vereidigung vorbereitete Abgeordnetengremium die Verfassung beschloss, war die Umgebung des Königsschlosses, in dem der Sejm tagte, voller Militär. Die Bevölkerung Warschaus füllte die Strassen, und die Beratungen wurden von vielen Bürgern verfolgt.

Bevor die Verfassung angenommen wurde, hatte der Sejm Beschlüsse gefasst, die darauf abzielten, die Gebietsverwaltung zu verbessern, den Ständigen Rat aufzulösen, die Truppenstärke auf 100 000 Mann zu erhöhen, die Adelsgüter in Höhe von 10% der Einkünfte und die geistlichen Güter in Höhe von 20% der Einkünfte zu besteuern. Das Gesetz über die Landtage vom 24. März 1791 schloss die landlose Schlachta von der Teilnahme an den Landtagen aus. Das Gesetz über die Städte vom 18. April 1791 wurde in die Verfassung vom 3. Mai aufgenommen, womit die Forderungen der schwarzen Prozession erfüllt wurden. Auf die Magnatenstädte hatte man keinen Einfluss. In den königlichen Städten aber wurden den Bürgern die persönliche Unantastbarkeit, das Recht auf Landkauf, der Zugang zu vielen Ämtern und Dienstgraden und die Beteiligung am Sejm mit entscheidender Stimme in Fragen der Städte und des Handels zuerkannt. Die Verfassung selbst hatte den Weg zum Aufbau eines modernen Staates und einer modernen Gesellschaft geebnet. Sie führte die Erbmonarchie ein. Nach Stanislaus August sollte die sächsische Dynastie die Regierung übernehmen. Das grundlegende gesetzgebende Organ sollte der mit Stimmenmehrheit entscheidende Sejm und das ausführende Organ der „Hüter der Gesetze" genannte Kronrat sein, dem der König, der Primas und fünf Minister angehörten. Die Verantwortlichkeit der Regierungsmitglieder vor dem Sejm wurde eingeführt, eine bisher in der Welt unbekannte Form der Kontrolle. Der Kronrat übernahm mit Hilfe der grossen Kommissionen (Heer, Finanzen, Polizei und Nationale Bildung) die Aufsicht über alle Ämter. Man hob den Dualismus in den Ämtern, Finanzen und beim Heer auf, wahrte jedoch den Charakter des polnisch-litauischen Staatenbundes. Als für die Gesellschaftsstruktur wichtigste Neuerung wurde das Prinzip abgeschafft, dass sich der Staat nicht in die Angelegenheiten der Bauern einmischen dürfe. In Artikel 4 wurde festgelegt, dass „das Bauernvolk (...) unter den Rechts- und Regierungsschutz des Landes gestellt wird". Auch wurde den nach Polen gekommenen Siedlern die persönliche Freiheit garantiert.

Die Arbeiten an den Reformen, die in der Verfassung vom 3. Mai gipfelten, waren durch die günstige internationale Situation gefördert worden. Russland war mit dem bereits erwähnten Krieg gegen die Türkei beschäftigt. Seine Erfolge beunruhigten Preussen und England und beschworen die Gefahr eines bewaffneten Eingreifens dieser beiden Staaten herauf. In dieser Situation rechnete die Patriotische Partei, die für den Abschluss des von Preussen vorgeschlagenen (und am 29. März 1790 geschlossenen) Bündnisses agitiert hatte, mit einer Stärkung Polens. Bereits als vollwertiger Bündnispartner sollte der Anschluss Polens an das prorussische Lager gewährleistet werden. Es war ein Fehler der Bündnisanhänger, dass sie die schon früher zutage getretene preussische Ideologie gegenüber den polnischen Gebieten nicht berücksichtigt hatten. Aus der Analyse dieser Ideologie hätte sich klar ergeben, dass alle preussischen Beteuerungen über eine Unteilbarkeit der polnischen Gebiete unaufrichtig waren. Bald wurde das Bündnis wertlos, da sich Preussen einige Monate nach seinem Abschluss mit Österreich verständigte. Den Vorwand dazu boten die Belastungen Österreichs durch den Krieg gegen das revolutionäre Frankreich. Ein Jahr darauf gelang es dem russischen Gesandten Woronzow in London, die gegen Russland gerichteten Kriegspläne Pitts, des Leiters der englischen Aussenpolitik, zu vereiteln. Damit veränderte sich die internationale Lage Polens völlig. Preussen und Russland planten Vergeltung für die gesellschaftlichen Veränderungen, die Polen eingeführt hatte, obwohl sie es untersagt hatten.

In Russland gewannen die Kreise die Oberhand, die sich für die nächste Teilung Polens aussprachen. Nach längerem Schwanken schloss sich ihnen auch Katharina II. an. Woronzow stellte damals fest, dass die neue Teilung „nichts anderes bringt, als unsere ewige Schande und die Ursache für später nicht wieder gutzumachendes Bedauern. Ich möchte glauben", sagte er, „dass man hier gegenwärtig nicht an diese Teilung denkt. Aber das intrigante Preussen versteht ausgezeichnet, uns wie Blinde dahin zu bringen und mit hineinzuziehen."

So geschah es denn auch. Sobald die Magnatenopposition, der Franciszek Ksawery Branicki, Szczęsny Potocki und Wacław Rzewuski angehörten, im Einvernehmen mit dem Zarenhof im April 1792 die Konföderation von Targowica gründete, um das Werk des Grossen Sejms zu zerstören, und damit eine konterrevolutionäre Kampagne in Russland provozierte, entzog sich Preussen seiner Bündnispflichten. Zusammen mit Österreich hielt es einen Einmarsch in dem vom Geist der Demokratie und Revolution bedrohten Polen für begründet. Der König hoffte auf ein Bündnis mit Katharina II. und auf die Möglichkeit, die Reaktion einzudämmen. Er fürchtete jedoch seine Entthronung und das völlige Scheitern seiner Pläne und trat angesichts der Niederlage selbst der Konföderation von Targowica bei. Ihm folgten auch andere Regierungsmitglieder. Er glaubte nicht an die Möglichkeit eines bewaffneten Kampfes und schätzte damit die Stimmung des Volkes, das zum Krieg bereit war, nicht richtig ein.

Im Krieg zur Verteidigung der Verfassung zeigte sich die neue Qualität des Heeres, das sich vom alten Schlachtaheer unterschied. Es kämpfte tapfer und trug u.a. bei Zieleńce und Dubienka einen Sieg davon, wo Tadeusz Kościuszko sich als begabter Heerführer auszeichnete.

Preussen, das gegen das revolutionäre Frankreich kämpfte, machte in Polen „Ersatzansprüche" geltend, während Österreich, das damals Bayern einstreichen wollte, keine Mitwirkung an der Teilung anmeldete. Inzwischen war ein neuer Sejm vorbereitet worden, der die Veränderungen bestätigen und der neuen Teilung „zustimmen" sollte. Er wurde 1793 nicht in Warschau, dem Zentrum der radikalen Strömungen, sondern in Grodno einberufen und arbeitete neue gesellschaftliche Grundlagen aus, die einen Kompromiss zwischen den alten Prinzipien und den Errungenschaften des Vierjährigen Sejms darstellten. Obwohl die Gesandten besonders ausgewählt worden waren, protestierten einige Dutzend öffentlich. Schweigend „bestätigte" der Sejm die Teilungsverträge — mit Russland am 22. Juli 1793 und mit Preussen am 25. September 1793. Katharina war von ihrem Gesandten Sievers darüber unterrichtet worden, dass der Teilungsvertrag „mit Gewalt durchgesetzt wurde, deren Anwendung ich für notwendig hielt".

Bei der zweiten Teilung Polens steckte Preussen die Wojewodschaften Poznań, Gniezno, Kalisz, Sieradz, Łęczyca, Inowrocław, Brześć Kujawski, Płock, das Land Dobrzyń, einen Teil des Gebietes Rawa und Masowiens sowie Gdańsk und Toruń mit insgesamt 57 100 km² und 1 Mill. Einwohnern ein. Bei der Besetzung dieser Gebiete gab es bewaffneten Widerstand in Grosspolen (u.a. verteidigte sich Jan Henryk Dąbrowski) und Gdańsk. Russland fielen ausgedehnte Gebiete in Belorussland, Litauen und in der Ukraine mit 250 000 km² und 3 Mill. Einwohnern zu. Es waren der Rest der Wojewodschaft Płock, ein Streifen der Wojewodschaft Wilna, der östliche Teil der Wojewodschaften Minsk, Wolhynien, Brest-Litowsk und Nowgorod sowie die Wojewodschaften Kiew, Brazlaw und Podolien. Die Grenze des Eroberungsgebiets verlief auf der Linie von Druja über Pinsk nach Zbrutsch.

4. Wirtschaft und Gesellschaft. Von der Regression zum Wirtschaftswachstum. Soziale Konflikte

Während an staatlichen und sozialen Reformen gearbeitet wurde, gingen Prozesse zur wirtschaftlichen Stärkung des Staates vor sich. Wie in ganz Europa war das 18. Jahrhundert auch in Polen von zunehmender Wirtschaftsaktivität gekennzeichnet. Die Einwohnerzahl nahm zu und betrug nach der ersten Teilung ca. 9 Mill. Polen stand damit auf dem dritten Platz in Europa. Die Wirtschaftsdynamik wurde durch einen allmählich in Schwung gebrachten Binnenmarkt gefördert, obwohl die Bedingungen dafür nicht besonders gut waren. Auf die Zerstörungen, die der grosse Nordische Krieg hinterliess, folgten die Verluste durch den Siebenjährigen Krieg, durch die Konföderation von Bar (s. Pkt. 2) und der Schlag der ersten Teilung. Es sei nur darauf hingewiesen, dass Preussen etwa 5 Mill. polnische Złoty, das waren rund 15% aller Einnahmen des Staatshaushaltes, jährlich allein aus den Zöllen erhielt, die die polnischen Kaufleute aufgrund des 1775 aufgezwungenen ungünstigen Handelsvertrags zahlen mussten, und dass Österreich, das die Salzbergwerke eingesteckt hatte, für 12 Mill. polnische Zloty Salz in die Adelsrepublik exportierte. Zum Vergleich sei hinzugefügt, dass die Haushaltsausgaben des Staates während des Vierjährigen Sejms jährlich rund 30 Mill. polnische Złoty betrugen. Die Teilermächte nutzten die weiterhin zwischen den besetzten Gebieten und dem Rest des Landes bestehenden Verbindungen aus und bemühten sich, noch grössere Vorteile zu erzielen. Preussen z.B. beutete den für Polen lebensnotwendigen Getreideexport über die Ostsee aus und richtete auf der Strecke von der neuen polnisch-preussischen Grenze (nach der ersten Teilung) bis nach Gdańsk fünf Zollkammern an der Weichsel ein. Man muss auch die zahlreichen Schikanen der preussischen Behörden erwähnen, die den Handel erschwerten, die Wirtschaft der Stadt Gdańsk beschnitten und die Umsätze einschränkten. Angesichts einer solchen Wirtschaftslage nahm die Bedeutung des Exports über Elbląg, Königsberg, Riga und auch über Cherson am Schwarzen Meer zu, wobei die Haupttriebkraft dieses Unternehmens, einer besonderen Handelskompanie, Prot Potocki war, die Verkörperung eines von leidenschaftlicher Wirtschaftsaktivität besessenen Magnaten.

Insgesamt zeichneten sich aufgrund der Entwicklung der Handelsbeziehungen immer stärkere Bindungen zwischen den verschiedenen polnischen Gebieten ab, die auch die in der ersten Teilung abgetrennten Gebiete sowie Schlesien und in gewissem Grad auch Westpommern umfassten. Beträchtlich nahmen z.B. die Handelsbeziehungen zwischen Grosspolen und Szczecin zu.

Grosspolen entwickelte sich am schwungvollsten. Davon zeugte das weiter wachsende Siedlungswesen (s. VII. 3). In den Jahren 1750—1772 wurden über 200 neue Dörfer mit ca. 3000 Bauernhöfen gegründet. Noch intensiver entwickelte sich (s. VII. 3) das holländische Siedlungswesen, d.h. die Ansiedlung von Freien. Sie zahlten hauptsächlich Zins. Zu rund 40% waren es deutsche Bauern, die von den Grundbesitzern angelockt worden waren. Es trat auch eine starke Verbindung der landwirtschaftlichen Konjunktur mit dem Fortschritt im frühen Industrialisierungsprozess zutage. In Grosspolen „nehmen die dicht mit vermögenden Fabrikanten besiedelten Städte alle Produkte ab", schrieb Stefan Garczyński. Wie zuvor handelte es sich vornehmlich um Textilerzeugnisse, vor allem Tuch — jährlich ca. 2 Mill. Meter, rund 70% der gesamten Textilproduktion der Adelsrepublik. Jede achte bis zehnte Familie fand ihre hauptsächliche oder sehr wesentliche Unterhaltsquelle in der Textilproduktion, und fast noch einmal soviel Familien waren in der Landwirtschafts- und Nahrungsgüterindustrie tätig.

Das zweitgrösste Zentrum des Textilgewerbes war nach Grosspolen Kleinpolen. Entlang des Karpatenvorlandes mit Andrychów als Mittelpunkt zogen sich Hunderte von Dörfern hin, in denen die Leinenweberei betrieben wurde. Das wichtigste

Zentrum der Metallindustrie im damaligen Polen befand sich in der Umgebung von Kielce im sog. Altpolnischen Industrierevier und im Westteil der Hochebene von Krakau und Częstochowa. Im Altpolnischen Industrierevier standen 70% aller Hochöfen, soviel wie Schlesien damals besass.

Durch die Entwicklung des Binnenmarktes blühte das Handwerk auf. Als Heimarbeit fand es immer stärker Zugang auf dem Lande und band sich an die immer zahlreicher werdenden Manufakturen, von denen es im 18. Jh. insgesamt 338 gab, die kürzere oder längere Zeit in Betrieb waren. Viele neue Manufakturen gründeten die Magnaten auf ihren Gütern, was sie als Ausdruck einer fortschrittlichen Wirtschaftstätigkeit werteten. Sie stellten hauptsächlich Luxusartikel wie Gürtel, Porzellan, Fayencen, Glaserzeugnisse, Waffen, Kutschen usw. her (u.a. in Urzecze, Naliboki und Korzec). Eine besonders rege Tätigkeit auf diesem Gebiet entwickelte der litauische Hofschatzmeister Antoni Tyzenhaus (1733—1785) als Verwalter der königlichen Güter in der Gegend von Grodno. Die auf Fronarbeit basierenden Magnatenmanufakturen waren kurzlebig im Gegensatz zu den bürgerlichen Manufakturen, die jedoch mit Arbeitskräftemangel zu kämpfen hatten. Wegen der immer noch bestehenden Leibeigenschaft gab es damals noch keinen entwickelten Arbeitskräftemarkt.

Noch im Zeitraum vor der ersten Teilung waren bestimmte Fortschritte in der städtebaulichen Entwicklung zu beobachten. Unabhängig von der Entwicklung Warschaus, dessen Einwohnerzahl von 20 000 Einwohnern Mitte des 18. Jh. auf über 100 000 gegen Ende des Jahrhunderts angewachsen war, oder von anderen grossen Städten wie z.B. Poznań entstanden entweder völlig neue oder um seit längerem bestehende Siedlungen angelegte Städte.

In der landwirtschaftlichen Produktion waren die Erträge weiterhin gering. Drei bis vier Körner wurden von einem gesäten Korn geerntet. Noch immer betrieb man die Dreifelderwirtschaft mit Brache und Getreideanbau. Unter dem Einfluss Westeuropas setzte sich jedoch der Begriff der sog. neuen Landwirtschaft durch. Zur Verbesserung der Bodenstruktur und zur Erleichterung der Viehhaltung wurde z.B. Klee angebaut. Die Geräte wurden vervollkommnet. Vorerst aber war es mehr eine Atmosphäre der Veränderungen als tatsächlich die Veränderungen selbst. Dennoch erschienen in der zweiten Hälfte des 18. Jh. in Polen über 100 Bücher mit landwirtschaftlicher Thematik. Trotz der steigenden landwirtschaftlichen Produktion Ende des 18. Jh. hatte sie nicht wieder den Stand vom Ende des 16. Jh. erreicht. Da die Leibeigenschaft noch immer nicht abgeschafft war, war Polens Wirtschaftsstruktur weiterhin rückständig. Auf dieses Gebiet der ökonomischen Beziehungen hatten die fortschrittlichen Erscheinungen noch nicht übergegriffen. Schätzungsweise kann man annehmen, dass das Wachstumstempo der Industrie- und Landwirtschaftsproduktion im 18. Jh. bei 0,3 bis 0,4% lag, d.h. die Produktion war in dieser Zeit um ca. 30 bis 40% gestiegen. Das Wachstumstempo in Europa lag damals zwischen 0,35 und 0,70%.

Für die Entwicklung des Wirtschaftslebens mussten die Zahlungsverhältnisse geregelt werden, um so mehr, als Polen viel Schaden durch das von Friedrich II. verbreitete Falschgeld erlitten hatte. Noch in der Sachsenzeit war man bemüht, den Wert der eigenen Münze herabzusetzen. Das führte jedoch zu Störungen auf dem Binnenmarkt und zu Unzufriedenheit bei der Bevölkerung. Man versuchte, auch das Zollsystem zu reformieren, diese Bemühungen zerbrachen jedoch am Widerstand der Nachbarstaaten.

Stanislaus August war an echtem Geld interessiert. Ausser dem ungarischen war der polnische Dukaten 1766 in Europa die Münze mit dem höchsten Goldgehalt. Aus einer Kölnischen Mark mit einem Goldgewicht von 233,8 g wurden 68 Dukaten geprägt, die 16 3/4 polnischen Złoty gleichzusetzen waren. Ein Taler sollte 8 polnische Złoty wert sein. Aus einer Grzywna Silber wurden 80 Taler geprägt. Das preussische Geld floss jedoch weiterhin nach Polen und verursachte an jedem Taler 6,7 g Silber Verlust. Insgesamt verlor Polen etwa 40 Mill. polnische Złoty. Erst 1786 wurde ein Dukaten 18 polnischen Złoty gleichgesetzt und der Silbergehalt im Taler auf 22,4 g herabgesetzt. Die Münzstätten fingen an, Gewinn zu bringen, die polnische Legierung war im Vergleich zur preussischen jedoch nach wie vor zu hoch. Sie wurde erst während des Kościuszko-Aufstandes entsprechend verändert, als man aus einer Grzywna 8 bis 15 polnische Złoty prägte. Die Entwicklung des Geldumlaufs und die Erfordernisse des Wirtschaftslebens bewirkten die Entstehung von Kreditinstituten. Es wurden bürgerliche Banken (wie z.B. die Bank Teppers in Warschau) und jüdische Bankhäuser gegründet. Man dachte auch daran, eine grosse Zentralbank einzurichten (August Sułkowski).

Die Vereinheitlichung der Masse und Gewichte, die Abschaffung der Privatzölle und Mauten sowie der Bau von Strassen und Kanälen brachten für den Binnenmarkt einen Aufschwung. 1784 wurden der Ogiński-Kanal als Verbindung von Njemen und Dnepr und der Königskanal als Verbindung von Pripjat und Bug fertig. Man plante auch den Bau des Bydgoszcz-Kanals.

Polen gehörte zu den Ländern, in denen mehr als 70% der Bevölkerung von der Landwirtschaft lebten. Das weiterhin vorherrschende Element der Wirtschaftsstruktur waren die Gutshöfe, auf denen die leibeigenen Bauern umsonst arbeiten mussten und es dadurch sehr schwer hatten, ihre eigenen Höfe zu bestellen. Auf dem Lande gab es recht grosse Unterschiede. 20% der Bauern waren selbständige Grossbauern und Mittelbauern, die teilweise für den Markt produzierten und mindestens 7—8 ha Boden besassen, 62% waren Kleinbauern, hauptsächlich Hintersassen, die sich zusätzliche Unterhaltsquellen, z.B. auf dem Gutshof, suchen mussten, 16% stellte die landlose Bevölkerung, vor allem Einlieger, und 2% andere, z.B. Gastwirte. Mit der Entwicklung des Markts begannen sich die sozialen Schichten auf dem Lande zu verschieben. Das bedeutete, dass die durch die Erfordernisse des Gutshofs bedingte Struktur durch die von den Marktgesetzen diktierte Struktur überlagert wurde. Damit lässt sich die Tatsache erklären, dass es in Grosspolen die meisten Landlosen (25%) gab, denn dort war der Markt am stärksten entwickelt.

Diese Beobachtung wird von Angaben aus anderen europäischen Ländern bestätigt. Mit der Schichtenverschiebung ging die Verarmung der Bauern, eine schon früher aufgetretene Erscheinung, einher. Das charakteristische Merkmal und zugleich das Mittel, das Dorf von der traditionellen zur modernen sozialökonomischen Struktur überzuleiten, war die wachsende Bedeutung des Zinses anstelle der Fronarbeit. Die Gutsbesitzer, die ihre Einkünfte steigern wollten oder auch nach der Idee der Epoche handelten (Reformen von Paweł Brzostowski, Joachim Chreptowicz und Stanisław Poniatowski, einem Neffen des Königs), führten selbst Reformen durch. Ein anderer Weg war das allmähliche Übergreifen des Zinses auf das Dorf, da ein Teil der Natural- oder Arbeitsleistungen in Geldzahlungen umgeändert worden war, und schliesslich das Siedlungswesen nach Zinsrecht. Sowohl in Grosspolen als auch in Kleinpolen war der sog. gemietete Frondienst häufig, bei dem die Bauern Geld zahlten, anstatt Fronarbeit zu leisten. Auf den Gutshöfen musste man Lohnarbeiter einstellen, daher zwangen die Gutsbesitzer die Bauern sehr oft zur Lohnarbeit für einen minimalen Lohn, der nur zum Teil durch den Markt bestimmt wurde.

Die Modernisierung der Beziehungen zwischen dem Gutshof und dem Bauernhof war nur eines der Verfahren zur Steigerung der Einnahmen. Ein anderes Mittel zum Zweck bestand darin, die Lasten der Bauern unmittelbar zu erhöhen. Es wurden Arbeitsnormen für ein Tagewerk Frondienst festgesetzt. Die Bauern wurden verpflichtet, die Produkte des Gutshofes zu befördern. Die Landlosen mussten Fronarbeit leisten. Viel Arbeit mussten sie zusätzlich leisten.

Als Antwort darauf entwickelten sich die schon aus den vorangegangenen Jahrhunderten bekannten Formen des bäuerlichen Klassenkampfes wie die Landflucht, die Sabotage bei der Arbeit auf dem Gutshof und die Ablehnung der Fronarbeit. Immer häufiger wurden Bittgesuche geschrieben, in denen sich die Bauern bei den Eigentümern (über die Verwalter oder Pächter) oder bei der öffentlichen Meinung (wie z.B. im Bittgesuch von Torczyn 1768) beklagten. Auch der Widerstand wurde intensiver und führte öfter zu scharfen Konflikten. Als z.B. Tyzenhaus auf den königlichen Gütern wieder die Leibeigenschaft anstelle der dort schon fast ein ganzes Jahrhundert bestehenden Zinswirtschaft einführte, kam es 1769 zu einem grossen Aufstand, dessen Zentrum der Ort Schawle in Litauen war. Die ausgedehnteste Bewegung mündete in einen gewaltigen Aufstand der ukrainischen Bauern, der 1768 in der Region Uman unter der Führung von Iwan Gonta und Maxim Schelesnjak ausbrach und auf die Gebiete von Balta im Süden bis Tscharnobyl im Norden und von Tscherkassy, Tschegryn und Perejaslaw im Osten bis nach Winniza und Shitomir im Westen übergriff, aber blutig niedergeschlagen wurde. Die Hofkosaken der Magnaten verbreiteten zusammen mit den Saporoger Hajdamaken die Freiheitsideen der Kosaken in der östlichen Ukraine. Bauernaufstände, auch wenn sie nicht so scharfe Formen annahmen, brachen auch in ethnisch polnischen Gebieten aus wie z.B. in Kurpien, wo sich die Bauern u.a. zur Verteidigung des Königs Stanislaus Leszczyński erhoben.

Das Recht des Herrn, einen Bauern mit dem Tode zu bestrafen, wurde 1768 aufgehoben.

Ein gewisses wirtschaftliches Wachstum stärkte die mittlere Schlachta und verhinderte zugleich eine weitere Konzentration des Bodens. Diese Prozesse bewirkten jedoch insgesamt keine durchgreifenden Veränderungen in der Klassenstruktur der Schlachta. Das gleiche traf auf das Bürgertum zu, das hauptsächlich in den kleineren Städten von den adligen Besitzern abhängig war. Unter den reicheren Bürgern begann sich die frühe Bourgeoisie, zu der man die grösseren Kaufleute, Bankiers oder die Eigentümer von Manufakturen und grossen Handwerksbetrieben zählten konnte, abzusondern.

In der Stanislausepoche begann sich die Berufsintelligenz herauszubilden, die sich hauptsächlich aus Angehörigen der Schlachta und des gebildeten Bürgertums zusammensetzte. Die Erfordernisse des Staates hatten zur Herausbildung einer Beamtenintelligenz geführt, und für die Entwicklung der Städte und der Wirtschaft waren technische Berufe wie Architekten und Landvermesser notwendig geworden. Es gab natürlich auch Schriftsteller, Publizisten, Journalisten, Gelehrte, Lehrer, Künstler, Ärzte, Juristen und zum Teil Offiziere in dieser Gruppe.

5. Bewusstseinsveränderungen. Kultur und Gesellschaft

Obwohl die alte Gesellschaftsstruktur in der Stanislausepoche erhalten blieb, wurde Polen eines der aktivsten Zentren der Aufklärung in Europa. Am wesentlichsten war zweifellos, dass die Traditionen des adligen Sarmatismus, der von den fortschrittlichen Menschen bereits in der Sachsenzeit bekämpft worden war, verfielen. Die äusseren sarmatischen Merkmale wie z.B. die altpolnische Tracht wurden immer mehr zu einer Demonstration des Patriotismus, manchmal jedoch auch konservativer Ansichten in gesellschaftlichen Fragen. Auch die zuvor einheitliche Ausrichtung der Magnaten löste sich auf. Einige Magnaten (s. Pkt. 2) wollten die Ideen der Aufklärung ihren Interessen auf polnischem Boden anpassen. Am einfachsten, da nicht mit Veränderungen des Gesellschaftssystems verbunden, war es, das Bildungswesen und seine Modernisierung zu unterstützen, die Wissenschaft zu entwickeln und für einige Veränderungen in der Wirtschaftssphäre einzutreten. In der Aufklärung äusserte die Aristokratie auch liberale Ansichten über die Sitten, das Verhältnis zur Kirche usw. Zusammen mit der veränderten Haltung eines Teils der Schlachta war dies der Ausdruck dafür, dass im gesellschaftlichen Bewusstsein eine Strömung in Erscheinung trat, die die Strukturen der herkömmlichen feudalen Denkkategorien untergrub. Gleichzeitig wurde im Keim ein immer revolutionärer eingestelltes plebejisches Bewusstsein offenkundig, das ganz deutlich während des Kościuszko-Aufstandes zum Ausdruck kam (s. Pkt. 6). Jedoch bildete sich in Polen nicht wie in Frankreich im Schosse der Aristokratie und Schlachta eine gegen den Absolutismus gerichtete politisch und gesellschaftlich liberale Strömung heraus, da die Voraussetzungen dafür nicht gegeben waren. Polen litt nicht unter königlicher Tyrannei, so dass die von der Elite und den Volksmassen vertretenen fortschrittlichen Strömungen nicht zusammentrafen, wie es für revolutionäre Massnahmen und zum Entfachen des revolutionären Bewusstseins erforderlich gewesen wäre. Noch deutlicher lag der Fall in Russland, wo sich die plebejische Bewegung selbständiger entwickelte und ihren stärksten Ausdruck im Bauernaufstand unter Pugatschow 1773—1775 fand.

Eine zu schwache städtebauliche Entwicklung hielt eine stärkere Entfaltung der Bürgerkultur zurück, obwohl man das Leben in der Stadt mehr schätzte als zuvor. Dies stand mit der zunehmenden sozialen Beweglichkeit in Zusammenhang, auch wenn sich die Standesbarrieren trotz der Stimmen über die Schädlichkeit der Standesvorurteile nur schwer überwinden liessen. Grossen Einfluss auf Veränderungen in der Einstellung zu den Standesbarrieren hatte der berühmte politische Klub, der auf Anregung Hugo Kołłątajs gegründet worden war und in der Geschichtsschreibung Kołłątaj-Schmiede (Kuźnia) heisst. Das Gedankengut dieser Gruppe war gegen den Feudalismus und gegen die Standesvorurteile gerichtet. Franciszek Salezy Jezierski (1740—1791), ein hervorragender Vertreter der Schmiede, schrieb: „Nach meiner Ansicht sollte das gemeine Volk der erste Stand der Nation, oder deutlicher gesagt, die ganze Nation heissen." Solche Stimmen waren jedoch selten, und selbst bei Jezierski war ein Schwanken zu beobachten.

In den Verhältnissen auf dem Lande kam es durch die weiter verbreitete Zinswirtschaft und das Neusiedlerwesen, das durch Verträge geregelt werden musste, zu einer Erscheinung, die man Vertragsbewusstsein nennen könnte. Es war anders als das vom Feudalismus geprägte Bewusstsein, das darauf beruhte, dass die Schlachta den Bauern ihren Standpunkt aufzwang, also als ausserökonomischer Zwang wirkte.

Eine bedeutende Rolle bei der Herausbildung des neuen Bewusstseins spielte das Schulwesen. Die Zahl der Jesuitenkollegien war von 58 im Jahre 1700 auf 104 im Jahre 1773 angewachsen. Als 1762 die Jesuitenkollegien in Frankreich geschlossen wurden und die Jesuiten nach Polen kamen, traten unter ihrem Einfluss gewisse Veränderungen in dem sehr traditionellen und kosmopolitischen theologischen Unterricht ein.

1740 gründete Stanisław Konarski dass berühmte *Collegium Nobilium* mit einem für die damalige Zeit modernen Lehrplan und regte eine Reform der vom Piaristenorden geführten Schulen an. Ein weiterer Schritt in der Entwicklung des Schulwesens war 1765 die Gründung der Ritterschule, die von Adam Czartoryski und August Sułkowski geleitet wurde und unter der Obhut des Königs stand. Sie bereitete den Boden für eine grosse Schulreform vor, die durch die Gründung der

Stanislaus August Poniatowski, der letzte polnische König (1764–1795), im Krönungsgewand. Porträt von Marcello Bacciarelli

Klassizistisches Palais auf der Insel im Warschauer Łazienki-Park, umgebaut im 18. Jh. von Domenico Merlini für Stanislaus August

Das Große Haus in Warschau wurde in den Jahren 1826–1833 von Antonio Corazzi errichtet. Stich von Friedrich Christoph Dietrich

Wojciech Bogusławski (1757–1829), „Vater des polnischen Theaters". Stich von James Hopwood nach einer Zeichnung von Antoni Brodowski

Annahme der Verfassung vom 3. Mai 1791. Stich von Józef Łęski nach einer Zeichnung von Jan Piotr Norblin

Hugo Kołłątaj (1750–1812), Philosoph, Schriftsteller, Politiker und Ideologe der polnischen Aufklärung, Mitglied der Kommission für Nationale Bildung, Mitautor der Verfassung vom 3. Mai 1791. Gemälde von Józef Peszka

Stanisław Małachowski (1736–1809), Sejmmarschall des Vierjährigen Sejms, Mitbegründer der Verfassung vom 3. Mai 1791. Gemälde von Giovanni Battista Lampi

Das neoklassizistische Staszicpalais in Warschau wurde 1821 von Antonio Corazzi erbaut. Sitz der Gesellschaft der Freunde der Wissenschaften

Stanisław Staszic (1755–1826), Gelehrter und Philosoph, politischer Schriftsteller, Fürsprecher sozialer Reformen zur Zeit des Vierjährigen Sejms, Wirtschaftsfunktionär und Organisator des wissenschaftlichen Lebens. Stich von Józef Cholewiński

Ignacy Krasicki (1735–1801), berühmtester Schriftsteller der polnischen Aufklärung, Bischof von Warmia. Lithographie von J. Chodkiewicz nach einer Zeichnung von Walenty Śliwicki

Blick auf den Warschauer Schloßplatz von der Krakowskie-Przedmieście-Straße aus.
Gemälde von Jan Seydlitz

Man plante, eine Akademie der Wissenschaften, für die Dominik Merlini sogar schon das Gebäude entworfen hatte, und eine Akademie für Schöne Künste zu gründen. Beide Projekte konnten jedoch im Wirbel der Ereignisse und Schwierigkeiten nicht realisiert werden.

Polen beteiligte sich während der Aufklärung aktiv an der allgemeinen Entwicklung der Natur- und Geisteswissenschaften. Die Erfolge sind um so deutlicher, wenn man sie den negativen Erscheinungen des geistigen Lebens während der Sachsenzeit und später gegenüberstellt. Damals wurde spekulativ philosophiert, die hervorragendsten Philosophen wie Descartes, Gassendi, Leibniz und Newton wurden in den Jesuitenkollegien und in der Krakauer Akademie bekämpft, Unterwürfigkeit und der Kult übernatürlicher Dinge usw. standen auf der Tagesordnung. Schon in der ersten Hälfte des 18. Jh. stachen vor diesem Hintergrund die wissenschaftlichen Zentren Gdańsk und Toruń hervor, die unter dem Einfluss der deutschen Aufklärung standen. In Gdańsk entstand 1742 die verdiente Naturforschende Gesellschaft, die viele europäische Berühmtheiten vereinte und sich des Schutzes der polnischen Könige erfreute. Sie wurde erst in der Nazizeit aufgelöst. In den Jahren 1722 bis 1755 erschien die zehnbändige „Geschichte der Preussischen Lande" von Gottfried Lengnich. Die wissenschaftliche Gesellschaft in Gdańsk trug erheblich zur Entwicklung von Physik, Chemie und Medizin bei. Bei den Naturwissenschaften hatte damals nur die in Gdańsk betriebene Zoologie europäisches Niveau. Sehr aktiv war die Wissenschaft in Wrocław und auch in anderen kleineren Städten. Dazu gehörte z.B. das grosspolnische Leszno, das sich ziemlich rege für die Errungenschaften der deutschen Wissenschaft interessierte. Dort erschien u.a. die polnische Übersetzung des 700 Seiten starken Buchs „Der Hausarzt" von Samuel Beimler (1749). 1750 erschien dort auch der erste Band der medizinischen Zeitschrift „Primitiae Physico-medicae". Die nächsten beiden Bände wurden in Sulechów herausgegeben. Die Initiative dazu war von E. J. Meifeld, dem Hofarzt Augusts III. und später Stanislaus Augusts, und B. E. Hermann, einem Kreisarzt aus Bojanowo, und auch von Wawrzyniec Mitzler de Kolof (1711—1778) ausgegangen, der aus Leipzig nach Polen gekommen war und sich als Herausgeber und Redakteur der ersten wissenschaftlichen Zeitschriften in Polen Verdienste erworben hatte. Solche Zeitschriften waren „Acta Litteraria" (1755/56) oder „Neue Ökonomische und Wissenschaftliche Nachrichten" (Nowe Wiadomości Ekonomiczne i Uczone; 1758—1761). Mitzler de Kolof war auch Herausgeber der Schrift „Der polnische Patriot" (Patriota polski; 1761) und Herausgeber und Mitredakteur des „Monitor" (1765—1785), der sich im Kampf gegen den Sarmatismus verdient gemacht hat und auf Anregung von Stanislaus August entstanden war. Der „Monitor" kann als wichtigste gesellschaftspolitische Zeitschrift der polnischen Aufklärung betrachtet werden.

Der erste Redakteur des „Monitor" war der berühmte Dichter Ignacy Krasicki. Später war es Franciszek Bohomolec. Er konnte bei der Beobachtung des Fortschritts in der Wissenschaft bereits 1752 feststellen: „Man darf (...) zuversichtlich hoffen, dass unser Vaterland in Kürze nicht nur die anderen Nationen einholen, sondern sie auf wissenschaftlichem Gebiet sogar überholen kann." In den Jahren 1760—1763 bemühte sich Józef Aleksander Jabłonowski darum, dass die Arbeit von Copernicus vom Index der verbotenen Bücher gestrichen würde. Wie in der europäischen Geschichtsschreibung entwickelte sich auch in Polen die kritische Schule der Geschichtsschreibung weiter, die grossen Wert auf Quellensammlung und Quellenveröffentlichung legte. Herausgegeben wurden u.a. die Sammlung aller Sejmbestimmungen „Volumina Legum", die Schriften von Adam Naruszewicz (1733—1799) und die Arbeiten von Tadeusz Czacki (1765—1813) und Feliks Łoyko, der gegen die verschiedenen historischen „Begründungen" Preussens für die erste Teilung Polens polemisierte. Man schrieb über die Errungenschaften in den mathematischen Wissenschaften und in der Astronomie (Michał Hube, 1737—1807; Jan Śniadecki, 1756—1830; Marcin Poczobutt, 1728—1810), in der Chemie (Jan Jaśkiewicz, 1749—1809; Franciszek Scheidt, 1759—1807), in der Botanik und Zoologie (Krzysztof Kluk, 1739—1796) und auch in der Medizin (Rafał Czerniakowski, 1743—1810, Gründer der Schule in der Krakauer Akademie). Ausgehend von den Reformen waren das politische Schrifttum (Hugo Kołłątaj, 1750—1812; Stanisław Staszic, 1755—1826) und das juristische Schrifttum (Teodor Ostrowski, 1750—1802; Wincenty Skrzetuski, 1745—1791) sehr umfangreich. Hugo Kołłątaj war Ende des 18., Anfang des 19. Jh. einer der hervorragendsten polnischen Denker. Seine anonym herausgegebenen Briefe an den Sejmmarschall Stanisław Małachowski „Do Stanisława Małachowskiego... Anonima listów kilka" (1788/89), ergänzt durch „Prawo polityczne narodu polskiego" (Das politische Recht der polnischen Nation; 1790), umrissen das Programm einer „milden Revolution", die einen Kompromiss zwischen der Schlachta und der entstehenden Bourgeoisie herbeiführen wollte. Hugo Kołłątaj kann neben König Stanislaus August als Initiator dieser Reform gelten. Der gleiche Rang gebührt Stanisław Staszic, dem Sohn des Bürgermeisters von Piła und Verfasser der Bemerkungen über das Leben Jan Zamoyskis „Uwagi nad życiem Jana Zamoyskiego" (1787) und der Ermahnungen für Polen „Przestrogi dla Polski" (1790). Es sei daran erinnert, dass sich das polnische politische und ökonomische Gedankengut in einer gewissen Verbindung mit dem italienischen und französischen entwickelte. Mit Mably und Rousseau nahmen bereits die Teilnehmer der Konföderation von Bar wie z.B. Wielhorski und Massalski Kontakte auf.

In der Aufklärung hatten die politischen und publizistischen Schriften sowie die Geschichtsschreibung vieles mit der schönen Literatur gemein. Adam Naruszewicz war Dichter und Historiker zugleich. Stanisław Trembecki (um 1739—1812) und Igancy Krasicki (1735—1801) hingegen brachten in ihren dichterischen Werken die Ideen des Rationalismus und des Liberalismus zum Ausdruck. Trembecki entwickelte die Ideen des Königs, Krasicki kritisierte die Fehler der Gesellschaft, die Mythen, die Unwissenheit und Bigotterie. In den Begebenheiten Nikolaus Doświadczyńskis „Mikołaja Doświadczyńskiego przypadki" (1776) zeichnete er die utopische Vision einer Gesellschaft. Er wies auf die nationalen Traditionen hin und prangerte das kritiklose Übernehmen fremder Vorbilder an.

In der Literatur fand in Polen neben der rationalistischen Strömung auch die sentimentale Strömung ein Echo. Ihr verschrieben sich die Dichter Franciszek Dionizy Kniaźnin (1750—1807) und Franciszek Karpiński (1741—1825). Revolutionäre Inhalte wies das Schaffen von Jakub Jasiński (1759—1794) auf. Im Dramenschaffen glänzten die Namen von Franciszek Bohomolec, Franciszek Zabłocki, Julian Ursyn Niemcewicz (1758—1841), Wojciech Bogusławski (1757—1821) und auch von Adam Kazimierz Czartoryski. Wie in vielen anderen europäischen Ländern nahm damals auch in Polen die Bedeutung des Theaters zu, das als nationale Schule der gesellschaftlichen Didaktik galt. Der Personenkreis, der das von der Bühne ausgehende Wort hörte, wurde zusehends grösser. 1765 wurde das Warschauer Nationaltheater, die erste ständige Berufsbühne, gegründet. Den Zwecken öffentlicher Theater wurden zur Zeit Stanislaus Augusts ca. 20 Gebäude angepasst.

In die Geschichtsschreibung gingen die berühmten Donnerstagsessen beim König ein, zu denen hervorragende Denker und Künstler eingeladen wurden. Auch das Musikleben blühte auf. Der Wunsch nach musikalischer Ausbildung drückte sich zumindest durch die Gründung von Musikschulen aus. Nationale Inhalte fanden jetzt Eingang in die Musik, stark waren auch die von der Volksmusik ausgehenden Anregungen. Die Oper, die für die damalige Zeit repräsentativste Musikform, entfaltete sich. Am Königshof in Warschau und auf den Gütern der musikalischen Magnaten Radziwiłł in Neswesh und Ogiński in Slonim entstanden zur gleichen Zeit die ersten polnischen Opern. Das Theater in Slonim war von dem litauischen Grosshetman Michał Kazimierz Ogiński (1728—1800) gegründet worden, einem begeisterten Dichter und Musiker. 1771 führte er seine Oper „Filozof odmieniony" (Der verwandelte Philosoph) auf. Sieben Jahre später, am 11. Juli 1778, fand in Warschau die berühmte Premiere der „Nędza uszczęśliwiona" (Das glückliche Elend) von Maciej Kamieński nach einer Komödie von Bohomolec statt. Adam Kazimierz Czartoryski gründete auf seinem Familiensitz in Puławy ein Theater. Dafür schuf u.a. Wincenty Lessel (1750 — um 1825), der böhmischer Abstammung war, viele Opern und andere Kompositionen. Polen war damals ein Land, das viele hervorragende Künstler anzog. Die bekannteste Oper, die heute noch beliebt ist, war „Krakowiacy i Górale" (Die Krakauer und die Goralen) mit der Musik von Jan Stefani zum Text von Wojciech Bogusławski. Ihre Premiere am 1. März 1794 rief ein lebhaftes politisches Echo hervor.

An den Magnatenhöfen und in den Städten pflegte man auch das sinfonische Schaffen, dem sich Jan Wański (1762 — nach 1800), Wojciech Dankowski (geb. um 1760) und Feliks Janiewicz (1762—1848) widmeten.

In den bildenden Künsten trat unter August III. und Stanislaus August Poniatowski neben dem weiter entwickelten Barockstil der klassizistische Stil in Erscheinung, der in der Übergangszeit allerdings nicht auf die für das Rokoko charakteristischen Verzierungen verzichtete. Alle Kunstgattungen nahmen unabhängig von ihrem Stil nationalen Charakter an. In der Malerei zeigten das die Werke von Marcello Bacciarelli (1731—1818), Jan Piotr Norblin (1748—1830), Franciszek Smuglewicz (1745—1807) und Aleksander Orłowski (1777—1832). Auch einheimische Kunsterzeugnisse wie Gürtel, Glas, Möbel usw. waren breiteren gesellschaftlichen Kreisen zugänglicher als zuvor.

Von den bedeutendsten Werken der Architektur, hauptsächlich Kirchenbauten und Paläste, ist der Ausbau des Warschauer Königsschlosses (1745—1763) zu nennen, an dem die berühmten Architekten Jakub Fontana und Efraim Szreger mitarbeiteten, des weiteren der Ausbau der Schlösser in Białystok, Puławy und Kock, der Ausbau des Ossoliński-Palastes und des Brühlpalais für den allmächtigen Minister Augusts III. in Warschau sowie der Ausbau der Paläste in Krystynopol (1756—1761), Radzyń Podlaski (1758—1760), des Palastes der Familie Karaś in Warschau (1764—1772), der Paläste in Opole Lubelskie (1766—1772) und Szczekociny (1777 beendet). Ein dichtes Netz von Palästen überzog Grosspolen, obwohl dort hauptsächlich Angehörige des mittleren Adels lebten, aber die Wirtschaft warf hohe Einkünfte (s. Pkt. 4) ab. Die grosspolnischen Schlösser trugen bereits klassizistische Merkmale wie der Palast der Posener Bischöfe in Ciążeń (1760—1768), die Paläste Józef Mycielskis in Pępowo (seit 1760), Kazimierz Raczyńskis in Rogalin (nach 1768), Maksymilian Mielżyńskis in Pawłowice (nach 1776) und Jan Lipskis in Czerniejewo (etwa 1771—1775). In den achtziger Jahren wurden unter der Leitung von Ignacy Graff Umbauten am Schloss der Sułkowskis in Rydzyna, einem der herrlichsten Schlösser Europas, vorgenommen, das zuvor den Leszczyńskis, u.a. auch König Stanislaus, gehört hatte.

Damals wurden auch der Palast der kujawischen Bischöfe in Wolbórz (1768—1773) und der Łazienki-Palast in Warschau (ab 1775) mit Statuen von Andrzej Le Brun (1737—1811) gebaut.

Noch intensiver wurde der Bau von Kirchen im Barock- und Rokokostil und später im klassizistischen Stil, oft mit Motiven des polnischen Barocks, betrieben. Es entstanden die Dominikanerkirche in Warschau (1760—1771), die Kirche der Regularkanoniker in Trzemeszno (1782—1791), die Bernhardinerkirche in Koło (1773—1781), die Pfarrkirche in Podhorce (1752—1760) sowie die evangelische Kirche (1777—1779) und die Annenkirche (1786—1788) in Warschau.

Der Bau von städtischen Wohnungen und öffentlichen Einrichtungen nahm einen deutlichen Aufschwung. Neue Akzente setzten in den Städten solche Bauten wie z.B. das grosse Handelshaus von Rezler und Hurtig (1784) in der Krakowskie-Przedmieście-Strasse in Warschau, das Bank- und Handelshaus von Tepper (1784) und das Hotel „Pod Orłem Białym" (Zum weissen Adler) in Warschau. Charakteristisch war, dass die Magnatenpaläste wie z.B. der Działyński-Palast in Poznań (1773—1787) in die Baufluchtlinie der Marktplätze oder der Strassen eingefügt wurden.

6. Der Kościuszko-Aufstand. Die dritte Teilung Polens

Der Kościuszko-Aufstand 1794 war ein Wendepunkt in der Geschichte des polnischen Volkes, der polnischen Nation und des polnischen Staates. Er leitete in der polnischen Geschichte die Epoche nationaler Aufstände und Kämpfe um die Wiedererlangung der Unabhängigkeit ein. Der Kościuszko-Aufstand war die unmittelbare Reaktion auf die Regierung der Konföderierten von Targowica und das immer stärkere Empfinden fremder Gewalt. Mit den Vorbereitungen zum Kampf wurde im Mai 1793 begonnen, also noch vor dem Sejm von Grodno (s. Pkt. 3), obwohl die Volksmassen schon früher, im Februar 1793, die Besetzung des Zeughauses durch zaristische Truppen verhindert hatten. Die Organisatoren der Verschwörung waren u.a. Ignacy Działyński (1754—1797) und Andrzej Kapostas, ein geadelter Bankier ungarischer Herkunft, der sich um 1780 in Warschau niedergelassen hatte. Die Zusammenarbeit eines Adligen mit einem Bürger war das erste Anzeichen für ein Bündnis von Schlachta und Bürgertum, ein neues Element in den gesellschaftlichen Beziehungen. Besonders aktiv wurden die jungen Offiziere, denen die Regierung der Konföderierten von Targowica die im Krieg 1792 verliehenen Dienstgrade und die Virtuti-Militari-Orden aberkannt hatte, um die Hetmane mit ihrer ehemaligen Macht auszustatten.

Den unmittelbaren Anlass für den Ausbruch des schon 1794 vorbereiteten Aufstands lieferte der eigenmächtige Protestmarsch der 1200 Mann starken Kavalleriebrigade unter der Führung von Antoni Józef Madaliński in Richtung Krakau gegen die vom russischen Gesandten Josif Igelström im wiedereingesetzten Ständigen Rat angeordnete Truppenreduzierung. Danach überschlugen sich die Ereignisse. Formell wurde der Aufstand am 24. März in Krakau ausgerufen. Zum Oberbefehlshaber ernannte man gemäss den Plänen der Verschwörung Tadeusz Kościuszko (1746—1817), einen herausragenden Heerführer und Fachmann auf dem Gebiet des damals überaus wichtigen Befestigungsbaus. Im Unabhängigkeitskrieg der Vereinigten Staaten hatte er sich u.a. als Oberingenieur der Nordarmee seit 1777 und der Südarmee ab 1780 grosse Verdienste erworben und war seinerzeit in Europa und Amerika bekannt.

Befreundet mit Thomas Jefferson, einem der damals demokratischsten amerikanischen Heerführer, war Kościuszko als einer von drei Ausländern Mitglied der Cincinnati-Gesellschaft, in die die verdientesten Teilnehmer am Unabhängigkeitskrieg 1783 aufgenommen wurden. 1789 wurde er Generalmajor des nach dem Beschluss des Vierjährigen Sejms erweiterten polnischen Heeres. Nach Fürst Józef Poniatowski war er 1792 der Zweite, der vom König mit dem Virtuti-Militari-Orden ausgezeichnet wurde. Als die Konföderierten von Targowica die Macht übernommen hatten, emigrierte er nach Frankreich und erhielt dort die Ehrenbürgerschaft. Nachdem er sich mit Abgesandten der Verschwörung in Leipzig getroffen hatte, kam er unmittelbar vor Ausbruch des Aufstandes heimlich ins Krakauer Land und bereitete den Aufstand vor. Während seines achtjährigen Aufenthalts in den Vereinigten Staaten hatte er im Unabhängigkeitskrieg reiche militärische Erfahrungen gesammelt, und zwar insbesondere bei der Organisation eines nationalen Kampfes, an dem sich die ganze Bevölkerung beteiligte. Ausserdem war seine republikanische und demokratische Gesinnung gefestigt worden. Die „Proklamation des Aufstandes der Bürger, Einwohner der Wojewodschaft Krakau" am 24. März übertrug die Ideen der amerikanischen Revolution auf polnischen Boden und bewies, welche Kraft die Menschen im Kampf um Freiheit und Unabhängigkeit aufbringen konnten.

Während Kościuszko von Krakau nach Warschau zog, besiegte er am 4. April in der Schlacht bei Racławice die Truppe von General Tormasow, der Madaliński nachsetzte. An dieser Schlacht nahm zum ersten Mal das mit Dreschflegeln und Sensen bewaffnete Bauernheer („kosynierzy" von „kosa" — Sense) teil. Kościuszko führte sie persönlich ins Gefecht und setzte sie sehr geschickt ein.

Inzwischen hatten die Aufständischen, unter denen das Warschauer Volk mit dem Schuster Jan Kiliński an der Spitze die entscheidende Rolle spielte, binnen zwei Tagen (17. und 18. April) das Korps Igelströms aus Warschau vertrieben, wo Kościuszkos Abgesandter Tomasz Maruszewski wirkte. Der König ernannte Ignacy Wyssogota-Zakrzewski zum Präsidenten der Stadt Warschau. Zakrzewski schloss sich dem Krakauer Aufstand an und ordnete die Wahl des Provisorischen Rates an. Der Aufstand breitete sich rasch aus. Am 22. und 23. April besetzte Oberst Jakub Jasiński, der an der Spitze der radikalen Verschwörung stand, nach Zerschlagung der zaristischen Garnison die Stadt Wilna.

In den Städten, hauptsächlich in Warschau, und auch auf dem Lande griff die radikale Gesinnung schnell auf die Volksmassen über. Eine wichtige Rolle bei diesem Prozess spielten die sog. polnischen Jakobiner, auch Hugonisten genannt, denn sie waren meist aus der Schmiede (Kuźnia) Hugo Kołłątajs hervorgegangen (u.a. J. Jasiński, T. Maruszewski, A. Orchoński, J. Zajączek, der Pfarrer J. Mejer, F. Jelski und J. Dembowski). In ihrem Programm verkündeten sie volle Rechte für die Bürger, die Aufhebung der Leibeigenschaft der Bauern und der Fronarbeit, die Ausrufung der Republik und die Brüderlichkeit unter den Völkern, wobei sie sich an Russen und Deutsche wandten. Den am 24. April 1794 gebildeten Verein nannten sie die Vereinigung der Bürger für die Unterstützung der nationalen Amtsverwaltung zum Wohl des Vaterlandes. Um Druck auf den weniger radikalen Provisorischen Rat auszuüben, organisierten sie einen Aufruhr der Warschauer Bevölkerung (am 9. Mai), die die Bestrafung der Verräter von Targowica forderte. Angesichts dieser Forderungen erweiterte der Provisorische Rat die Kompetenzen des Strafgerichts, das die Hetmane Ożarowski und Zabiełła, den Marschall des Ständigen Rats Ankwicz und den Bischof Kossakowski zum Tode verurteilte.

In Wilna wurde der Hetman Szymon Kossakowski gehängt. Anstelle des Provisorischen Rates wurde der Oberste Nationalrat gegründet, in dem Vertreter gemässigter Ansichten das Wort führten. Die Tätigkeit der Jakobiner hörte jedoch nicht auf. Die nächsten Erhebungen der Plebejer am 28. Juni waren also noch radikaler. Diesmal wurden die Männer von Targowica mit Gewalt aus den Gefängnissen gezerrt und ohne Gerichtsurteil aufgehängt.

Kościuszko, der bereits in Warschau war, wandte sich scharf gegen die Terrorakte. Da er die Einheit der Nation im Kampf wahren wollte, widersetzte er sich den allzu radikalen Strömungen. Beim Marsch nach Warschau hatte er am 7. Mai im Lager bei Połaniec nur ungern den von der Schlachta angenommenen Erlass verkündet, der den Bauern die persönliche Freiheit gab, das Ausmass der Frondienste verringerte und auch gewährleistete, dass die Bauern nicht von dem bebauten Grund und Boden vertrieben werden konnten.

Durch das Einschreiten der preussischen Armee verschlechterte sich die militärische Situation der Aufständischen zusehends. Kościuszko war den vereinigten preussisch-russischen Verbänden nicht gewachsen und erlitt am 6. Juni bei Szczekociny eine Niederlage. Nach der Niederlage bei Chełm am 8. Juni folgte die Kapitulation Krakaus am 15. Juni. Im Juli begannen die Russen und die Preussen die Belagerung Warschaus. Die von Kościuszko geleitete Verteidigung Warschaus erforderte grosses Talent beim Befestigungsbau. Sie kann als grösste militärische Leistung des Aufstandes bewertet werden.

Der spontane grosse Aufstand, der vom 20.—30. August in Grosspolen ausbrach, zwang die preussischen Truppen vor Warschau zur Umkehr. Zur Unterstützung des grosspolnischen Aufstandes entsandte Kościuszko im September Jan Henryk Dąbrowski, einen fähigen und verdienten Heerführer. Im Sturm eroberte er am 2. Oktober Bydgoszcz und trug dazu bei, dass sich die preussische Verwaltung in Grosspolen, Schlesien und Pommern völlig auflöste. Der Aufstand fiel jedoch allmählich in sich zusammen. Preussen, das sich aus der Koalition gegen das revolutionäre Frankreich zurückgezogen hatte, verstärkte seine Angriffe. Von russischer Seite wurde der berühmte Befehlshaber Alexander Suworow in den Kampf geschickt. Dąbrowski zog sich aus Grosspolen zurück. Am 10. Oktober verloren die Aufständischen eine Schlacht bei Maciejowice, Kościuszko wurde verwundet und gefangengenommen. Neuer Befehlshaber wurde Tomasz Wawrzecki. Die Jakobiner gründeten einen neuen Klub, die Vereinigung zur Erhaltung der Revolution und der Proklamation von Krakau. Sie verkündeten, dass man sich mehr auf das Volk stützen müsse, wenn man den Aufstand retten wolle. Es gab jedoch keine Chance mehr. Am 4. November nahm Suworow die Warschauer Vorstadt Praga im Sturm und schonte dabei die Zivilbevölkerung nicht (das Gemetzel von Praga). Dies war eine der letzten Kampfhandlungen. Bald darauf fiel auch Warschau.

Die Gegner des Aufstandes wollten zur Konzeption von Targowica und Grodno zurückkehren. Katharina II. war jedoch entschlossen, wie sie sich ausdrückte,

„den Herd der Jakobinerpest an der Weichsel" ganz auszulöschen. Österreich, Preussen und Russland beschlossen 1795 die dritte Teilung Polens. Die Grenzen zwischen den Teilungsgebieten wurden entlang der Flüsse Bug, Weichsel und der mittleren Pilica gezogen. Die Preussen verleibten sich Warschau ein, die Österreicher vereinnahmten Krakau. Der polnische Staat hatte aufgehört zu bestehen.

IX. Kapitel

Die ersten Jahre der Fremdherrschaft. Napoleon und Polen. Das Grossherzogtum Warschau 1795—1815

1. Die Teilermächte auf polnischem Boden, ihr Verhältnis zur polnischen Nation

Die Annexion der polnischen Gebiete durch Preussen, Russland und Österreich tilgte den polnischen Staat von der Weltkarte. Die einzelnen Teile Polens befanden sich im Wirkungsbereich fremder Staaten und waren einer jeweils verschiedenen Wirtschafts-, Sozial- und Kulturpolitik ausgesetzt. Für die Bildung der Nation begann somit der Staat als Institution eine negative Rolle zu spielen. Er teilte das bis dahin einheitliche Territorium und liquidierte die Bedingungen für die Bildung eines einheitlichen Marktes und einer integrierten wirtschaftlichen Entwicklung. Hingegen trat ein anderer Faktor in den Vordergrund der historischen Entwicklung Polens: der gesamtnationale, sich über die Annexion erhebende Kampf um die Erringung der Unabhängigkeit, der alle Polen verband, obwohl sich im Zuge der Veränderungen innerhalb der Gesellschaftsstruktur die Unstimmigkeiten hinsichtlich der Kampfmethoden sowie der Organisation des zu erkämpfenden künftigen Staates vertieften. Diese Meinungsverschiedenheiten waren bereits beim Kościuszko-Aufstand deutlich sichtbar geworden, der unter der Losung „Freiheit — Gleichheit — Unabhängigkeit" stand. Die Losung „Gleichheit", die übrigens unterschiedlich verstanden werden konnte, weil sowohl Kościuszko als auch die Jakobiner sie verkündeten, war in der noch feudalen Gesellschaftsstruktur nicht zu realisieren.

Die Teilermächte, die in ihren Überlegungen von der Dauerhaftigkeit der durchgeführten Teilungen ausgingen, begannen indessen seit 1772, sich in den polnischen Gebieten „einzurichten". Damit gingen zwei miteinander verknüpfte Prozesse einher. In der internationalen Politik tauchten die sog. polnische Frage und der unaufhörliche Kampf der Polen um ihre Befreiung auf. Schon 1792 hatte Ignacy Potocki festgestellt: „Die revolutionäre Bewegung in Polen ruht nicht, die Polen warten lediglich auf einen günstigen Zeitpunkt, um das ihnen aufgezwungene Joch abzuwerfen." Die polnische Wirklichkeit war also das Ergebnis aus dem Streben der Eroberer — die im allgemeinen solidarisch handelten —, der internationalen Politik und dem Handeln der Polen selbst. In dem jetzt zu erörternden Zeitraum war jene Politik vor allem die Folge der Operationen Napoleons, der die Landkarte Europas zu verändern trachtete.

Die bei der ersten Teilung konfiszierten Gebiete befanden sich im Bereich absoluter Monarchien mit ihrer ausgebildeten Bürokratie und einem entwickelten Fiskalsystem, was sich besonders empfindlich für die jeglicher staatlichen Einmischung abgeneigte Schlachta auswirkte. Mit Ausnahme der Schlachta unterlag die ganze Bevölkerung der Militärpflicht, im preussischen Teilungsgebiet wurde der Adel aus seinen Ämtern in der örtlichen Verwaltung ausgewiesen und der Möglichkeit einer militärischen Karriere beraubt, man erhöhte die Steuern und bemühte sich, die Gunst der Aristokratie zu gewinnen.

Das von Preussen konfiszierte Pommerellen wurde Westpreussen genannt.

Ermland wurde dem alten Herzogtum Preussen, das man Ostpreussen nannte, einverleibt, das annektierte nördliche Grosspolen trug die Bezeichnung Netzedistrikt. Eine Neugliederung in Kreise, Steuerinspektionen und Gerichtsbezirke wurde eingeführt. Die deutsche Sprache wurde Amtssprache, man konfiszierte die Güter der Kirche.

Das von Österreich bei der ersten Teilung besetzte Gebiet wurde zusammen mit den Herzogtümern Oświęcim und Zator zum Königreich Galizien und Lodomerien. Dem Adel, der in einen höheren und einen niederen gegliedert worden war, wurde das Entscheidungsrecht in dörflichen Angelegenheiten entzogen. Den Bauern, die man als Rekruten benötigte, garantierte man, dass sie nicht von ihrem Boden vertrieben werden dürften, und setzte die obere Frongrenze fest; auf die adligen Güter wurden staatliche Beamte entsandt. Man liquidierte die rund 150 Klöster. Das Land wurde ab 1782 in 18 Bezirke (cyrkuły) aufgeteilt.

Im russischen Teilungsgebiet wurde die katholische Kirche einem besonderen Bistum in Petersburg untergeordnet; es ging darum, die Bande mit der Adelsrepublik zu zerreissen. Man gründete auch zwei Gouvernements, die in Kreise aufgeteilt wurden, das Gouvernement Mogiljow und das Gouvernement Polozk (später Witebsk).

Das 1793 durch Preussen besetzte Territorium nannte man Südpreussen, gliederte die Verwaltung und das Gerichtswesen neu und begann vor allem, eine sog. Kammer in Poznań als oberste Verwaltungsbehörde zu organisieren. In die Ämter und Gerichte wurden Beamte aus Deutschland berufen, gleichzeitig wurden die eben eroberten Provinzen einer Kolonisierungsaktion unterzogen, die schon nach der ersten Teilung begonnen hatte. Diesmal wurden die Güter der Geistlichkeit zwar nicht eingezogen, jedoch mit einer Steuer in Höhe von 50% der Einnahmen belegt. In den Städten schränkte man die Selbstverwaltung ein und setzte besoldete Bürgermeister und Beamte ein. Der Kościuszko-Aufstand unterbrach das „Einrichten" der Provinzen.

Im russischen Teilungsgebiet erweiterte man die Gesetze, die auf die zuvor vereinnahmten Gebiete angewandt worden waren, auf zwei neue Gouvernements: Isaslaw und Brazlaw.

Nach der dritten Teilung vergrösserte sich Preussen um das sog. Neu-Ostpreussen. West-, Süd- und Neu-Ostpreussen bildeten gesonderte Provinzen. Sie galten als souveräne, nicht zum Deutschen Reich gehörige Territorien der preussischen Könige. Südpreussen wurde in die Departements Poznań, Kalisz und Warschau gegliedert (Hauptstadt der „Provinz" wurde Warschau), Neu-Ostpreussen bestand aus den Departements Płock und Białystok.

Die 1795 durch Österreich besetzten Landstriche wurden Westgalizien genannt. 1803 wurden sie mit den vorher besetzten Gebieten zu einer Provinz und zugleich einem Verwaltungsbezirk zusammengeschlossen, der seinen Sitz in Lwow hatte. Die Provinz war in Bezirke aufgegliedert, denen Starosten vorstanden.

Auf den 1795 von Russland eingenommenen Gebieten entstanden die Gouvernements Wilna (Vilnius), Kowno (Kaunas) und Grodno mit Gouverneuren an der Spitze. Überall wurde ein neues Verwaltungs- und Gerichtssystem eingeführt.

Den Teilermächten ging es darum, Polen möglichst gründlich aus dem Gedächtnis der europäischen Völker auszuradieren; also knüpften sie nirgendwo an die Adelsrepublik vor der Teilung an. Nach dem Vollzug der dritten Teilung verwandten sie viel Energie auf die Bestrafung der Aufständischen. Solche Strafen waren Konfiszierung der Güter, Gefängnis, Verbannung, Aussiedlung. Die Rechte der Schlachta auf Teilnahme am öffentlichen Leben wurden stark beschränkt; im preussischen Teilungsgebiet hatte man sie überhaupt abgeschafft. Durch den Verkauf der ehemaligen Krongüter und der konfiszierten Güter begannen die preussischen und österreichischen Behörden, fremden Grossgrundbesitz auf polnischem Boden zu schaffen. Die Teilnahme am Militärdienst war der Schlachta zugänglich, wurde jedoch vom Vermögensstand und der Beherrschung der deutschen Sprache abhängig gemacht. Innerhalb des russischen Teilungsgebiets blieb die polnische Sprache im öffentlichen Leben erhalten.

Die wirtschaftliche Situation der Bauern veränderte sich im wesentlichen nicht. Gemäss den Prinzipien der absoluten Monarchie traten allerdings im österreichischen und preussischen Teilungsgebiet positive Veränderungen in ihrer Rechtslage ein. Die Situation der Städte und ihrer Einwohner verbesserte sich nicht; ganz im Gegenteil — den Städten zwang man die in den Teilerstaaten gültige Verwaltung auf. Die territoriale Spaltung Polens fand ihren Niederschlag in der wirtschaftlichen Situation; denn unabhängig von sämtlichen Umgestaltungen wurden die besetzten Gebiete noch mit hohen Steuern belastet. Man schränkte — im österreichischen und preussischen Teilungsgebiet — die Rechte der jüdischen Bevölkerung ein und öffnete die Stadttore für die Garnisonen und Siedler.

Die Situation im Schulwesen wurde schlechter; die Anzahl der Schulen und Lehrer sank. Eine Ausnahme bildete das russische Teilungsgebiet. Die Wilnaer Akademie wurde in eine Universität umgewandelt, der das Oberschulwesen unterstellt wurde. Kurator des Schulbezirks wurde Adam Czartoryski.

Im damals preussisch besetzten Warschau mühte man sich um die Entwicklung des kulturellen und wissenschaftlichen Lebens. Man begann, nationale Erinnerungsstücke zusammenzutragen. So gründeten z.B. die Czartoryskis eine Sammlung in Puławy. 1800 entstand die Warschauer Gesellschaft der Freunde der Wissenschaften (s. Pkt. 2).

2. Die polnischen Bemühungen zur Wiedererlangung der Unabhängigkeit. Die Legionen

Schon während der Regierung der Konföderierten von Targowica begann die konspirative Tätigkeit; sie führte den Ausbruch des Kościuszko-Aufstandes herbei.

Acht Monate hindurch war das Land vom Aufstand erfasst, wurden Militäreinheiten gebildet, Waffen hergestellt, wurde die Versorgung der Bevölkerung gewährleistet und Finanzpolitik betrieben. An die 300 000 Personen nahmen unmittelbar am Kampf teil.

Nach der Niederlage des Aufstandes wurde der Befreiungskampf in den unterschiedlichsten Formen geführt. Dazu gehörten sowohl die Arbeit zur Stärkung der wirtschaftlichen Grundlagen als auch der intellektuelle Aufschwung, sowohl die häufig nach Fehlschlägen anderer Massnahmen verstärkte Aktivität der Verschwörer im In- und Ausland als auch die offizielle Gründung von Militärformationen im Ausland.

Beispiel für die erste Form solcher Tätigkeit, die der späteren sog. organischen Arbeit, einer „Arbeit an den Grundlagen" (s. X. 1) vorauseilte, war nach 1800 die Gründung der Warschauer Gesellschaft der Freunde der Wissenschaften im preussisch besetzten Warschau, bei deren Inaugurationsfeier Stanisław Staszic sagte: „Dem Untergang anheimfallen kann auch eine grosse Nation, zugrunde gehen aber nur eine unwürdige."

Die Konspiration im Lande formierte sich in Klubs, in denen Vertreter der verschiedenen Stände nebeneinander wirkten. Am leichtesten war die Arbeit in Galizien, wo der Kościuszko-Aufstand verhältnismässig am schwächsten geblieben war, obwohl das Zentrum der Bewegung in Lwow gelegen hatte; es war der Klub von Lwow, die sog. Zentrale Versammlung (Centralizacja 1796/97), die mit ihren Führern Ignacy Potocki, Stanisław Sołtyk und dem galizischen Aristokraten Wiktoryn Walerian Dzieduszycki 150 Mitglieder zählte. In Poznań war der von Oberst Erazm Mycielski geleitete Klub besonders rührig. Die Hoffnung, Napoleon werde Österreich bezwingen, brach nach Unterzeichnung des Waffenstillstandes zwischen beiden Staaten 1797 in Leoben zusammen. Die „Centralizacja" wurde aufgedeckt, ihre Führer eingesperrt. Der von Oberst Joachim Makosiej Deniska unternommene Versuch einer Wiederbelebung des Aufstandes — er hatte in der Moldau einige hundert ehemaliger Kościuszko-Soldaten aufgestellt — schlug ebenfalls fehl. Im Frühjahr 1797 wurde auch die etwas utopische Verschwörung aufgedeckt, die der Jakobiner Franciszek Gorzkowski (1760—1839) in Podlessje innerhalb der „Centralizacja" von Lwow organisierte, der auf die Bauern zählte, die an der Abschaffung der Leibeigenschaft interessiert waren.

Inzwischen versuchte Gottfried Bartholdy in Gdańsk unter der Losung der französischen bürgerlichen Revolution eine Bewegung der polnischen und deutschen Jugend zu entfachen, um die soziale Gleichheit zu verteidigen und gegen die preussische Herrschaft aufzubegehren. Verhaftungen und Repressalien begleiteten wie stets die Aufdeckung der Verschwörung. Zu Unruhen kam es auch in Schlesien, wo die Niederlage Polens zu zahlreichen Demonstrationen der polnischen Bevölkerung führte, die sich schon beim Kościuszko-Aufstand solidarisch verhalten hatte.

Ihrem Charakter nach weitaus stärker links orientiert als die „Centralizacja" war die 1798 von ehemaligen Jakobinern in Warschau gegründete konspirative „Gesellschaft der Polnischen Republikaner", der sehr bald auch Kościuszko beitrat. Die Gesellschaft verkündete die Einführung einer republikanischen Ordnung für das künftige Polen, die Aufhebung der Standesbarrieren — vor allem die Abschaffung der Leibeigenschaft der Bauern —, sie machte jedoch keine klaren Aussagen darüber, wie die Übergabe des Bodens an die Bauern erfolgen sollte, die diesen Boden bestellten. Sie propagierte die Aufstellung polnischer bewaffneter Formationen im Ausland. Eine Abordnung der Emigration in Frankreich, die sog. Deputacja, die sich von der Jakobinerbewegung ableitete, hatte linksgerichtete Forderungen entwickelt. Die Gemässigteren dagegen sammelten sich um die sog. Agencja und um die Persönlichkeit Franciszek Barss', des Vertreters Polens bei der französischen Regierung während des Kościuszko-Aufstandes. Dieser „Agencja", die nur wenig mit den Verschwörungen im Lande verbunden war und kein soziales Kampfprogramm verfolgte, schlossen sich u.a. auch Józef Wybicki (1747—1822) und Jan Henryk Dąbrowski (1775—1818) an. Letzterer plante, sich nach der Niederlage des Kościuszko-Aufstandes mit den Überresten der Armee und der Bewaffnung nach Frankreich durchzuschlagen. Der Plan missglückte, jedoch schon im Herbst 1796 wurde er von Wybicki nach Paris gerufen, wo er 1797 von Napoleon, der nicht gewillt war, die radikale „Deputacja" und die revolutionären Pläne Józef Sułkowskis zu unterstützen, den Auftrag zur Bildung der Legionen als Hilfskorps für die Armee der gerade gegründeten Lombardischen Republik erhielt. 1799 war bei der Rheinarmee die von General Karol Kniaziewicz geführte Donaulegion gegründet worden. Obwohl Napoleon die Teilungen als ungerecht missbilligte und der polnischen Sache seine Unterstützung zugesichert hatte, verbesserten der schon erwähnte Waffenstillstand in Leoben und danach der Österreich verschonende Frieden von Campo Formio die Situation der Polen nicht. Inzwischen wurden die Legionen organisatorisch gefestigt. Im Sommer 1797 zählten sie in zwei Regimentern schon ungefähr 7000 Mann Fussvolk, ein Reiterregiment und ein Artilleriebataillon. Damals schrieb der nach Italien gekommene Wybicki das „Lied der polnischen Legionen in Italien": „Noch ist Polen nicht verloren, solange wir leben ...", das später zur polnischen Nationalhymne wurde.

Der nächste Schlag war die Geheimklausel im Frieden von Lunéville mit Österreich und Russland (1801), in der Napoleon sich von der Unterstützung für die Polen lossagte. Als Gegenleistung nahmen die Vertragspartner einen ähnlichen Standpunkt gegenüber den Emigranten des royalistischen Frankreichs ein. Das führte zu einer Krise innerhalb der jetzt für Napoleon unbequem gewordenen Legionen sowie zu ihrer Spaltung. Rund 6000 Soldaten schickte Napoleon 1802/03 auf die Insel Santo Domingo (Haiti) in den Kampf gegen die Aufständischen, ca. 5000 blieben mit Dąbrowski in Italien in der Cisalpinischen Republik.

Inzwischen war 1800 eine auf Anregung Tadeusz Kościuszkos von Józef Pawlikowski verfasste Broschüre erschienen, die den Titel trug „Czy Polacy mogą się wybić na niepodległość?" (Können die Polen ihre Unabhängigkeit erringen?), in der er die profranzösische Orientierung und die Konzeption der Legionen angriff und das Programm eines Volksaufstandes proklamierte, der sich nicht auf fremde Kräfte stützte. Diese deutliche Abkehr Kościuszkos von der moralischen Schirmherrschaft des Befreiungskampfes durch Frankreich und der Entwurf eines Maximalprogrammes waren ein Ergebnis der Enttäuschung von der Politik Napoleons, der in dem berühmt gewordenen Putsch vom 18. Brumaire (9. November) 1799 das Direktorium, die letzte Regierung der Französischen Republik, stürzte. Napoleon entwickelte sich — wie Kościuszko es bezeichnete — zum „Totengräber der Republik"; davor hatte das Direktorium übrigens schon vorher gewarnt.

Diese Krise der profranzösischen Strömung innerhalb der Unabhängigkeitsbewegung lenkte die Aufmerksamkeit auf eine mit dem Russland Alexanders I. (1801—1825) verbundene Konzeption, die Adam Jerzy Czartoryski verbreitete, Minister und Zarenfreund, ein bedeutender Politiker, der seinerzeit gerade seine lange politische Karriere begann. Er plante die Wiederherstellung eines Polens, das das österreichische und preussische Teilungsgebiet und einen Teil des russischen umfassen sollte, gestützt auf eine Föderation mit Russland. Er schlug dem Zaren vor, das preussische Teilungsgebiet vor dem Ausbruch des Krieges gegen Napoleon durch eine neue (bereits die dritte) Koalition zu besetzen. Der Plan wurde rasch zunichte, weil Preussen nämlich voller Besorgnis zunächst der Koalition beitrat. Napoleon aber, der ab 1804 den Kaisertitel trug, schlug die Österreicher 1805 in der Schlacht bei Ulm und die österreichisch-russische Armee am 2. Dezember 1805 in der Dreikaiserschlacht bei Austerlitz. Die Vergeltungskoalition, die vierte Koalition (England, Russland, Preussen und Schweden), wurde von Napoleon zerschlagen, der die Preussen am 14. Oktober 1806 in der Schlacht bei Jena und Auerstädt besiegte. Nach seinem Einmarsch in Berlin beorderte Napoleon Dąbrowski und Wybicki zu sich, um mit ihnen die Möglichkeit einer Erhebung der Polen gegen Preussen zu erörtern. Das Fiasko der prorussischen Orientierung und die Erfolge der französischen Waffen hatten die profranzösische Orientierung in Polen wieder belebt.

3. Der Aufstand von 1806. Das Grossherzogtum Warschau und seine geschichtliche Rolle

Napoleon ging es vor allem darum, Preussen völlig zu bezwingen. Dieses Ziel wollte er mit Hilfe der erneut aufgestellten polnischen Streitkräfte erreichen. Es genügten vage Hoffnungen auf eine Regelung der polnischen Frage, um im preussischen Teilungsgebiet einen Aufstand aller polnischen Bevölkerungsschichten hervorzurufen (1806). Blitzschnell wurde eine polnische Verwaltung gebildet. Man sparte auch nicht an Mitteln für die Organisierung einer polnischen Armee. Schon im Frühjahr 1807 zählten die polnischen Formationen 30 000 Soldaten. Das Kommando über die in drei Legionen aufgeteilten Streitkräfte wurde Jan Henryk Dąbrowski, Józef Zajączek (1752—1826) und Józef Poniatowski (1736—1813) übertragen. Noch früher, im Januar 1807 wurde in Warschau eine vorläufige Regierungskommission für „das dem Preussenkönig abgenommene Polen" gebildet. An ihrer Spitze stand Stanisław Małachowski (1736—1809), der ehemalige Marschall des Vierjährigen Sejms. Mit Ausnahme Wybickis gehörten ihr nur Vertreter der reichsten Adelsfamilien an. Das bedeutete, dass es Napoleon gelungen war, die ihm anfänglich nicht wohlgesinnte liberale und patriotische Aristokratie für sich zu gewinnen. Allerdings sei hinzugefügt, dass er ihr angedroht hatte, sich an die zum Kampf gegen die Eroberer bereiten Volksmassen zu wenden. Die ehemaligen Magnaten waren durch ihre Teilnahme an der Konföderation von Targowica zu sehr kompromittiert, um auf ihre Mitarbeit zu zählen. Es gelang, aus dieser Kommission, die in ihrer personellen Zusammensetzung an die Kontinuität der legalen Volksmacht erinnerte, trotz ihrer Abhängigkeit von den Franzosen ein leistungsfähiges Zentrum der zentralen Staatsmacht aufzubauen. Die in Grosspolen gebildeten Truppen kämpften in Pommerellen und in Westpreussen und befreiten diese Gebiete. Die grosse Aktivität der Polen in Verbindung mit dem Sieg Napoleons im Krieg 1806/07 (besonders nach dem Sieg über Russland in der Schlacht bei Friedland am 14.6.1807, an der der aus dem Raum Gdańsk herbeigeeilte Dąbrowski teilnahm) bewirkte, dass die polnische Frage in den französisch-russischen Friedensvertrag von Tilsit (7./8.6.1807) Eingang fand. Als Kompromiss wurde ein mit 104 000 km^2 und 2,6 Mill. Einwohnern nicht sonderlich grosser Staat gegründet, der unter dem Protektorat von Napoleon verblieb, das Grossherzogtum Warschau. Es umfasste das während der zweiten und dritten Teilung von Preussen besetzte Gebiet (ohne den von Russland besetzten Bezirk Białystok) sowie den südlichen Teil des Territoriums der ersten Teilung, also in hohem Grade wirtschaftlich entwickelte Gebiete. Pommerellen wurde jedoch dem Grossherzogtum nicht einverleibt, dafür erklärte man Gdańsk zur Freien Stadt. Die Tatsache, dass der sächsische König Friedrich August Grossherzog von Warschau werden sollte, knüpfte an die Forderungen des Vierjährigen Sejms an, den polnischen Thron der sächsischen Dynastie anzuvertrauen.

Die Regierungskommission wünschte die Wiederherstellung der Verfassung vom 3. Mai, Napoleon jedoch gab dem Grossherzogtum am 22. Juli 1807 eine straff zentralistische, moderne Verfassung und ein Zivilgesetzbuch, den Code Napoléon. Das ebnete der Entwicklung einer kapitalistischen Gesellschaftsstruktur den Weg und schuf die Grundlagen für einen modernen, auf einen starken Beamtenapparat gestützten Staat. Eingeführt wurde der Grundsatz der Gleichheit der Bürger vor dem Gesetz, dessen Konsequenz die Abschaffung der Leibeigenschaft des Bauern (und der richterlichen Gewalt seines Herrn über ihn) war. Gleichzeitig jedoch wurde der Adel mit dem Dekret vom 21. Dezember 1807 zum unbeschränkten Eigentümer des durch die Bauern bestellten Bodens erklärt, was ihm die

„Teilung des königlichen Kuchens". Allegorie der ersten Teilung Polens 1772 nach einem zeitgenössischen Kupferstich von Noël Lemire

Tadeusz Kościuszko (1746–1817), Held der polnischen und der nordamerikanischen Befreiungskämpfe, Oberbefehlshaber der Streitkräfte beim polnischen Volksaufstand von 1794. Gemälde von K.G. Schwekert

Kazimierz Pułaski (1747–1779), Teilnehmer der Konföderation zu Bar, Held des nordamerikanischen Unabhängigkeitskrieges. Ölporträt vom Beginn des 19. Jh. nach einem Stahlstich von Antoni Oleszczyński

General Jan Henryk Dąbrowski an der Spitze der 1797 in Italien aufgestellten Polnischen Legionen. Gemälde von Juliusz Kossak

Die Schlacht bei Racławice. Darstellung der siegreichen Schlacht beim Kościuszkoaufstand von 1794. Zeichnung von Aleksander Orłowski

Fürst Józef Poniatowski (1763–1813), Kriegsminister und Oberster Heerführer des Großherzogtums Warschau, Neffe des Königs Stanislaus August Poniatowski, Marschall Napoleons. Lithographie von H. Grevedon

Truppen des Großherzogtums Warschau marschierten am 15. Juli 1809 in Krakau ein, als dem Großherzogtum ein Teil des österreichischen Teilungsgebiets angegliedert wurde. Zeichnung von Jan Kurowski

Soldaten des 4. Infanterie-Linienregiments sowie des 3. berittenen Schützenregiments (1831). Lithographie von C.A. Simon

Eroberung des Zeughauses beim Novemberaufstand von 1830/31. Gemälde von Marcin Zaleski

Joachim Lelewel (1786–1861), Historiker, Führer der patriotischen Bewegung, Mitglied der Nationalregierung beim Novemberaufstand. Zeitgenössische Lithographie

Jan Śniadecki (1756–1830), Mathematiker, Astronom, Philosoph, Popularisator der Wissenschaft in Polen und Rektor der Universität in Wilna. Zeitgenössische Lithographie

Jędrzej Śniadecki (1768–1838), Bruder Jans, Chemiker, Arzt, Biologe, Philosoph, Schöpfer des Begriffs Stoffwechsel. Zeitgenössische Lithographie

Adam Mickiewicz (1798–1855), größter polnischer Dichter der Romantik, geistiger Führer der Großen Emigration in Paris. Gemälde von Walenty Wańkowicz

Juliusz Słowacki (1809–1849), nach Mickiewicz der zweitgrößte polnische Dichter der Romantik, Schöpfer des polnischen romantischen Dramas. Zeichnung von Jan Kurowski

Zygmunt Krasiński (1812–1859), bedeutender polnischer Dichter und Dramatiker der Romantik. Zeitgenössische Lithographie

Cyprian Kamil Norwid (1821–1883), Schöpfer einer bahnbrechenden intellektuellen Dichtkunst

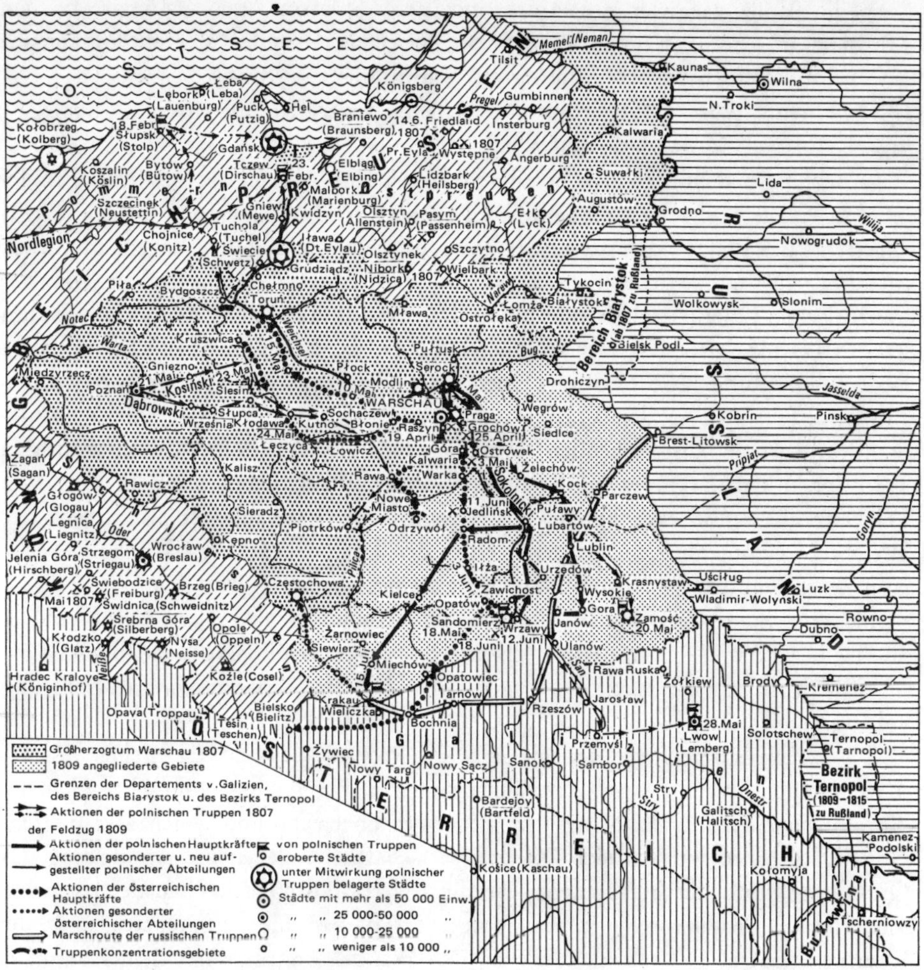

auch in der Praxis genutzte Möglichkeit zum „Bauernlegen" gab. Politische Rechte wurden denjenigen zuerkannt, die ein entsprechendes Vermögen nachweisen konnten, die Sitze im Senat und drei Fünftel der Sitze in der Abgeordnetenkammer wurden jedoch für die Vertreter der Schlachta reserviert. Das Übergewicht des Adels blieb also gewahrt (wobei die Aristokratie dominierte), war jedoch nicht so umfassend und ausschliesslich wie zuvor. 1809 nahmen die nichtadligen Vertreter 21% der Sitze in der Abgeordnetenkammer ein, 1811 nur noch 17%. Es war nicht sonderlich schwer, das Übergewicht der Schlachta zu halten, denn das weiterhin schwache Bürgertum strebte noch nicht in solchem Grade nach Teilnahme am politischen Leben, so dass 1807 Menschen adliger Herkunft zum Vizepräsidenten und Präsidenten der Stadt Warschau gewählt wurden. Die Sicherung einer starken Exekutive wurde durch ihre Konzentration — und die

Konzentration der Legislative — in der Hand des Grossherzogs erreicht. Er übte die Vollzugsgewalt zusammen mit dem Staatsrat, dem Ministerrat, den Ministern und dem gesamten, rund 9000 Personen zählenden Verwaltungsapparat aus. Zum Präsidenten des Ministerrats war Stanisław Kostka Potocki (1755—1821) ernannt worden. Der Sejm hatte sehr begrenzte Kompetenzen auf dem Gebiet des Steuer-, Zivil- und Strafrechts.

Obwohl die Behörden sich bemühten, mit ihrem Wirken die gesamten Probleme des Staates und seiner Einwohner zu erfassen, so konzentrierten sie sich jedoch angesichts des Platzes, den das Grossherzogtum Warschau in den Plänen Napoleons einnahm, auf militärische Fragen. Wenn man von der Abhängigkeit von der französischen Oberherrschaft einmal absieht, hatte die Gründung der 30 000 Mann starken Nationalarmee, zu der Napoleon das Grossherzogtum verpflichtete, grosse Bedeutung. Rund 200 000 im Heer dienende junge Männer (1812 wurden 115 000 Personen zu den Waffen gerufen) kamen mit dem fortschrittlichen, die Standesvorurteile ausgleichenden Denken, den demokratischen Ideen und den Traditionen der Legionen in Berührung. Polen dienten ausserdem in dem von Wincenty Krasiński befehligten Garderegiment der Chevaulegers als auch in der Weichsel-Legion, die sich aus den Resten der Legionen und der Donau-Reiterlegion unter Führung von Józef Chłopicki zusammensetzte.

Für eine kurze Zeit wurden die vereinigten polnischen Gebiete — obwohl es nicht alle waren — trotz der weiterhin schwierigen Bedingungen der Napoleonischen Ära zu einem Territorium, auf dem sich ein ökonomischer Aufschwung vollzog.

Das wichtigste positive Merkmal, das die Prozesse des wirtschaftlichen Wachstums anregte, war die bereits erwähnte partielle Vereinigung polnischer Gebiete, die die Zersplitterung nach den drei Teilungen überwand und den Markt belebte. Negativ dagegen wirkten sich auf das wirtschaftliche Leben die Ausbeutung des Grossherzogtums durch Napoleon, die die Investitionsmöglichkeiten der landwirtschaftlichen Produzenten, insbesondere der Bauernhöfe, eingrenzte, und die Kontinentalsperre (Napoleons Versuch, den Handel Englands mit dem Kontinent zu stören) aus, die zur Desorganisierung der europäischen Wirtschaft führte.

Besonders sei auf die finanziellen Schwierigkeiten des Grossherzogtums hingewiesen, die mit den militärischen Leistungen zusammenhingen. Sie wurden noch vertieft durch das hauptsächlich von den Preussen verursachte Chaos im Münzwesen, die im Grossherzogtum eine kupferne Scheidemünze von minimalem Wert in Umlauf gesetzt hatten.

Der Unterhalt einer grossen Armee, die während der Entstehungszeit des Grossherzogtums in grosser Zahl durch das Land marschierenden französischen Truppen sowie ihre sich über Monate erstreckende Stationierung, ferner die von Napoleon auferlegten Lasten und auch die Verteilung polnischer Güter an seine Günstlinge, die in der Folge nichts in den Staatsschatz des Grossherzogtums einbrachten, schufen ebenfalls zahlreiche wirtschaftliche und finanzielle Probleme. Es erwies sich jedoch, dass der Rückgang der Preise für Agrarprodukte und damit der Rückgang des Getreideexports und die steigenden Preise für importierte Waren die wirtschaftliche Aktivität der Bevölkerung weckten. In Grosspolen entwickelte sich die Tuchmacherei, der 1809 angegliederte Altpolnische Industriebezirk (davon wird gleich die Rede sein) erweiterte seine Produktion. Die Aufhebung des Zunftzwanges sorgte für die Entwicklung des Handwerks. In der Landwirtschaft widmete man sich in stärkerem Masse der Viehhaltung und begann mit der Einführung der Technik. Ein recht wesentlicher positiver Faktor, der sich auf die Konjunktur auswirkte, waren die von der Armee aufgegebenen Bestellungen, ein negativer Faktor dagegen war die Konkurrenz der französischen und sächsischen Produkte. Insgesamt wies das Grossherzogtum in den Jahren 1810/11 eine vorteilhafte Handelsbilanz aus. Zu diesem Ergebnis trug vor allem der Export von Tuchen aus Grosspolen bei.

In den Jahren 1810/11 zählte das Grossherzogtum mehr Departements als am Anfang seines Bestehens. Nach dem siegreichen Krieg gegen Österreich 1809, das beabsichtigt hatte, das Grossherzogtum zu unterwerfen — denn Napoleon hatte bedeutende Teile der Armee nach Spanien abgezogen, um den dort herrschenden Aufstand niederzuschlagen —, entstanden ausser den bisherigen Departements Poznań, Bydgoszcz, Kalisz, Warschau, Płock und Łomża noch die Departements Krakau, Radom, Siedlce und Lublin. Die Oberfläche des Grossherzogtums vergrösserte sich auf 155 430 km², die Bevölkerungszahl auf 4,4 Millionen, was selbstverständlich eine Zunahme der finanziellen und militärischen Lasten zugunsten Napoleons nach sich zog. Die von Fürst Józef Poniatowski hervorragend geführte 12 000 köpfige polnische Armee verteidigte sich erfolgreich. Über den Feldzug entschied die siegreiche Schlacht bei Raszyn am 19. April 1809, in der Oberst Cyprian Godebski fiel. Die Vergrösserung des Grossherzogtums wurde 1809 im Friedensvertrag mit Österreich anerkannt, abgeschlossen nach dem am 5. und 6. Juli erkämpften Sieg Napoleons bei Wagram.

Die kurze Periode des Bestehens des Grossherzogtums ermöglichte eine weitere Entwicklung der Wissenschaften an den höheren Lehranstalten. Anknüpfend an das Werk der Kommission für Nationale Bildung wurde schon Anfang 1807 die Kammer für Edukation einberufen und das durch die preussischen Behörden liquidierte polnische Schulwesen wiederbelebt. Man verlieh den Schulen weltlichen Charakter und empfahl, auch Mädchen aufzunehmen. In den germanisierten Schulen wurde der Unterricht wieder in polnischer Sprache geführt. In Verbindung mit den riesigen Erfordernissen der reorganisierten Verwaltung gründete man 1808 in Warschau eine juristische Schule, die 1811 um das Fach Verwaltungswissenschaften erweitert und in Schule der Rechts- und Verwaltungswissenschaften umbenannt wurde, die nebst der 1809 eröffneten Ärzteschule (Akademisch-Ärztliche Abteilung) als Keim der Universität galt. Hier lehrten so bedeutende Rechtsgelehrte und Wirtschaftswissenschaftler wie Jan Wincenty Bandtkie, Wawrzyniec Surowiecki, Dominik Krysiński und andere. Samuel Bogumił Linde setzte seine Arbeit am Wörterbuch der polnischen Sprache „Słownik języka polskiego" fort. Auch eine polnische Literaturgeschichte (Feliks Bentkowski) erschien. Besonders rege war das Interesse an der Geschichte. Um das historische Schrifttum bemühte sich u.a. Stanisław Staszic, der gleichzeitig an einer geologischen Karte arbeitete. Das Theater Wojciech Bogusławskis, bei dem 1811 eine staatliche dramatische Schule gegründet wurde, setzte sein Wirken fort. Das Musikleben blühte, Künstler arbeiteten, die Architektur entwickelte sich.

Der Krieg von 1812 setzte dem Grossherzogtum ein Ende; es hörte mit dem Rückzug Napoleons aus Moskau und der im Oktober 1813 erlittenen Niederlage in der Schlacht bei Leipzig, in der der heldenhaft kämpfende Fürst Józef Poniatowski fiel, auf zu bestehen. Im Januar 1813 zog die russische Armee in das Grossherzogtum ein, abermals erhielten die Pläne Czartoryskis von einer Vereinigung der polnischen Lande unter dem Zepter Russlands neuen Auftrieb. Sie wurden schliesslich durch Preussen und England verhindert. Über die Zukunft der polnischen Gebiete sollte ein Friedenskongress entscheiden.

X. Kapitel

Das polnische Volk zur Zeit der nationalen Befreiungskämpfe. Der Zusammenbruch des Feudalsystems

1815—1864

1. Der Wiener Kongress. Das Bündnis der Regierungen und das Bündnis der Völker. Die Entwicklung der Nation

Der Wiener Kongress 1815 tilgte die freiheitlichen Errungenschaften der Napoleonischen Ära. Es gelang nicht, die Integrität und Selbständigkeit des Grossherzogtums Warschau zu erhalten. Die polnischen Gebiete wurden erneut zwischen Preussen, Russland und Österreich aufgeteilt. Entgegen den Ideen der französischen Revolution und somit den Idealen von sozialer Gleichheit und politischer Demokratie wurde 1815 auf Initiative des Zaren Alexander I. die Heilige Allianz, d.h. das Bündnis der Teilermächte, geschlossen. Auch andere Regierungen wurden dazu aufgefordert, dieser Allianz beizutreten. Damit sollte die Unantastbarkeit der alten Ordnung gesichert werden. Auf diese Weise verschärfte sich der Konflikt zwischen den aufblühenden Bestrebungen der Gesellschaft, den Regierungen und ihrer sozialen Basis — der Aristokratie und dem Adel. Die Heilige Allianz bewirkte, dass jeder innere Kampf, der in den einzelnen Ländern um die Demokratisierung des Systems geführt wurde, internationalen Charakter annahm. Jedes Aufbegehren der Polen gegen die Eroberer gestaltete sich also automatisch zu einem Angriff gegen die durch die Heilige Allianz verteidigte Ordnung und rief vervielfachte Reaktionen hervor. Der Kampf um die Unabhängigkeit und die Modernisierung der sozialökonomischen Strukturen wurde noch schwieriger. Jedes um die Freiheit kämpfende Volk wie Griechen, Italiener, Rumänen oder Ungarn hatte nur einen Hauptfeind und zumeist einen in gewissem Grade an seinem Kampf interessierten Bundesgenossen. Polen besass drei Hauptfeinde und hatte seine Unabhängigkeit zudem in einer Zeit verloren, da der Grundsatz geboren wurde, allen Völkern, die ein Nationalbewusstsein entwickelten, das Recht auf eine unabhängige Existenz zuzuerkennen. Die Polen, bewährt im Kampf, wurden zum Mittelpunkt des Interesses aller um ihre Freiheit kämpfenden Völker, was zwangsläufig auch einen gewissen negativen Widerhall — u.a. einen gewissen „Polonozentrismus" — im politischen Denken der Polen hervorrufen musste. Der unmittelbare konspirative bewaffnete Kampf brachte sichtbarere Ergebnisse, der Kampf um eine eigenständige Entwicklung und um das Fortbestehen der Nation wurde jedoch auch in einer anderen Bahn geführt, und zwar zumeist von den gleichen Menschen, die den Pflug oder den Zirkel mit der Waffe vertauschten — und umgekehrt. Man kann der romantischen Haltung nicht die „positivistische" gegenüberstellen, weil die Menschen diese Vergleiche damals noch nicht anstellten. Das Fehlen eines eigenen Staates und damit der Entwicklungs- und Arbeitsmöglichkeiten für die Intelligenz (besonders die Beamten und die technische Intelligenz) bewirkte, dass Tausende talentierter Ingenieure, Ärzte, Architekten, Chemiker sowie Organisatoren des wirtschaftlichen und gesellschaftlichen Lebens und auch Künstler einen sichtbaren, direkten Beitrag zur Entwicklung anderer Völker und Staaten leisteten. Gleichzeitig unterstützten die Polen aktiv andere um ihre Freiheit kämpfende Völker. Sie nahmen in den Jahren 1848/49 an den Revolutionen in Frankreich, Italien und Deutschland und auch an der Revolution in Ungarn teil. Sie unterstützten die Bestrebungen der Tschechen, Slowaken, Kroaten, Serben und Bulgaren. Der Novemberaufstand schuf für die Belgier die Bedingungen, ihre Unabhängigkeit zu erringen. Die 1849 von Mickiewicz geleitete Zeitung „Tribune des Peuples" (Tribüne der Völker) propagierte die Solidarität der kämpfenden Völker. Aus diesen Schritten erwuchsen später die radikalen Ideen vom Zusammenwirken aller revolutionären Kräfte in Europa.

Der Wiener Kongress legte Zentralpolen in die Hände Russlands, es wurde das sog. Königreich Polen (auch Kongresspolen genannt) mit dem Zaren als König gegründet. Es umfasste 127 000 km^2, also weniger als das Grossherzogtum Warschau, wurde 1830 hingegen von vier Mill. Menschen bewohnt. Österreich kehrte zu der Bezeichnung Königreich Galizien und Lodomerien für das 77 300 km^2 umfassende Teilungsgebiet mit einer Bevölkerungszahl von 4,2 Millionen (1830) zurück. Preussen erhielt den westlichen Teil des Grossherzogtums Warschau (Grosspolen) als sog. Grossherzogtum Posen, das ein Gebiet von 29 000 km^2 mit 776 000 Einwohnern einschloss. Krakau und Umgebung wurden zur (scheinbar) freien Stadt erklärt. Jener Freistaat Krakau, der 1150 km^2 mit 88 000 Einwohnern zählte, verblieb unter Oberaufsicht der drei Teilermächte. Österreich und Preussen bemühten sich, die Struktur in den annektierten Gebieten der Struktur anzugleichen, die in den übrigen Provinzen ihrer Staaten herrschte. Lediglich der Freistaat Krakau und das Königreich Polen erlangten eine eigene politische Struktur. Hier blieb auch der Code Napoléon in Kraft. In den Verfassungen des Freistaats Krakau und des Königreichs Polen knüpfte man an die Traditionen des Grossherzogtums an, besonders — was jedoch in der Praxis häufig nur eine Fiktion war — an den Grundsatz der Gleichheit vor dem Gesetz.

Die Exekutive im Königreich lag offiziell in der Hand des Königs, also des Zaren, praktisch aber seines Statthalters, des Generals Józef Zajączek (vordem ein Jakobiner, der jetzt jedoch eifrig die Anweisungen des Zaren vollstreckte), der diesen Rang bis 1826 innehatte. Dann wurden seine Befugnisse dem Verwaltungsrat übertragen. Erhalten blieb der Staatsrat; die Regierungsfunktion übte der erwähnte Verwaltungsrat aus, dessen Mitglieder Minister waren. Die Legislative hatte ein aus zwei Kammern bestehender Sejm inne, der vor allem über die vom Staatsrat vorgeschlagenen Gesetzesentwürfe zu befinden hatte. Den Senat benannte der Zar, der Sejm dagegen wurde gewählt, die politischen Rechte wurden jedoch keiner grösseren Anzahl von Wählern (ausgenommen das Militär) gewährt als im Grossherzogtum Warschau. Weiterhin nahmen die nichtadligen Vertreter nur 16 bis 18% der Sitze in der Abgeordnetenkammer ein. Das mit der Verfassung von 1815 eingeführte System war nur dem Schein nach verhältnismässig liberal. In Wirklichkeit legte es die Macht in die Hände der immer häufiger als Junkertum bezeichneten Aristokratie, der man auch die höchsten Funktionen anvertraute.

Der künstliche Anschluss an den gewaltigen Fünfundvierzigmillionenstaat mit seiner feudalen Gesellschaftsstruktur und seinem reaktionären absolutistischen System gewährte dem Königreich Polen keine Chance, dem Druck des Zarentums auszuweichen und die von der Verfassung garantierte relative Selbständigkeit zu wahren. Die Verfassungsrechte wurden laufend verletzt. Der erste grosse Bruch war die Einführung der Zensur 1819. Im Laufe der Zeit verstärkte sich der reaktionäre Kurs immer mehr. Seit 1820 erlangte Grossfürst Konstantin, der Oberbefehlshaber der Armee des Königreichs Polen, unumschränkte Handlungsfreiheit im Königreich. Er verzichtete dafür auf den russischen Thron. In Polen regierte er selbstherrlich. Grossen Einfluss auf den Grossfürsten hatte Senator Nikolai Nowosilzew, der Bevollmächtigte des Zaren, eine in der Verfassung des Königreichs Polen übrigens nicht vorgesehene Funktion.

Im preussischen Teilungsgebiet, in dem der mit Luise von Hohenzollern vermählte Antoni Radziwiłł Statthalter wurde, lag die tatsächliche Macht in den Händen des obersten Präsidenten der Provinz. In den Jahren 1823/24 erhielt die Provinz Poznań zusammen mit anderen preussischen Provinzen ein Ständeparlament, das jedoch nur sehr geringfügige Kompetenzen hatte. Ähnlich war es in Galizien, wo der Kaiser das vom Junkertum beherrschte Ständeparlament 1817 wiedererstehen liess.

Diese Überreste staatlicher Institutionen vermochten einen eigenen Staat nicht zu ersetzen. Also konnte der Staat nicht, wie das unter normalen Umständen der Fall gewesen wäre, die Bedingungen für die Herausbildung der Nation schaffen. Ganz im Gegenteil, die Teilermächte bemühten sich, diesen Prozess bewusst durch allmählich stärker werdende Germanisierungs- bzw. Russifizierungsaktionen zu hemmen. Die polnische Nation entwickelte sich dennoch, und das Nationalbewusstsein vertiefte sich.

Es sei daran erinnert, dass die Nation eine besonders komplizierte gesellschaftliche Gruppe ist, und die nationale Verbundenheit eine aussergewöhnlich starke, historisch gewachsene Form der gesellschaftlichen Bindungen repräsentiert. Hat sie sich entsprechend herauskristallisiert, ist sie stärker als z.B. religiöse, berufliche oder klassenmässige Verbundenheit. Im geteilten Polen bildeten sich diese Bande sehr intensiv heraus — trotz des Fehlens eines eigenen Staates. Ihre Entsprechung war das Nationalbewusstsein. Folgende Faktoren beeinflussten diesen Prozess in den polnischen Gebieten entscheidend:

— Die Entwicklung einer gesamtnationalen Kultur — sowohl in territorialer Hinsicht, zwischen den geteilten polnischen Gebieten, als auch unter gesellschaftlichem Aspekt, durch wachsende Teilnahme verschiedener Klassen und sozialer Gruppen an der Kultur, sowie die Entfaltung eines gesamtnationalen kulturellen und politischen Denkens; diese Entwicklung bildete den Ansatzpunkt für eine stufenweise Integration im gesellschaftlichen Bewusstsein, also für die Entwicklung eines subjektiven Gefühls der nationalen Verbundenheit;

— Die Modernisierung der sozialökonomischen Struktur durch den Verfall der feudalen Ständestruktur bewirkte die Entwicklung des Denkens in Kategorien der gesamten Wirtschaft und der gesamten Gesellschaft, allerdings nur im Zusammenhang mit den allgemeinen Veränderungen im Bereich des Bewusstseins, das sich immer mehr auf die eine Ganzheit bildende Nation einstellte;

— Der Kampf um die Unabhängigkeit, also um einen eigenen Staat (Aufstände von 1830/31, 1846, 1848 und 1863). Dieser Kampf verband die Gesellschaft und beeinflusste die Entwicklung des politischen Denkens und der politischen Kultur. Der Faktor Staat als Idee, die es zu verwirklichen galt, wirkte integrierend auf die Herausbildung der Nation (obwohl es während der Aufstände polnische Institutionen mit staatlichem Charakter gegeben hatte). Damit wurden die Grundlagen für die stürmische Entwicklung einer politischen Ideologie geschaffen.

Intellektuelle Inhalte und Verhaltensmuster durchdrangen die Grenzen der eroberten Gebiete natürlich am leichtesten, auch in der politischen Sphäre. Die ökonomische Spaltung des Landes, die die Entwicklung seiner Wirtschaft deformierte, erschwerte die Herausbildung des oben erwähnten gesamtwirtschaftlichen Denkens. Man muss daher gelten lassen, dass die sozialökonomische Entwicklung zwar objektive Voraussetzungen vor allem für das Anwachsen der nationalen Verbundenheit schuf, jedoch gleichzeitig die Gefahr in sich barg, dass sich die Kluft zwischen den Annexionsgebieten vertiefen würde. Der Kampf um das Weiterbestehen der Nation und der damit verbundenen Geisteskultur (zusammen mit der Wissenschaft und dem künstlerischen Leben) bewirkte, dass sich die Nation und das Nationalbewusstsein in den polnischen Gebieten deutlich entwickelten — trotz der langen Aufrechterhaltung der feudalen Wirtschafts- und Gesellschaftsstruktur. Man muss sich aber auch über den stark hemmenden Einfluss dieser Struktur und der sie verteidigenden gesellschaftlichen Kräfte (Aristokratie und Adel) auf die Entwicklung einer modernen Nation im klaren sein. Die Klassengegensätze verschärften sich. Die benachteiligten und ausgebeuteten Bauern forderten entsprechend ihrem gewachsenen Klassenbewusstsein in erster Linie die Verbesserung ihrer Lage, während der Adel, der den Staat wiederaufbauen wollte, nicht ohne weiteres zu Zugeständnissen bereit war. Die Agrarfrage wurde in dieser Situation zu einer grundlegenden politischen Frage; das wurde auch von den Teilermächten u.a. dazu ausgenutzt, die polnische Gesellschaft zu beeinflussen.

2. Die Entwicklung einer gesamtnationalen Kultur als Hauptfaktor für das Wachstum des Nationalbewusstseins

Die Geisteskultur, die das Bewusstsein und die Haltungen der Menschen gestaltete, verkörperte ein dauerhaftes Band dieser nicht nur geknechteten, sondern auch geteilten Nation. Die fehlende Unabhängigkeit prägte die Literatur und Kunst, die Politik der Teilermächte beeinflusste die Möglichkeiten wissenschaftlicher Forschungen und bewirkte eine Verlagerung der Zentren des polnischen Kulturlebens.

Das wissenschaftliche Leben entwickelte sich vor allem in den akademischen Zentren. An der Krakauer Universität wurde, trotz Behinderung durch die Behörden, auch die Jugend aus anderen Teilungsgebieten ausgebildet. Es entstanden ansehnliche Bibliotheken, die das Fundament für Forschungen auf dem Gebiet der Geisteswissenschaften darstellten. So legte der Historiker und Romancier Józef Maksymilian Ossoliński (1748—1826) 1817 u.a. den Grundstein für die Bibliothek und den Verlag Ossolineum. Das Lyzeum in Kremenez setzte seine Lehrtätigkeit fort; eine wichtige Rolle bei der Entwicklung der Wissenschaft spielte die Wilnaer Universität, deren Rektor in den Jahren 1807—1815 der namhafte Astronom Jan Śniadecki (1756—1830) war und an der u.a. der prominenteste polnische Historiker des 19. Jh., Joachim Lelewel (1796—1847), lehrte. 1849 entstand aus der Vereinigung der Schule der Rechts- und Verwaltungswissenschaften sowie der Ärzteschule (s. IX. 3) auf Initiative von Stanisław Kostka Potocki und Stanisław Staszic die Königliche Universität Warschau (1831 von den zaristischen Behörden geschlossen), die ebenfalls Studenten aus allen Teilungsgebieten ausbildete. Die Warschauer Gesellschaft der Freunde der Wissenschaften, für die Staszic ein staatliches, bis heute bestehendes Gebäude stiftete, vor dem das von Bertel Thorvaldsen geschaffene Denkmal Nicolaus Copernicus' steht, zog mit ihrer aktiven Tätigkeit Gelehrte aus ganz Polen an. Das 1821 auf Initiative Józef Elsners gegründete Institut für Musik und Rezitation wurde 1826 in die Hauptmusikschule umgewandelt. Ferner entstanden das Agronomische Institut im Warschauer Stadtteil Marymont, die Schule für Veterinärmedizin, die Bergbauschule und die Ingenieurschule für Strassen- und Brückenbau.

Stanisław Kostka Potocki, der das Bildungswesen bis 1820 leitete, bemühte sich, die Arbeit der Direktion für Nationale Bildung, der Nachfolgerin der Kommission für Nationale Bildung, fortzusetzen. In seinem Kampf gegen Obskurantismus und Klerikalismus trug er zur Auflösung zahlreicher Klöster bei. Sein berühmtes satirisches Werk „Podróż do Ciemnogrodu" (Die Reise nach Dunkelmännerburg) bot dem vom Zaren gestützten Episkopat den Vorwand zu einem scharfen Angriff. Es nutzte die Gelegenheit, um Potocki aus dem Amt zu entfernen. 1820 wurde Stanisław Grabowski auf diesen Posten berufen. Die Entlassung Potockis zeugte von den Schwierigkeiten, die einer freien Entwicklung der polnischen Kultur von seiten der Eroberer bereitet wurden, sie wies aber zugleich darauf hin, dass der Kampf um diese Entwicklung eng mit dem Kampf um das Weiterbestehen der Nation verbunden war. Im preussischen und österreichischen Teilungsgebiet war die Situation ähnlich. Auch hier wurden die nationalen Rechte der Polen immer mehr abgebaut. Im galizischen Schulwesen waren Deutsch und Latein Unterrichtssprachen, in Grosspolen wurde nach 1824 mit der Einführung der deutschen Sprache in das Schulwesen begonnen. Die Bemühungen, eine Universität in Poznań zu gründen, verliefen im Sande. Besonderer Nachdruck wurde in Schlesien und Pommern, ehemaligen polnischen Territorien, die nicht dem Grossherzogtum Posen einverleibt worden waren, auf die Germanisierung gelegt.

Trotz der Grenzabsperrungen stieg das National- und Geschichtsbewusstsein. Das machten u.a. solche Begebenheiten deutlich wie das Aufschütten des Kościuszko-Hügels (1820—1823) in Krakau, einer Stadt, die damals als Bindeglied für die Polen aus den drei Teilungsgebieten galt. Der wachsende Einfluss, den die Eroberer auf das Schulwesen als Mittel in der Politik der nationalen Entwurzelung ausübten, führte dazu, dass sich die Rolle ausserschulischer Quellen für die Bewusstseinsbildung gewaltig verstärkte: die patriotische Erziehung in der Familie, die Werke der schöngeistigen und der wissenschaftlichen Literatur, die Bibliotheken, die Zeitschriften und andere Presseerzeugnisse, Museen und Ausstellungen, Theater, Vereinigungen, Vorträge und Feiern mit nationalem Inhalt. Grossen Einfluss auf den Aufschwung der ausserschulischen Bildung und Kulturverbreitung hatte das gedruckte Wort, das in wachsendem Masse gefragt war. Systematisch erhöhten sich die Buchauflagen. 1819 ordnete General Zajączek an, dass jeweils ein Exemplar aller Druckerzeugnisse an drei Bibliotheken — der Warschauer Universität, des Staatsrates und der Gesellschaft der Freunde der Wissenschaften — zu senden sei; somit entstand der Begriff der Bibliothek als nationale Schatzkammer. Neben den grossen Bibliotheken, die auch Handschriften sammelten — wie die schon erwähnte Ossoliński-Bibliothek in Lwow oder die von Edward Raczyński (1786—1845) 1829 in Poznań gegründete Bibliothek — entstanden immer mehr zuweilen sogar grosse private Bibliotheken, Bibliotheken von Ämtern, Zünften oder Vereinigungen sowie Volksbüchereien.

Es wuchsen sowohl die Nachfrage nach Büchern als auch die Zahl der Druckereien. Es wurden viele Vorbestellungen von Vertretern verschiedener gesellschaftlicher Gruppen aufgegeben. Hervorzuheben ist hier die Verlagstätigkeit Jan Konstanty Żupańskis (u.a. Herausgeber der Werke Joachim Lelewels) aus Poznań, Tadeusz Antoni Mostowskis aus Warschau und Józef Zawadzkis aus Wilna. In den ersten Jahrzehnten des 19. Jh. druckten auch ausländische Verleger wie der Buchhändler Korn in Wrocław, Friedrich Arnold Brockhaus in Leipzig und Maurycy Wolff in Petersburg polnische Bücher in grossen Auflagen. Ausdruck für die Erweiterung der Leserkreise war die Veröffentlichung von Büchern und Zeitschriften für die Landbevölkerung. Den Auftakt dazu gaben die populär geschriebenen historischen Erzählungen unter dem Titel „Pielgrzym w Dobromilu" (Der Pilger in Dobromil) von Izabela Czartoryska (1746—1835). Am meisten gelesen wurde in Grosspolen. Das ist verständlich, wenn man sich vor Augen führt, dass im preussischen Teilungsgebiet 1825 die Schulpflicht für Kinder von sechs bis 14 Jahren eingeführt wurde und Mitte des 19. Jh. ca. 85% der Jugendlichen die Grundschule besucht hatten. In Galizien und im Königreich

Polen dagegen betrug die gleiche Kennziffer nur 28 bzw. 20%. Die führende Rolle Grosspolens im Bildungswesen machte sich auch in den Oberschulen bemerkbar. Es sei hinzufügt, dass sich diese Bildungsunterschiede entscheidend auf das Niveau des nationalen Erwachens der Bauern und ihrer politischen Kultur auswirkten. Die Aufstände, die seit 1806 in Grosspolen ausbrachen (s. IX. 2), erfassten breite Massen des Volkes, und die Bauern fühlten sich als vollberechtigte Mitglieder der nationalen Gemeinschaft.

In den unterschiedlich gearteten Verlagen erschienen enzyklopädische Publikationen mit populärwissenschaftlicher Thematik. 1859 begann der Warschauer Buchhändler Samuel Orgelbrand (1810—1868), die erste Enzyklopädie auf polnischem Boden herauszugeben. Eine spezifische Revolution für die Nachrichtenverbreitung und für die Meinungsbildung war der (besonders Mitte des 19. Jh.) gewaltige Aufschwung des Pressewesens; im Königreich Polen erschienen damals rund 100 Zeitschriften. Es existierte eine illegale Presse. Von der langen Liste der Zeitschriften sollte man zumindest die Warschauer „Izys Polska" (Polnische Isis), die Posener „Szkoła Polska" (Polnische Schule), die Warschauer Wochenschrift „Tygodnik Warszawski", die Lwower Modezeitung „Dziennik Mód", die Literarische Wochenschrift „Tygodnik Literacki" (Poznań) und die „Biblioteka Warszawska" (Warschauer Bibliothek), eine von 1841 bis zum ersten Weltkrieg herausgegebene wissenschaftlich-kulturelle Zeitschrift, nennen. Zu den bekanntesten Zeitungen gehörten „Orzeł Biały" (Weisser Adler) mit 500 Abonnenten, „Gazeta Warszawska" mit 1000 Abonnenten, „Gazeta Polska" und „Kurier Polski".

Auf die Demokratisierung und die Verbreitung der Kultur war auch die Tätigkeit der Museen und Ausstellungen sowie der Theater gerichtet. Damals wurden intensiv nationale Erinnerungsstücke zusammengetragen. Bahnbrechend auf diesem Gebiet wirkte Izabela Czartoryska, die ein Museum in Puławy gründete. 1862 eröffnete man in Warschau das Museum für Schöne Künste, das zur Keimzelle des Nationalmuseums wurde. Die Ausstellungen wurden u.a. von der Gesellschaft der Freunde der Schönen Künste in Warschau, Krakau und Lwow und von der polnisch-deutschen Gesellschaft der Schönen Künste in Poznań organisiert.

Das Interesse am Theater wurde noch allgemeiner als in der Epoche der Aufklärung (s. VIII. 5). Ständige Theater gab es in Warschau, das seit 1829 zwei Bühnen besass (ausser dem Grossen Theater das musikalische Varietétheater), Krakau, Lwow und Wilna. In der Provinz zeigten Wanderbühnen und während der Sommersaison auch ständige Theater ihre Stücke.

An der Entwicklung der Nationalkultur waren vor allem der Landadel, die wohlhabenderen Gruppen der Schlachta und des Bürgertums (der Bourgeoisie) sowie die sich herausbildende neue Gesellschaftsschicht — die Intelligenz — (vergleichsweise am meisten) beteiligt. Die Dorfbewohner und die arme Stadtbevölkerung konnten die kulturellen Errungenschaften nur in sehr geringem Masse nutzen, man darf nämlich nicht vergessen, dass die rückständige gesellschaftspolitische Struktur der damaligen polnischen Gebiete die Verbreitung dieser Errungenschaften behinderte. Das betraf vor allem die anspruchslos und manchmal im Elend lebenden Bauern und die wachsenden Reihen der Stadtarmut, darunter auch die im Entstehen begriffene Arbeiterklasse. Über jenem immer zahlreicher werdenden „Volk" thronten die noch spärliche — mehr oder weniger wohlhabende — Bourgeoisie und die alte, sich allmählich auflösende Schlachta sowie der neue, immer mehr kapitalistische Züge annehmende Landadel (s. Pkt. 3). Die Standesschranke bestand vor allem im erschwerten Zugang zu Schulen aller Typen (1830 studierten an der Krakauer Universität lediglich 3% Bauernkinder!) und zu geistiger Arbeit.

Das Fehlen eines eigenen Staates wirkte sich auch auf die Entwicklung der Intelligenz ungünstig aus. Am Vorabend des Januaraufstandes stellte sie im Königreich Polen knapp 0,73% der Bevölkerung, dennoch war ihr Anteil am nationalen Leben und an der Herausbildung des neuen Bewusstseins unverhältnismässig gross.

Die Ideen der Romantik, die das Volk als Quelle der lebendigen Kraft der Gesellschaft betrachtete, und die Arbeit an den Grundlagen, die sog. organische Arbeit, die darauf abzielte, die Nation zu verteidigen, zu entwickeln und auszubilden, konnten in der Praxis nur dann Resultate zeitigen, wenn sie auf eine verhältnismässig aktive Haltung des Empfängers selbst stiessen. Er pflegte die Tradition und verspürte kein besonderes Bedürfnis, über den Kreis der eigenen volkstümlichen Kultur hinauszugehen, obwohl diese, von den Schichten der Intelligenz entdeckt, mit ihrem Gehalt die gesamtnationale Kultur bereicherte und sogar, wie bei der an die polnische Folklore angelehnten Musik Fryderyk Chopins, die Weltkultur beeinflusste.

Der auf Initiative u.a. von Tomasz Zan (1796—1855) und Adam Mickiewicz (1798—1855) in Litauen gegründete Bund der Philomaten (1817—1823) brachte die Losung von der „Volksbildung" in Umlauf. Er wurde 1823 im berüchtigten Philomaten-Prozess durch Nowosilzew zerschlagen. 20 Philomaten und mit ihnen verbundene Philareten wurden weit ins Innere Russlands verbannt. Im Grossherzogtum Posen, wo die sog. organische Arbeit sich auf Fragen der Wirtschaft und des Bildungswesens konzentrierte und die grössten Erfolge brachte, schrieb Hipolit Cegielski (1815—1868) 1849: „Halten wir uns an reale Sachen, organische Sachen, handeln wir unmittelbar moralisch und materiell für das Volk, indem wir seinen Wohlstand, sein nationales Empfinden, seine Bildung heben." Die in den Jahren 1849/50 bestehende Polnische Liga, deren führende Vertreter der Philosoph Karol Libelt (1807—1875) und Jan Palacz (gest. 1891), ein Bauer aus dem Raum Poznań und Funktionär der Unabhängigkeitsbewegung, waren, gründete Bibliotheken und Kinderheime und organisierte Vorträge. Die Liga knüpfte an die Arbeiten an, die schon früher von Karol Marcinkowski (1800—1846) eingeleitet worden waren. Unter seiner Leitung entstand 1841 die Gesellschaft zur Unterstützung der Wissenschaft, die sich in ihrer Tätigkeit auf Stipendienhilfen für Kinder und Jugendliche konzentrierte.

Unter den verschiedenen wissenschaftlichen Disziplinen spielten Geschichte, Slawistik und Ethnographie bei der Meinungsbildung der polnischen Gesellschaft eine wichtige Rolle. Grosse Verdienste bei der Erforschung der vaterländischen Geschichte und der polnischen Sprache sowie bei der Entwicklung der Wissenschaften, die mit den wirtschaftlichen Erfordernissen des Landes in Zusammenhang standen, erwarben sich die bereits erwähnte Gesellschaft der Freunde der Wissenschaften in Warschau (1800—1832), die Wissenschaftliche Gesellschaft der Krakauer Universität (seit 1816) sowie die Gesellschaft der Freunde der Wissenschaften in Poznań (seit 1857). Sie alle konnten fraglos nur als Ersatz für wissenschaftliche Institutionen gelten. Also suchten die Polen im Ausland die Bedingungen zur Entwicklung ihrer Talente. Ihre wissenschaftliche und technische Arbeit führte ausserhalb des Landes mehrfach zu bahnbrechenden Resultaten. Ignacy Domeyko (1802—1889), Mineraloge und Geologe, einstiger Philomat und Absolvent der Wilnaer Universität, Rektor der Universität in Santiago, machte sich um den wirtschaftlichen und kulturellen Fortschritt in Chile ausserordentlich verdient, und die Arbeit Paweł Edmund Strzeleckis (1797—1873) unter dem Titel „Neusüdwales", die 1843 in London veröffentlicht wurde, galt bis in die jüngste Zeit als beste geographische Arbeit über Australien.

Die schon seit Beginn der Teilungen stark entwickelte Strömung der sog. organischen Arbeit, der Arbeit an den Grundlagen, bewirkte die Entfaltung der mathematischen und ingenieurtechnischen Wissenschaften. Adam Mickiewicz und andere Philomaten und Philareten beschäftigten sich mit der Mathematik, und Ignacy Prądzyński (1792—1850), der Befehlshaber des Novemberaufstands, projektierte und überarbeitete in den Jahren 1822—1824 den Plan für den Bau des Augustówkanals, der eine grossartige Errungenschaft der Ingenieurkunst darstellte.

Wenn von den wissenschaftlichen Leistungen der Jahre 1815 bis 1864 die Rede ist, sind vor allem die Historiker Joachim Lelewel, Jędrzej Moraczewski (1802—1855) und Karol Szajnocha (1818—1868), der Literaturhistoriker Michał Wiszniewski (1794—1865), der schon genannte Kunsthistoriker Stanisław Kostka Potocki und der Ethnograph Oskar Kolberg (1814—1890) zu erwähnen.

Eine besondere Blüte erlebte das philosophische Denken. Philosophen wie August Cieszkowski (1814—1894), der erste Präsident der Gesellschaft der Freunde der Wissenschaften in Poznań, Bronisław Trentowski (1808—1869) und der schon erwähnte Karol Libelt knüpften schöpferisch und kritisch an Hegel an. In den philosophischen Wissenschaften wurden die Bedeutung der Tat, die Entwicklung des Bildungswesens, die Vervollkommnung des Individuums und zugleich die besondere Rolle der polnischen Nation bei den Umwälzungen in Europa hervorgehoben. Eine andere Richtung repräsentierten Edward Dembowski (1822—1846) und Henryk Kamieński (1813—1865). In ihren Werken wurden — im Gegensatz zu den Arbeiten Cieszkowskis oder Trentowskis, die die Richtung des gesellschaftlichen Solidarismus verfochten — frühe Ideen des Sozialismus, Materialismus und der Dialektik sichtbar, sie umfassten auch das gemässigte Programm einer Agrarrevolution, d.h. die revolutionäre Beseitigung des noch bestehenden Feudalsystems. Stanisław Staszic setzte seine Tätigkeit auf dem Gebiet der Geologie fort. 1852 erfand Ignacy Łukasiewicz (1822—1882) die Petroleumlampe. In der Medizin tauchten so berühmte Namen auf wie Tytus Chałubiński (1820—1889), Józef Dietl (1804—1878) und Józef Majer (1808—1899).

Unter den Bedingungen der Fremdherrschaft spielte die schöngeistige Literatur eine besondere Rolle. Sie stellte eines der stärksten Bande dar, die das polnische Volk zusammenhielten. Sie trug zur Bewahrung und Stärkung der Muttersprache bei, popularisierte persönliche Vorbilder und pflegte die Traditionen. Ihre berühmtesten Vertreter wuchsen in den Rang von geistigen Führern der Nation hinein. Die Belletristik spiegelte die Sorgen und Hoffnungen der Polen wider.

Die Romantiker gaben in dieser Literatur den Ton an. Charakteristisch für die neue intellektuelle Strömung war das Abgehen vom Denken in universellen Kategorien und von der optimistischen Überzeugung der Aufklärung, dass der Fortschritt in der Geschichte unvermeidlich und ständig sei. Unterstrichen wurden dagegen der individuelle Charakter der einzelnen Nationen, die Rolle des menschlichen Handelns und der geschichtlichen Traditionen bei der Gestaltung der Wirklichkeit. Die Überzeugung von den schöpferischen Möglichkeiten des menschlichen Willens war insbesondere ein Vermächtnis der Napoleonischen Ära, die vor den Augen der Menschen die überlieferte, scheinbar im Gleichgewicht befindliche Welt zerstörte.

Ausgangspunkt der romantischen Epoche in der polnischen Literatur war die Ausgabe der Werke von Adam Mickiewicz („Balladen und Romanzen", 1822, sowie der II. und IV. Teil der „Totenfeier"). Diese Epoche gebar eine Schar von Dichtern, die man nicht zu Unrecht als Nationaldichter bezeichnete: Adam Mickiewicz, Juliusz Słowacki (1809—1849) und Zygmunt Krasiński (1812—1859). In ihren Werken zeichneten sich vor allem die Tragödie der ihrer Freiheit beraubten Nation sowie die Notwendigkeit des Kampfes um die Verwirklichung jener Hoffnung ab, von der die Polen lebten. Ihr Schaffen spiegelte auch die damaligen, die Gesellschaft sprengenden Konflikte wider (II. Teil der „Totenfeier" Mickiewicz' und „Die ungöttliche Komödie" Krasińskis).

Nach dem Novemberaufstand (s. X. 4) entwickelte sich die polnische romantische Literatur vorrangig in der Emigration, hauptsächlich in Frankreich (Paris), in Wrocław, Leipzig, Dresden, London und Brüssel. In der Emigration wirkten Adam Mickiewicz, Juliusz Słowacki, Zygmunt Krasiński und — etwas jünger als die Genannten — der hervorragende und ungewöhnlich begabte Dichter, Dramatiker, Maler und Bildhauer Cyprian Kamil Norwid (1821—1883), der Schöpfer einer modernen intellektuellen, erst durch das 20. Jahrhundert entdeckten Lyrik. In seinem Werk traten neue Elemente — der Kult der Arbeit — in Erscheinung.

licher Produkte aus Grosspolen in Deutschland die Bedingungen für eine günstige Entwicklung der Landwirtschaft. Vorläufig hatte dieser Aufschwung extensiven Charakter. Er vollzog sich, wie überhaupt im ganzen Lande, hauptsächlich durch die Vergrösserung des bebauten Areals und nicht durch eine Steigerung der Erträge.

Ungefähr bis 1860 wuchs der Ackerboden auf dem gesamten polnischen Territorium durchschnittlich von 35 auf 50%, wobei das Wachstumstempo in Grosspolen und im Königreich um 1/5 höher war. Dieser Anstieg ging Hand in Hand mit der schrittweisen Liquidierung des Brachlandes und dem Abgang von der herkömmlichen Dreifelderwirtschaft. Der technische Fortschritt war vorläufig nur auf den Gutshöfen, und auch nicht auf allen, sichtbar. Auch die Struktur der Bodenbestellung veränderte sich. Insbesondere verstärkte sich der Anbau von Kartoffeln und Futterpflanzen, was sich aus dem Aufschwung der Viehhaltung ergab. In den Jahren 1815—1843 nahm der Schafbestand auf dem gesamten polnischen Territorium bedeutend zu — ein Ergebnis der Wiederherstellung des Schafbestandes nach den durch die Napoleonischen Kriege hervorgerufenen Verwüstungen (s. IX. 3). Geringer war die Steigerung der anderen Viehbestände (ca. 50% gegenüber ca. 250% in der Schafzucht). Immer häufiger wurden für die Feldarbeit Pferde anstelle von Ochsen eingesetzt. Die polnischen Kennziffern für das Niveau der Viehzucht übertrafen die preussischen Kennziffern um 25%, die spanischen um mehr als das Vierfache, sie machten jedoch nur 40% der englischen Richtwerte aus und näherten sich den Kennziffern der Franzosen und Österreicher. Diese ziemlich vorteilhafte Entwicklung der Landwirtschaft riss um die Mitte des 19. Jh. ab. Der ungewöhnlich lange Zeitraum von Missernten in den Jahren 1846—1855 (u.a. hervorgerufen durch die Kartoffelpest) rief Hunger und Krankheiten hervor. Infolgedessen wuchs die Sterblichkeit, und die Bevölkerungszahl sank. In den Jahren 1847/48 starben im Karpatenvorland rund 200 000 Menschen an Hunger und Epidemien. Von 1840 bis 1861 wuchs die Bevölkerung in den polnischen Gebieten um knapp 13%, in Deutschland dagegen z.B. um über 26%. In Irland fielen dem Hunger und Typhus damals ungefähr eine Million Menschen zum Opfer. Durch ganz Europa wälzte sich eine durch die Hungersnot hervorgerufene Welle des Aufruhrs.

Im Königreich entwickelten sich neben der Textilindustrie der Bergbau und das Hüttenwesen hauptsächlich im Altpolnischen Industrierevier und im Revier Dąbrowa Górnicza. Besonders viele Initiativen auf diesem Gebiet gingen vom Schatzmeister Fürst Franciszek Ksawery Drucki-Lubecki (1779—1846) aus, der seit 1829 zugleich den Bergbau im Königreich verwaltete. Er arbeitete einen langfristigen Plan zur Entwicklung des Bergbaus und Hüttenwesens aus und bewilligte die finanzielle Hilfe für seine Realisierung. Die Mittel schöpfte er aus Steuern, die er rücksichtslos von den Bauern eintrieb. Auf Initiative Lubeckis entstanden 1825 die Landeskreditgesellschaft (Towarzystwo Kredytowe Ziemskie) und 1828 die Polnische Bank, die als Unternehmen der Regierung in grossem Massstab industrielle Investitionsvorhaben kreditierte (die in den Jahren 1834—1840 im Dorf Dąbrowa errichtete bekannte Bank-Hütte, heute Feliks-Dzierżyński-Hütte). Lubecki setzte die Tätigkeit von Stanisław Staszic in diesem Bereich fort, denn schon 1823, als jener den Bergbau und das Hüttenwesen verwaltet hatte, arbeiteten nahezu 40 staatliche Eisenerzbergwerke, und aus vier Gruben wurde Kohle gefördert.

Zu einem bedeutenden Industriezentrum entwickelte sich Warschau, dessen Bevölkerungszahl rasch zunahm (in den sechziger Jahren 230 000 gegenüber 140 000 um 1830). In Poznań stieg die Bevölkerungszahl in derselben Zeit von 30 000 auf 46 000, in Krakau von 33 000 auf 40 000, in Gdańsk von 50 000 auf 70 000. Łódź, 1830 noch eine durchschnittliche ländliche Siedlung, wuchs zu einer Stadt mit Zehntausenden Einwohnern heran. Zu seiner Entwicklung trug der schon erwähnte Zustrom von Webern aus Grosspolen und den östlichen preussischen Provinzen bei, aber auch das Wirken deutscher Fabrikanten aus den deutschen Westgebieten, die sich hier niedergelassen hatten.

Das Tempo der industriellen Entwicklung im Königreich stieg nach 1851, also in der Zeit, als Russland und das Königreich die gleichen Zollbestimmungen erhielten. Das Anwachsen der Kaufkraft, ein Ergebnis der Vereinheitlichung der Zölle, übte wiederum einen bedeutenden Einfluss auf den Prozess der Mechanisierung der bisherigen Manufakturen, d.h. auf den Fortschritt bei der industriellen Revolution, aus. Galizien indessen wurde vom Industrialisierungsprozess nicht berührt; dort entwickelten sich auch die Städte nicht.

Die Erfolge in der allgemeinen wirtschaftlichen Entwicklung des Landes waren nur in geringem Masse von der Handelskonjunktur, der Wirtschaftspolitik und dem Aufschwung des ökonomischen Denkens (entwickelt z.B. durch Fryderyk Skarbek; 1792—1866) abhängig; die entscheidende Rolle spielte hier die Nachfrage auf dem Binnenmarkt, also das Dorf, das noch immer grundlegender Reformen bedurfte.

Die Bodenverleihung an die Bauern auf dem sog. preussischen Weg (d.h. durch den Staat) wurde in den einzelnen Teilungsgebieten auf unterschiedliche Weise durchgeführt, die sich in jedem Falle aus der konkreten politischen und sozialen Situation ergab. Im preussischen Teilungsgebiet wurde das Gesetz über die Bodenverleihung an die Bauern am frühesten, nämlich 1823, verkündet, dem waren jedoch verschiedene partielle Regelungen vorausgegangen. Die Bodenverleihung sollte nur grössere Wirtschaften betreffen, die (nach einer Festlegung von 1836) mindestens 6,4 ha zählten. Als Gegenleistung für die Zuerkennung der Eigentumsrechte musste der Bauer dem Gutsbesitzer einen Teil des Landes abtreten bzw. es in bar oder in Naturalien bezahlen, vom Frondienst hingegen konnte er sich freikaufen oder ihn auf dem Gut abarbeiten. Insgesamt büssten die Bauern in Grosspolen etwa ein 1/6 des Bodens ein oder bezahlten der Schlachta grosse Geldsummen, die ihr den Übergang zum kapitalistischen Wirtschaftsweg erleichterten. Der Prozess der gesetzlich angeordneten Regulierung, der von scharfen Auseinandersetzungen erfüllt war und bei den Bauern das Gefühl der Ungerechtigkeit hervorrief, zog sich einige Jahrzehnte hin. Im Ergebnis verstärkte sich die ökonomische Position der Grossgrundbesitzer. Zur zentralen Person auf dem Dorfe wurde der wohlhabende Bauer, d.h. derjenige, der den scharfen Massnahmen der Regulierung und den Schwierigkeiten der freien Marktwirtschaft gewachsen war. Es folgte eine eindeutige Trennung in unnabhängige Bauern, Landproletariat und Kleinbauern, die etwa 2/3 der Landbevölkerung ausmachten und nicht selten in furchtbarem Elend lebten. 1858 betrug die durchschnittliche Grösse der bäuerlichen Wirtschaften im Grossherzogtum Posen 33 ha.

Das besonders zurückgebliebene, notleidende, in winzige Parzellen zerstückelte galizische Dorf lehnte sich gegen die Ausbeutung auf. Mitte des 19. Jh. zählten hier 44% der Bauernwirtschaften weniger als 3 ha, die mittlere Grösse betrug 5 ha. Zu einer heftigen gegen die Schlachta gerichteten Bewegung kam es 1846, als die Bauern rund 470 Höfe der Schlachta niederbrannten. Diese Bewegung, dessen Hauptfigur Jakub Szela (1787—1866) war, wurde von der österreichischen Regierung dazu genutzt, den in Vorbereitung befindlichen Aufstand einzudämmen (s. Pkt. 4). Sie wurde mit militärischer Hilfe erstickt. Zwei Jahre später wurde in Galizien unter dem Druck der durch den „Völkerfrühling" von 1848 (s. Pkt. 4) hervorgerufenen Ereignisse eine Agrarreform durchgeführt. Die Bodenverleihung umfasste alle landbesitzenden Bauern, sie ging also weiter als im preussischen Teilungsgebiet, um so mehr, als der Staat für die Entschädigung der Gutsbesitzer aufkam. Dagegen erhielten die Kleinbauern kein Land.

Den grössten Widerstand gegen eine Veränderung der Bedingungen auf dem Lande leistete die Schlachta in Kongresspolen. Jahrzehntelang währte hier der ständige Kampf der Bauern um eine Verbesserung ihrer Lage. Er führte zu einigen auf die staatlichen Güter begrenzten Teillösungen. Erst eine bedeutende Erhöhung der Konjunktur für landwirtschaftliche Erzeugnisse, bewirkt durch die Aufhebung der Getreidezölle in England und den steigenden Bedarf in anderen Ländern, vermehrte die Zahl derjenigen, die sich für die Bodenverleihung aussprachen. Als 1861 der Erlass über die Bodenverleihung an die russischen Bauern erschien, war das der Auftakt für die Bauernmassen im Königreich Polen, den Frondienst zu verweigern. In einer Atmosphäre politischer Spannung wurden die zaristischen Ukase von 1861 und 1862 herausgegeben, in denen die Leibeigenschaft gegen eine hohe Entschädigung aufgehoben und die Geldsteuer eingeführt wurde — von der Bodenverleihung an die Bauern war jedoch keine Rede. Erst der Ausbruch des Januaraufstandes (s. Pkt. 4) und das Dekret der Provisorischen Nationalregierung vom Januar 1863, das den Bauern das von ihnen bewirtschaftete Land ohne Entschädigung zu eigen gab und den landlosen Bauern, die am Aufstand teilnahmen, Parzellen von 3 ha Boden zuteilte, bewegten die zaristische Regierung, Reformen einzuführen, die völlig dem Inhalt des Dekrets der Aufständischen entsprachen, denn sie wollte den Eindruck abschwächen, den die Initiative der Provisorischen Nationalregierung zur Durchführung der Reform hinterlassen hatte. Die Abschaffung der Leibeigenschaft durch die zaristische Regierung wurde am 2. März 1864 verkündet.

Die Agrarreformen führten eine grundlegende Veränderung der polnischen Gesellschaftsstruktur herbei. Die Liquidierung der feudalistischen Ordnung auf dem Dorf verwandelte — trotz verbleibender Überreste — die Schlachta in kapitalistische Grundbesitzer. Aus den Bauern dagegen wurden Kleinproduzenten.

Das bewirkte jedoch noch nicht das Verschwinden des adligen Lebensmodells, das zwar schon dem uniformierenden Einfluss des Kapitalismus unterworfen war, die Mentalität der Gesellschaft jedoch weiterhin spürbar belastete. Der sich immer deutlicher entwickelnde bürgerliche Lebensstil (und in seinem Rahmen auch der grossbürgerliche Lebensstil) trug einerseits ausdrücklich adliges (aristokratisches) Gepräge und andererseits die Merkmale der westeuropäischen Bourgeoisie. Ersteres kam z.B. im Streben nach adligen Titeln oder in den Tendenzen zum Ausdruck, sich durch Heirat mit den Vertretern namhafter Geschlechter zu verbinden, letzteres in der Entwicklung einer Sachkultur, die sich von dem zunehmend reicher ausgestatteten Markt inspirieren liess.

Die Folge war eine Vereinheitlichung der Kleidung, also ein Verschwinden der adligen Tracht. Den Platz des altpolnischen Oberrocks (Kontusz) nahm der bürgerliche Gehrock ein, der auf direktem Wege zu unserer modernen Kleidung führte. Die leuchtenden Farben der Männertracht wurden durch dunkle Töne ersetzt, die Farbigkeit wurde zum ausschliesslichen Merkmal der Frauentracht. In den vierziger Jahren kam die Krinoline auf, die ihre Vorgängerin in der spanischen Tracht des 16. Jh. und in den Reifröcken des 18. Jh. hatte, die damals in Polen ziemlich verbreitet waren.

Zu dem bisher durch die Aristokratie repräsentierten Standard schlossen die Kreise der wohlhabenden Bourgeoisie auf, die sich bemühte, ihren Reichtum u.a. durch den Besitz von Palästen — die allerdings oft entgegen ihrer ursprünglichen Bestimmung in Lagerräume, Läden und Wohnungen umgestaltet wurden — unter Beweis zu stellen. Die Art der Ernährung der Durchschnittsstädter vereinheitlichte sich, jedoch nahm die Anzahl der Menschen zu, die unter äusserst schlechten Bedingungen lebten und so unzureichend ernährt waren, wie es das im allgemeinen zuvor unter den Bedingungen der Naturalwirtschaft nicht gegeben hatte. Eine Neuheit in der Ernährung war die Verbreitung der Kartoffel. Sie hauptsächlich ermöglichte die Versorgung der Einwohner in den Städten, deren Zahl ständig stieg.

In den Jahren 1815—1864 wurde die für das Feudalsystem typische Gesellschaftsstruktur, in der sich die Feudalherren (Adel, Geistlichkeit) und die leibeigenen bzw. hörigen Bauern gegenüberstanden, allmählich von der dem kapitalistischen System eigenen Struktur überlagert, deren Wesen in der Herausbildung der Bourgeoisie und der Arbeiterklasse bestand. In Anbetracht der verhältnismässig schwachen und ungleichmässigen industriellen Entwicklung in den annektierten polnischen Gebieten ging die Herausbildung der neuen Gesellschaftsstruktur nur langsam vor sich und wurde ständig von den starken Überbleibseln des mehr als acht Jahrhunderte währenden Feudalismus deformiert. Nichtsdestoweniger bildete die Bourgeoisie, deren Anfänge schon in der Ära Stanislaus Augusts zu beobachten waren, besonders im Königreich Polen eine immer stärker werdende Gruppe. Sie bestand aus Industrie- und Transportunternehmern, aus Kaufleuten und Bankiers. Die bedeutendsten von ihnen waren in Warschau und Łódź ansässig: z.B. Piotr Steinkeller, Leopold Kronenberg Vater & Sohn, Ksawery Szlenker, Herman Epstein Vater & Sohn und viele andere; in den kleineren Städten hatten sich die weniger bedeutenden niedergelassen. Die polnische Bourgeoisie war überwiegend ausländischer Abstammung und bemühte sich um gute (auch ökonomische) Kontakte mit der Aristokratie und der Intelligenz. Obwohl weniger revolutionär als die Bourgeoisie höher entwickelter Länder, verschloss sie sich nicht innerhalb ihrer Gruppe und blieb nicht gleichgültig gegenüber dem Schicksal der Nation. So nahmen z.B. zwei Angehörige der Bankiersfamilie Epstein am Januaraufstand teil, einer fiel, der andere wurde nach Sibirien verbannt. Viele Angehörige der Bourgeoisie waren jüdischer Abstammung, aber nur einige von ihnen verschmolzen völlig mit der Warschauer Bourgeoisie, die sich aus Menschen verschiedener Nationen zusammensetzte, die jedoch in der polnischen Bevölkerung aufgingen.

Die vorläufig noch nicht sehr zahlreiche Arbeiterklasse wuchs zusammen mit der industriellen Entfaltung. Im Königreich Polen bildeten die Industriearbeiter 1830 knapp 2—3% der Gesamtbevölkerung, ihre Lage jedoch war besonders schwer. Es gab keinen Arbeitsschutz, sie wurden nicht selten über 16 Stunden täglich ausgepresst bei sehr niedrigem Verdienst. In gleichem Masse wurden Frauen und Kinder ausgebeutet. Die Reaktion auf diese Situation waren Streiks und Revolten, die von den Behörden brutal niedergeschlagen wurden.

4. Der Kampf um einen unabhängigen Staat — von den Philomaten bis zum Januaraufstand

Die erste, das ganze Land erfassende Unabhängigkeitsbewegung im 19. Jh. war der Novemberaufstand von 1830/31. Frühere konspirative Tätigkeit und ein zunehmend antipolnischer Kurs im russischen Teilungsgebiet waren ihm vorausgegangen.

Im Anschluss an den Wiener Kongress hatten die konservativen Kreise, zu denen ein Teil der Aristokratie und die höhere Geistlichkeit gehörten, einige Jahrzehnte hindurch auf eine Verständigung mit den Teilermächten und die Gewährung einer politischen Autonomie in den einzelnen Teilungsgebieten gerechnet. Nach und nach zerstreuten sich ihre Hoffnungen, sie wurden auch nicht von der Bevölkerung unterstützt.

Es gab in den staatlichen Vertretungen auch eine legale Opposition (im Sejm des Königreichs, in der Repräsentantenkammer der Krakauer Republik und im

Provinzial-Sejm des Grossherzogtums Posen). Diese Opposition kämpfte, gestützt auf die sich damals ausbreitenden Ideen des Liberalismus, um nationale Rechte und demokratische Freiheiten. Die entscheidendste Rolle spielte die Opposition im Sejm des Königreichs, die nach ihrem Herkunftsort Kalisz die „Kaliszer" genannt wurde: Alojzy Biernacki, Teofil Morawski, Stanisław Kaczkowski sowie die Brüder Wincenty und Bonawentura Niemojowski.

Während die liberale Opposition ihre Tätigkeit legal ausübte, wirkte die zweite, bedeutend breitere und in der Gesellschaft wesentlich einflussreichere Strömung in der Konspiration. Sie wurde von adligen Demokraten geführt und war mit der weitreichenden, gegen die Heilige Allianz gerichteten Carboneria verbunden, die um politische Demokratie, Unabhängigkeit und häufig auch soziale Reformen kämpfte. Die ersten polnischen Verschwörungen wurden in Studentenkreisen angezettelt. 1817 entstand in Wilna der schon erwähnte Bund der Philomaten, der gesellschaftlich-patriotische Ziele verfolgte und sich der Selbsterziehung widmete, im selben Jahr wurden in Warschau der Bund der Freunde Panta Koina, in Berlin und Wrocław die Gesellschaft Polonia und 1820 in Warschau der Carbonari-Bund der Freien Polen gegründet. Sich den Anschein halblegaler Freimaurertätigkeit gebend, wurde 1819 die Verschwörung des Majors Walerian Łukasiński vorbereitet, der im Raum Poznań durch Ludwik Sczaniecki vertreten wurde. Die als Nationale Freimaurerei bezeichnete Gruppe wurde wenig später auf Initiative des von Mitgliedern der grosspolnischen Freimaurerloge gegründeten Geheimbundes der „Sensenmänner" in die polnische Patriotische Gesellschaft umgewandelt, die den Aufstand vorbereitete. 1822 griff der Zar zu Repressalien gegenüber den Geheimbünden; er befahl die Einkerkerung Łukasińskis, der 1830 in die Festung Schlüsselburg überführt wurde, wo er 1868 starb. Auch sein Nachfolger, Oberstleutnant Seweryn Krzyżanowski, wurde verhaftet. Obwohl das Urteil des Sejmgerichts nicht sehr hart ausfiel, befahl der neue Zar Nikolaus I. seine Verbannung nach Sibirien. Er blieb dort bis zu seinem Tode 1839. Immer stärker suchte die Patriotische Gesellschaft wie auch schon vorher die Philomaten die Zusammenarbeit mit den fortschrittlichen polnischen und russischen Kreisen. Die damals in Russland gegründeten Geheimorganisationen, u.a. der Nordbund in Petersburg, der Südbund und die Gesellschaft der Vereinigten Slawen in der Ukraine, knüpften Kontakte zu den polnischen Organisationen an. Bevor es jedoch zu einer Zusammenarbeit kam, endete der Versuch eines Staatsstreichs in Russland im Dezember 1825 — daher nannte man seine Teilnehmer Dekabristen — mit einer Niederlage, deren Folge Massenverhaftungen auch im Königreich Polen waren. Inzwischen ging von den Kreisen der jüngsten Patrioten die Initiative aus, in der Warschauer Kadettenschule eine Verschwörung vorzubereiten. An der Spitze dieser Verschwörung, der sich ausser Armeeangehörigen auch die Intelligenz und die studentische Jugend anschlossen, stand der mit Lelewel verbundene Leutnant Piotr Wysocki (1797—1874), elf Jahre jünger als Łukasiński. Der Ausbruch des Aufstands am 29. November 1830 wurde durch die von Zar Nikolaus I.

befohlene Mobilisierung beschleunigt. Der Zar beabsichtigte, den belgischen Nationalaufstand u.a. mit Hilfe polnischer Truppen zu unterdrücken. Die Warschauer Novembernacht durchkreuzte die zaristischen Pläne und erleichterte es den belgischen Patrioten, ihre Unabhängigkeit zu erkämpfen.

Der Novemberaufstand, das Ergebnis und zugleich das grösste Werk der revolutionären Gesinnung des Adels, zeigte deren Schwäche, die in einem zu begrenzten Programm sozialer Reformen lag. Die Kadetten, die das Belvedere, den Sitz des Grossfürsten Konstantin, angriffen, wurden vor allem von der Warschauer Bevölkerung unterstützt, die zur Befreiung Warschaus beitrug. Jedoch sowohl im Verwaltungsrat, der durch einige im Lande beliebte Patrioten vergrössert worden war, als auch später in der Provisorischen Regierung dominierten konservative Tendenzen und die Verhandlungsbereitschaft mit Petersburg. Einen ähnlichen Standpunkt vertrat der Diktator des Aufstands Józef Chłopicki (1771—1854). Damit schwand die Bereitschaft zum Kampf um die Unabhängigkeit. Als Chłopicki seinen Rücktritt einreichte, die von der Provisorischen Regierung zerschlagene Patriotische Gesellschaft wiederbelebt wurde, man die Absetzung der Romanows proklamierte und das Andenken der Dekabristen ehrte, schlossen sich auch die Konservativen dem Aufstand an. Es wurde eine Nationalregierung unter Fürst Adam Czartoryski gegründet, und das bedeutete die Entstehung eines unabhängigen polnischen Staates. Seine Aufrechterhaltung erwies sich jedoch als sehr schwierig. Die Nationalregierung verliess sich mehr auf vorteilhafte diplomatische Übereinkünfte (die Neutralität Preussens, das Wohlwollen Österreichs, die diplomatische Hilfe Englands und Frankreichs) als auf die inneren Kräfte des Landes. Erst unter dem Druck der militärischen Ereignisse, als es nämlich nach zahlreichen Siegen — u.a. bei Stoczek, Wawer, Grochów, Dębe Wielkie und Iganie — im Ergebnis der versöhnlerischen Politik des neuen Oberbefehlshabers Jan Skrzynecki am 26. Juni 1831 zur Niederlage bei Ostrołęka kam, besann man sich auf das allgemeine Aufgebot. Man überging jedoch die Bauernfrage völlig, wodurch die Beteiligung der Landbevölkerung an den Partisanenaktionen eingeschränkt wurde. Die Situation verschlechterte sich zunehmend, um so mehr, als die Richtung des Aufstands unter dem Oberbefehlshaber (Diktator) Jan Krukowiecki (1771—1850) noch konservativer wurde. Im September musste Warschau vor den Truppen Marschall Iwan Paskewitschs kapitulieren, im Oktober fielen mit Modlin und Zamość die letzten Bollwerke des Widerstands.

Die Niederlage des Aufstands im Königreich und die Beteiligung zahlreicher Patrioten aus den anderen Teilungsgebieten (in Grosspolen war der Raum Kalisz vom Aufstand erfasst) lieferten den Annexionsstaaten den Vorwand, ihre antipolnische Politik zu verstärken. Im Königreich wurde die polnische Armee aufgelöst und die Jugend zum Dienst in der russischen Armee verpflichtet, die Warschauer Universität wurde geschlossen und die Gesellschaft der Freunde der Wissenschaften aufgelöst, man führte das russische Währungssystem und — anstelle der bisherigen Wojewodschaften — die Gliederung in Gouvernements ein, hob den Sejm auf und russifizierte schrittweise die Verwaltung. Zaristischer Statthalter wurde Paskewitsch, über die Teilnehmer des Aufstands aber brachen Repressalien herein wie z.B. die Beschlagnahme zahlreicher Güter.

Im preussischen Teilungsgebiet begann für die Polen ein harter Kurs, der vom Oberpräsidenten der Provinz Poznań Eduard Heinrich Flottwell verwirklicht wurde. Das Amt des Statthalters wurde aufgehoben, man ging jedoch nicht so weit, das Vermögen der Aufstandsteilnehmer einzuziehen. Allerdings bemühte man sich darum, die Zahl der deutschen Einwohner im preussischen Teilungsgebiet und den Anteil der Deutschen in der Verwaltung und im Schulwesen zu erhöhen. Eine Veränderung der städtischen Wahlordnung 1832, die den Vermögenszensus einführte, vergrösserte automatisch den Einfluss der wohlhabenden deutschen Bürger in den Städten. Flottwell startete auch einen Angriff gegen die Geistlichkeit, der jedoch scheiterte; damit stieg das Ansehen der Kirche noch mehr. Im Ergebnis festigte der antipolnische Kurs den Widerstand der Polen und aktivierte gleichzeitig die sog. organische Arbeit (s. Pkt. 1). Poznań wurde zum Zentrum der Verschwörertätigkeit.

Viele Deutsche drückten ihre Sympathien für das kämpfende polnische Volk aus; manche nahmen als Ärzte und Sanitäter unmittelbar am Aufstand teil. Es entstanden Gesellschaften der Freunde Polens. Die Aufstandsteilnehmer, die in die Emigration gingen, wurden in der Fremde begeistert willkommen geheissen.

Besonders herzlich wurden die Polen in Deutschland empfangen, angefangen in Sachsen; man erblickte in ihnen die Botschafter des Freiheitskampfes. In allen deutschen Ländern breitete sich eine Welle der Freundschaft aus, zu Ehren der Polen entstanden Lieder, Gedichte und andere Werke; für die gen Westen ziehenden Emigranten wurden Hilfskomitees gegründet. Für dieses damals weit verbreitete Phänomen bürgerte sich die spezielle Bezeichnung „Polenbegeisterung" ein. In krassem Gegensatz zur allgemeinen Sympathie des deutschen Volkes stand die Haltung der preussischen Regierung. An die 1000 Aufständische wurden gezwungen, über zwei Jahre in den Festungen Danzig, Niederpeilau und Graudenz zu arbeiten, bevor man ihnen gestattete zu emigrieren. Andererseits jedoch gab es viele preussische und österreichische Beamte, die ihnen die Ausreise erleichterten, wenn sie sich in anderen Orten meldeten.

In einer Situation, da es schwer war, im Lande selbst konspirativ zu wirken, wurde die sog. Grosse Emigration zum Hauptorganisator des aufständischen Kampfes; sie entwickelte sich vor allem in Frankreich, aber auch in England, den Vereinigten Staaten und anderen Ländern. Sie umfasste ungefähr 11 000 Emigranten und bildete die intellektuelle und politische Elite Polens (u.a. Adam Czartoryski, Maurycy Mochnacki, Fryderyk Chopin, Adam Mickiewicz, Juliusz Słowacki, Joachim Lelewel, Julian Ursyn Niemcewicz).

Die erste Welle polnischer Verschwörungen war mit der Carboneria verbunden, einem revolutionären Geheimbund in Westeuropa. Geleitet wurden sie von Joachim Lelewel. Anfangs wurde das stärkste Netz der konspirativen Arbeit in

Galizien geknüpft, die Verhaftungen Ende der dreissiger, Anfang der vierziger Jahre schwächten jedoch seine Wirksamkeit. Im Königreich Polen, aber auch in Wolhynien und Litauen vergrösserte sich der Kreis der Teilnehmer an der von Szymon Konarski 1832 organisierten Verschwörung. Nach Konarskis Verhaftung steckte man viele der Beteiligten in Gefängnisse. Konarski selbst wurde erschossen.

Inzwischen war 1832 in der Emigration die Polnische Demokratische Gesellschaft (TDP) gegründet worden, die ein liberaldemokratisches Programm verfocht und danach strebte, einen Aufstand unter Teilnahme der gesamten Bevölkerung zu organisieren. Um den Adel nicht abzuschrecken, stellte sie die Forderung nach Aufteilung der Güter nicht in den Vordergrund, verlangte aber die Bodenverleihung an die Bauern. Lediglich die Linke der TDP, aus der die sog. Gemeinden des Polnischen Volkes hervorgegangen waren, verfolgte ein weitergehendes Programm im Geiste eines utopischen Sozialismus (mit der Liquidierung des Privateigentums). Ebenfalls sehr radikale Anschauungen vertraten der Plebejerbund, der zum Jahreswechsel 1842/43 von Walenty Stefański in Poznań gegründet worden war, Edward Dembowski und Henryk Kamieński sowie der Priester Piotr Ściegienny (1800—1890), der die Bauern zu einer sozialen Revolution aufrief.

Die Emigranten mit konservativen Ansichten scharten sich um den Fürsten Adam Czartoryski; nach seiner Pariser Residenz trug dieses Lager den Namen „Hôtel Lambert". Es baute weiterhin auf die „Höfe" (den Adel) und auf ein günstiges internationales Kräfteverhältnis. Erst unter dem Druck der Situation nahm es die Bodenverleihung an die Bauern — unter dem Patronat der Grossgrundbesitzer — in ihr Programm auf. Nach ihren Plänen sollte das künftige Polen eine konstitutionelle Monarchie in den Grenzen von 1772 sein.

Die Entwicklung der konspirativen Bewegung im Grossherzogtum Posen und in Galizien war eng mit dem Wirken der Emigration verknüpft. Grossen Einfluss gewann hier die Polnische Demokratische Gesellschaft durch das 1839 entstandene Posener Komitee, das auch Centralizacja Poznańska genannt wurde. Unter der ärmeren Bevölkerung jedoch genoss der schon erwähnte, leider von Seweryn Mielżyński denunzierte Plebejerbund grössere Popularität. Wenig später übernahm Ludwik Mierosławski (1814—1878), ein Emissär der TDP, die Führung der Centralizacja. Er war als Oberbefehlshaber eines Aufstands vorgesehen, der 1846 im ganzen Lande ausbrechen sollte. Im Raum Poznań kam er nicht zum Ausbruch, aber in Krakau wurde nach der Vertreibung der Österreicher die Nationalregierung der Republik Krakau mit Jan Józef Tyssowski (1817—1857) an der Spitze proklamiert, die am 22. Februar 1846 ein äusserst radikales politisches Programm verkündete. Vier Tage später, nach der verlorenen Schlacht gegen die Österreicher, brach diese Republik zusammen. Karl Marx und Friedrich Engels schrieben im Kommunistischen Manifest: „Unter den Polen unterstützen die Kommunisten die Partei, welche eine agrarische Revolution zur Bedingung der nationalen Befreiung macht, dieselbe Partei, welche die Krakauer Insurrektion von 1846 ins Leben rief."

Die Niederlage 1846 war ein gewaltiger Schlag für den konspirativen Kampf im Lande. 1847 fand in Berlin ein grosser Prozess gegen 254 Teilnehmer am polnischen Befreiungskampf statt, der das Interesse der deutschen Öffentlichkeit verstärkt auf die polnische Frage lenkte. Er ist zu den Faktoren zu rechnen, die die revolutionäre Stimmung in Europa anheizten.

Im Februar 1848, nach Ausbruch der Revolution in Paris, breitete sich in Italien, Österreich und Frankreich eine Bewegung aus, die als Völkerfrühling bezeichnet wurde. Schon im März gelangte diese Bewegung auf polnisches Gebiet. Im preussischen Teilungsgebiet belebten sich die Hoffnungen auf grössere Selbständigkeit und eine Demokratisierung der Macht, die jedoch nicht einmal von den deutschen Liberalen unterstützt wurden. Das bewies die berühmte polnische Debatte im Frankfurter Parlament, die den Auftakt für eine intensive Germanisierungsaktion gab, die nach der Unterdrückung des Aufstands in Grosspolen einsetzte. An der Spitze des Aufstands hatte Ludwik Mierosławski gestanden, einer der Moabiter Häftlinge, die im Prozess von 1847 verurteilt und während der revolutionären Kämpfe in Berlin befreit worden waren. Der Zusammenbruch der Revolution in Preussen und die Tatsache, dass die Behörden Herr der Lage blieben, trugen dazu bei, dass es trotz starker Beteiligung der Bevölkerung und polnischer Siege bei Miłosław und Sokołów Podlaski zu einer Niederlage der Aufständischen kam. Es sei ergänzt, dass ausser dem Zentralen Nationalkomitee in Poznań einen kurzen Zeitraum auch ein ähnliches, nicht dem Grossherzogtum Posen zugeordnetes Komitee in Pommerellen bestand.

In Galizien mündete der Völkerfrühling nicht in einem bewaffneten Aufstand. In Krakau gründete man ein Nationalkomitee und in Lwow einen Nationalrat. Man verlangte in Wien den Wiederaufbau des polnischen Staates. Ohne Erfolg. Die Österreicher erstickten den Widerstand der Krakauer und bewirkten die Auflösung des Nationalkomitees. Ähnlich geschah es in Lwow, das unter dem Druck der österreichischen Armee kapitulierte. Der Völkerfrühling brachte den Bauern Galiziens die Bodenverleihung (s. Pkt. 3) und belebte die nationale Bewegung in der Ukraine. Auch im Teschener Gebiet erfuhr die polnische nationale Bewegung einen Aufschwung.

Nach dem Zusammenbruch des Völkerfrühlings kämpften Polen für „eure und unsere Freiheit" in Italien, u.a. an der Seite Giuseppe Garibaldis, im badischen und auch im ungarischen Aufstand, der u.a. von Józef Bem (1794—1850) befehligt wurde. Während des Krimkrieges wurden Bemühungen unternommen, polnische Formationen zur Unterstützung der Türken zu bilden. Eben bei dieser Aktion starb Adam Mickiewicz am 26. November 1855 in Istanbul.

Die Verschwörertätigkeit im Lande belebte sich, hauptsächlich im Königreich Polen, wo die Bauernfrage ungelöst geblieben war. Als den Polen ihre nationalen Rechte abgesprochen wurden, verstärkte sich die patriotische Stimmung beträchtlich. Eine Welle des Protestes war die Folge. Das wurde offenbar beim Begräbnis von Zygmunt Krasiński 1854 und bei der Beisetzung der Witwe General Sowińskis, eines heldenhaften Kämpfers um die nationale Befreiung; das kam auch am 30. Jahrestag des Ausbruchs des Novemberaufstandes zum Ausdruck. Bei einer dieser Kundgebungen, am 27. Februar 1861, tötete die Gendarmerie fünf Demonstranten, was zu einer weiteren Massendemonstration bei ihrem Begräbnis führte. Die Öffentlichkeit wurde durch einige Massnahmen eines dem Zaren gegenüber loyal gesonnenen Politikers, des Markgrafen Aleksander Wielopolski, aufgewühlt: die Auflösung des unlängst gegründeten sog. Städtischen Komitees, das gewissermassen die polnische Gesellschaft vertrat, sowie der verdienstvollen Agrargesellschaft, in der über zahlreiche aktuelle Fragen diskutiert worden war; schliesslich die zwangsweisen Aushebungen (branka), die das Ziel verfolgten, alle Vorbereitungen zum Aufstand unmittelbar zu zerschlagen. Diese Vorbereitungen lagen in den Händen des Zentralen Nationalkomitees, das durch die „Roten" beherrscht wurde, eine Organisation, die einen Aufstand mit einer Reform der Verhältnisse auf dem Lande (Bodenverleihung an die Bauern) und eine Zusammenarbeit mit den russischen Revolutionären wie z.B. Alexander Herzen, Michail Bakunin und Nikolai Ogarjow anstrebte.

Um eine andere damals wirkende Geheimorganisation, die Partei der „Weissen", scharten sich die Liberalen, die Befürworter der legalen Tätigkeit, die in überwiegendem Masse aus der Bourgeoisie stammten. Die Partei wurde von dem bekannten Industriellen und Finanzier Leopold Kronenberg geleitet. Die „Weissen" propagierten vor allem die sog. organische Arbeit und zählten auf eine günstige internationale Lage und Zugeständnisse von seiten der Teilermächte. Als der Aufstand jedoch ausbrach, bemühten sich die Weissen um die Übernahme der Macht; das gelang ihnen aber erst im April 1863, nachdem Stefan Bobrowski (1841—1863), der Vorsitzende der Exekutivkommission, die im Namen der aus dem Nationalkomitee gebildeten Provisorischen Nationalregierung handelte, in einem Duell gefallen und das Mitglied der Aufständischenregierung Zygmunt Padlewski (1835—1863) in Płock von den Russen erschossen worden war. Damals wurde eine neue Nationalregierung gebildet.

Die Bekanntgabe des Dekrets über die Bodenverleihung an die Bauern (s. Pkt. 3) und die Bemühungen, es in die Tat umzusetzen, übernahmen die „Roten". Sie hatten auch 1863 die ersten Erfolge im bewaffneten Kampf zu verbuchen, und das in einer Situation, da sich die russische Armee von 100 000 auf 490 000 Soldaten vergrössert hatte, während die bewaffneten Aufständischen zur gleichen Zeit knapp 25 000—30 000 Mann zählten. Die Mehrheit der Aufständischen stellte nicht die Schlachta, die lediglich in Litauen und Belorussland das Übergewicht hatte, sondern die niederen Schichten: Bürger, Intelligenz, Bauern. Bedeutend war der Prozentsatz der Stadt- und Dorfarmut, die dem Aufstand aus dem preussischen und österreichischen Teilungsgebiet zuströmte. Es kamen auch Freiwillige aus zahlreichen anderen Ländern: die Italiener mit Oberst Francesco Nullo an der Spitze, die Franzosen unter dem Befehl von François Rochebrun, Russen wie z.B. der heldenhafte Andrej Potjebna, Tschechen, Slowaken, Serben,

Engländer, Deutsche. Nur wenige Vertreter der Aristokratie erklärten ihre Teilnahme am Aufstand, darunter Jan Działyński und Ignacy Sapieha. Der Standpunkt der höheren Geistlichkeit war uneinheitlich; Rom unterstützte, wie bereits im Novemberaufstand, eher die bestehende Ordnung.

Der Kampf trug überwiegend den Charakter eines Partisanenkampfs, Hunderte kleiner Gefechte wurden geführt, zumeist selbständig, ohne einen allgemeineren Kriegsplan. Zu den berühmtesten Befehlshabern der Aufständischenabteilungen gehörten u.a. Marian Langiewicz, Michał Heidenreich-Kruk und Józef Hauke-Bosak.

Allmählich wurde die Übermacht der russischen Streitkräfte offenbar, die Repressalien nahmen zu, zumal die Macht im Königreich dem General Teodor Berg, der mit harter Hand regierte, anvertraut war; der Aufstand geriet in eine Krise. Auch die vom Hôtel Lambert (der Partei Czartoryskis) unternommenen Versuche einer diplomatischen Regelung brachten eine Enttäuschung. In dieser Situation ergriffen erneut die „Roten" das Ruder. Zum Oberbefehlshaber beriefen sie Romuald Traugutt (1826—1864). Als Diktator des Aufstands bemühte er sich, die Situation zu retten, indem er die Bauern stärker in den Kampf einbezog; es war jedoch schon zu spät. Um die Anstrengungen Traugutts, der sich für eine Realisierung des Aufständischendekrets über die Bodenverleihung an die Bauern einsetzte, zu entkräften, verkündete der Zar selbst den bereits erwähnten Ukas über die Bodenverleihung (s. Pkt. 3). Der Aufstand endete mit einer Niederlage, Repressalien folgten, Traugutt wurde zusammen mit vier seiner Kampfgefährten an den Hängen der Warschauer Zitadelle aufgehängt; etwa 38 000 Menschen wurden nach Sibirien verbannt. Viele Tausende Aufständische verloren ihr Leben, etwa 10 000 wanderten aus. Über 1500 Güter der Aufständischen wurden beschlagnahmt. Auch im preussischen Teilungsgebiet wurden Vergeltungsmassnahmen ergriffen.

XI. Kapitel

Die Entwicklung des Kapitalismus auf polnischem Boden. Kampf um die Wahrung der nationalen Eigenständigkeit. Wiedererlangung der Unabhängigkeit

1864—1918

1. Das polnische Volk nach den Aufständen

Die Niederlage des Januaraufstandes unterbrach für ein halbes Jahrhundert die bewaffneten Kämpfe um die Erlangung der Unabhängigkeit. Die grössten Chancen für einen Sieg hatten in der Zeit des Novemberaufstandes von 1830/31 bestanden. In der nachfolgenden Zeit gestaltete sich die Situation schon schwieriger. Die Übermacht der Teilerstaaten, die sich zur Bekämpfung der polnischen Freiheitsbestrebungen um eine engere Zusammenarbeit bemühten, verstärkte sich, ein nationales Heer existierte nicht, und andere Mächte wollten sich nicht zu sehr in der polnischen Frage engagieren. Man wurde sich immer mehr darüber klar, dass die Unabhängigkeit nicht ohne eine Zerschlagung der Heiligen Allianz erreicht werden konnte; und das wiederum war nur durch den Ausbruch eines allgemeineren Konflikts denkbar. Das revolutionäre Zentrum war nun weder Polen noch Deutschland, sondern Russland, das Land mit den grössten inneren Widersprüchen, um so mehr unterstützten die Teilerstaaten die Heilige Allianz. Der Konflikt zwischen Preussen und Österreich bot keinen Anlass für irgendwelche Hoffnungen, da die Preussen 1866 bei Sadowa (in der Nähe von Königgrätz) schnell die Übermacht über die Österreicher erlangten. Frankreich wurde nach der Niederlage bei Sedan 1870 ausgeschaltet. Das von Bismarck mit eiserner Hand regierte Preussen hatte dem französischen Kaiserreich diese Niederlage beigebracht. Das Dreikaisertreffen zum 100. Jahrestag der ersten Teilung Polens, also 1872, bestätigte die Solidarität der Teilermächte in der Polenfrage. In einer Situation, da die polnische Frage als innere Angelegenheit der Teilermächte galt, war die Bewahrung und weitere Vertiefung des Nationalbewusstseins die wichtigste Aufgabe für die polnische Bevölkerung. Das sollte u.a. durch den ständigen Kontakt mit den geistigen und künstlerischen Strömungen und durch die Entwicklung der organischen, das Volk in wirtschaftlicher Beziehung voranbringenden Arbeit erreicht werden. Keinesfalls durfte es geschehen, dass das Volk, wenn es einer für die Errichtung eines eigenen Staates günstigen Situation gegenüberstünde, durch ökonomische Bande lediglich mit den Teilermächten verkettet wäre und sich mehr um das materielle Wohl als um politische Ziele sorgen würde. Es durfte weder ohne den Willen zum staatlichen Aufbau noch ohne politische Führer bleiben. Zugleich aber trugen die Annexionsmächte, die insbesondere im preussischen und russischen Teilungsgebiet die Massnahmen zur nationalen Entwurzelung verstärkten und sich angestrengt bemühten, die nationalen Besonderheiten in den polnischen Gebieten auszulöschen, selbst zum Widerstand der nach der Bodenverleihungsreform schon moderneren polnischen Gesellschaft bei. Damals zeigte sich, welch grosse Rolle die bewaffneten Aufstände der vorangegangenen Jahrzehnte in der Entwicklung des Nationalbewusstseins gespielt hatten. Sie wurden zu einem wesentlichen Element der historischen Verbundenheit der gesamten polnischen Gesellschaft.

Jetzt begann der Abschnitt eines verhältnismässig dynamischen wirtschaftlichen

Żelazowa Wola. Landhaus aus dem 18. Jh., Geburtsort Fryderyk Chopins

Fryderyk Chopin (1810–1849), der hervorragendste polnische Komponist, berühmter Pianist, seit 1831 im Exil in Paris. Gemälde von Ary Scheffer

Stanisław Moniuszko (1819–1872), Komponist, Schöpfer der polnischen Nationaloper und des lyrischen Liedes

General Jarosław Dąbrowski (1836–1871), revolutionärer Demokrat, Führer der linksgerichteten „Roten” beim Januaraufstand von 1863, Oberbefehlshaber der Streitkräfte der Pariser Kommune

General Józef Bem (1794–1850), Held der Kämpfe beim Novemberaufstand von 1830/31 sowie der 1848er Revolution in Wien, Befehlshaber des ungarischen Revolutionsheers von 1848/49. Auf dem Bild: Józef Bem (Mitte), umgeben von den ungarischen Generälen Arthur Görgey und Lájos Kossuth sowie dem polnischen General Henryk Dembiński, einem der Befehlshaber der revolutionären ungarischen Truppen

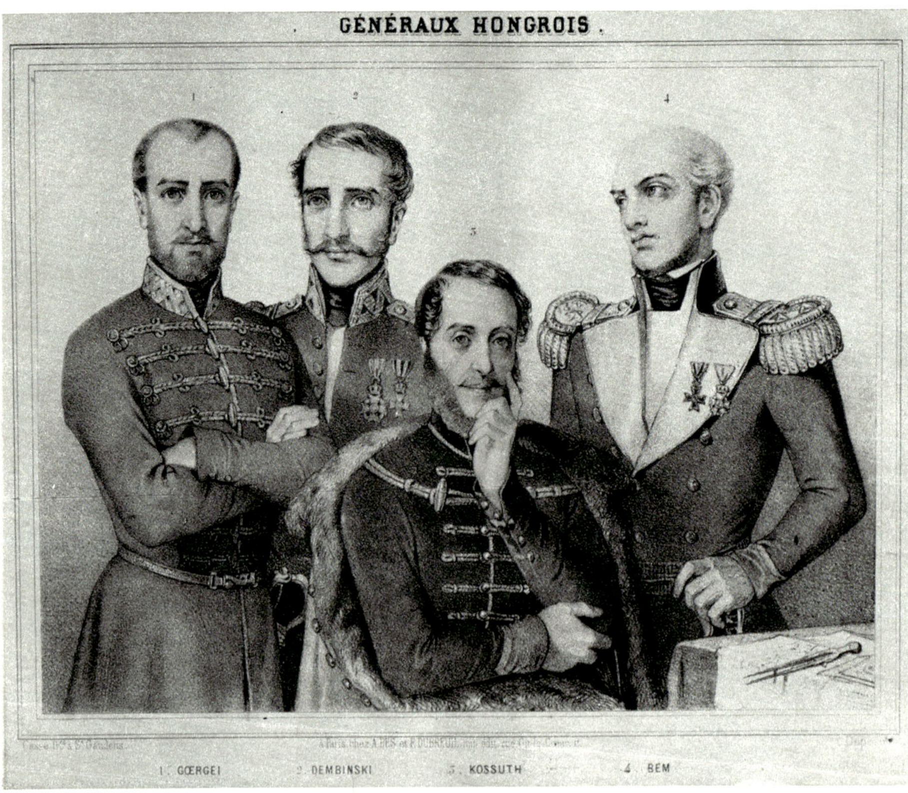

Romuald Traugutt (1826–1864), letzter Diktator des Januaraufstands von 1863, 1864 am Hang der Warschauer Zitadelle hingerichtet

Den Januaraufstand von 1863 stellte Artur Grottger (1837–1867) im Zyklus von Zeichnungen „Polonia" dar.

In der Weberei der Aktiengesellschaft J. Poznański in Łódź (1906)

Ignacy Łukasiewicz (1822–1882), Apotheker, Pionier der Erdölförderung, Konstrukteur der Petroleumlampe

Hipolit Cegielski (1815–1868), gesellschaftlich und kulturell aktiver großpolnischer Industrieller, gründete 1846 in Poznań eine Fabrik für Werkzeuge und landwirtschaftliche Maschinen.

Blick auf die Königshütte in Chorzów, Górny Śląsk. Lithographie eines unbekannten Künstlers aus dem Jahre 1870

Karol Miarka (1825–1882), Führer der nationalen Bewegung in Górny Śląsk, Gründer des Kultur- und Bildungsvereins in der Königshütte

Wojciech Korfanty (1873–1939), Politiker und Führer der nationalen Bewegung in Śląsk, einer der Befehlshaber, der schlesischen Aufstände, 1923 stellvertretender Ministerpräsident Polens

Schüler aus Wrześnía. Sie nahmen 1901 am Schulstreik gegen die Germanisierung teil.

Um die Jahrhundertwende erreichte die Zahl der auf der Suche nach Arbeit und Brot nach Amerika auswandernden Polen ihren höchsten Stand. Auf dem Bild: polnische Emigranten nach der Ankunft in den Vereinigten Staaten

„Proletariatler". Gemälde von Felicjan Kowarski. Dargestellt sind Mitglieder der ersten von Ludwik Waryński (Mitte) gegründeten polnischen Arbeiterpartei „Großes Proletariat" (1882–1886).

Straße in Łódź während der Revolution von 1905. Im Hintergrund eine Barrikade

Das im Frühjahr 1918 aufgestellte Rote Regiment des Revolutionären Warschau, eine der ersten Einheiten der Roten Armee. Moskau, 15. Mai 1918

Aufschwungs, der vorrangig durch die Bodenverleihung an die Bauern und einen bedeutenden Bevölkerungszuwachs bewirkt wurde. In den Jahren 1870—1914 verdoppelte sich die Zahl der Polen nahezu, sie wuchs von rund 10 Millionen auf ungefähr 18 Millionen, trotz der vielen Emigranten. Von jenen 18 Millionen lebten vor dem ersten Weltkrieg ca. 15,5 Millionen in Gebieten, die dicht von polnischer Bevölkerung besiedelt waren. Die restlichen 2,5 Millionen lebten in Ostgalizien (1,35 Mill., ca. 25,3% der dort ansässigen Bevölkerung), auf russischem Boden in den nordwestlichen und südwestlichen Gouvernements (1,06 Mill.), in den Regierungsbezirken Breslau, Liegnitz, Königsberg und Gumbinnen sowie in den Kreisen Lauenburg, Bütow und Stolp (ca. 100 000). Zu den Gebieten, die dicht von Polen besiedelt waren, gehörten vor dem ersten Weltkrieg ausser Galizien und dem Grossherzogtum Posen noch das Teschener Gebiet (ca. 55% Polen), der Regierungsbezirk Oppeln (ca. 57% Polen) und Westpreussen bzw. Pommerellen (35,5%) sowie die südlichen Kreise Ostpreussens. Man konnte im preussischen Teilungsgebiet trotz der Germanisierungsaktion ein Anwachsen der polnischen Bevölkerung beobachten, was mit dem Phänomen der sog. Ostflucht, d.h. mit der Räumung der landwirtschaftlichen Ostprovinzen durch die deutsche Bevölkerung und ihrer Ausreise in die westdeutschen Industriegebiete, verbunden war. Dieses Anwachsen übertraf natürlich nicht den vorherigen grossen Zustrom deutscher Bevölkerung in die bei der Teilung geraubten Gebiete, was bewirkte, dass der Prozentsatz der deutschen Bevölkerung z.B. im Regierungsbezirk Posen auf ca. 32% 1910 und in Bromberg (Bydgoszcz) auf ca. 50% anstieg. Noch stärker trat diese Erscheinung in Pommerellen auf.

Das Fehlen eines eigenen Staates und die äusserst ungleichmässige ökonomische Entwicklung in den polnischen Gebieten bewirkten jedoch, das Hunderttausende Polen keine entsprechenden Lebensbedingungen oder keine Möglichkeiten fanden, ihre Fähigkeiten an Ort und Stelle zu entwickeln. Sie wanderten in verschiedene Länder aus und eröffneten einen völlig neuen Abschnitt in der Geschichte der Auslandspolen. Die Emigration ging Ende des 19. Jh. schon in die Millionen. In den Jahren 1870—1914 wanderten für immer über 3,5 Mill. Menschen aus, davon ungefähr 1 250 000 aus dem russischen, 1 210 000 aus dem preussischen und 1 050 000 aus dem österreichischen Teilungsgebiet. Sie wandten sich hauptsächlich nach den Vereinigten Staaten. Insgesamt zählten die Auslandspolen vor dem ersten Weltkrieg 4,3 Millionen Personen, wovon rund 3 Millionen in den Vereinigten Staaten, ca. 750 000 in Deutschland, ca. 100 000 in Brasilien, 45 000 in Kanada und 400 000 in Russland lebten. In die polnischen Gebiete kamen wiederum viele Menschen jüdischer Herkunft aus Russland auf der Suche nach besseren Lebensbedingungen.

Nach den Aufständen setzten Veränderungen ein, die sich in einem bisher nicht gekannten Tempo vollzogen. Davon zeugt zumindest der Vergleich des noch in bedeutendem Masse von der Schlachta getragenen Januaraufstandes mit der Revolution von 1905—1907. Im Laufe einiger Jahrzehnte wurde der Übergang von der Adelsbewegung zur Arbeiterbewegung möglich, dahinter verbarg sich ein kompliziertes Netz tiefgreifender Umwandlungen, die das sozialökonomische Leben, die Kultur und die ganze Sphäre des gesellschaftlichen Bewusstseins prägten.

2. Die sozialökonomische Entwicklung in den polnischen Gebieten

In der zweiten Hälfte des 19. und zu Beginn des 20. Jh. bildete sich in den polnischen Gebieten die kapitalistische Gesellschaftsordnung heraus. Jedoch blieben viele Relikte des alten Feudalsystems zurück. Die neue Ordnung vermochte es auch kaum, sich gegen die wirtschaftliche Abhängigkeit von höher entwickelten Ländern zu wehren. Das zeigte sich u.a. in der Infiltration der polnischen Gebiete durch fremdes Kapital, das aus der billigen Arbeitskraft und dem sich entwickelnden Absatzmarkt profitierte. Um 1900 waren ungefähr 60% der Industrieproduktion im Königreich unter ausländischer Kontrolle.

Die zuvor geschilderte beachtliche Bevölkerungszunahme war vor allem eine Folge des allgemeinen wirtschaftlichen Aufschwungs, der eine entsprechende Anzahl von Arbeitsplätzen, eine Erhöhung der Lebensmittelvorräte, die Verbesserung der sanitären Bedingungen, den Fortschritt des Wissens und eine bessere ärztliche Betreuung gewährleistete. Die Säuglingssterblichkeit sank, und die durchschnittliche Lebenserwartung nahm zu, eine allgemeine Erscheinung im damaligen Europa. Grossen Einfluss auf diese Veränderungen hatte die Verbesserung der Lebensbedingungen in den Städten; so wurden, insbesondere in den Städten der westlichen Gebiete, Wasserleitungen und Kanalisationssysteme gelegt, die Strassen gepflastert, die gesundheitliche Betreuung gewährt u.dgl.m. Das Anwachsen der Bevölkerungszahl in den Städten ging Hand in Hand mit der industriellen Entwicklung; es vollzog sich ein Verstädterungsprozess, der regional bedingte Unterschiede aufwies. In Grosspolen „konservierte" die „Agrarisierung" der Provinz das überaus dichte Netz kleiner, noch aus der Zeit vor den Teilungen stammender Städte; dennoch stieg trotz dieser Erscheinung der Prozentsatz der Bevölkerung in Städten mit mehr als 10 000 Einwohnern um 100% (von 8 auf 16%). Einen noch dynamischeren Anstieg verzeichnete man in Kongresspolen, dort erreichte diese Kennziffer in Städten mit mehr als 10 000 Einwohnern 18%, in Oberschlesien stieg sie von 9 auf 36%, in Galizien dagegen war sie viel niedriger und machte lediglich 13% (zuvor 6%) aus. Am schnellsten wuchsen die grossen Städte: Warschau von 300 000 im Jahre 1870 auf 850 000 vor dem ersten Weltkrieg, Łódź von 50 000 auf 450 000, Poznań von 50 000 auf 150 000. In Schlesien und im Kohlerevier entwickelten sich manche Dörfer wie z.B. Sosnowiec oder Zabrze zu dicht bevölkerten Städten.

Während in den ersten 15 Jahren des 19. Jh. ca. 80% der Bevölkerung von der Landwirtschaft lebten, war zu Beginn des 20. Jh. in den preussisch besetzten polnischen Gebieten die Landwirtschaft für 42% (1882 noch für 55%), im russischen und österreichischen Teilungsgebiet für ca. 65% die Hauptunterhaltsquelle. Die Stadtbevölkerung wurde verstärkt durch Bauern, die das Dorf verliessen, und durch zahlreiche Adlige, die es nicht verstanden hatten, sich auf die kapitalistische Wirtschaftsweise umzustellen, die eine rationelle, auf den Kenntnissen der Marktgesetze fussende Kalkulation erforderte.

In der zweiten Hälfte des 19. Jh. befand sich die Landwirtschaft im preussischen Teilungsgebiet in der günstigsten Situation, sie besass einen vorteilhaften Absatzmarkt im westlichen Teil Deutschlands und in Schlesien. In einer schlechteren Lage war die Landwirtschaft im österreichischen Teilungsgebiet, da der österreichisch-ungarische Markt, der seit 1882 von einem Schutzzolltarif abgeschirmt wurde, den Absatz von Agrarprodukten erschwerte. Die Landwirtschaft im Königreich Polen exportierte anfänglich viel Getreide und setzte diesen Export in den ersten Jahren der Weltagrarkrise, die von 1873 bis 1895 dauerte, fort. Ihr drohte jedoch binnen kurzem die Konkurrenz anderer Länder, weil sie im Gegensatz zur grosspolnischen Landwirtschaft nur minimal mechanisiert und intensiviert wurde. Das betraf sowohl die Gutshöfe, die sich noch in starkem Masse auf das halbfeudale System der Abarbeitung des Frondienstes stützten, als auch die Bauernwirtschaften. Hinzu kam das Sinken der Preise für landwirtschaftliche Erzeugnisse. Die Rentabilität der Landwirtschaft verringerte sich, und die Lage der Landbevölkerung wurde wesentlich schlechter. Die kleinen Höfe bestanden jedoch weiter und festigten die den landwirtschaftlichen Fortschritt hemmende Agrarstruktur. Der Konzentrationsgrad des Bodenbesitzes betrug 1877 im Königreich Polen 28% und 1904 27%, im preussischen Teilungsgebiet aber 70%.

Eine deutliche Konjunktur in der Landwirtschaft machte sich erst Ende des 19. Jh. bemerkbar. Die Preise für Agrarprodukte stiegen damals um 15 bis 20%, das Königreich jedoch war aufgrund der beträchtlichen, bereits erwähnten Zunahme der Bevölkerung im allgemeinen und der Stadtbevölkerung im besonderen gezwungen, ca. 100 000 t Getreide jährlich aus Russland zu importieren. Das hatte schliesslich einen negativen Einfluss auf die Entwicklung der Landwirtschaft im Königreich. Es konnte nämlich nicht mit den niedrigen Produktionskosten des Getreides in Russland konkurrieren, das erst den kapitalistischen Weg einzuschlagen begann. Trotzdem stiegen die Agrarproduktion und die Rentabilität der Landwirtschaft im Königreich in den Jahren 1850—1880 durchschnittlich um 3% jährlich. Erst die anhaltende Agrarkrise verstärkte die Unterschiede im Landwirtschaftsniveau zwischen dem Königreich Polen und Grosspolen sowie Pommerellen. In der zweiten Hälfte des 19. Jh. wurde die landwirtschaftliche Produktion nicht mehr durch Vergrösserung der Ackerfläche gesteigert, sondern durch die Intensivierung der Produktion (Dreifelderwirtschaft ohne Brache, Fruchtwechsel). In den achtziger Jahren des 19. Jh. gab es in Schlesien kein Brachland mehr und nur wenig in Pommerellen und Grosspolen. Auch die Mechanisierung und die Anwendung von Kunstdüngern wurden vom Westen übernommen. Im preussischen Teilungsgebiet benutzten 1907 die meisten Bauernhöfe von über 5 ha landwirtschaftliche Maschinen. In Grosspolen verbreitete sich auch die Kredithilfe für die Landwirtschaft am meisten. Das Kredit- und Darlehensgenossenschaftswesen arbeitete dort seit 1855 mit einem eigenen Finanzinstitut, der Bank des Bundes der Erwerbs- und Wirtschaftsgesellschaften.

Wesentlichen Einfluss auf den Industrialisierungsprozess hatte die Entwicklung des Dorfes, das die Aufnahmefähigkeit des Binnenmarktes bestimmte, der in den Jahren 1880—1890 den Hauptfaktor der industriellen Entfaltung bildete. Erst nach 1890 stieg der Export nach Russland; im Jahre 1900 lieferte die Industrie (vorrangig Textilindustrie) des Königreichs ca. 15% der gesamten Industrieproduktion des russischen Staates, während die Industrie Galiziens knapp 4% der österreichischen Produktion ausmachte. Nutzniesser dieses Exports war die Bourgeoisie, die sich, begünstigt durch die seit 1877 von Russland betriebene Politik der Schutzzölle, bereichern konnte. Der Export umfasste hauptsächlich Textilerzeugnisse, die 1910 68% des gesamten Exportwertes nach Russland ausmachten. Der Anteil der Eisenwaren betrug 7,5%, obwohl er noch 15 Jahre zuvor 17% ausgemacht hatte. Dieser Rückgang resultierte aus der raschen Entwicklung der Eisenindustrie in Russland. Die immer stärkere Konkurrenz des russischen Binnenmarktes — auch bei Textilerzeugnissen — bewirkte, dass die Industrie des Königreichs erneut begann, sich mehr auf den Binnenmarkt einzustellen, was ein positives Zeichen war.

Die Textilindustrie konzentrierte sich auf den Raum Łódź, in geringerem Masse auch auf Białystok und traditionsgemäss auf Kleinpolen im Raum Andrychów und Bielsko-Biała, der Bergbau war dagegen hauptsächlich in Oberschlesien und im Revier Dąbrowa und die Metallindustrie in Warschau angesiedelt. Besonders dynamisch entwickelte sich die schlesische Bergbau- und Hüttenindustrie, obwohl ihre Rolle in der gesamtdeutschen Produktion durch den Aufschwung der westdeutschen Industrie stark zurückging. Sehr intensive Wirtschaftsverbindungen bestanden zwischen Oberschlesien und dem Industrierevier Dąbrowa, hervorgerufen u.a. durch den Zustrom von Arbeitskräften. Die Metallindustrie und der Maschinenbau entwickelten sich auch in einigen Städten Grosspolens und Pommerellens wie z.B. in Poznań und Gdańsk. In Galizien trat schrittweise die Gewinnung von Erdöl in den Vordergrund, das ausländische Kapital jedoch, das diese Branche beherrschte, liess den Bau von Raffinerien nicht zu. 1909 machte die Erdölförderung in Galizien etwa 5% der Weltproduktion aus (1900 nur 1,2%).

Ähnlich wie in anderen Ländern unterlag die Industrie in den polnischen Gebieten dem Prozess der Konzentration der Produktion. Kleinere Betriebe wurden durch grössere, rentablere verdrängt. Besonders deutlich trat dieser Prozess im Raum Łódź zutage, am frühesten jedoch vollzog er sich in Oberschlesien. Es entstanden Aktiengesellschaften, Kartelle und Syndikate.

In der gesamten Industrie vollzog sich eine technische Revolution, die auf der Mechanisierung der Arbeit beruhte. Der Dampfantrieb wurde durch die immer stärkere Verbreitung des Elektroantriebs verdrängt, und bei der Eisenschmelze setzte man schon Siemens-Martin-Öfen und das Thomasverfahren ein. In den Jahren 1863—1913 wuchs die Förderung von Steinkohle von 3,8 Mill. auf 52,6 Mill. t, von Roheisen von 163 200 auf 1 413 600 t, von Zink von 70 400 t im Jahre 1880 auf 192 400 t im Jahre 1913.

Mit dem industriellen Aufschwung wuchsen auch die Reihen der Arbeiterklasse, die sich hauptsächlich aus bäuerlicher Bevölkerung, die das Land verlassen hatte, aus Handwerkern und in gewissem Masse auch aus verarmtem Adel zusammensetzte. 1913 gab es im Königreich Polen ca. 350 000 Arbeiter, 20 Jahre zuvor waren es etwa 150 000 gewesen. In Oberschlesien bestand das Proletariat damals aus ungefähr einer halben Million Menschen. Im Raum Poznań dominierte weiterhin das Handwerk, dagegen zählte das Proletariat in Galizien 1910 rund 90 000 Personen. Das waren teilweise Bauern, die zugleich in der Erdölindustrie arbeiteten.

Die zahlenmässige Zunahme der Arbeiterklasse und ihre Bindung an die grossen Industriebetriebe beeinflussten die Herausbildung des Klassenbewusstseins. Nach und nach bildeten sich Arbeitertraditionen und eine neue Lebensweise heraus. Das hatte wesentlichen Einfluss auf das damalige politische Klima (s. Pkt. 4). Jedoch auch auf dem Lande gingen bedeutende Veränderungen im Bewusstsein der Bevölkerung vor sich. Angesichts der Aufspaltung in Klassen begannen sich die Antagonismen zwischen den wohlhabenden und den armen Schichten stärker als zuvor abzuzeichnen. Mit den Jahren vertieften sich die Vermögensunterschiede. Die Distanz zwischen dem begüterten Landwirt, dem armen Bauern und dem Landarbeiter wuchs. Die Elite der Gutsbesitzer bildeten die häufig mit dem Grosskapital verbundenen Junker. Charakteristisches Merkmal dieser Klasse, die eine Hochburg konservativer Tendenzen darstellte, war ein stark entwickeltes Gefühl der inneren Solidarität.

In den Städten dominierte quantitativ das Kleinbürgertum, das sich aus Handwerkern und kleinen Kaufleuten zusammensetzte. Zahlenmässig wuchs die Bourgeoisie, der sich die wohlhabenderen Vertreter des Handwerks und der Kaufmannschaft zugesellten, die sich in die kapitalistische Produktion einreihten. Die Elite dieser Klasse war die Industrie- und Finanzoligarchie, die reichste, eng mit der Aristokratie zusammenarbeitende Gruppe.

3. Das politische Leben. Der Kampf gegen die nationale Entwurzelung. Vorstellungen über das künftige Polen

Die neuen Gesellschaftsstrukturen hatten wesentlichen Einfluss auf die Form des politischen Lebens in der Zeit nach den Aufständen. Hier verflochten sich zwei

Hauptebenen: einerseits das Streben der neuen, sich ihres Platzes in der Gesellschaft immer bewusster werdenden Gruppen und Klassen — sowohl der Arbeiter und Bauern als auch der stärker werdenden Bourgeoisie und des Kleinbürgertums —, die sich zu allgemeinen Fragen äussern wollten, andererseits der Kampf gegen die antipolnische Politik der Erobererstaaten. Es war nicht möglich, diese beiden Bereiche zu trennen, daher waren auch die sozialen Programme notwendig mit der nationalen Frage verknüpft.

Bis Ende der achtziger Jahre des 19. Jh., also beinahe ein Vierteljahrhundert hindurch, konnte keine der politischen Gruppierungen eine Situation voraussehen, die die Möglichkeit für den Wiederaufbau des Staates schaffen würde. Es hatte den Anschein, als ob die Loyalen und Konservativen, am zahlreichsten im österreichischen Teilungsgebiet vertreten, Recht behalten würden. Ziemlich schnell erwies sich auch, dass die Teilermächte ihre versöhnlerische Haltung ausnutzten. Die Sozialisten legten in der ersten Zeit ihrer Existenz (s. Pkt. 4) den grössten Nachdruck auf die Probleme des Kampfes gegen die Ausbeutung. Sie glaubten, dass die Revolution jeglicher, auch der nationalen Ausbeutung ein Ende setzen würde. Sie hegten die Befürchtung, die nationalen Losungen würden die gesellschaftlichen Ziele der unterdrückten Klassen verschleiern. Doch schon in den neunziger Jahren trat ein deutlicher Wandel in den allgemeinen Anschauungen ein: Die Vision von der staatlichen Erneuerung, und nicht mehr ausschliesslich der Kampf um die Erhaltung und Ausbreitung des Polentums, begann wieder den Ton im politischen Leben anzugeben. Man kann demnach von zwei grundlegenden Punkten des politischen Programms in jenen Jahrzehnten sprechen — von der Sache der nationalen Selbstverteidigung und Unabhängigkeit sowie von der Vision des künftigen unabhängigen Staates. Damit war das Problem des wachsenden Anteils der Gesellschaft am öffentlichen Leben verbunden, also das Wahlrecht, die Beziehungen zur Kirche, die Entwicklung des Bildungswesens und der Wissenschaft, die Mitgliedschaft in wirtschaftlichen und kulturellen Organisationen. In der sozialen Problematik dagegen, die im politischen Leben dominierte, standen die Frage der Lebensbedingungen der Arbeiter, die Frage ihrer Rechte sowie das Agrarproblem, d.h. die Aufteilung der Güter, im Vordergrund. Eine charakteristische Erscheinung war die Entstehung der ersten modernen politischen Parteien als Vertretung der Bourgeoisie und des Junkertums, der Arbeiterklasse und der Bauernschaft.

Zunehmend schwerer gestaltete sich der Kampf um die nationale Eigenständigkeit. In der immer intensiveren Germanisierungs- und Russifizierungspolitik (s. X. 4) wurde eine wesentliche Veränderung vorgenommen. Sie erfasste nun auch die ziemlich zahlreichen deutschen und russischen Minderheiten, die dem Einfluss der sich ausbreitenden nationalistischen Ideen ausgesetzt waren. Auf diese Weise erhielten die Massnahmen der Regierungen eine breite gesellschaftliche Unterstützung.

Der erste grosse Angriff auf die polnischen Positionen, der nach dem Zusammenbruch des Januaraufstandes im preussischen Teilungsgebiet entfesselt wurde, war das von Otto von Bismarck, dem preussischen Premierminister und Kanzler des 1871 vereinigten Deutschen Reiches, proklamierte Programm zur Ausrottung der Polen. Dieser sog. Kulturkampf in den Jahren 1871—1875 war ein gesamtdeutsches Anliegen; es ging darum, die Kirche dem Staat unterzuordnen. Im preussischen Teilungsgebiet hatte das wegen der Verdienste der Kirche um die Erhaltung des Polentums nationalen Charakter. Held dieses Kampfes, in dem es den Behörden nicht gelang, sich die Geistlichkeit unterzuordnen, war der Erzbischof von Gniezno und Poznań Mieczysław Halka-Ledóchowski (1822—1902).

Die Behörden setzten ihre Politik fort und führten neue antipolnische Verordnungen ein. Nach und nach wurde die polnische Sprache aus den Schulen verbannt; 1900 sollte sogar der Religionsunterricht nur noch in den zwei untersten Klassen in polnischer Sprache erteilt werden. Das rief u.a. im Jahre 1901 den berühmten Schulstreik in Września hervor, der in der ganzen Welt ein lautes Echo auslöste. Ab 1908 galt Deutsch als Pflichtsprache bei allen öffentlichen Versammlungen. 1894 war der Deutsche Ostmarken-Verein (Hakata) gegründet worden, der die Öffentlichkeit und die Regierung antipolnisch beeinflusste. Zuvor, nach 1885, war die Ausweisung von ungefähr 30 000 Polen aus den preussischen Ostprovinzen erfolgt, die keine preussische Staatsbürgerschaft besassen. Diese Ausweisungen werden von der polnischen Geschichtsschreibung „rugi pruskie" genannt. 1886 hatte man die sog. Ansiedlungskommission gegründet. Sie sollte deutsche Siedler auf dem seit 1908 auch zwangsweise aufgekauften polnischen Grundbesitz ansiedeln.

Ende des 19. Jh. bemühte man sich, das deutsche Element im preussischen Eroberungsgebiet durch die sog. Hebungspolitik noch intensiver und umfassender als bisher einzuführen. Für Investitionen in den Städten und die Besiedelung der Dörfer scheute man weder Mittel noch Wege. Man verbot den polnischen Bauern im sog. Feuerstättengesetz von 1904, Gebäude auf gekauften Grundstücken zu errichten (um diese Vorschrift zu umgehen, wohnte Michał Drzymała in einem Zirkuswagen).

Legale Verteidigungsmethoden wurden im preussischen Teilungsgebiet, also in Pommern und Grosspolen, teilweise aber auch in Schlesien, auf äusserst vielfältige Weise genutzt. Sie beruhten vor allem auf Formen der sog. organischen Arbeit: der Gründung von wirtschaftlichen und kulturellen Organisationen wie z.B. die von ihrem „Patron", Maksymilian Jackowski (1815—1905), geleiteten Bauernvereine, die Volksbildungsgesellschaft und weiter die Gesellschaft der Volksbibliotheken, zahlreiche Chöre, die Gesellschaft zur Verbreitung der Körperkultur „Sokół" (Falke), die nationale Ziele verfolgte. Man pflegte die nationalen Traditionen und gab Presseerzeugnisse heraus. 1894 wurde die „Gazeta Grudziądzka" gegründet, die die grösste Auflage in den polnischen Gebieten erreichte; die Redakteure der Tageszeitungen hatten grossen Einfluss auf die öffentliche Meinung. Eine andere Form der Verteidigung des Polentums war die Mitarbeit von Polen in der sog. Polnischen Fraktion im preussischen Landtag und anschliessend im Parlament des Norddeutschen Bundes sowie im Reichstag.

Im russischen Teilungsgebiet waren — anders als im preussischen Teilungsgebiet, wo im Rahmen der konstitutionellen Monarchie die Möglichkeiten für eine legale Tätigkeit bestanden — die Voraussetzungen für eine öffentliche organisatorische Arbeit eigentlich nicht gegeben. Das Königreich Polen wurde als Weichselland bezeichnet, und bis 1885 war, mit Ausnahme des Religionsunterrichts, die polnische Sprache nahezu völlig aus den Schulen verbannt. Die katholische Kirche wurde dem Geistlichen Kollegium in Petersburg unterstellt, die Angehörigen der Unionskirche wurden gezwungen, zum griechisch-orthodoxen Glauben überzutreten. Nach einer gewissen Milderung des Kurses und dem Zugeständnis einiger demokratischer Rechte, z.B. die Freiheit der Vereinsgründung und die teilweise Repolonisierung des Schulwesens — eine Errungenschaft der Revolution von 1905—1907 (s. Pkt. 4) —, erfolgte jedoch die Rückkehr zur vorhergehenden Politik. Ein Ausdruck dafür war u.a. 1907 die Auflösung des Polnischen Schulvereins. In dieser Situation hatte die während der ganzen Zeit der Teilungen durchgeführte geheime und halblegale Bildungsarbeit grosse Bedeutung für die Bewahrung des Polentums. So kam es zu einem scheinbaren Paradoxon, das auch in den preussisch besetzten Gebieten auftrat. In der Zeit, als die polnische Sprache aus den Schulen verdrängt war, vergrösserte sich die Zahl der am gedruckten Wort Interessierten um ein Vielfaches (s. Pkt. 5).

Die Arbeit an den Grundlagen fand ihren Ausdruck im sog. Warschauer Positivismus. Seine um die Wochenschrift „Przegląd Tygodniowy" gescharten Anhänger verkündeten die Losung von der Modernisierung des Landes, also vom wirtschaftlichen und kulturellen Fortschritt. Es waren die Fürsprecher der Bestrebungen der liberalen Bourgeoisie, die sich, wenn auch nur zeitlich begrenzt, den Adelstraditionen entgegenstellten. Zum Manifest dieser Haltung wurde der berühmte Artikel Aleksander Świętochowskis (1849—1938) „Wir und ihr" aus dem Jahre 1871. Vertreter des Positivismus waren u.a. so bedeutende Schriftsteller wie Bolesław Prus (eigtl. Aleksander Głowacki; 1847—1912), Henryk Sienkiewicz (1846—1916) und Eliza Orzeszkowa (1841—1910), die für eine Verbreitung der Losung von der sog. organischen Arbeit sorgten. In Grosspolen bestanden schon seit langem die Traditionen der Arbeit an den Grundlagen. In Galizien entwickelten sich, wie damals in allen Teilungsgebieten, unterschiedliche Formen des Genossenschaftswesens. Auf dem Gebiet der Darlehens- und Wirtschaftsgenossenschaften z.B. wirkte Franciszek Stefczyk, der vorteilhafte Formen der Bauernhilfe ausarbeitete. Ihm half Stanisław Szczepanowski, der die Notwendigkeit verkündete, mit dem sprichwörtlichen „galizischen Elend" zu brechen.

Die im Verhältnis liberalsten Bedingungen herrschten im österreichischen Teilungsgebiet, dort wirkten u.a. die einzigen beiden polnischen Universitäten in den annektierten Gebieten: in Krakau und in Lwow. Nach der Bildung der Doppelmonarchie Österreich-Ungarn im Jahre 1867 machte die Wiener Regierung, die Unterstützung in den Kreisen der galizischen Aristokratie suchte, zahlreiche Zugeständnisse. Bis 1873 wurde die Autonomie Galiziens festgesetzt, was jedoch nicht bedeutete, dass die Regierungsadministration, d.h. Statthalter, Starosten, Polizeidirektoren usw., abgesetzt wurden. Wichtigstes örtliches Organ war der Landtag, der jedoch, einer entsprechenden Wahlordnung zufolge, vor allem der Aristokratie zugänglich war. Diese Situation bewirkte, dass die politischen Einflüsse der konservativen Kreise und die Neigung zur Loyalität sich gerade in Galizien am stärksten bemerkbar machten; das wachsende politische Bewusstsein immer zahlreicherer sozialer Gruppen — Kleinbürger, Bauern und Arbeiter — führte aber zur Kritik an dieser Haltung.

Diese neuen Klassen und sozialen Gruppen spielten im politischen Leben eine immer grössere Rolle (s. Pkt. 4). Sie wandten sich gegen Stabilisierung und Konservatismus und bildeten einen wichtigen Faktor, der Ende des 19. Jh. die Unabhängigkeitstendenzen belebte und die Diskussionen um die Form des künftigen Polens beeinflusste. Die politische Aktivität aller Klassen und Gesellschaftsgruppen stieg, obwohl die wachsende Radikalisierung der linken Strömung (s. Pkt. 4) auch eine zunehmende Annäherung zwischen Aristokratie und Bourgeoisie herbeiführte. Die ökonomisch starke und an die altpolnischen Traditionen anknüpfende Aristokratie festigte ihre Position und bereitete sich auf die Übernahme der Macht im künftigen Polen vor.

Eine auf die Befreiung ausgerichtete konspirative Bewegung hatte schon in den siebziger Jahren nach der Niederlage des Januaraufstandes bestanden. Neben dem geheimen Unterricht sei hier die Konspiration auf Oberschulebene genannt, die eine Selbsterziehung im patriotischen Geist zum Ziel hatte. Einen breiten Kreis umfasste insbesondere die Tomasz-Zan-Gesellschaft. Jedoch erst Ende des 19. Jh. begannen sich moderne politische Parteien herauszubilden, die nicht nur in den Jahren vor dem ersten Weltkrieg, sondern auch in den nachfolgenden Jahrzehnten den Ton im politischen Leben angaben. Es waren Parteien der Bourgeoisie und des Kleinbürgertums, der Bauern und des Proletariats.

In der Folge gestalteten sich zwei unterschiedliche Modelle des künftigen Polens. Die auf die Wiedererlangung der Unabhängigkeit orientierte Linke suchte Unterstützung bei den Arbeitern und Bauern, sie forderte ein freies, demokratisches Vaterland, in dem fortschrittliche soziale Reformen durchgeführt würden; das nationale Lager dagegen, das die Unterstützung der besitzenden Klassen genoss, sprach von einem hierarchisierten, von oben gesteuerten Staat.

Das nationale Lager (Nationaldemokraten) machte eine Evolution durch. Zuerst knüpfte es in romantischer Verklärung der Vergangenheit an die Traditionen der Aufstände an, die noch in der 1887 in der Schweiz entstandenen Polnischen Liga erkennbar waren. 1893 kamen mehr nationalistische Tendenzen zum Zuge. Junge Funktionäre übernahmen die Macht und änderten zugleich in einer für die erwähnte Evolution charakteristischen Weise den Namen der Partei in Nationale Liga um. Mit der Polnischen Liga war der von Zygmunt Balicki (1858—1916) gegründete Verband der Polnischen Jugend „Zet" verbunden. Allmählich übernahm Roman Dmowski (1864—1939) die Position des obersten

Führers der Nationalen Liga. Er verfasste u.a. die Gedanken eines modernen Polen „Myśli nowoczesnego Polaka" (1903). Die Liga regte zahlreiche Aktionen an und trug zur Gründung von Organisationen bei; sie gewann immer grösseren Einfluss sowohl auf die drei Teilungsgebiete als auch auf die Emigration. Die Führer der Liga gründeten 1897 im Königreich, 1904 im preussischen Teilungsgebiet und 1905 in Galizien die Nationaldemokratische Partei, allgemein als „Endecja" bezeichnet.

Das wachsende Klassen- und Nationalbewusstsein der Bauern führte zur Entwicklung der bäuerlichen Bewegung. Sie spielte eine grosse Rolle bei der weiteren Stimulierung dieses Bewusstseins, bildete jedoch, obwohl die Bauern nahezu 80% der Bevölkerung ausmachten, keine politische Kraft im Gesamtmassstab. Das Zentrum der bäuerlichen Bewegung wurde Galizien, seine Spitze richtete sich hauptsächlich gegen die Aristokratie. Die galizischen Bauern kämpften seit Jahrzehnten um eine Regelung der Situation, die nach der Bodenverleihung entstanden war. Sie forderten die Nutzung der Allmende. Zu den Funktionären, die der politischen Bauernbewegung den Anstoss gaben, gehörten in erster Linie der katholische Geistliche Stanisław Stojałowski (1841—1911), Maria und Bolesław Wysłouch, die 1886/87 den „Przegląd Społeczny" (Gesellschaftliche Umschau) und ab 1889 den „Przyjaciel Ludu" (Freund des Volkes) herausgaben, und Jan Stapiński. 1895 auf dem Parteitag in Rzeszów wurde die Bauernpartei (SL) gegründet, die u.a. von zwei Bauern vertreten wurde: dem schon erwähnten Jan Stapiński und Jakub Bojko. Das Programm der Bauernpartei war sehr gemässigt; es knüpfte nicht an die Forderung an, den Bauern mittels Parzellierung der Güter das Land zu übereignen. 1903 änderte die Bauernpartei ihren Namen in Polnische Bauernpartei um; das sollte die Tendenzen zu einer aktiveren politischen Tätigkeit unterstreichen. Sie proklamierte ein radikaleres Programm, das sich nicht mehr nur darauf beschränkte, die Interessen der Bauern zu verteidigen. Es hatte den Charakter der nach Unabhängigkeit strebenden Linken, dennoch war es zunächst vorrangig eine politische Bewegung für die Bauern und weniger der Bauern s e l b s t. Grossen Einfluss auf ihre politische Aufklärung übte die Revolution von 1905—1907 (s. Pkt. 4) aus.

4. Die Arbeiterbewegung. Die Revolution von 1905—1907 in den polnischen Gebieten und ihr Einfluss auf das politsche Leben

Bis zur Revolution von 1905—1907 hatte es in Polen über mehr als vierzig Jahre keinerlei breite Massenbewegung gegen den Zarismus gegeben, ausgenommen die Bewegung der Arbeiterklasse. Das weist auf das Auftreten eines im politischen und nationalen Leben überaus aktiven Faktors hin, der mit dem raschen Anwachsen der Arbeiterklasse verbunden ist. Während sich die Bevölkerung im Königreich Polen in den dreissig Jahren zwischen 1880 und 1910 insgesamt um fast 70% vergrösserte, wuchs die Arbeiterklasse im gleichen Zeitraum um 350%; analog vergrösserte sich die Bevölkerungszahl im preussischen Teilungsgebiet um nahezu 30%, die Arbeiterklasse dagegen um 70%. Dem organisatorischen Reifeprozess der Arbeiterbewegung war der ideologische Reifeprozess vorausgegangen. Eine grosse Rolle spielte in diesem Prozess die Emigration nach dem Januaraufstand. Jetzt fanden die Auswanderer schon eine andere Situation in Europa vor als nach dem Novemberaufstand. Die ehemaligen Organisationen und Gruppen hatten an Bedeutung verloren, die Bewegung wurde allgemein radikaler. Es entwickelten sich damals internationale fortschrittliche und revolutionäre Organisationen, die viele Polen anzogen. Sie wirkten daher im Zentralkomitee der Europäischen Demokratie, in der Liga für Frieden und Freiheit und schliesslich in der am 28. September 1864 entstandenen Ersten Internationale (Internationale Arbeiterassoziation). Sie wurde auf dem Meeting gegründet, das die Arbeiterführer zum Zeichen der Solidarität mit dem Januaraufstand einberufen hatten. Karl Marx hatte sich entschieden für den Wiederaufbau eines unabhängigen polnischen Staates ausgesprochen. Als Gradmesser für die radikale Gesinnung der in der Emigration weilenden Polen kann die Tatsache dienen, dass ca. 400 von ihnen an den Kämpfen der Pariser Kommune teilnahmen. Jarosław Dąbrowski (1836—1871), der eine Zeitlang Oberbefehlshaber der Pariser Kommune war, fiel auf ihren Barrikaden im Kampf für ein demokratisches Frankreich und für die Sache der Arbeiter; General der Kommune war auch Walery Wróblewski (1836—1908).

Nach und nach gewannen die sozialistischen Ideen immer mehr Anhänger unter den Polen. Quellen des sozialistischen Gedankenguts waren sowohl die westeuropäischen Zentren als auch die sich in Russland entwickelnde sozialistische Bewegung. Der polnische Sozialismus wurde also unter dem Einfluss zweier politischer Kulturen der Arbeiterbewegung geboren, in die er eigene Werte einbrachte. Die polnischen Funktionäre wirkten vielfach gleichzeitig in der polnischen, russischen und deutschen Arbeiterbewegung. Ziemlich frühzeitig wurden gegenseitige Kontakte zwischen polnischen und ukrainischen Sozialisten angeknüpft, unter denen Iwan Franko (1856—1916) eine bedeutende Rolle spielte.

Die Arbeiterbewegung entwickelte sich anfangs stürmisch. Schon Ende der sechziger, Anfang der siebziger Jahre des 19. Jh. wuchs die Zahl der Arbeiterrevolten, zumeist waren es Streiks mit ökonomischem Charakter, Vereinigungen unterschiedlichen Typs entstanden, u.a. die sog. Widerstandskassen, in der Publizistik tauchten die neuen sozialistischen Ideen auf, die von jungen Intellektuellen wie Stanisław Krusiński (1857—1886), Stanisław Mendelson (1858—1913) und Ludwik Krzywicki (1859—1914) entwickelt wurden. Einen bedeutenden

Ruf errang damals Bolesław Limanowski (1835—1935), der sich als Nachkomme der „Roten" aus dem Januaraufstand bezeichnete. Die von ihm verbreiteten Gedanken waren in starkem Masse von den Lehren des utopischen Sozialismus getränkt und der Revolution abgeneigt.

1878 entstand das erste Programm der polnischen Sozialisten, das sog. Brüsseler Programm, jedoch mussten infolge der Repressalien zahlreiche Funktionäre das Land verlassen. In der Schweiz wurden die Zeitschriften „Równość" (Gleichheit) und später „Przedświt" (Morgendämmerung) gegründet. 1881 gründete Limanowski die Sozialistische Vereinigung „Lud Polski" (Polens Volk), 1882 gründete Ludwik Waryński (1856—1889) nach seiner Rückkehr aus dem Ausland in Warschau die erste polnische sozialistische Partei, deren voller Name Internationale Sozial-Revolutionäre Partei „Proletariat" lautete. Das „Proletariat" stellte vor allem die Klassenfragen in den Vordergrund und kritisierte die nationale Bewegung, die zum gesellschaftlichen Solidarismus führte. Die Partei betonte hauptsächlich die internationalistischen und universellen Ziele des Sozialismus. Für die in der Emigration gegründete theoretische Schrift „Walka Klas" (Klassenkampf) schrieben u.a. Friedrich Engels, Karl Kautsky, Wilhelm Liebknecht und Pjotr Lawrow. Die Verhaftungen in den Jahren 1883/84 und der grosse Prozess, der mit sechs Todesurteilen endete, von denen zwei in lebenslängliche Zwangsarbeit umgewandelt wurden, setzten dem Bestehen des „Proletariats" ein Ende. Stanisław Kunicki, der die Partei nach der Verhaftung Waryńskis geführt hatte, Michał Ossowski, Jan Pietrusiński und der Russe Pjotr Bardowski wurden hingerichtet. Waryński wurde zu 16 Jahren Zwangsarbeit verurteilt; er starb vier Jahre später in der Festung Schlüsselburg.

Die Traditior des „Proletariats" wurde vom Zweiten Proletariat unter der Führung von Ludwik Kulczycki (1866—1941) und Marcin Kasprzak (1860—1905) sowie vom Polnischen Arbeiterbund (ZRP) unter Janusz Tański (1864—1899), Julian Marchlewski (1866—1925) und anderen fortgesetzt. Parallel zur organisatorischen Entwicklung wurde das Proletariat politisch aktiver: Es demonstrierte zum 1. Mai und organisierte Streiks wie z.B. den grossen Generalstreik 1892 in Łódź. Desgleichen trat die internationale Arbeiterbewegung in ein neues Entwicklungsstadium ein. 1889 entstand die Zweite Internationale, an deren Gründungsmeeting in Paris u.a. Stanisław Mendelson und Feliks Daszyński (1863—1890) teilnahmen. Bald machten sich ideologische Diskrepanzen innerhalb der Arbeiterbewegung bemerkbar. Sie spaltete sich ein einen gemässigten Flügel, der auf Reformen und den parlamentarischen Kampf ausgerichtet war, und in einen revolutionären Flügel, der die Hoffnung auf radikale Veränderungen mit bewaffnetem Kampf verband. Das Endziel war ähnlich: ein sozialistisches System; die politische Praxis aber unterschied sich. Die erste dieser Richtungen entwickelte sich zur sozialdemokratischen Bewegung, um nach einigen Jahrzehnten den linken Flügel der bürgerlichen Parteien einzunehmen. Die andere hingegen wurde zur Quelle der kommunistischen Bewegung.

In den polnischen Gebieten betrafen die Widersprüche zusätzlich die nationale Frage. Die 1892 auf dem Kongress in Paris gegründete Polnische Sozialistische Partei (PPS) stellte die demokratische Umgestaltung im Staat, den es zuerst wiederzuerrichten galt, in den Vordergrund. Seine Grenzen sollten auch die östlichen Gebiete in Form einer freiwilligen Konföderation einschliessen, die Entwicklung der Gesellschaftsordnung hingegen sollte in sozialistischer Richtung erfolgen. Die Fragen der Revolution und des Klassenkampfes wurden nicht betont.

Da die im Jahre 1893 unter der Bezeichnung Sozialdemokratie des Königreichs Polen (seit 1900 Sozialdemokratie des Königreichs Polen und Litauens — SDKPiL) gegründete Partei die Frage der Wiedererlangung der Unabhängigkeit nicht auf die Tagesordnung setzte, weil sie das polnische Proletariat dem Proletariat der Annexionsstaaten nicht entgegenstellen und das Klassenbewusstsein nicht schwächen wollte, schlossen sich viele klassenbewusste und revolutionäre Arbeiter und andere Anhänger des Sozialismus der PPS an und verliehen ihr einen weitaus revolutionäreren Charakter, als ihr Programm verkündete.

Das Resultat war eine Spaltung innerhalb der PPS. Die Evolution, die zur Entfaltung einer gewaltigen Klassenbewegung z.B. in Form von Streiks führte, entsprach nicht den Wünschen der „Alten", die die Notwendigkeit des unmittelbaren und auf diplomatische Weise organisierten bewaffneten Kampfes um die Unabhängigkeit, der sich gegen Russland richten sollte, als oberste Losung proklamierten. Führer der „Alten" war der namhafte PPS-Funktionär Józef Piłsudski (1867—1935), der vor allem die Idee der Unabhängigkeit verfocht und eine politische Partei (in diesem Falle die PPS) für die unerlässliche Plattform des Handelns hielt. Um Piłsudski scharten sich solche Funktionäre wie u.a. Witold Jodko-Narkiewicz, Stanisław Jędrzejewski, Stanisław Wojciechowski, Aleksander Prystor und Walery Sławek. In ihren Händen lag auch die Kampforganisation der PPS, die seit Oktober 1905 von Piłsudski geführt wurde, der schon vorher versucht hatte, eine Zusammenarbeit mit den gegen Russland kämpfenden Japanern vorzuschlagen. Die inneren Konflikte der PPS verschärften sich während der Revolution von 1905/06, als nach dem Parteiausschluss der Kampfabteilung, die die erwähnte Kampforganisation lenkte, die hauptsächlich auf diese Organisation gestützte PPS-Revolutionäre Fraktion gebildet wurde. Sie unterstand vor allem Piłsudski und diente der Schaffung von paramilitärischen Organisationen (Schützenvereine, Konspirativer Bund des Aktiven Kampfes) und der Polnischen Legionen. Viele Funktionäre der Fraktion schieden im Verlauf jener „nationalen" (auf die Unabhängigkeit gerichteten) Tätigkeit aus der Partei aus, darunter Piłsudski selbst. Die zweite aus der Spaltung hervorgegangene Partei, die PPS-Linke, war in stärkerem Masse auf die Massenarbeit unter den Arbeitern ausgerichtet. Zu ihren Führern gehörten u.a. Maksymilian Horwitz-Walecki, Feliks Sachs, Feliks Kon, Maria Koszutska. Im Dezember 1918 vereinigte sich die PPS-Linke mit der SDKPiL zur Kommunistischen Arbeiterpartei Polens (KPRP), die PPS-Fraktion dagegen vereinigte sich 1919 mit der PPS Galiziens und Schlesiens sowie der PPS des preussischen Teilungsgebietes zur gemeinsamen Polnischen Sozialistischen Partei (s. XII. 1).

Die SDKPiL entstand mit Hilfe der Funktionäre des Zweiten Proletariats und des Polnischen Arbeiterbundes. Zu ihren Mitbegründern gehörten u.a. solche Funktionäre wie Rosa Luxemburg (1871—1919), Julian Marchlewski, Leon Jogiches-Tyszka (1867—1919), Adolf Warszawski-Warski (1867—1937), Bronisław Wesołowski (1870—1919), die zugleich Funktionäre der deutschen Sozialdemokratie waren. Als die Tätigkeit der SDKP nach zahlreichen Verhaftungen zum Erliegen gekommen war, trugen besonders der aus der Verbannung zurückgekehrte Feliks Dzierżyński (1877—1926), Jan (1845—1914) und Antoni (1882—1902) Rosół sowie Marcin Kasprzak zu ihrem Wiederaufbau bei, der in Warschau, wo er eine Druckerei leitete, verhaftet und 1905 erhängt wurde. 1897 entstand im Königreich der Allgemeine Jüdische Arbeiterbund; auch der SDKPiL und der PPS gehörten Arbeiter jüdischer Herkunft an.

Die SDKPiL arbeitete mit der Sozialdemokratischen Arbeiterpartei Russlands (SDAPR) zusammen. Das hinderte sie nicht daran, miteinander zu diskutieren und zu disputieren. 1903, auf dem zweiten Parteitag der SDAPR, kam es zu einer Polemik mit der Delegation der SDKPiL zur nationalen Frage, besonders zwischen Rosa Luxemburg und Wladimir Iljitsch Lenin (1870—1924). Lenin verteidigte das Recht der Völker auf ihre Selbstbestimmung. Das war ein weiteres Kapitel des Disputs um den Standpunkt der Arbeiterklasse zum Kampf um die Unabhängigkeit Polens, an dem sich zuvor u.a. Karl Kautsky, Wilhelm Liebknecht, Georgi Plechanow und Antonio Labriola beteiligt hatten. In diesen Diskussionen unterstützten die Theoretiker die Losung von der Unabhängigkeit Polens, während die meisten führenden Funktionäre der Zweiten Internationale sich eher den Anschauungen der SDKPiL anschlossen.

Die Revolution von 1905—1907, die einerseits zu einer beträchtlichen Radikalisierung der Gesellschaft beigetragen hatte, andererseits jedoch den Zusammenschluss aller bewirkt hatte, die sich den sozialistischen Losungen entgegenstellten — Bourgeoisie, Aristokratie, Kleinbürgertum und wohlhabende Bauern —, bewies, dass unter den polnischen Bedingungen eine Trennung des gesellschaftspolitischen vom nationalen Kampf nicht möglich war. Die Revolution, zu deren Ausbruch das immer revolutionärer werdende russische Proletariat das Signal gegeben hatte, führte in den polnischen Gebieten zum offenen Kampf gegen das Zarentum und besass viele Merkmale eines nationalen Aufstandes. Das Königreich Polen wurde zum stärksten Zentrum der ganzen Revolution. 1905 brachen hier 29% und 1906 sogar 47% aller Streiks im ganzen Zarenreich aus. Die führende Kraft war die Arbeiterklasse, jedoch nahmen an dieser Revolution viele Hunderttausende Vertreter verschiedener Klassen und sozialer Gruppen teil. Die Losung des Kampfes gegen den zaristischen Absolutismus, für die Demokratisierung des

Lebens und damit auch für die Wiederherstellung der nationalen Rechte vereinte viele Polen, obwohl die revolutionären Forderungen nicht so viele Anhänger besassen.

Der Auftakt zur Revolution war der Generalstreik, der am 22. Januar 1905 im Königreich Polen ausbrach. Danach folgten weitere Streiks vorrangig politischen Charakters und Manifestationen wie z.B. der Generalstreik am 1. Mai 1905, der bewaffnete Arbeiteraufstand in Łódź vom 22.—24. Juni, die erste bewaffnete Erhebung der Arbeiter in Europa seit 35 Jahren, ein neuer Generalstreik im Oktober und November, die Entstehung einer Republik im schlesischen Industrierevier (Republika Zagłębiowska), mit anderen Worten: die Ausübung der Macht auf diesem Territorium durch die Arbeiter. Man hat errechnet, dass jeder Arbeiter im ersten Revolutionsjahr durchschnittlich mehr als sechsmal streikte. Zusammen mit den Arbeitern streikten die Landarbeiter, während die Bauern, die eigene Höfe besassen, um das Nutzungsrecht der Allmende kämpften. Integral damit verbunden waren der Widerstand gegen den zaristischen Machtapparat, die Forderung zur Wiedereinführung der polnischen Sprache in Schulen und Ämtern, die Schaffung von Milizen und Volkskomitees usw. Aktiv trat die Jugend auf, sie kämpfte vorrangig um die Einführung der polnischen Unterrichtssprache im Schulwesen. Geschickt schaltete sich die Nationaldemokratie (Endecja) in die Kämpfe ein.

Eine Anzahl Erfolge wurden erzielt, z.B. die Schaffung des 800 Schulen verwaltenden Polnischen Schulvereins, die Gründung des Verbandes der Vereinigungen der Gesellschaftlichen Selbsthilfe, der 655 Schulen leitete, die Bildung der Gesellschaft der Polnischen Kultur u.a. Diese Errungenschaften waren jedoch nicht von Dauer (s. Pkt. 3). Ausserdem wurden, hauptsächlich von der PPS, zahlreiche Anschläge auf Polizisten organisiert.

Die Revolution hatte gewaltigen Einfluss auf das Nationalbewusstsein der polnischen Bevölkerung. Sie erhöhte die politische Kultur der Gesellschaft durch die Entwicklung demokratischer und weltlicher Inhalte und machte die Bevölkerung empfindlich gegenüber sozialem Unrecht. Sie bot auch die Gelegenheit für zahlreiche theoretische und weltanschauliche Diskussionen.

Im Ergebnis der Revolution näherten sich die SDKPiL und die SDAPR weiter an, in der die von Lenin geführten Bolschewiki das Übergewicht erlangten. Die SDKPiL rief zum entschiedenen Kampf gegen das Zarentum und für eine demokratische Ordnung auf, innerhalb der PPS kam es zu der schon erwähnten Spaltung, in deren Ergebnis die linken Tendenzen den Sieg davontrugen. Die Ideologie der Nationaldemokraten wurde konservativer: damals begann die Rivalität zwischen der ideologisch von Roman Dmowski geführten Splittergruppe und Piłsudski, der vorläufig in der PPS-Revolutionären Fraktion wirkte. Schon bald führten die ziemlich wesentlichen Veränderungen in der internationalen Situation sowie der Fortschritt in der gesellschaftlichen und wirtschaftlichen Sphäre zu einer Evolution des politischen Lebens (s. XI. 6).

5. Das Aufblühen der polnischen Kultur und Wissenschaft

Die Zeit nach den Aufständen, in der die Polen die Hoffnung auf eine baldige Unabhängigkeit verloren hatten, führte zu einer beachtlichen Bereicherung der polnischen Kultur und Wissenschaft. In zunehmendem Masse wurden die kulturellen Errungenschaften von breitesten Kreisen der Bevölkerung genutzt.

Grundbedingung war hier das Bildungsniveau. Neben der schulischen Bildung, die von den Eroberern beeinflusst wurde, spielten, wie schon erwähnt, die unterschiedlichsten ausserschulischen Formen der Wissensverbreitung eine gewaltige Rolle: Bücher, Bibliotheken, Kurse, Vereine, Volksuniversitäten usw. Weiterhin führten in diesem Bereich die Westgebiete, in denen es keinen Analphabetismus gab. Im Königreich Polen dagegen konnten damals 65% der Bevölkerung nicht lesen und schreiben, in Galizien waren es 57%, obwohl es 1914 schon in jedem galizischen Dorf eine Schule gab. An der Krakauer Universität betrug der Anteil der Bauernjugend damals ca. 15%.

In den grosspolnischen Dörfern besassen vor dem ersten Weltkrieg schon 70% der Bauern Steinhäuser, in Galizien dagegen nur 5%, im westlichen Teil des Königreichs 11%, im Osten jedoch nur 1,4%. Grosse Unterschiede bestanden auch bei der Wohnungsausstattung und der Kleidung. Im allgemeinen kann man sagen, dass auf dem Lande nach der Bodenverleihung an die Bauern zwei Prozesse sichtbar wurden: auf der einen Seite das Aufblühen der Volkskultur, auf der anderen die Einbeziehung der Bauern in die Strömung der Nationalkultur, die immer weniger elitären Charakter hatte.

Ähnlich wie bei der Wissensverbreitung wurden im Bereich der Wissenschaft ebenfalls verschiedene Formen des privaten und gesellschaftlichen Mäzenatentums ins Leben gerufen, die die Tätigkeit staatlicher Institutionen ersetzten. Die wichtigsten Zentren des wissenschaftlichen Lebens waren die Universitäten in Krakau und in Lwow, aber auch das 1870 in Rapperswil in der Schweiz gegründete Polnische Nationalmuseum. Die Warschauer Universität, die nach dem Novemberaufstand geschlossen worden war (s. X. 2), nahm 1863 ihre Tätigkeit für einen Zeitraum von sieben Jahren als Hauptschule wieder auf. Absolventen der Hauptschule waren so hervorragende Schriftsteller und Gelehrte wie Henryk Sienkiewicz, Bolesław Prus, Zygmunt Gloger (Ethnograph) und Jean Baudouin de Courtenay (Sprachwissenschaftler). Im Ergebnis der Russifizierungsaktion wurde die Hauptschule in eine russische Universität umgestaltet und erst 1915 nach der Einnahme Warschaus durch die Deutschen polonisiert. In der Übergangszeit bemühten sich die Professoren der Schule, eine polnische Institution zu gründen, die über die Entwicklung der Wissenschaft wachen sollte. Sie riefen 1881 die nach dem 1879 verstorbenen ehemaligen Rektor der Hauptschule benannte Józef-Mianowski-Kasse ins Leben, die diese Funktion in der Illegalität ausübte. Erst 1907, nach

Die „Kinderkapelle" von Tadeusz Makowski (1882–1932), einem der namhaftesten polnischen Maler des 20. Jh., seit 1908 in Frankreich. Schöpfer von poetischen Szenen aus dem Kinderleben sowie von Genregemälden und grotesken Landschaften

Zygmunt Wróblewski (1845–1888) und Karol Olszewski (1846–1915), Begründer der Tieftemperaturtechnik. 1883 gelang es ihnen, erstmals Luftsauerstoff und Stickstoff zu verflüssigen.

Maria Skłodowska-Curie (1867–1934), Physikerin und Chemikerin, große polnische, in Frankreich tätige Gelehrte, Mitbegründerin der Lehre von der Radioaktivität, zweifache Nobelpreisträgerin

Bolesław Prus (1847–1912), Schriftsteller, Mitbegründer des kritischen Realismus in Polen

Henryk Sienkiewicz (1846–1916), historischer Schriftsteller, Nobelpreisträger

Stefan Żeromski (1864–1925), Schriftsteller, Romancier, Novellist und Dramatiker

Stanisław Ignacy Witkiewicz (1885–1939), Schriftsteller, Maler, Philosoph und Kunsttheoretiker. Selbstbildnis

„Vierergespann". Gemälde von Józef Chełmoński (1849–1914), einem Vertreter der realistischen Strömung in der polnischen Malerei, Schöpfer stimmungsvoller Landschaften und Genreszenen

Stanisław Wyspiański (1869–1907), Dramatiker, Dichter, Maler, Theaterrreformer und Schöpfer nationaler Dramen. Selbstbildnis

„Der schlafende Mietek". Gemälde von Stanisław Wyspiański

Władysław Stanisław Reymont (1867–1925), Schriftsteller, Verfasser von Gesellschaftsromanen, Nobelpreisträger. Das Porträt stammt von Jacek Malczewski (1854–1929), einem der führenden Maler des Jungen Polen, einem Vertreter des Symbolismus.

Jan Matejko (1838–1893), namhaftester polnischer Historienmaler. Seine Monumentalgemälde, die zur Zeit der Teilungen entstanden und an die großartigsten Momente der polnischen Geschichte erinnern, spielten eine große Rolle bei der Aufrechterhaltung des Glaubens an die Wiedererlangung der Unabhängigkeit. Selbstporträt

Ignacy Jan Paderewski (1860–1941), weltberühmter Pianist, Komponist, Politiker, 1919 Premierminister, Vertreter Polens im Völkerbund

Karol Szymanowski (1882–1937), hervorragender Komponist, Schöpfer eines sehr individuellen, auf Elemente der polnischen Folklore gestützten Musikstils

der Revolution, gelang es, die Wissenschaftliche Gesellschaft in Warschau zu legalisieren. Es entstanden zahlreiche berufsbildende Hochschulen. 1870 wurde die technische Hochschule in Lwow gegründet und 1898 die — bis 1915 russische — technische Hochschule in Warschau. 1918 entstand die Landwirtschaftliche Hauptschule, erwachsen aus der während der Revolution von 1905—1907 von der Gesellschaft für Wissenschaftliche Kurse in Warschau organisierten Landwirtschaftsfakultät, die in die Landwirtschaftlich-Industriellen Kurse beim Museum für Industrie und Landwirtschaft überging. 1915 entstand auch die Handelshochschule, die aus einer 1906 unter dem Namen Handelskurse gegründeten Privatschule hervorgegangen war. Andere Landwirtschaftsschulen wirkten in Dublany bei Lwow, in Czernichów bei Krakau und in Żabików bei Poznań, letztere wurde nach einigen Jahren von der Annexionsmacht aufgelöst. Wissenschaftliche Gesellschaften arbeiteten in Poznań und Toruń. Gesamtpolnischen Wirkungsbereich hatte die 1872 gegründete Akademie der Fertigkeiten in Krakau (Akademia Umiejętności), die Vorgängerin der Polnischen Akademie der Fertigkeiten (Polska Akademia Umiejętności) und der Polnischen Akademie der Wissenschaften (Polska Akademia Nauk, PAN). 1893 übernahm sie die Historisch-Literarische Gesellschaft in Paris und eröffnete dort eine bis heute bestehende wissenschaftliche Abteilung.

Die Zahl wissenschaftlicher und populärwissenschaftlicher Zeitschriften — medizinischer, juristischer, ökonomischer, landwirtschaftlicher, technischer und anderer —, in denen man sich bemühte, die Bevölkerung über die Ergebnisse der wissenschaftlichen Forschungen zu informieren, nahm zu. 1882 wurde die populäre Wochenzeitung „Wszechświat" (Weltall) gegründet, die bis heute erscheint. Seit 1897 wurde der Ratgeber für Autodidakten „Poradnik dla Samouków" herausgegeben, in dem sich die berühmtesten Wissenschaftler äusserten.

Der Information und Wissenschaft dienten auch Werke wie das Geographische Wörterbuch des Königreichs Polen „Słownik geograficzny Królestwa Polskiego" (1880—1902), die Polnische Bibliographie „Bibliografia polska" Karol Estreichers (seit 1870), die Grosse Allgemeine Illustrierte Enzyklopädie „Wielka Encyklopedia Powszechna Ilustrowana" (ab 1892), Sprachwörterbücher usw.

Man kann von einem bedeutenden Fortschritt bei der intellektuellen Entwicklung des Lebens in den polnischen Gebieten sprechen. Ausländische Arbeiten wurden übersetzt, u.a. drei Werke von Henri Poincaré: „Wissenschaft und Hypothese" (1908), „Wert der Wissenschaft" (1908) und „Wissenschaft und Methode" (1911).

Rege entwickelten sich weiterhin die Geschichtswissenschaften, die die Ansichten über das Schicksal der Nation widerspiegelten. Im besonderen polemisierte man über die Gründe, die zum Niedergang des adligen Polens geführt hatten. Es dominierten gesellschaftlich konservative Ideen, die nach dem Zusammenbruch der Revolution von 1905—1907 um so sichtbarer waren. Zu den namhaftesten Historikern gehörten Walerian Kalinka (1826—1886), Józef Szujski (1835—1883), Michał Bobrzyński (1849—1935), Stanisław Smolka (1854—

1924), Tadeusz Korzon (1839—1918), Adolf Pawiński (1840—1896), Władysław Smoleński (1851—1926) und Tadeusz Wojciechowski (1838—1919). Zu Beginn des 20. Jh. begann ein anderer Wind zu wehen. Die wiederauflebenden Ideen von der Unabhängigkeit fanden ihren Niederschlag auch in der Geschichtsschreibung. Eine führende Rolle spielte hier die Schule Szymon Askenazys (1866—1935), auch Wacław Tokarz (1873—1937), Marceli Handelsman (1882—1945), Władysław Konopczyński (1880—1952) trugen zur Entwicklung der wissenschaftlichen Tätigkeit bei, ebenso wie die Schöpfer der Wirtschaftsgeschichte Franciszek Bujak (1875—1953) und Jan Rutkowski (1886—1949).

Es entwickelten sich die slawische Sprachwissenschaft (Jan Karłowicz, 1836—1903; Aleksander Brückner, 1856—1939), Ethnographie und Soziologie. 1884 erschien die erste polnische Ausgabe des „Kapital" von Karl Marx in der Übersetzung Ludwik Krzywickis, des berühmtesten polnischen Soziologen jener Zeit.

Wesentliche Errungenschaften erzielten die Naturwissenschaften. Es entwickelten sich (s. X. 2) die Geographie, die Zoologie (Benedykt Dybowski, 1833—1930), die Paläontologie (Jan Czerski, 1845—1892), die Geologie (Aleksander Czekanowski, 1833—1876). Ausserhalb der Landesgrenzen wirkten zahlreiche nahmhafte Ingenieure: Rudolf Modrzejewski (Ralph Modjeski, 1861—1940, Sohn der weltbekannten Schauspielerin Helena Modrzejewska), Konstrukteur vieler Brücken in den USA, Władysław Kluger (1849—1884), der sich um den Ausbau des Verkehrs in Peru verdient machte, auch der spätere Präsident Polens (s. XII. 3) Gabriel Narutowicz (1865—1922), der als Hydroenergetiker in der Schweiz tätig war. Auch auf dem Gebiet der Biologie und Medizin brachte die polnische Wissenschaft viele berühmte Persönlichkeiten hervor, von denen die meisten ausserhalb Polens arbeiteten, z.B. der Mitentdecker der Vitamine Kazimierz Funk (1884—1967) und der Botaniker Leon Cienkowski (1822—1887). Besonders grosse Bedeutung für die Wissenschaft hatten die Leistungen der Polen in den exakten Wissenschaften. Zygmunt Wróblewski (1845—1888) und Karol Olszewski (1846—1915) verflüssigten zum erstenmal Sauerstoff und Stickstoff, Marian Smoluchowski (1872—1917) erzielte hervorragende Leistungen bei der Begründung der Kinetik- und Molekulartheorie (Erforschung der Brownschen Bewegungen), und Maria Curie-Skłodowska (1867—1934), die in Frankreich Untersuchungen zur Radioaktivität durchführte, erhielt zwei Nobelpreise, 1903 mit Pierre Curie für die Entdeckung der Elemente Polonium und Radium und 1911 für die Reindarstellung des Radiums.

Die damaligen ideologischen Strömungen, politischen Tendenzen und sozialen Konflikte schlugen sich in der schöngeistigen Literatur nieder. Im ersten Abschnitt des Positivismus dominierte deutlich die Romanschriftstellerei. Die bedeutendsten Schriftsteller jener Epoche Eliza Orzeszkowa, Bolesław Prus und Henryk Sienkiewicz stellten ihr Talent in den Dienst der positivistischen Ideale. Die grösste Popularität errang der historische Roman, der u.a. von J.I. Kraszewski (s. X. 2) und H. Sienkiewicz vertreten wurde. Letzterer wurde 1905 für „Quo vadis?"

mit dem Nobelpreis geehrt. Es entwickelten sich auch die Poesie (Maria Konopnicka, 1842—1910; Adam Asnyk, 1838—1897) und die Dramatik (Michał Bałucki, 1837—1901).

Um die Jahrhundertwende ging die Literatur in das Stadium des Naturalismus und der Neoromantik (des sog. Modernismus — Junges Polen) über, deren Pendant in der bildenden Kunst die sog. Sezession war. Bedeutendster, jedoch nicht einziger Brennpunkt des Modernismus wurde Krakau, der berühmteste und darüber hinaus vielseitigste Vertreter dieser Richtung war Stanisław Wyspiański (1869—1907), Maler, Dichter, Theaterreformer, Verfasser vieler Nationaldramen, u.a. der „Hochzeit" (1901). Viele neue Impulse erhielt die Bewegung von Stanisław Przybyszewski (1868—1917). Der 1898 aus Berlin über Skandinavien, Paris und Spanien nach Krakau gekommene Dichter, Essayist und Romanschriftsteller galt als Idol des Jungen Polen. Er übertrug Stil und Atmosphäre der westeuropäischen Boheme auf Krakauer Boden. Aufsehen erregten damals mit ihren Dramen Gabriela Zapolska (1857—1921) und mit ihren Romanen Stefan Żeromski (1864—1925) und Władysław Reymont (1867—1925), der 1924 für seinen Roman „Die Bauern" den Nobelpreis erhielt und neben vielen anderen Romanen „Das gelobte Land" schrieb.

Auch Kabarette entstanden. Am beliebtesten war der von Tadeusz Boy-Żeleński (1874—1941), Literatur- und Theaterkritiker, Übersetzer aus dem Französischen und Arzt, inspirierte „Grüne Ballon".

In der Malerei hatten die Künstler, die im realistischen Stil nationale und historische Themen darstellten, den meisten Einfluss auf das gesellschaftliche Bewusstsein, so z.B. Jan Matejko (1838—1893), Artur Grottger (1837—1867) und Juliusz Kossak (1824—1899). Die gesellschaftliche Thematik griffen Józef Szermentowski (1833—1876), Wojciech Gerson (1831—1901), Józef Chełmoński (1849—1914) und Maksymilian Gierymski (1848—1874) auf. Unter dem Einfluss des Impressionismus, Postimpressionismus und der Sezession wirkten u.a. Józef Pankiewicz (1866—1940), Olga Boznańska (1865—1940), Aleksander Gierymski (1850—1901), Jacek Malczewski (1854—1929), Stanisław Wyspiański und Józef Mehoffer (1869—1946). In der Bildhauerei zeichneten sich die im Ausland tätigen Epigonen des Klassizismus Wiktor Brodzki (1817—1904) und Marceli Guyski (1830—1893) durch besondere Leistungen aus. Neuen Strömungen wandten sich vor allem Konstanty Laszczka (1865—1956), Jan Raszka (1871—1945) und Xawery Dunikowski (1875—1964) zu.

Weiterhin wuchs (s. X. 2) die Bedeutung des Theaters. Besonders aktiv waren die Theater in Krakau und Lwow, die keiner so scharfen Zensur unterlagen. Auf ihren Bühnen spielten viele hervorragende Schauspieler: Wincenty Rapacki (1840—1924), Aleksander Zelwerowicz (1877—1955), Ludwik Solski (1855—1954) und Helena Modrzejewska (1840—1909). 1907 liefen auch die ersten polnischen Filme.

Im Musikleben bestanden die Veränderungen im Verhältnis zur vorangegangenen Epoche vor allem in der Annäherung an die internationale Musik, eine Tendenz, die von den mit dem Jungen Polen verbundenen Komponisten ausging. Vor ihnen hatten die sich programmatisch von jeglichen Neuheiten abkehrenden bekannten Komponisten Władysław Żeleński (1837—1921) und Zygmunt Noskowski (1846—1904) gewirkt. Schüler Noskowskis waren u.a. Karol Szymanowski (1882—1937) und Ludomir Różycki (1884—1953). Gemeinsam mit anderen wie z.B. Mieczysław Karłowicz (1876—1909) bildeten sie die „Gruppe des Jungen Polen" in der Musik. Grosse Erfolge errangen polnische Violinisten, insbesondere Henryk Wieniawski (1835—1880), und der Dirigent Grzegorz Fitelberg (1879—1953).

Ein berühmter polnischer Pianist und Komponist und zugleich Politiker und Staatsmann (s. XII. 1) war Ignacy Paderewski (1860—1941). Einen Erneuerungsprozess der polnischen Musik leitete u.a. Karol Szymanowski ein, der sich, wie dereinst Chopin, von der Folklore inspirieren liess.

Angesichts der sich entwickelnden Volkskultur, aus der die gesamtnationale Kultur in immer stärkerem Masse schöpfte, gebührte der Ethnographie ein wichtiger Platz, die allmählich über das Stadium des Sammelns hinauswuchs. Intensiv arbeitete Oskar Kolberg an der Aufzeichnung und Erläuterung der Folklore. Gegenstand des Interesses war die sich belebende Volkskunst in Schlesien und Pommern. 1863 wurden in Wrocław polnische Volkslieder aus Oberschlesien von Julius Roger gedruckt. Man stellte sprachwissenschaftliche Untersuchungen der Volksdialekte an.

Auch deuteten sich Prozesse zur Vereinheitlichung der Sachkultur an, obwohl die sozialen Unterschiede, z.B. in der Frage des Verdienstes, unter den Einwohnern sehr gross waren. Zum Modell des Lebens wurde die bürgerliche Kultur, die nach und nach auch vom Dorf nachgeahmt wurde. Aber auch hier herrschte keine Einheitlichkeit. Sehr verschieden sahen die Wohnungen aus. Die meisten Menschen lebten unter sehr schwierigen Wohnverhältnissen, denn das Bauwesen blieb hinter dem raschen Bevölkerungszuwachs zurück.

Neben Wissenschaft, Literatur und bildender Kunst erregte auch der Sport damals in immer stärkerem Masse das Interesse der Menschen. Die Tätigkeit des Polnischen Turnvereins „Sokół" (Falke), der 1867 in Galizien entstanden war, erfasste auch die anderen Teilungsgebiete. 1910 breitete sich die Idee des Pfadfindertums aus. All das übte auch einen beträchtlichen Einfluss auf die Entwicklung der modernen Gesellschaft und die nationale Integration aus.

6. Die polnische Frage in der Zeit des ersten Weltkrieges. Die Erlangung der Unabhängigkeit

Die allseitige Tätigkeit auf wirtschaftlichem Gebiet, der Aufschwung der Wissenschaft, der Kultur und des politischen Lebens sowie die damit Hand in

Hand gehenden Wandlungen im Bewusstsein der Polen erwiesen sich aus historischer Sicht als der wichtigste Faktor, der bewirkte, dass das polnische Volk einen eigenen Staat anstrebte und die „polnische Frage" in der internationalen Politik ständig präsent war. Der erste Durchbruch in den zwischenstaatlichen Beziehungen, der eine Chance für die Aktualisierung dieser „Frage" bot, war die Herausbildung von zwei sich in zunehmendem Masse feindlich gegenüberstehenden Lagern: der sog. Dreierpakt, d.h. die Mittelmächte (das politisch-militärische Bündnis Deutschalnds, Österreich-Ungarns und Italiens), sowie die sog. Entente oder Tripelallianz zwischen England, Frankreich und Russland. 1914 traten noch Serbien, Montenegro, Belgien, Japan, das aus dem Dreierpakt ausgeschiedene Italien, Portugal, Rumänien und ab 1917 die Vereinigten Staaten der Entente bei. Den Mittelmächten schlossen sich die Türkei und Bulgarien an. Zahlreiche Ereignisse wie die Annexion Bosniens und der Herzegowina durch Österreich 1908, der Marokko-Konflikt 1911, die Balkankriege 1912, 1913 und zugleich die immer sichtbarer werdende Expansionspolitik Deutschlands beschworen die Gefahr eines Krieges herauf.

In den polnischen Gebieten lag das Zentrum der politischen Aktivität damals in Galizien, dorthin kamen auch Funktionäre aus anderen Teilungsgebieten. Es überwog die Orientierung, die auf einen Sieg der Mittelmächte zählte; ihre Anhänger konzentrierten sich hauptsächlich um Józef Piłsudski und die Führer der PPS-Fraktion. Diese gründeten 1908 den auf eine bewaffnete Auseinandersetzung ausgerichteten schon erwähnten Verband des Aktiven Kampfes (ZWC), zu dessen Befehlshabern auch Kazimierz Sosnkowski (1885—1969), Marian Kukiel (1885—1973) und Władysław Sikorski (1881—1943) gehörten. 1910 gründete Piłsudski den militärischen Schützenverband, während Władysław Sikorski, der in der sich für die Unabhängigkeit Polens einsetzenden, in Lwow gegründeten Partei der Fortschrittlichen Demokraten wirkte, ebenfalls einen paramilitärischen Schützenbund aufstellte.

Es sei hinzugefügt, dass sich damals eine Zusammenarbeit zwischen Piłsudski und Sikorski anbahnte und Sikorski neben Edward Rydz-Śmigły und Kazimierz Sosnkowski zur nächsten Umgebung des künftigen Marschalls von Polen gehörte. Der ehrgeizige und begabte Politiker Władysław Sikorski war nicht in gleichem Masse mit den Eigenschaften eines Befehlshabers ausgestattet wie Józef Piłsudski, doch wenn er auch in dessen Schatten wirkte, so bedeutete das nicht, dass er nur sein williger Handlanger war. Piłsudski liess es nicht zu, dass Sikorski übermässig in den Vordergrund rückte, und nach 1926 (s. XII. 3) liess er ihn aus dem aktiven Dienst entfernen. Von den Anhängern Piłsudskis angegriffen, wurde Sikorski zu einer der hervorstechendsten Persönlichkeiten der gegen die Sanacja (Piłsudski und seine Anhänger) gerichteten Opposition. Der erste grössere Streit zwischen Sikorski und Piłsudski hatte schon 1915 stattgefunden und betraf die Einschätzung der Situation der Mittelmächte im Kriege sowie die Rolle der austropolnischen Orientierung, eine Position, die Sikorski bis Anfang 1918 nicht aufgeben konnte.

1912 wurde die Provisorische Kommission der Konföderierten Unabhängigkeitsparteien (TKSSN) mit Józef Piłsudski und Witold Narkiewicz an der Spitze gegründet. Sie vereinigte die unterschiedlichsten Gruppierungen, darunter die PPS aus dem preussischen Teilungsgebiet, wenig später jedoch geriet sie in eine Krise. Gerade Wincenty Witos (1874—1945) führte damals die Spaltung der Polnischen Bauernpartei (PSL) herbei (s. Pkt. 3), rief die PSL-„Piast" ins Leben und trat aus der Kommission aus. Die Mehrheit der PSL-Linken näherte sich der 1915 in Warschau aus dem Zusammenschluss einiger Bauernorganisationen gegründeten PSL-„Wyzwolenie" (Befreiung).

Die Nationaldemokraten bereiteten sich ebenfalls auf die Übernahme der Macht in einem künftigen Staat vor, sie zählten jedoch in ihren Plänen auf einen Sieg der Entente und hofften gleichzeitig auf Zugeständnisse von seiten des Zarentums. Einzig die Linke der Arbeiterbewegung (SDKPiL und PPS-Linke), mit der Lenin während seines Aufenthalts in Polen 1912—1914 Kontakte unterhielt, sprach sich gegen den Krieg aus und erblickte die Lösung im baldigen Ausbruch der Revolution.

Als die Einheit der Teilermächte in Kriegsblöcke zerfiel, wurden die polnischen Gebiete in weiten Teilen zum Kriegsgebiet im Osten, und für die beiden kriegführenden Seiten hatte die Haltung der polnischen Bevölkerung grosse Bedeutung. Beide Parteien wetteiferten um die Unterstützung der polnischen Bevölkerung, sie lockten mit Versprechungen, gaben aber keinerlei offizielle Garantien als Äquivalent.

Die ersten zwei Jahre des im August 1914 ausgebrochenen Krieges brachten keine konkreten Ergebnisse in der polnischen Frage. An der Seite Österreichs gründete Piłsudski aus den verschiedenen Schützenorganisationen die Polnischen Legionen für den Kampf gegen Russland. Er rechnete damit, dass der Aufstand im Königreich ausgerufen würde, und marschierte zu diesem Zweck am 6. August 1914 aus Galizien ins Königreich (Vorstoss auf Kielce), wobei er die Nachricht verbreitete, dass in Warschau schon eine Nationalregierung bestünde. Als Piłsudski im Königreich keine Unterstützung fand, musste er sich mit dem Wirken der Legionen innerhalb der österreichischen Armee zufriedengeben. Am 16. August 1914 enststand in Krakau das Oberste Nationalkomitee (NKN), das die Basis für die Tätigkeit der Legionen darstellte. Es plante eine Angliederung des russischen Teilungsgebietes an Österreich. Gleichzeitig wurden die Provisorische Kommission (TKSSN) und das vorher entstandene nationaldemokratische konservative Zentrale Nationalkommitee (CKN) aufgelöst. Das rief jedoch nur neue Konflikte hervor; Piłsudski begann also in dieser Situation mit den Deutschen zu verhandeln. Er schlug vor, innerhalb der von ihm gegründeten neuen Polnischen Nationalorganisation (PON) und anschliessend der Polnischen Heeresorganisation (POW) für Deutschland zu wirken.

Die Entwicklung der politischen Lage und der Kriegssituation seit Ende 1916, Anfang 1917, besonders aber der sich hinziehende Krieg und die gewaltigen Verluste, veranlassten die kriegführenden Seiten — die ehemaligen Teilerstaaten —, sich in der polnischen Frage zu äussern. Der deutsche und der österreichisch-ungarische Kaiser erliessen am 5. November 1916 eine Proklamation über die Schaffung eines autonomen — jedoch nicht unabhängigen — Staates, der lediglich das Territorium des russischen Teilungsgebietes umfassen sollte. Im Dezember 1916 wurde ein Provisorischer Staatsrat gebildet, in dem Piłsudski das Referat für Heeresfragen übernahm. Es ging um die Gewinnung polnischer Rekruten und ausserdem um die Bildung eines Satellitenstaates, der Deutschland von Russland abtrennen sollte. Man beabsichtigte, die polnische Bevölkerung aus dem preussischen Teilungsgebiet auf das Territorium des geplanten Staates umzusiedeln. Auch Zar Nikolaus II. gab einige etwas leere Erklärungen über die „Schaffung" Polens ab.

Grosse, hauptsächlich moralische Bedeutung für die polnische Frage hatte der Standpunkt der Vereinigten Staaten, vor allem Präsident Wilsons. Schon im Januar 1917 stellte er fest, dass der Wiederaufbau Polens eine der Bedingungen des Friedens sei. Ein Jahr später, in gewissem Grade unter dem Einfluss des entschiedenen Standpunkts der Befehlshaber der Oktoberrevolution in der polnischen Frage, widmete er einen der 14 Punkte, in denen er die komplexen Bedingungen des künftigen Friedens festlegte, der polnischen Frage. Er hielt die Notwendigkeit des Wiederaufbaus des polnischen Staates mit Zugang zum Meer fest. Einen direkteren Einfluss auf die polnische Frage hatten die politischen Veränderungen in Russland und in Deutschland. Im Ergebnis der Revolution (der sog. Februarrevolution) wurde am 16. März 1917 die Zarenmacht in Russland gestürzt. Es entstand eine Provisorische Regierung, die den Wiederaufbau Polens proklamierte, jedoch im Geiste der Proklamation vom 5. November. In der neuen Proklamation war im voraus festgelegt, dass der polnische Staat mit Russland durch einen „freien militärischen Pakt" verbunden sein solle.

Die internationale Debatte zum Thema Polen und seiner Zukunft verstärkte sich. In Russland und in Frankreich entstanden polnische Militärformationen, die politische Aktivität der polnischen Funktionäre wuchs. Im August 1917 wurde in der Schweiz das wenig später nach Paris verlegte Polnische Nationalkomitee unter Führung von Roman Dmowski gegründet, das von den Staaten der Entente als politische Vertretung Polens anerkannt wurde.

Angesichts der veränderten Situation gab Piłsudski seine auf die Mittelmächte gerichtete Orientierung auf, er trat aus dem Provisorischen Staatsrat aus und stellte sich in Opposition zu den Okkupationsbehörden, besonders aber zu ihrem Vertreter, dem deutschen General von Beseler. Er wurde von den Deutschen verhaftet. Seine vorangegangene Arbeit in der Polnischen Heeresorganisation und die Haft verliehen ihm noch grössere Popularität im Lande. Immer geringeren Einfluss übten die „Aktivisten" aus, die auf eine erfolgreiche Zusammenarbeit mit den kriegführenden Seiten zählten. Der Provisorische Staatsrat wurde aufgelöst.

Der nächste Schachzug des deutschen und des österreichisch-ungarischen Kaisers war die Bildung eines neuen Staatsrates sowie eines Regentschaftsrates am

12. September 1917, der durch den Warschauer Erzbischof Aleksander Kakowski, den Fürsten Zdzisław Lubomirski und den Grafen Józef Ostrowski verkörpert wurde. Die Vorbereitungen der Aristokratie auf die Machtübernahme im künftigen Staat wurden durch das Anwachsen der demokratischen und revolutionären Stimmungen durchkreuzt.

Inzwischen gingen in Russland revolutionäre Veränderungen vor sich. Die Macht übte die bürgerliche Provisorische Regierung aus, gleichzeitig aber wirkten die Arbeiter-, Bauern- und Soldatenräte, die die arbeitenden Massen repräsentierten. Unmittelbar zur polnischen Frage sprachen sich die Abgeordneten des Petrograder Sowjets aus, die am 14. (27.) März eine Proklamation an das polnische Volk herausgaben, in der sie bestätigten, dass Polen das „Recht auf vollständige Unabhängigkeit" besässe. Einen ähnlichen Standpunkt vertrat die VII. (April-)Konferenz der Sozialdemokratischen Arbeiterpartei Russlands (der Bolschewiki). Lenin kritisierte die Proklamation der Provisorischen Regierung und stellte fest, es sei ein Betrug, von einem angeblich freien militärischen Bündnis Polens mit Russland zu sprechen.

Nach dem Sturz der Provisorischen Regierung durch die Oktoberrevolution wurden Dokumente verabschiedet, die das Recht Polens auf seine Unabhängigkeit deklarierten. Am 7. November 1917 erkannte der II. Gesamtrussische Sowjetkongress im Aufruf an die Arbeiter, Soldaten und Bauern den Russland bewohnenden Völkern das Recht auf Selbstbestimmung zu. Einer der ersten Akte des Rates der Volkskommissare war das Dekret über den Frieden. Es forderte den Abbruch des Krieges und den Abschluss eines allgemeinen Friedens ohne Annexionen und Kontributionen. In einem von Lenin unterzeichneten Sonderdekret vom 29. August 1918 wurden alle von der zaristischen Regierung geschlossenen Verträge über die Teilungen Polens annulliert und das Recht des polnischen Volkes auf Unabhängigkeit anerkannt.

An der Revolution und am Bürgerkrieg nahm die auf russischem Territorium lebende polnische Bevölkerung in grosser Zahl teil. Viele polnische Revolutionäre spielten eine hervorragende Rolle bei der Gründung des Sowjetstaates und bekleideten verantwortungsvolle Posten in der Partei und im Staat, darunter Feliks Dzierżyński, Julian Leszczyński-Leński, Julian Marchlewski, Bronisław Wesołowski und Józef Unszlicht.

Die Oktoberrevolution stellte den zweiten grossen Durchbruch in der internationalen Lage dar, der den Weg zur Lösung der polnischen Frage anbahnte. Solange Russland ein bürgerlicher Staat und Mitglied der Entente (Koalition) war, mussten seine Partner auf seine Politik Rücksicht nehmen. Erst die Einführung der sozialistischen Gesellschaftsordnung in Russland und die Tatsache, dass die Sowjetmacht sich für die völlige Unabhängigkeit Polens aussprach, veränderten die Situation der Entente und veranlassten sie, eine Lösung zu finden, die vom polnischen Volk unterstützt wurde und einer eventuellen Revolution in Polen vorbeugte, gleichzeitig aber eine Barriere zwischen Russland und Westeuropa schuf, die das unabhängige Polen bilden sollte. Vor diesem Hintergrund sind die berühmten 14 Punkte Wilsons zu betrachten, die u.a. den „westlichen" Weg zur Lösung der Fragen der Gesellschaftsordnung in Nachkriegseuropa zeigten.

Im März 1918 zwangen die Mittelmächte dem durch die Revolution geschwächten Sowjetrussland schwere Bedingungen auf. Am 3. März wurde in Brest-Litowsk ein Friedensvertrag unterzeichnet, aufgrund dessen das deutsche Heer belorussische Gebiete sowie einen Teil der Ukraine, Litauens, Lettlands, Finnlands und Polens besetzte. Ein deutscher Sieg oder die Beendigung des Krieges durch einen Kompromiss hätten die Perspektiven für den Wiederaufbau eines unabhängigen Polens eingeschränkt, der Krieg endete jedoch mit einer Niederlage der Mittelmächte. Der österreichisch-ungarische Staat zerfiel, und die Revolution in Deutschland beschleunigte die Kapitulation Deutschlands. Das Waffenstillstandsabkommen vom 11. November 1918 zwang die Deutschen, vom Vertrag von Brest-Litowsk zurückzutreten, die besetzten Gebiete zu verlassen und sich hinter die Grenzen von 1914 zurückzuziehen. Es entstanden also die Voraussetzungen für den Wiederaufbau des polnischen Staates.

XII. Kapitel

Erfolge und Niederlagen der Zweiten Republik

1918—1939

1. Der Wiederaufbau des Staates. Die ersten Regierungen. Die Märzverfassung

In dem am 11. November 1918 bei Compiègne in Frankreich unterzeichneten Waffenstillstandsvertrag verpflichtete die Koalition Deutschland dazu, sich aus den besetzten europäischen Gebieten zurückzuziehen, mit Ausnahme jener Territorien Russlands, die die deutsche Armee aufgrund des Friedensvertrages in Brest-Litowsk (s. XI. 6) kontrollierte, also Litauen, Belorussland und Teile der Ukraine. Die Koalition befürwortete diese Kontrolle mit Rücksicht auf die Fortschritte der russischen Revolution. Die Deutschen behielten weiterhin das preussische Teilungsgebiet, in der Praxis war also das Land, auf dem man den polnischen Staat aufbauen konnte, auf das Territorium des Königreichs und die vorher von den Polen besetzten Teile des österreichischen Teilungsgebietes einschliesslich Krakau beschränkt.

Am 11. November waren die organisatorischen Arbeiten zur Befreiung der polnischen Gebiete schon ziemlich fortgeschritten. Die grössten Aktivitäten wurden im österreichischen Teilungsgebiet an den Tag gelegt, denn bis zum Oktober 1918 war die Habsburger Monarchie nahezu restlos zerfallen. Unter Beteiligung verschiedener politischer Kreise, jedoch mit Ausnahme der konservativen Aristokratie, die sich mit ihrem Programm der autonomen oder föderativen Zugehörigkeit zu Österreich blossgestellt hatte, wurde am 28. Oktober die Polnische Liquidierungskommission (PKL) in Krakau gebildet, deren Vorsitzender Wincenty Witos, der Führer der Polnischen Bauernpartei „Piast" (s. XI. 6) wurde. Zu ihren aktiven Funktionären gehörte auch Ignacy Daszyński, der Führer der PPS im österreichischen Teilungsgebiet. Die PKL übernahm die Macht in Krakau und begann mit der Liquidierung der österreichischen Verwaltung. Im Teschener Gebiet entstand der Nationalrat des Fürstentums Cieszyn, und in Grosspolen schickte sich der von der Nationaldemokratie beherrschte Oberste Volksrat zur Übernahme der Macht an. Sein Vorgänger war das im Juli 1918 gegründete Zentrale Bürgerkomitee. Ausdruck der anwachsenden revolutionären Stimmung war die Ausrufung der sog. Republik Tarnobrzeg am 6. November. Sie bestand nur kurze Zeit und wurde von der Liquidierungskommission nicht anerkannt. In ihrem Programm dominierten die Losungen von der Übernahme des Junkerlands durch die Bauern. Inzwischen wollte auch der konservative Regentschaftsrat in Warschau die Macht in seinen Händen konzentrieren. Es war ihm jedoch klar, dass seine Berufung durch die Teilermächte ihn in der Öffentlichkeit, die übrigens rasch auf radikale Positionen überging, unpopulär gemacht hatte. Also bemühte er sich, die Funktion eines „Verteilers" der Macht auszuüben. Er trug u.a. zur Bildung der nationaldemokratischen Regierung Józef Świeżyńskis bei, die aber kurze Zeit später, nach dem misslungenen Versuch, den Regentschaftsrat von der politischen Bühne zu verdrängen, von diesem aufgelöst wurde. Das bedeutete für die Nationaldemokraten den Verlust der eventuellen Chancen zur Machtübernahme, um so mehr, als ihre Führer, geschart um das in Paris residierende Polnische Nationalkomitee, zusammen mit der in Frankreich aufgestellten polnischen Armee unter dem Oberbefehl von General Józef Haller (s. XI. 6) weit entfernt waren. Schliesslich hatten die Nationaldemokraten auch deshalb wenig Chancen zur Machtübernahme, weil ihr antidemokratisches Programm (s. XI. 3) von den Koalitionsstaaten, die die radikalen Stimmungen berücksichtigten und keine Herausforderung wünschten, abgelehnt wurde. Aus denselben Gründen konnte in Polen auch nicht das von der Oktoberrevolution verwirklichte Modell angewandt werden, das auf der Übernahme der Macht durch die Abgeordneten der Arbeiter-, Bauern- und Soldatenräte beruhte. Obwohl es Bestrebungen in dieser Richtung gab, fehlten doch die Bedingungen, die den Ausbruch einer Revolution begünstigt hätten. Im Land herrschte die durch den Krieg hervorgerufene Not; die industriellen Anlagen waren grösstenteils aus dem Königreich nach Russland verbracht worden, die Arbeiterklasse war zahlenmässig geschwächt und zersplittert. Man konnte die Verantwortung für die Not auch nicht der polnischen Regierung aufbürden und gegen diese kämpfen. Die Schuld für die schwierige Situation trugen jene, die sie verursacht hatten: die Okkupanten. Chancen besassen daher die Gruppierungen, die auf eine parlamentarische Demokratie und nicht auf eine Revolution setzten und — sei es auch auf demagogische Weise — die Notwendigkeit der Bodenreform und der Demokratisierung des Lebens propagierten.

Neben Krakau wurde Lublin zu einem aktiven Zentrum der Unabhängigkeitsbewegung. Hier entstand am 5. November auf Initiative der revolutionären Linken (SDKPiL und PPS-Linke) ein Arbeiterrat. Die folgenden Räte entstanden am 8. November in Dąbrowa Górnicza, am 9. November in Częstochowa, am 10. November in Sosnowiec, am 11. November in Warschau, am 13. November in Łódź usw. Insgesamt wurden ungefähr 100 Räte gebildet, die eine halbe Million Industrie- und Landarbeiter erfassten. Es gelang jedoch nicht, ein Führungszentrum zu schaffen; lediglich die Räte im Dąbrowa-Kohlenrevier schlossen sich zusammen. Die Ursache lag u.a. in den Meinungsverschiedenheiten zwischen der PPS und der im Dezember 1918 (s. XI. 4) im Zuge der Vereinigung von SKDPiL und PPS-Linken entstandenen Kommunistischen Arbeiterpartei Polens, der späteren Kommunistischen Partei Polens (KPP). Nach dem Rückzug der PPS 1919 kam diese durch die Regierung bekämpfte Bewegung zum Stillstand.

Noch in der Periode der Arbeiterräte wurde in Lublin (in Warschau funktionierte der Regentschaftsrat) am 7. November eine Regierung gegründet, die sich hauptsächlich auf die PPS, und zwar die schon erwähnte PPS-Revolutionäre Fraktion, und die PSL-„Wyzwolenie" (s. XI. 6) stützte. Zu ihrem Premierminister wurde Ignacy Daszyński ernannt, zum Minister für innere Angelegenheiten Stanisław Thugutt (1873—1941), zum Kriegsminister der Oberkommandierende der POW Edward Rydz-Śmigły (1886—1941). Diese Regierung, genannt Provisorische Volksregierung der Polnischen Republik, kündigte die Schaffung der

DER WIEDERAUFBAU DES POLNISCHEN STAATES IN DEN JAHREN 1918—1922

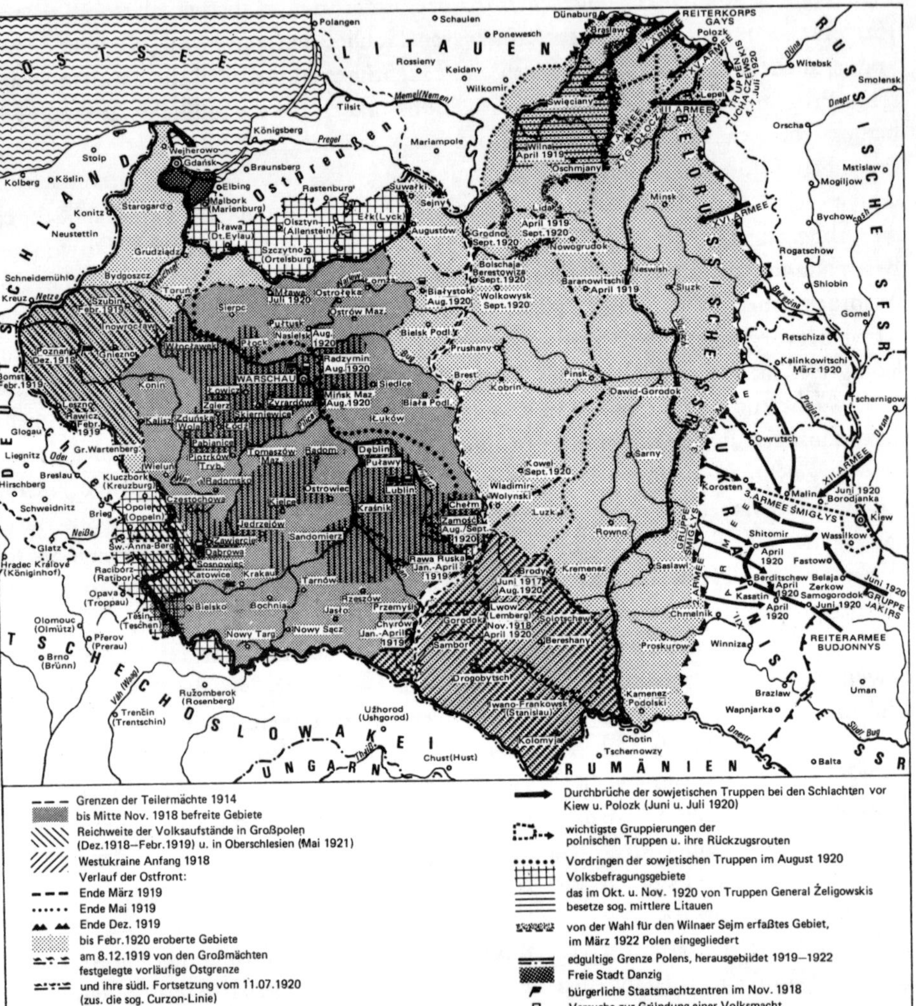

Republik, demokratische Wahlen und soziale Reformen an und proklamierte die Auflösung des Regentschaftsrates. Ihre Entstehung bedeutete, dass radikale, allerdings gegen eine Revolution gerichtete Konzeptionen zur Lösung der gesellschaftlichen Probleme im Lande aufgetaucht waren. Der Widersinn der Situation beruhte darauf, dass weder die Lubliner Regierung wirklich imstande war, den Regentschaftsrat zu stürzen, noch der Regentschaftsrat etwas gegen die

Lubliner Regierung unternehmen konnte. Der Ausbruch eines Bürgerkrieges hätte die Revolution auslösen können, die man um jeden Preis vermeiden wollte. Die Rückkehr des von den Deutschen freigelassenen Józef Piłsudski am 10. November (am 9. 11. hatte Wilhelm II. abgedankt, und die Republik wurde ausgerufen), der sehr populär war in Lande, brachte eine Lösung. Der Regentschaftsrat übertrug ihm die militärische Macht, die Lubliner Regierung wurde auf seine Forderung hin aufgelöst.

Die Lubliner Provisorische Regierung der Polnischen Republik erlangte übrigens auch nicht die Anerkennung der PSL „Piast", besser gesagt von Witos, der es vorzog, mit der Nationaldemokratie zusammenzuarbeiten; ihre allzu linksgerichteten Tendenzen fanden ebenfalls keinen Anklang bei Piłsudski, der es nach seinen eigenen Worten schon geschafft hatte, „...aus der Strassenbahn, die man Sozialismus nennt, an der Haltestelle »Unabhängigkeit« auszusteigen"; ganz zu schweigen von der revolutionären Linken, die einen Generalstreik in Lublin organisiert hatte. Die rechten Kreise wiederum konnten die radikalen Formulierungen des Manifests der Lubliner Regierung nicht vergessen. Piłsudski jedoch „berücksichtigte die mächtigen Strömungen, die im Westen und Osten Europas siegten", und vertraute dem Sozialisten und bisherigen Premierminister Ignacy Daszyński die Bildung der neuen Regierung an. Unter dem Druck der Nationaldemokratie (praktisch: der grosspolnischen Politiker) musste Daszyński jedoch zugunsten Jędrzej Moraczewskis zurücktreten, der zuvor in der Polnischen Sozialdemokratischen Partei (PPSD) die Funktion eines Verbindungsmannes zu den Nationaldemokraten ausgeübt hatte und zudem ein Piłsudski ergebener Sozialist war. Piłsudski übernahm aus eigenem Mandat den Posten des Staatschefs mit voller staatlicher Macht.

Die neue Regierung bemühte sich um internationale Anerkennung — hauptsächlich der Koalition —, jedoch knüpfte lediglich Deutschland, das weiterhin Grosspolen, Pommern, Schlesien und Ermland kontrollierte, diplomatische Beziehungen mit ihr an. Frankreich erkannte lediglich das der neuen Regierung nicht gewogene Polnische Nationalkomitee mit Roman Dmowski an der Spitze an; mit Russland strebte man überhaupt keine Regelung der Beziehungen an.

Erneut wehrten sich sowohl die Rechte (Endecja) als auch die Linke, deren Räte von der neuen Regierung besonders aktiv bekämpft wurden, gegen die Anerkennung Piłsudskis. Die Linke schloss ihre Reihen und vereinigte sich, das betraf auch die Gewerkschaftsbewegung; die Nationaldemokraten dagegen bereiteten einen Staatsstreich unter Oberst Marian Żegota-Januszajtis vor. Stümperhaft durchgeführt, endete er mit einem Fiasko. Piłsudski jedoch, der bereits über eine ausgezeichnet organisierte eigene Armee verfügte, hatte nicht die Absicht, die Nationaldemokraten zu bekämpfen. Er brauchte ihre Unterstützung bei den Bemühungen um die Festlegung der Westgrenzen des Staates, ohne sie würde es schwierig sein, die Linke zu schwächen und Anerkennung in den Kreisen der Aristokratie, der Grossbauern und der Bourgeoisie zu finden. In dieser Situation legte Moraczewski auf Wunsch des Staatschefs nach zwei Monaten das Amt des Premierministers in die Hände des überaus populären, mit den Nationaldemokraten verbundenen Ignacy Paderewski (s. XI. 5). Das geschah einige Tage vor den Wahlen zum verfassungsgebenden Sejm, der sich auf eine fortschrittliche demokratische Wahlordnung stützte. Die Abstimmung war also allgemein, direkt, geheim, proportional und gleich und fand — zum erstenmal auf polnischem Boden — unter Teilnahme der Frauen statt. Noch vor den Wahlen hatte die Regierung Moraczewskis einige Dekrete herausgegeben, die die Lage der arbeitenden Massen verbesserten, u.a. über den Achtstundentag und die Pflichtversicherung. Als schwieriger erwies es sich, die Forderungen der Bauern und Landarbeiter zu erfüllen, die die Aufteilung des Junkerlands verlangten. In den Städten forderte man die Verstaatlichung der Industriebetriebe, der Banken usw., es wurden Streiks und Demonstrationen organisiert.

Bei den am 26. Januar 1919 durchgeführten Wahlen siegten die Nationaldemokraten und die Bauernparteien. Letztere gingen im parlamentarischen Kampf nicht von der Bodenreform ab, die die ungerechte Verteilung des Bodens — eine Folge der nichtrevolutionären Agrarreform des 19. Jh. — durch die Parzellierung der grossen Güter verändern sollte (s. X. 3). Es gab damals fast 2000 grosse Güter mit durchschnittlich 3000—4000 ha, die ca. 20% des Bodens einnahmen, während rund 100 000 kleine, unselbständige Wirtschaften mit weniger als 2 ha nicht mehr als 3% des Bodens umfassten. Die Landarbeiter zählten damals zusammen mit ihren Familien ca. 12% der Gesamtbevölkerung, sie besassen fast gar keinen Rechtsschutz. Trotz dieser krassen Ungerechtigkeit und der Gefahr einer revolutionären Erhebung wurde das Gesetz über die Bodenreform, das eine Zwangsparzellierung der Güter mit über 180 ha Boden — im ehemaligen preussischen Teilungsgebiet und in den östlichen Bezirken mit über 400 ha (alles, was diese Grenze überschritt, unterlag der Parzellierung) — sowie über die Verstaatlichung der Wälder mit der Mehrheit von nur einer Stimme durchgebracht. Dieses Gesetz war ein Erfolg der fortschrittlichen Kräfte.

Im aufblühenden parlamentarischen Leben nahm die Zahl der Parteien und politischen Gruppierungen zu, obwohl auf der anderen Seite Zusammenschlüsse erfolgten, die sich aus der Vereinigung des polnischen Staatsgebiets ergaben. Der politische Hauptkampf spielte sich zwischen den linken Kräften — insbesondere der revolutionären Linken, d.h. den Kommunisten — und dem Lager der Bourgeoisie und der Aristokratie ab. Den revolutionären Flügel der Linken repräsentierte die KPP, mit der sich verschiedene Gruppen in der sozialistischen und bäuerlichen Bewegung ideologisch verbanden, ihren rechten Flügel dagegen bildete ein wesentlicher Teil der PPS-Mitglieder und der Vertreter der Bauernparteien. Die heftige Auseinandersetzung zwischen den Nationaldemokraten und den Anhängern Piłsudskis war in Wirklichkeit ein „Familienstreit". Es ging um die Macht, aber nicht um das gesellschaftliche Fundament eines Staates, der in jedem Falle den besitzenden Klassen das Übergewicht sichern sollte.

In den Sejm, dessen Marschall das Mitglied des Grosspolnischen Obersten Volksrates, Wojciech Trąmpczyński (1860—1953), wurde, der als ehemaliger Abgeordneter des deutschen Parlaments über parlamentarische Erfahrungen verfügte, wurden 296 Abgeordnete gewählt. In dem Masse, wie die deutsche Okkupation liquidiert wurde und sich die Staatsgrenzen stabilisierten, wuchs ihre Zahl bis November 1922, d.h. bis zum Ende der verlängerten Legislaturperiode, auf 432 an.

Bereits am 20. Februar 1919 beschloss der Sejm ein Gesetz, das die „Kleine Verfassung" genannt wurde und dem Sejm die Macht übertrug. Auch die Rechte, die für eine Begrenzung der Macht Piłsudskis kämpfte, trat dafür ein, wie seinerzeit die Aristokratie den adligen Republikanismus verteidigt hatte (s. VIII. 2). Das Ergebnis war eine Teilung der Kompetenzen. Der Sejm hatte die inneren Angelegenheiten zu verwalten, dagegen verfügte Piłsudski über das Militär und die Aussenpolitik. Die schon am 14. Februar 1919 begonnenen Arbeiten einer 30köpfigen Kommission zu einem Verfassungsentwurf zeitigten einen Erfolg in Form der sog. Märzverfassung vom 17. März 1921. Sie stärkte das für die europäischen Staaten damals typische Prinzip einer bürgerlich-parlamentarischen Demokratie, die die politische Aktivität der Gesellschaft berücksichtigte, die an der Regierung teilhaben wollte. Die Verfassung führte ein Zweikammerparlament ein: den Sejm und den Senat. Die Legislaturperiode beider Kammern betrug fünf Jahre, die Wahl des Präsidenten dagegen sollte alle sieben Jahre erfolgen. Die Macht des Präsidenten war beschränkt durch die sogenannte Kontrasignatur, d.h. die erforderlichen Unterschriften des Premierministers und des jeweiligen Ressortministers für amtliche Verfügungen des Präsidenten. Den Ministerrat nominierte der Präsident, gestützt auf die Mehrheit des Sejms. Die Verfassung deklarierte demokratische Rechte und den Schutz des Lebens, die Glaubens- und Gewissensfreiheit für jeden Bürger ungeachtet seiner Herkunft, Nationalität und Rasse und ebenso die nationalen Rechte der Minderheiten, die damals ziemlich zahlreich waren (hauptsächlich belorussische und ukrainische Bevölkerung). Der Sejm sollte sich nach den Festlegungen von 1922 aus 444 Abgeordneten, der Senat aus 111 Senatoren zusammensetzen.

2. Die Herausbildung der Grenzen. Die gesellschaftliche, ethnische und wirtschaftliche Struktur des jungen Staates (bis 1922)

Als die Märzverfassung beschlossen wurde, waren die Grenzen des Staates noch nicht festgelegt. Die Beschlüsse in der Frage einer Neuordnung in Europa sollte eine Friedenskonferenz fassen. Die polnische Bevölkerung wartete jedoch nicht die Entscheidung der Konferenz ab, sie begann, das Heer der Teilerstaaten zu entwaffnen, um Polen das Land, das unmittelbar vor den Teilungen zu Polen gehört hatte, wieder einzugliedern.

Die erste organisierte bewaffnete Aktion mit allgemeinem Volkscharakter war der grosspolnische Aufstand von 1918/19. Die preussische Regierung gründete Sonderabteilungen, die den „deutschen" Osten verteidigen sollten: den sog. Heimatschutz und später den Grenzschutz. Diese Massnahmen beschleunigten die Aufständischenkämpfe. Der Aufstand begann am 24. Dezember 1918 in Poznań und breitete sich über ganz Grosspolen aus. Das spontane Wirken von Aufständischengruppen, die einzelne Ortschaften befreiten, verflocht sich mit dem organisierten bewaffneten Kampf. Nach drei Kampfwochen ernannte der Oberste Volksrat General Józef Dowbór-Muśnicki zum Befehlshaber des Aufstands (diese Funktion hatte zuvor Major Stanisław Taczak ausgeübt), der die Freiwilligenabteilungen in eine 70 000 Mann starke reguläre Armee umwandelte und die Deutschen bis an die Grenzen des ehemaligen Grossherzogtums Posen verdrängte. Während der Unterhandlungen in Trier über die weitere Verlängerung des Waffenstillstands vom 11. November 1918, der auf sechs Wochen festgesetzt worden war, erwirkte Marschall Ferdinand Foch eine Ausdehnung seiner Bedingungen bis auf die von den Aufständischen erkämpfte Grenzlinie. Grosspolen war frei, jedoch hielten die bewaffneten deutschen Provokationen bis Mitte des Jahres 1919 an. Zum Erfolg des Aufstands haben viele Faktoren beigetragen: der Patriotismus und die Aktivität der Bevölkerung, die Überraschung, die er für die Deutschen darstellte, und die Revolution in Deutschland, die für eine gewisse Zeit die Macht in die Hände der Arbeiter- und Soldatenräte legte. Aus dem ehemaligen preussischen Teilungsgebiet zogen Hunderttausende Deutsche ab, aus Grosspolen ungefähr 350 000. Im Ergebnis verringerte sich der Prozentsatz der deutschen Bevölkerung in Grosspolen von 38,4% auf ca. 16% der gesamten Bevölkerung.

Weniger kompliziert schien die Situation im Teschener Gebiet. Im November 1918 wurde die Abgrenzung der strittigen Gebiete zwischen der polnischen und der tschechischen Seite entsprechend den ethnischen Grenzen festgelegt. Das sog. Olsaland (die Umgebung von Bohumin und Karviná) fiel an Polen. Der Vertrag wurde jedoch von tschechischer Seite durch einen bewaffneten Einfall des örtlichen Kommandanten gebrochen. Er wurde in der Schlacht bei Skoczów gestoppt, das Olsagebiet jedoch sollte bis zur Entscheidung der strittigen Frage durch die Friedensverhandlungen bei den Tschechen verbleiben.

Auf der am 18. Januar 1919 begonnenen Versailler Konferenz, an der 27 Staaten teilnahmen, diktierten vor allem die Vereinigten Staaten, Frankreich und England die Bedingungen. Das bewirkte, dass die Interessen Polens ins Kreuzfeuer der sich zwischen England und Frankreich abzeichnenden Widersprüche gerieten. England befürchtete ein Anwachsen der französischen Einflüsse in Europa und unterstützte Deutschland, während Frankreich für die Verstärkung der Staaten eintrat, die bei einem eventuellen Konflikt mit Deutschland seine Verbündeten sein konnten, darum unterstützte es die polnischen Forderungen, die mit grossem Geschick von den polnischen Delegierten Ignacy Paderewski und Roman Dmowski verteidigt wurden. Am Ende jedoch wurden die polnischen Vorschläge nicht berücksichtigt, was hauptsächlich auf den antipolnischen Standpunkt der britischen Delegation, deren Vorsitzender David Lloyd George war, sowie auf die Aktivität der Deutschen zurückzuführen war. Der Versailler Vertrag sanktionierte die Erfolge im grosspolnischen Aufstand, erkannte Polen Pommerellen zu, das Gebiet von Gdańsk und Umgebung wurde jedoch zur Freien Stadt unter dem Schutz des Völkerbundes erklärt. Ostpreussen sollte bei Deutschland verbleiben, über das Schicksal von Oberschlesien, Masuren, Ermland und des Weichsellands sollte eine Volksabstimmung entscheiden. Die Unzufriedenheit der Bevölkerung in Oberschlesien und das Verlangen nach einer Vereinigung mit dem polnischen Staat waren so stark, dass dort nacheinander drei Aufstände ausbrachen, und zwar in den Jahren 1919, 1920 und 1921, die proletarischen Charakter trugen und mit Massenstreikaktion verbunden waren. Es wurden Kundgebungen und Demonstrationen organisiert. Die Aufstände beeinflussten das Ergebnis der Volksabstimmung und führten schliesslich zu einer territorialen Teilung. Kommissar des Volksentscheids von seiten der polnischen Regierung wurde Wojciech Korfanty (1873—1939), ein ehemaliger Funktionär der Nationalen Liga, einer der Befehlshaber der Aufstände.

Für den Anschluss an Polen sprachen sich 40% der Abstimmenden aus. Wenn man berücksichtigt, dass die deutsche Seite für die Zeit der Abstimmung alle diejenigen, die zwar im Reich wohnten, jedoch aus Schlesien gebürtig waren, dorthin gebracht hatte, dass diese Abstimmung nach einer einige Jahrhunderte währenden Germanisierungspolitik stattfand und ein Teil der hiesigen Polen noch kein Vertrauen zu dem neu gegründeten polnischen Staat hatte, dann war dieses Ergebnis als beträchtlicher Erfolg zu werten. Als nach der Durchführung des Volksentscheids zur Schlesienfrage keine Einstimmigkeit in der Interalliierten Abstimmungskommission herrschte, traten die Arbeiter auf den Plan. Am 2. Mai brach ein Generalstreik aus und einen Tag später der dritte der aufeinanderfolgenden Aufstände. Er war ausgezeichnet organisiert und wurde von Korfanty, der im Einverständnis mit der polnischen Regierung in Warschau handelte, hervorragend geleitet. Es entwickelte sich ein blutiger Kampf, bei dem die Deutschen nicht vor einem Massaker unter der polnischen Zivilbevölkerung zurückschreckten, womit sie sogar die ihre Forderungen unterstützenden Engländer vor den Kopf stiessen. Die Haltung der schlesischen Bevölkerung übte einen grundlegenden Einfluss auf die Entscheidung aus, die die Grossmächte über das weitere Schicksal dieses Gebiets trafen. Der Hauptteil der Industriereviere von Oberschlesien wurde wieder Polen angegliedert.

Die Volksabstimmung in Ermland, Masuren und im Weichselgebiet fand am 1. Juli 1920 statt. Der deutsche Terror und das Engagement der polnischen Regierung im Krieg mit Sowjetrussland erschwerten die Bedingungen der Abstimmung. Sie fiel zuungunsten Polens aus: von 28 Gemeinden, in denen die pol-

GÓRNY ŚLĄSK WÄHREND DER AUFSTÄNDE UND VOLKSBEFRAGUNGEN (1919—1921)

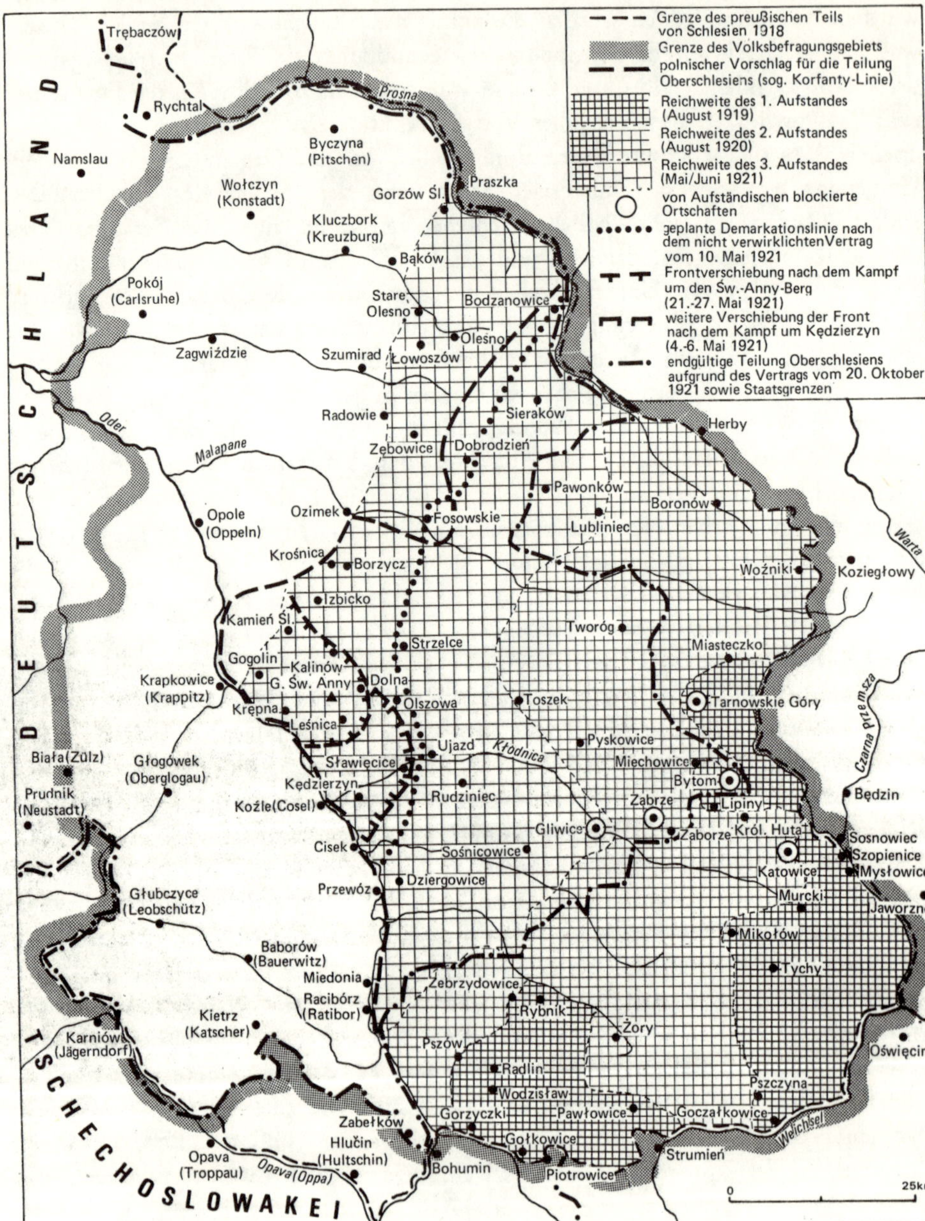

nische Bevölkerung überwog, sprachen sich nur drei, in Ermland dagegen fünf Gemeinden (nur in zweien lebte eine polnische Mehrheit) für eine Angliederung aus.

Die Frage der östlichen Grenzen blieb für Polen offen. Die Nationaldemokraten verkündeten ein Programm der Einverleibung Litauens, Belorusslands und eines Teils der Ukraine, Piłsudski und seine Anhänger traten dagegen für die Schaffung einer Föderation dieser Gebiete unter polnischer Oberhoheit ein. Die Siegermächte dagegen, die auf einen Sieg der Konterrevolution in Russland bauten und die ihre 1917 gegebenen Versprechungen nicht vergessen hatten, empfahlen, die Grenzen nach dem ethnischen Prinzip abzustecken. Die sog. Curzon-Linie folgte der ehemaligen Grenze des Königreichs Polen. Die Angelegenheit war kompliziert, da die ethnischen Grenzen in den östlichen Gebieten nicht nur Territorien, sondern auch die Bevölkerung teilten. Die Bauern waren Litauer, Belorussen oder Ukrainer, in den Städten dagegen — z.B. in Wilna, Lwow, Ternopol — bestand die Mehrheit aus Polen. Polnischer Nationalität waren auch die Grundbesitzer, d.h. die ökonomisch und kulturell führenden Einwohner. Insgesamt jedoch bestand die entschiedene Mehrheit der Bevölkerung aus Nichtpolen mit eigenen begründeten nationalen Interessen, die sich immer mehr vertieften. In der Ukraine, die auch Ostgalizien umfasste, entstanden in kurzer Zeit drei staatliche Organismen: die revolutionäre Ukrainische Sowjetrepublik, die bürgerliche Dnepr-Volksrepublik und die Westukrainische Volksrepublik, zu der auch Przemyśl gehörte. Im Gebiet von Litauen und Belorussland entstand im Zeitraum vom Dezember 1918 bis zum Februar 1919 die Litauisch-Belorussische Sowjetrepublik. Gleichzeitig zog anstelle der abmarschierenden deutschen Truppen polnisches Militär ein. Im April 1919 eroberte es Wilna und anschliessend das Gebiet Suwałki. Es versuchte vergeblich, Litauen dazu zu bewegen, sich mit Polen zu verbinden.

In Ostgalizien und Wolhynien wurde gegen die Armeen der beiden bürgerlichen Republiken und gegen die Rote Armee gekämpft. Wenig später befand sich Ostgalizien in polnischer Hand; mit der Armee der Dnepr-Ukraine, dem Ataman Simon Petljura, wurde ein Waffenstillstand geschlossen, die Demarkationslinie wurde am Zbrutsch festgelegt. In den eroberten Gebieten wandte die polnische Verwaltung brutale Methoden an, was die örtliche Bevölkerung abschreckte. Die polnische Offensive in Ostgalizien und Wolhynien stiess auf den Protest der westeuropäischen Staaten, die darauf gehofft hatten, dass das ukrainische Militär eine wichtige Rolle im Kampf gegen die Bolschewiki spielen würde. Nach dem Sieg der polnischen Seite, die geheime Unterhandlungen mit Sowjetrussland angeknüpft hatte und davon Abstand nahm, die Offensive des konterrevolutionären Generals Anton Denikin auf Moskau zu unterstützen, erkannte der Oberste Rat in Versailles, beunruhigt durch die Haltung Piłsudskis, Ostgalizien die Autonomie zu. Diese Ereignisse untergruben die Autorität Paderewskis beträchtlich und trugen zum Sturz seiner Regierung bei (am 13.12.1919). Eine neue Regierung mit zentralistischem Charakter bildete Leopold Skulski (1878—1939/1945?).

Piłsudski hoffte noch immer auf eine Realisierung seiner Föderationspläne, und die Schwäche der Sowjetmacht sollte diese begünstigen. Zwar wurde Denikin geschlagen, jedoch im Süden Russlands kämpfte General Pjotr Wrangel. In dieser

Zeit legte der sowjetische Staat einen Friedensvorschlag zur Entscheidung der territorialen Probleme vor, denn für den Wiederaufbau und die Stabilisierung des Landes brauchte er Frieden. Nach Lenins Worten wollte Sowjetrussland keinen Territorialkrieg. Das Bestreben seiner Einwohner ginge dahin, diese verfluchte Vergangenheit auszulöschen, in der jeder Grossrusse als Unterdrücker angesehen wurde. Die arbeitenden Massen Polens sprachen sich durch Demonstrationen und Streiks für den Frieden aus, Piłsudski war jedoch der Meinung, dass der Krieg u.a. die wachsende Arbeitslosigkeit eindämmen und die Gefahr „innerer Störungen" abwenden würde. Nach der Verständigung mit Petljura begann er am 21. April 1920 die Offensive und damit den polnisch-sowjetischen Krieg. Nach anfänglichen polnischen Erfolgen ging die Initiative an die Rote Armee über, die am 1. August Brest einnahm und gen Westen vorrückte. Angesichts der schwierigen Situation wurde die Mission zur Neubildung der — diesmal noch mehr rechtsgerichteten — Regierung Władysław Grabski (1874—1938) übertragen und auf seinen Antrag ein mit grossen Kompetenzen ausgestatteter Rat zur Verteidigung des Staates berufen. Die mangelnde Unterstützung seitens der Koalitionsmächte, die Polen neue Bedingungen stellten, und die umfassenden Zugeständnisse Grabskis führten zu seinem Sturz und zur Berufung einer Regierung der nationalen Verteidigung mit Wincenty Witos an der Spitze (24.7.). Inzwischen war in Białystok, das von der Roten Armee besetzt wurde, eine revolutionäre Regierung entstanden: das Provisorische Polnische Revolutionskomitee unter Feliks Dzierżyński und Julian Marchlewski. Die Rote Armee näherte sich Warschau, Toruń, Płock und Brodnica, auf den besetzten Gebieten nahmen die Landarbeiter und Bauern den Boden der Grossgrundbesitzer in Beschlag. Wenig später jedoch, im August 1920, neigte sich nach schweren Kämpfen vor Warschau die Waage zugunsten der polnischen Offensive. Die Rote Armee wurde zurückgedrängt und „unterwegs" Wilna eingenommen, das die Truppen des Generals Lucjan Żeligowski trotz des litauischen Widerstands hielten. Eine Komplexregelung der polnisch-russischen Frage stellte der Friedensschluss von Riga am 18. März 1921 dar. Im Frieden von Riga wurde die östliche Grenze Polens am Zbrutsch, d.h. ungefähr 200 km östlich von der sog. Curzon-Linie, festgelegt. Die polnischen Verluste bei den Kämpfen im Osten waren beträchtlich — in den Jahren 1919/20 etwa 250 000 Menschen.

Nach Fixierung der Grenzen (im Juni 1922 erfolgte der Anschluss von Schlesien) umfasste das Gebiet des wiedergeborenen polnischen Staates endgültig 388 000 km^2 mit 27,2 Mill. Menschen (1939 35,1 Mill.). Es hatte einen kleinen 101 km breiten Zugang zum Meer, aber die Weichselmündung befand sich innerhalb der Grenzen der Freien Stadt Danzig. Polen übernahm als Erbe die wirtschaftliche und soziale Rückständigkeit, die das einige Jahrhunderte bestehende Feudalsystem (s. VI. 4) und die Teilungen hinterlassen hatten. Die Landbevölkerung machte 74% der Gesamtbevölkerung (in den östlichen Gebieten 87%) aus. Die Landwirtschaft war die grundlegende Unterhaltsquelle für 63,8% der Bevölkerung.

Die Arbeiterklasse betrug mit Ausnahme des Landproletariats 16,5% (4,5 Mill.), davon zählten die Industriearbeiter knapp 4% (1, 1. Mill.).

Ein charakteristisches Merkmal der Bevölkerungssituation in Polen war die Existenz eines grossen Prozentsatzes nationaler Minderheiten, eine Quelle von Schwierigkeiten, Konflikten und Schwächen des Staates. Nach einer Volkszählung aus dem Jahre 1921 betrug der Anteil der Polen 69%, der Ukrainer 14,3%, der Belorussen 3,9%, der Deutschen 3,9% und der Juden 7,8%. Den Rest stellten andere Nationalitäten. Die noch in zaristischen Zeiten aus Russland eingewanderten Juden bewohnten hauptsächlich die Gebiete östlich des Bug. In Poznań lebten 94% Polen, in Krakau 84%, in Warschau 72,3%, in Łódź 62,2 %, in Lwow 61,8%, in Wilna 56,2%. 29% Protestanten, 20% Orthodoxe und 25% Einwohner jüdischen Glaubens erklärten ihre Zugehörigkeit zur polnischen Nationalität.

Rührte die grosse wirtschaftliche Uneinheitlichkeit des jungen Staates von der durch die Teilungen bedingten Zersplitterung her, so waren die starken Disproportionen im wirtschaftlichen Niveau der unterschiedlichen Gebiete („Polen A" und „Polen B") in hohem Masse auf die Einbeziehung der rückständigen Ostgebiete in die Grenzen des Staates zurückzuführen. Es fehlten entwickelte Verkehrsverbindungen zwischen den einzelnen Landesteilen; es gab z.B. keine Eisenbahnlinie zwischen Poznań und Warschau. Im Vergleich zu vielen anderen Ländern war die Kennziffer des wirtschaftlichen Lebensstandards in Polen sehr niedrig. Der auf einen Einwohner fallende Wert der jährlichen Produktion betrug kaum ein Drittel von dem, was Frankreich oder Deutschland erreichten, und die Hälfte des von der Tschechoslowakei erzielten Wertes. Das gleiche betraf den Aussenhandel, die Konsumtion, die Spareinlagen. Die Notwendigkeit, Streitkräfte zu organisieren und zu unterhalten, machte riesige Ausgaben erforderlich. Die Aufwendungen des Ministeriums für Militärfragen verschlangen in den Jahren 1920/21 mehr als die Hälfte des Staatshaushalts. Wegen Kohlenmangels konnten in diesem Zeitraum einige hundert Betriebe nicht ihre Arbeit aufnehmen. Während des Krieges waren auf polnischem Boden fast zwei Mill. Gebäude zerstört und vier Mill. Stück Vieh beschlagnahmt worden. Die empfangenen Kredite wurden für den Einkauf von Waren und für die Verteidigung ausgegeben. In dieser schwierigen Situation kamen die Auslandspolen, besonders die amerikanischen Auslandspolen, dem Land zu Hilfe.

Um die Wirtschaft wiederaufzubauen, bemühte man sich, das ausländische Kapital an Investitionen in Polen zu interessieren, vorläufig jedoch bestanden dafür keine entsprechenden Bedingungen. Die Einnahmen des Staates waren niedrig, u.a. deshalb, weil die Steuererträge, wie der Lebensstandard der gesamten Bevölkerung nach dem Kriege, sehr niedrig waren. Das wachsende Defizit des Staatshaushalts führte dazu, dass in übergrosser Menge Papiergeld gedruckt wurde, dem bald die Warenmenge auf dem Markt nicht mehr entsprach. Diese Disproportion bewirkte einen Preisanstieg und ein Sinken des Geldwerts. Der Wert der polnischen Mark sank. Die fortschreitende Inflation wurde — vorläufig — zu einer Einnahmequelle für den Staat und zur Ursache für die Verarmung der Bevölkerung, obwohl man sich bemühte, zusammen mit dem Ansteigen der Preise auch die Löhne zu erhöhen. Vom Januar 1921 bis zum Oktober 1922 stiegen die Preise für Lebensmittel in Warschau auf mehr als das Sechsfache. Noch hemmte die Inflation nicht den Wiederaufbau der Industrie; sie brachte obendrein Zusatzgewinne im Export. Dagegen wuchs die Unzufriedenheit unter den werktätigen Massen, was seinen Ausdruck in Streiks fand.

Die galoppierende Inflation führte 1923 zu einer Krise. Im Juni 1923 waren die Lebensmittelpreise in Warschau im Vergleich zu den Preisen vom Oktober 1922 auf mehr als das Zehnfache angewachsen. Überdies stiess die Verwirklichung der 1919 beschlossenen Bodenreform auf Schwierigkeiten, man kann sich also leicht die angespannte Situation im Lande vorstellen. Die Welle der revolutionären Bewegungen im Lande stieg an, es wuchs die Anzahl der Einwohner, die auf der Suche nach Arbeit emigrierten.

Viel Ärger bereiteten auch die Nationalitätenkonflikte in Ostpolen. Die Belorussen, Litauer und Ukrainer bekämpften die polnische Verwaltung, die ihre nationale Entwicklung unterdrückte. Die Beschlüsse der Märzverfassung wurden nicht eingehalten, auch nicht das die ukrainische Bevölkerung betreffende Gesetz vom 26. September 1922. Bis 1926 gab es kaum 50 ukrainische Oberschulen. Die Zahl der belorussischen Grundschulen verringerte sich von 186 im Jahre 1920 auf 23 in den Jahren 1924/25. Wesentlichen Einfluss auf die ukrainische Bevölkerung hatte die revolutionäre Linke: die Ukrainische Sozialdemokratische Partei (später die illegale Kommunistische Partei der Westukraine) sowie die Kommunistische Partei West-Belorusslands und die belorussische Bauern- und Arbeiterpartei „Hromada".

Die Mehrheit der jüdischen Bevölkerung gehörte damals zum Kleinbürgertum, ca. 20% zum Proletariat. Grossen Einfluss hatte die schon seit langem bestehende (s. XI. 4) jüdische sozialistische Arbeiterpartei „Bund", die mit der PPS zusammenarbeitete. Unter den Juden breiteten sich auch nationalistische Ideen aus (u.a. der Zionismus). Das kulturelle Leben der jüdischen Bevölkerung war rege, es erschienen Bücher und Zeitschriften, es gab jüdische Theater.

Unter den Deutschen dominierte die wohlhabende Bevölkerung. Sie stellten u.a. rund 10% der Grossgrundbesitzer (in Pommerellen ca. 30%, in Schlesien 56%). In der oberschlesischen Industrie erreichte das deutsche Kapital die Hälfte der allgemeinen Einlagensumme. Die Lage der deutschen Minderheit war wesentlich günstiger als die der anderen nationalen Gruppierungen. Es gab deutsche Schulen, wissenschaftliche Gesellschaften, verschiedene Organisationen, Kulturinstitutionen; Presseorgane und Publikationen erschienen. Die in Polen lebende deutsche Minderheit erlag immer mehr (schon in der Weimarer Republik) deutsch-nationalistischen Einstellungen, die auf eine Revision des Versailler Vertrags drängten. Das polnisch-französische Bündnis — die Grundlage der polnischen Aussenpolitik — wurde vom deutschen Staat als potentielle Bedrohung angesehen. Die Frage komplizierte sich, weil auch die deutsche Linke, die Polen traditionsgemäss Sympathie entgegengebracht hatte, in zunehmendem Masse die Tendenzen zur territorialen Revision der Beschlüsse des Versailler Vertrages unterstützte. 1920, als Polen in den Krieg gegen Sowjetrussland verwickelt war, wandten die Deutschen eine wirtschaftliche Blockade an.

Im Ergebnis waren die ersten vier Jahre der Unabhängigkeit eine Periode erstaunlicher Erfolge, wenn man die überaus schwierigen Bedingungen in Betracht zieht, unter denen sie verliefen. Das Volk liess die konservativen Kräfte durch seine radikale gesellschaftliche Einstellung nicht zum Sieg kommen, sondern trug zur Verbreitung demokratischer Ideen bei. Das war u.a. das Verdienst der revolutionären Linken, die durch ihre Haltung und ihre politischen Erfolge einen ausserparlamentarischen Druck ausübte und, wenn dies auch auf die Furcht vor der Revolution zurückzuführen war, fortschrittliche Lösungen erzwang.

In hohem Grade verschmolz der Staat zu einem Ganzen. Durch die Volksaufstände wurden Grosspolen und ein bedeutender Teil Oberschlesiens zurückgewonnen. Auf der anderen Seite jedoch unterhielt der polnische Staat in jener Zeit feindliche Beziehungen zu Sowjetrussland.

Schon am 9. Februar 1919 wurde ein Dekret über die Schulpflicht erlassen; das bedeutete, dass zum erstenmal in der polnischen Geschichte alle Kinder vom Unterricht erfasst wurden. Neue Errungenschaften brachte der Aufschwung der Wissenschaft, mit voller Kraft pulsierte das künstlerische Leben (s. XII. 5). 1920 wurde mit dem Bau eines modernen Hafens in Gdynia begonnen, damit Polen unabhängig von Gdańsk wurde, denn hier erschwerten die Deutschen den polnischen Behörden die Tätigkeit.

3. Politische Kämpfe (1922—1926). Der Maiumsturz

Die folgenden vier Jahre brachten viele wichtige Ereignisse im politischen Leben des Landes. Die Welle der revolutionären Erhebungen wuchs (nicht nur in Polen), die Nationaldemokraten verstärkten ihre Bestrebungen, und schliesslich legte der sog. Maiumsturz die Macht in die Hände Piłsudskis zurück.

Nach Verabschiedung der Märzverfassung (s. Pkt. 1) wurde beschlossen, neue Sejmwahlen schon auf dieser Grundlage auszuschreiben. Inzwischen spielten sich scharfe parlamentarische Kämpfe zwischen den Nationaldemokraten und Piłsudski mit seinen Anhängern (dem sog. Belvedere-Lager) ab. Im Zusammenhang mit der zunehmenden Streikaktion verstärkten sich auch die Aktivitäten der revolutionären Linken. Die Kommunistische Partei Polens (bis 1923 Kommunistische Arbeiterpartei Polens) begann ihren allzu rigorosen Standpunkt über die Zusammenarbeit mit den Sozialisten und den Bauern zu revidieren und die Losung von einer Einheitsfront der Arbeiter und vom Arbeiter-Bauern-Bündnis zu formulieren. Die KPP verstärkte ihre Tätigkeit unter der Intelligenz und der Jugend. Im März 1922 wurde der I. Kongress des Kommunistischen Jugendverbandes einberufen. In der Zwischenzeit fand eine scharfe Wahlkampagne statt. An den Wahlen nahm auch die KPP im Rahmen einer halblegalen Organisation unter dem Namen „Bund der Proletarier aus Stadt und Land" teil. Die Aktivität nahm zu, und es wuchs der Umfang der durch die PPS verbreiteten demokratischen Losungen. Die Kommunisten sahen die Notwendigkeit einer Revolution, die die Macht in die Hände der arbeitenden Massen legen würde. Sie erkannten auch die Notwendigkeit einer engeren Zusammenarbeit mit der Sowjetunion. Die rechtsgerichteten Gruppierungen vereinigten sich im Christlichen Bund der Nationalen Einheit (von den Gegnern Chjena genannt).

Die Wahlen brachten folgende Ergebnisse: Der Block „Chjena" erhielt 28,8% Stimmen und 169 Mandate, die PSL-„Piast" 12,9% Stimmen und 70 Mandate, der Block der Nationalen Minderheiten (die teilweise zusammenarbeiteten) 15,1% Stimmen und 66 Mandate, die PSL-„Wyzwolenie" 10,9% Stimmen und 49 Mandate, die PPS 10,11% Stimmen und 41 Mandate, die Nationale Arbeiterpartei 5,36% Stimmen und 18 Mandate, die Kommunisten 1,43% Stimmen und 2 Mandate. Insgesamt wuchs der Einfluss der parlamentarischen Linken um 6,6% und der Rechten um 3,2%. Die Zahl der Abgeordneten, die die nationalen Minderheiten repräsentierten, wuchs von 17 auf 89, d.h. von 3,9 auf 21% (35 Juden, 25 Ukrainer, 17 Deutsche, 11 Belorussen und 1 Russe). Sejmmarschall wurde der Repräsentant der PSL-„Piast", Maciej Rataj (1884— 1940). Getrennt fanden die Wahlen für den Schlesischen Sejm statt, bei denen die rechte klerikale Partei (Chadecja) grossen Einfluss besass.

Bei einer solchen Zusammensetzung des Sejms wurde die Bildung einer Mehrheit, die zur Berufung einer dauerhaften Regierung fähig wäre, zu einem ernsthaften Problem. Die politischen Gruppierungen führten untereinander einen scharfen Kampf. Der einzige Ausweg war die Annäherung des Zentrums entweder an die Rechte oder an die Linke; sie erfolgte zwischen dem Christlichen Bund der Nationalen Einheit und der PSL-„Piast". Anschliessend stand das Parlament vor der Wahl des Präsidenten. Man rechnete mit der Kandidatur Piłsudskis, der aber absagte und einen politisch weniger engagierten Kandidaten vorschlug. Auch Graf Maurycy Zamoyski, der Kandidat der Rechten, erfüllte die in ihn gesetzten Erwartungen nicht, er erlangte in den folgenden Abstimmungen nicht die Mehrheit. Erst die Stimmabgabe der „Piast"-Abgeordneten zugunsten des Kandidaten der PSL-„Wyzwolenie", Gabriel Narutowicz, der auch von den Abgeordneten der nationalen Minderheiten unterstützt wurde, vermochte eine Entscheidung zu dessen Gunsten herbeizuführen. Das stiess auf den heftigen Widerstand der Nationaldemokraten, die Demonstrationen organisierten, die Jugend aufputschten und sich gegen den neuen Präsidenten wandten. In dieser Atmosphäre allgemeiner fanatischer Spannung verübte der Nationaldemokrat Eligiusz Niewiadomski ein Attentat auf Narutowicz.

Die Nachricht von der Ermordung des Präsidenten wirkte stark auf die Massen, die bereit waren, sich gegen die Nationaldemokraten zu erheben. Die Piłsudski-Anhänger bemühten sich, die Empörung der Arbeitermassen zu einer Abrechnung mit den Nationaldemokraten und zur Übernahme der vollständigen Macht auszunutzen. Ihre Pläne wurden von Sejmmarschall Rataj durchkreuzt, der die Mission zur Bildung einer neuen Regierung nicht Piłsudski, sondern General Władysław Sikorski anvertraute. Zum Präsidenten wurde am 20. Dezember 1922 der Kandidat des Zentrums, Stanisław Wojciechowski (1869—1953), gewählt.

Die neue Regierung stand vor gewaltigen Schwierigkeiten, vor allem wirtschaftlicher und sozialer Natur, und sah sich darüber hinaus den Kämpfen zwischen dem Piłsudski-Lager und den Nationaldemokraten gegenübergestellt, die sich zusehends verschärften. Geführt wurden diese Kämpfe auch durch ausserparlamentarische Propaganda, durch die Gründung verschiedener (auch geheimer) Organisationen, durch die Tätigkeit in der Art der Mafia und durch von den Piłsudski-Anhängern inspirierte Polizeiprovokationen. All das zeugte von einer bedrohlichen Krise des polnischen parlamentarischen Lebens in jener Zeit. Inzwischen übte Piłsudski scharfe Kritik an der Zusammensetzung der Regierung und an ihrem Programm, um anschliessend einen rücksichtslosen Kampf gegen sie zu entfachen. Im Ergebnis der Verständigung zwischen dem Christlichen Bund der Nationalen Einheit und der PSL-„Piast", d.h. mit Witos, wurde der sog. Pakt von Lanckorona im Mai 1923 in Warschau unterzeichnet und die Regierung Sikorski gestürzt. Die Macht ging in die Hände der Zentrumsrechten über. Die sog. Chjeno-Piast regierte sieben Monate (vom Mai bis zum Dezember 1923) mit Wincenty Witos als Premierminister. Es kam zu einer Rechtsentwicklung: Eingrenzung der Sozialgesetzgebung, Intensivierung der Polonisierungsaktion im Osten und Stärkung der Position der katholischen Kirche. Eine weitere Etappe war das Konkordat von 1925, das die sachlichen Befugnisse der Geistlichkeit erweiterte und ihre politische Aktivität förderte. Dadurch trat ihre Verknüpfung mit den herrschenden Klassen zutage, was ihren Einfluss bei den werktätigen Massen schwächte. Das bedeutete gleichfalls ein Abgehen von der Beschlüssen über die Bodenreform (s. Pkt. 1). Das neue Durchführungsgesetz über die „Parzellierung und Besiedelung" begünstigte den Grossgrundbesitz. Gegenüber der Arbeiterbewegung wurden erneut Repressalien angewandt.

Die Ereignisse in Polen waren in gewissem Grade ein Teil der gesamteuropäischen Prozesse. Die Revolutionswelle stieg an, die rechten Tendenzen wurden stärker und stellten sich ihr entgegen. 1922 übernahm Mussolini im Ergebnis des faschistischen Umsturzes in Italien die Macht, 1923 fand ein ähnlicher Umsturz in Spanien statt, und die Deutschen waren Zeugen, wie Hitler zum erstenmal versuchte, die Macht beim Putsch in München an sich zu bringen. In Bulgarien kam die Regierung Cankov durch einen bewaffneten Umsturz an die Macht. Die Arbeiter und Bauern erhoben sich dagegen.

In Polen, das von aufeinanderfolgenden Streikwellen erfasst wurde, verstärkten die Kommunisten ihre Tätigkeit, appellierten u.a. an die parlamentarische Linke, um die Bildung einer Arbeiter- und Bauernregierung zu kämpfen. Innerhalb der KPP verstärkten sich die Tendenzen (s. Pkt. 3), die Tätigkeit durch Schaffung einer Einheitsfront der Arbeiterklasse zu erweitern. Damit verbunden war die Übernahme der Leninschen Konzeption zur nationalen Frage sowie zur Frage des Verhältnisses zwischen Staat und Bauern. Es sei hinzugefügt, dass die Losung von der Mobilisierung einer Einheitsfront der Massen damals vom IV. Kongress der Kommunistischen Internationale formuliert worden war.

In Anbetracht dessen hatte der II. Parteitag der KPP vom 19. September bis 2. Oktober 1923 bahnbrechenden Charakter für die polnische Arbeiterbewegung. Zu den Funktionären, die sich über die Notwendigkeit klar wurden, die dogmatischen Haltungen abzulegen, gehörten u.a. Adolf Warski, Maria Koszutska („Wera"), Henryk Lauer-Brand und Henryk Walecki. Das Hauptreferat auf dem Parteitag hielt Adolf Warski. In der Agrarfrage verkündete der Parteitag, dass die Kommunisten für eine entschädigungslose Enteignung des Grossgrundbesitzes und seine Aufteilung unter die Bauern plädierten, ebenso trat er in sozialen und Nationalitätenfragen gegen die Regierungspolitik auf.

Gipfelpunkt der Streikbewegung, die das Land 1923 erfasste, war der gegen die Regierung Witos gerichtete Krakauer Aufstand. Im November kam es in Krakau zum Kampf der Arbeiter gegen Polizei und Militär. Teile der Armee und einige Gruppen der Piłsudski-Anhänger schlugen sich auf die Seite der Arbeiter. Piłsudski, der die Nationaldemokraten und die Regierung scharf attackierte, genoss weiterhin grosse Popularität unter den Massen. Der Aufstand forderte 18 Todesopfer und fast 200 Verletzte. Zu ähnlich scharfen Unruhen kam es auch in Borysław. Die Bewegung hatte spontanen Charakter; die Hauptrolle spielten die Sozialisten, die zur Beherrschung der Lage beitrugen. Die Tage der Regierung Witos waren gezählt, um so mehr, als sich die bäuerlichen Gruppierungen zur Zusammenarbeit entschlossen, die gegen die Politik dieser Regierung auftraten. Die Inflation schritt voran, auch auf internationaler Ebene konnte sich die Regierung keinerlei positiver Ergebnisse rühmen.

In der neuen, am 19. Dezember 1923 berufenen Regierung wurde Władysław Grabski Premierminister, der schon früher einen sog. Stabilisierungsplan zur Verbesserung der wirtschaftlichen Situation vorgelegt hatte. Diese Massnahmen kreuzten sich mit der in der Weltwirtschaft schon spürbaren Belebung. England und die Vereinigten Staaten, die bemüht waren, die Position Frankreichs nicht zu stark werden zu lassen, aber zugleich ein Gegengewicht gegen die sich entfaltende Sowjetunion schaffen wollten, führten unterdessen eine den wirtschaftlichen und militärischen Wiederaufbau Deutschlands begünstigende Politik. Das zwang Polen um so mehr zu einer Verbesserung seiner inneren Lage. Zentraler Punkt der Reformen war eine Erneuerung des Steuerdrucks, der sowohl die besitzenden Klassen (in Form direkter Steuern) als auch die werktätigen Massen (durch indirekte Steuern) belasten sollte. Gleichzeitig wurde die Verwaltung vervollkommnet und eine Börsenintervention vorgenommen, um dem weiteren Kurssturz der in Złoty umgewandelten polnischen Mark vorzubeugen. Die Polnische Bank wurde eröffnet. All diese Massnahmen zeitigten ihre Resultate und sind um so mehr der Erwähnung wert, als sie aus eigenen Kräften vollbracht wurden. Zugleich begann der Zustrom fremden Kapitals nach Polen, ausländische Anleihen wurden aufgenommen, das eigene Kapital begann dagegen, durch Kürzung der Löhne (die Arbeitslosigkeit wuchs!) den Arbeitstag zu verlängern, die Reformkosten auf die Schultern der Arbeitenden abzuwälzen usw. Die Regierung musste sich diesen Massnahmen in gewissem Grade entgegenstellen, und das betraf auch die dringend einer Lösung harrende Frage der Bodenreform, die durch ein neues Gesetz vom Dezember 1925 geregelt wurde. Seit 1919 wurden 1,25 Mill. ha Land parzelliert und an die Bauern verteilt. Das war im allgemeinen eine freiwillige Parzellierung gegen Entschädigung, sie stärkte also eher die Gruppe der begüterten Bauern. Trotz einer gewissen Verbesserung der Wirtschaftslage traten 1925 weitere Schwierigkeiten auf, um so mehr, als Polen 1924 von der Katastrophe einer Missernte betroffen wurde. Der Zuckerpreis (eines der Hauptexportgüter) sank um 40%. Im Juni 1925 trat Deutschland vom Import der polnischen Kohle zurück, dafür begrenzte die polnische Regierung die Einfuhr aus Deutschland. Der sog. deutsch-polnische Zollkrieg begann, der nach den Plänen der Reichsführung einen Zusammenbruch der Wirtschaft Polens herbeiführen sollte. Polens Handelsbilanz verschlechterte sich; der ständige Abfluss fremder Valuta aus der Polnischen Bank war deutlich bemerkbar.

In jener Zeit reifte eine wesentliche Veränderung des politischen Systems in Europa heran. Die Konferenz von Locarno im Oktober 1925, die ein Ausdruck der Verständigung zwischen England und dem schon stabilisierten Deutschland war, bedeutete ein Abgehen vom Versailler Vertrag und somit eine Verschlechterung der Lage Polens, der Tschechoslowakei und der UdSSR. Die Beziehungen Polens zu diesen Ländern verbesserten sich vorübergehend. Die Verträge von Locarno garantierten die Westgrenzen Deutschlands, die Deutschen dagegen verpflichteten sich, die östlichen Grenzen nicht gewaltsam zu verändern — dennoch waren mögliche Veränderungen nicht ausgeschlossen.

Die in bedeutendem Grade von der internationalen Konjunktur abhängende Realisierung des Programms der Regierung Grabski schlug fehl. Die Regierung brach zusammen. Das bewirkte eine zunehmende politische Aktivität des Piłsudski-Lagers, insbesondere in der Armee. Die Mitkämpfer schlossen ihre Reihen und verbreiteten den Mythos von ihrem Beitrag bei der Errichtung des Staates. Sie propagierten einen Piłsudski-Kult, der auch von der PPS und ihrem Führer Daszyński gestärkt wurde. Es wurde eine Koalitionsregierung der „Nationalen Einheit" mit Beteiligung der Nationaldemokraten, der Christdemokraten, der „Piast", der PPS und der Nationalen Arbeiterpartei gebildet. Piłsudski widersetzte sich den Versuchen einer parlamentarischen Kontrolle über das Militär, er bekämpfte Sikorski und mobilisierte seine Anhänger im Heer. Die Gruppe der Intelligenz gründete unter der Führung von Kazimierz Bartel (1882—1941), Professor der Technischen Hochschule Lwow, einen Klub der Arbeit (Partei der Arbeit), der zugunsten Piłsudskis wirkte. Auch die verbesserte wirtschaftliche Situation „arbeitete" für ihn. Der Abbruch der Gespräche Piłsudskis mit der Regierung, die ihm einen Posten in der Armee anbot, und seine Angriffe auf zahlreiche Militärs heizten die Atmosphäre an. Die Piłsudski-Anhänger, die Sikorski in die Provinz verwiesen hatte, kehrten nach Warschau zurück. Die Regierung dankte ab; die Bildung des neuen Kabinetts wurde Witos anvertraut. Dieses Kabinett entstand am 10. Mai 1926, aber schon zwei Tage später marschierte Piłsudski mit den ihm ergebenen Truppen aus seinem Residenzort Sulejówek nach Warschau. In Warschau begannen Kämpfe, die 300 Gefallene und 1000 Verwundete forderten, und in der Nacht vom 14. zum 15. Mai trat die Regierung zurück. Präsident Wojciechowski dankte ebenfalls ab. Sejmmarschall Rataj übertrug auf Antrag Piłsudskis Kazimierz Bartel die Mission zur Regierungsbildung. Als Kandidaten für die Funktion des Präsidenten benannte er Professor Ignacy Mościcki (1867—1946), der, 1933 erneut gewählt, dieses Amt bis zum Ende der Zweiten Republik bekleidete. Das war der Beginn der Piłsudski-Regierung, die eine „Gesundung" (Sanierung) der Situation versprach, wonach man sie als Sanacja-Regierung bezeichnete. Die Machtelite konzentrierte sich nach dem Maiumsturz auf eine kleine Personengruppe, der gesamte Machtapparat, d.h. die herrschende Schicht (einige Zehntausende Personen), bestand aus Anhängern des Sanacja-Lagers. In Polen festigte sich die Beamten- und Militär-Diktatur des Sanacja-Lagers. Die folgenden neun Jahre war Piłsudski am Ruder; danach begann eine innere Differenzierung seiner politischen Erben. In der regierenden Schicht spielten die Militärs eine immer grössere Rolle.

4. Polen unter der Sanacja-Regierung. Das Anwachsen der radikalen Stimmungen. Die Kriegsgefahr

Die linken Kreise, die geglaubt hatten, Piłsudski werde um demokratische Grundsätze und gegen eine rechtsgerichtete Regierungsorientierung kämpfen, erlebten rasch eine Enttäuschung und übten Selbstkritik. Erst der Maiumsturz, der die parlamentarische Demokratie zerstörte und die Kreise der Führungselite eingrenzte, hatte die Grundlage für die Rechtswendung der Regierung geschaffen. Zwar begrenzte der Umsturz auch den Einfluss der Nationaldemokraten, zugleich jedoch war er eine Niederlage der parlamentarischen Linken und eine grössere Bedrohung für die in der Konspiration wirkende revolutionäre Linke. Die Repräsentanten der wirtschaftlichen Sphäre billigten die entstandene Situation, denn sie erblickten darin bessere Garantien als bisher, die Forderungen der Arbeiter in

Grenzen zu halten, und ausserdem weckte die stärkere Macht das Vertrauen der ausländischen Kapitalisten. Die Kapitalanlagen und Anleihen begannen jetzt in breiterem Strom ins Land zu fliessen. Ziemlich starken Einfluss gewann das amerikanische, englische und französische Kapital in Polen. All das verbesserte die wirtschaftliche Konjunktur und regte Investitionen an. Jedoch wuchs auch die Verschuldung Polens, was nicht ohne Einfluss auf die politische Abhängigkeit blieb. Um leichter Kredite zu erhalten, schlossen die Industrieunternehmen Kartellverträge, die wiederum zu weiterer Abhängigkeit vom ausländischen Kapital führten. Im Ergebnis stiegen Produktion und Beschäftigung, und die materielle Lage der Arbeiter verbesserte sich. Der Maschinenpark wurde modernisiert, die Bautätigkeit belebte sich beträchlich. In den Jahren 1926—1929, einem Zeitraum der allgemeinen Konjunktur, wuchs die Industrieproduktion um rund 40%. Schnell ging der Ausbau von Gdynia voran, das sich im Laufe der folgenden Jahre hinsichtlich des Umschlags zum zweitgrössten Ostseehafen nach Kopenhagen entwickelte. Das geschah hauptsächlich durch das Wirken des Ministers für Industrie und Handel Eugeniusz Kwiatkowski (1888—1974). Es wurde auch eine Eisenbahnverbindung zwischen Gdynia und Schlesien gebaut.

Entscheidend verbesserte sich die Situation in der Landwirtschaft. Die Hektarerträge der bäuerlichen Wirtschaften wuchsen von 1926 bis 1929 um ca. 60 bis 70%. Damit erweiterte sich der bislang begrenzte Binnenmarkt für Industrieerzeugnisse. Gleichzeitig wuchs wegen der gestiegenen Bodenpreise die Neigung der Grossgrundbesitzer zur Parzellierung ihrer Güter. Die Sanacja-Politik, die den Aufschwung der kapitalistischen Verhältnisse unterstützte, betrachtete den reichen Bauern als die zentrale Figur auf dem Lande. Hemmend für die Entwicklung dieser Politik war jedoch die gewaltige Übervölkerung der Dörfer, die trotz des Anwachsens der Produktion nicht von der Industrie aufgesogen werden konnte. Aus diesem Grunde erreichte die Zahl der Emigranten, die sich aus Landlosen und Kleinbauern rekrutierten, zwischen 1926 und 1928 ca. eine halbe Million. Trotz der Prosperität waren die Perspektiven für Polen nicht günstig, näherten sich doch die Jahre der grossen Wirtschaftskrise, die in Polen ausserordentlich lange dauerte, nämlich von 1929 bis 1935.

Vorläufig erleichterte die Verbesserung der ökonomischen Situation die Manöver der Sanacja. Die ersten Schritte betrafen die Stärkung der Position des Militärs im Staate. Ein Amt des Generalinspekteurs der Bewaffneten Kräfte wurde gebildet, das einzig und allein dem Präsidenten rechenschaftspflichtig war. Beunruhigend war der Bruch der Verfassung, Schlägertrupps überfielen Schriftsteller und Politiker, die die Sanacja-Regierung oder die Person Piłsudskis kritisierten. Die Position der Minister war deutlich verändert. Zuvor waren sie Repräsentanten bestimmter politischer Ideen in Abhängigkeit von ihrer Parteizugehörigkeit gewesen, jetzt wurden Fachleute ausgewählt, in deren Namen die Machtelite, die sich aus willfährigen Mitkämpfern der Piłsudski-Legionen zusammensetzte, die politischen Entscheidungen traf. Sogar der Präsident hatte an seiner Seite Verbindungsoffiziere, die ihm durch den wichtigsten Gefolgsmann Piłsudskis, General Felicjan Sławoj-Składkowski (1885—1962), seit 1936 Premierminister, oder durch den „Führer" selbst zugewiesen wurden. Man bemühte sich gleichfalls, die ukrainische und belorussische Bevölkerung zu gewinnen. Eventuelle Zugeständnisse machte man von der Unterstützung der Sanacja abhängig, die in dieser Hinsicht übrigens keine einheitliche Konzeption hatte. Dazu war es notwendig, die Rechte des Sejms weiter einzuschränken und ein sog. Präsidentensystem zu schaffen, das sich nicht auf die Autorität des Präsidenten Mościcki, sondern auf die Position Piłsudskis stützte. Ende 1926 war Piłsudski Premierminister, Minister für Heeresangelegenheiten und Generalinspekteur der Streitkräfte. Die ganze Zeit jedoch ging es um die Erhaltung einer, wenn auch nur scheinbaren, demokratisch-parlamentarischen Regierungsform.

Die durch den Umsturz entstandene Situation rief ziemlichen Widerhall und zugleich Differenzen innerhalb der bestehenden Parteien und Gruppierungen hinsichtlich ihres Verhältnisses gegenüber der Sanacja und im Falle der KPP bezüglich ihres Verhältnisses zur parlamentarischen Linken hervor. Der KPP näherten sich die Unabhängige Bauernpartei (NPCh), die Belorussische Bauern- und Arbeiterpartei „Hromada" und die PPS-Linke an, die sich von der die Regierung unterstützenden PPS getrennt hatte. Das bedeutete eine wachsende Bedrohung für die Sanacja, die Gegenmassnahmen in Form von Verhaftungen traf und die NPCh und die „Hromada" in die Illegalität drängte.

Den konsequentesten Kampf gegen die Sanacja führte die Kommunistische Partei Polens, die in den Jahren 1923—1933 ungefähr 16 000 Mitglieder zählte. Zu den Hauptkräften der sog. legalen bzw. parlamentarischen Opposition gehörten die Nationale Partei, die in den letzten Jahren der Zweiten Republik rund 200 000 Mitglieder zählte, die Bauernpartei, die 1931 aus der Vereinigung der PSL-„Piast", der PSL-„Wyzwolenie" und der Bauernpartei entstanden war und 1939 ungefähr 150 000 Personen vereinte, sowie die PPS, die ca. 30 000 Mitglieder zählte, jedoch einen wesentlich grösseren Einfluss unter den arbeitenden Massen besass.

In der gesamten, dem Maiumsturz folgenden Regierungsperiode liessen weder der Kampf der Sanacja um ihren Einfluss noch der Kampf der Opposition gegen die Sanacja-Politik nach. Um soviel Menschen wie möglich um die Regierung zu scharen, gründeten die Piłsudski-Anhänger für die Wahlen 1928 den „Parteilosen Block zur Zusammenarbeit mit der Regierung" (BBWR), der verschiedene Gruppen, soziale Klassen und politische Richtungen vereinen sollte. Dem BBWR gelang es nicht, die Mehrheit zu erringen, folglich gab es auch keine parlamentarische Chance für eine Verfassungsänderung. Zu den Wahlen wurden 34 Listen aufgestellt. Die kommunistischen Listen errangen fast eine Million Stimmen, und gemeinsam mit den ihrem Programm nahestehenden Gruppen erhielten die Kommunisten 15 Mandate im Sejm.

Der gegen die Deutschen gerichtete großpolnische Aufstand von 1918/19 war ein bewaffneter Kampf der polnischen Bevölkerung um den Anschluß des von Preußen okkupierten Teilungsgebiets an Polen. Auf dem Bild: Artilleristen am westlichen Frontabschnitt

Józef Piłsudski (1867–1935), Politiker, Staatsmann, Begründer der Polnischen Legionen, 1918–1922 Staatsoberhaupt, seit 1920 Oberbefehlshaber der polnischen Armee und Marschall von Polen

Wincenty Witos (1874–1945), Bauernführer, Politiker, Publizist, Premierminister Polens in den Jahren 1920/21, 1923 und 1926

Die Abgeordnetenkammer bei der ersten Sitzung des Sejms am 10. Februar 1919

Das bedeutendste Investitionsvorhaben Polens in der Zeit zwischen den beiden Weltkriegen war der Bau des Hafens in Gdynia.

In den Jahren 1926–1939 wurde das Warschauer Nationalmuseum erbaut.

Warschau in den dreißiger Jahren

In der Zeit zwischen den beiden Weltkriegen verfügte Polen über hervorragende Konstrukteure von Flugzeugen. Auf dem Bild: polnische Konstrukteure vor dem Passagierflugzeug Lublin R IX, im Hintergrund eine Maschine des Typs R X. Von links: Stanisław Gliński, Janusz Lange, Jerzy Rudnicki, Witold Grabowski, Marian Bartolewski und Jerzy Teisseyre

Ludwik Hirszfeld (1884–1954), Arzt, Serologe und Immunologe, Mitbegründer der Blutgruppenlehre

Kazimierz Funk (1884–1967), in Deutschland, England, Polen und den USA tätiger Biochemiker, Mitbegründer der Lehre von den Vitaminen

Stefan Banach (1892–1945), namhafter Mathematiker, Mitbegründer der Funktionalanalysis

Tadeusz Kotarbiński (1886–1981), Philosoph, Logiker und Praxeologe, Bahnbrecher und Hauptschöpfer der Praxeologie

Zofia Nałkowska (1884–1954), realistische Schriftstellerin, Vertreterin der psychologischen und gesellschaftskritischen Prosa

Maria Dąbrowska (1889–1965), kritisch-realistische Schriftstellerin, Vertreterin der psychologischen und gesellschaftskritischen Prosa

Leopold Staff (1878–1957), Dichter. In seiner klassizistischen reflektierend-philosophischen Lyrik verband er Affirmation des Lebens und skeptische Haltung.

Leon Schiller (1887–1954), Regisseur, Historiker, Pädagoge und Theaterfunktionär. Er inszenierte monumentale poetische Werke.

Władysław Broniewski (1897–1962), führender Vertreter der revolutionären Dichtung. Er knüpfte an die Traditionen der polnischen Romantik an.

Jarosław Iwaszkiewicz (1894–1980), Prosaist, Dichter, Dramatiker, Mitbegründer der Dichtergruppe Skamander

Julian Tuwim (1894–1953), Dichter, Übersetzer, Mitbegründer der Dichtergruppe Skamander

Czesław Miłosz (geb. 1911), Dichter, Mitglied der Dichtergruppe Żagary, seit 1951 in der Emigration, 1980 Nobelpreis

General Karol Świerczewski (1897–1947), Teilnehmer an der Oktoberrevolution, Kommandeur der 14. Internationalen Brigade beim spanischen Bürgerkrieg, während des zweiten Weltkriegs Mitbegründer der Polnischen Volksarmee in der Sowjetunion und Befehlshaber der 2. Armee der Polnischen Streitkräfte. Auf dem Bild: Karol Świerczewski (erster von links) nimmt 1937 mit Dolores Ibárruri eine Parade der Internationalen Brigaden in Spanien ab.

Die Bestrebungen des BBWR zur Einschränkung der Befugnisse des Sejms sowie die Berufung der Regierung Kazimierz Świtalskis im April 1929, in die Gefolgsleute und Sympathisanten Piłsudskis eingingen, riefen eine verstärkte Zusammenarbeit der linksgerichteten Sejmklubs mit den Sejmklubs des Zentrums hervor. Die Piłsudski-Anhänger verliessen die PPS, und die Partei wurde ideologisch stärker, sie errang grösseres Vertrauen bei anderen oppositionellen Gruppen. Sechs Sejmklubs vereinigten sich im oppositionellen Block unter dem Namen Zentrumslinke (Centrolew) und stürzten mit bedeutender Stimmenmehrheit das Kabinett Świtalski. An seine Stelle trat das neue Kabinett mit K. Bartel an der Spitze, das nach Beschlussfassung des Staatshaushalts, worum es Piłsudski hauptsächlich ging, seinen Rücktritt erklärte. Danach wurde die Regierung Walery Sławek (1879—1939) berufen. Die Personen der Minister in den aufeinanderfolgenden Regierungen wechselten nur unerheblich. Der durch die Zentrumslinke einberufene Kongress zum Schutz des Rechts und der Freiheit des Volkes kündigte den Kampf gegen die Diktatur Piłsudskis an und gewann immer breitere Unterstützung unter der Bevölkerung. Auf diese Weise dehnte sich der Kampf über das parlamentarische Forum hinweg aus. Das fiel zusammen mit der schon deutlich sichtbaren Verschlechterung der wirtschaftlichen Situation, dem Beginn der grossen Krise, die alle kapitalistischen Länder erfasste. Sie nahm in Polen einen ungewöhnlich heftigen Verlauf und dauerte auch, wie schon erwähnt, wesentlich länger. Im Vergleich zum Stand von 1929 sank die Industrieproduktion 1930 um 18%, 1931 um 31% und 1932 um 46%, danach erfolgte eine geringfügige Besserung. 1933 betrug die Kennziffer der Industrieproduktion (wenn man den Stand von 1929 mit 100 ansetzt) 56, 1934 63 und 1935 schliesslich 66. Dieser Rückgang war stärker als der Abfall der Weltproduktion, verursacht durch die wesentliche Schrumpfung des Binnenmarktes (d.h. der Einkünfte der Bevölkerung) und durch die Tätigkeit der Kartelle, die danach strebten, die Preise auf Kosten des Produktionsumfangs zu erhöhen. Die Arbeitslosigkeit stieg, auf dem Lande machte sich die Übervölkerung noch empfindlicher bemerkbar. Die Hälfte der Arbeiter in der Textilindustrie verlor ihre Stellung. Die Arbeitslosigkeit erfasste 1931 insgesamt, je nach Industriezweig, 25 bis 80% der Beschäftigten. Von der Krise betroffen waren auch die Handwerker und kleinen Kaufleute. Ihre Umsätze fielen in den Jahren 1928—1932 durchschnittlich um ca. 60%. In der Landwirtschaft zeigte sich die Krise vor allem in einem Rückgang der Einnahmen, hervorgerufen in erster Linie durch ein Sinken der Preise für landwirtschaftliche Erzeugnisse um fast 70%, nicht aber durch einen Rückgang der Produktion. Das erschwerte die Einkäufe zu Investitionszwecken sowie die Abzahlung der Schulden, die in vorhergehenden, besseren Jahren gemacht worden waren. Der Kleinbauer war nicht imstande, mit demselben Warenüberschuss seine Ausgaben zu decken. Auf dem Lande herrschte Not, die Rückständigkeit vertiefte sich. In den östlichen Wojewodschaften hörten die Einkäufe fast völlig auf. Je kleiner die Wirtschaft war, um so empfindlicher machte sich die Krise bemerkbar. Die Finanz- und Valuta-Situation in Polen verschlechterte sich. Die Abhängigkeit der Wirtschaft vom Fremdkapital nahm zu.

Die Wahlen vom November 1930, die sog. Brester Wahlen, verliefen unter dem Zeichen der Sanacja-Offensive. Die Zentrumslinke bildete einen Wahlblock unter dem Namen „Block zum Schutz des Rechts und der Freiheit des Volkes", dessen Tätigkeit jedoch durch die Verhaftungen namhafter Politiker wie z.B. Stanisław Dubois und Norbert Barlicki aus der PPS, Józef Putek aus der PSL-„Wyzwolenie", Wincenty Witos aus der PSL-„Piast" und Wojciech Korfanty aus der Christlich-Demokratischen Partei gelähmt war. Sie wurden in das Militärgefängnis Brest-Litowsk gebracht und terrorisiert. Insgesamt wurden ca. 5000 Personen, vorrangig Anhänger der Zentrumslinken, verhaftet.

Bei den Wahlen errangen die Sanacja (BBWR) 46,2% Stimmen, die Zentrumslinke 17%, die Kommunisten 2,3%. In der neuen Regierung bildete das Militär wiederum die Mehrheit. Inzwischen gingen im Lande Gerüchte von der schikanösen Behandlung der Häftlinge in Brest-Litowsk um; man verlangte Erklärungen. Die Popularität Piłsudskis verringerte sich beträchtlich.

Für die neue Regierung wurde, ebenso wie für die nachfolgenden, die jedoch immer im gleichen Einflussbereich verblieben, der Kampf gegen die zunehmend tiefergreifende Wirtschaftskrise und die damit Hand in Hand gehende Bewegung der arbeitenden Massen zum Hauptproblem. Die Regierung war jedoch konsequenter im Kampf gegen die Opposition als in der Bekämpfung der Krise. Es verstärkten sich die Repressalien gegen die Kommunisten, insbesondere in der Ukraine. Prozesse fanden statt, u.a. einer gegen die Führer der Zentrumslinken, die in Brest-Litowsk inhaftiert waren. Wincenty Witos, der sich dem Urteil nicht unterordnen wollte, verliess das Land, kündigte jedoch eine Fortsetzung des Kampfes an. Man zerschlug die Arbeiterparteien („Hromada", NPCh, PPS-Linke) und erklärte sie für ungesetzlich. Es gab Streiks und Bauernerhebungen, die 1933 besonders heftig in Kleinpolen auftraten. Gleichzeitig wurde das Schulsystem verändert, man erhöhte die Gebühren für den Hochschulbesuch und beschränkte damit den Zugang der weniger begüterten Jugend, hauptsächlich der Landjugend, zu Ober- und Hochschulen. Das Gerichtswesen, die Rechtsanwaltschaft und das Oberste Verwaltungsgericht wurden der Regierung unterstellt. Die Sozialversicherung wurde eingeschränkt. Schliesslich wurde 1935 unter Umgehung der entsprechenden Vorschriften eine neue Verfassung, die sog. Aprilverfassung, beschlossen, die an die Stelle der demokratischen Märzverfassung (s. Pkt. 1) trat. Nicht das Volk stand hier im Vordergrund, sondern der durch eine Elite regierte Staat. Die Funktionen des Sejms und des Senats wurden wesentlich eingegrenzt, die Macht des Präsidenten, der von nun an nur noch „vor Gott und der Geschichte" verantwortlich war, wuchs. In dieser Situation begann ein Teil der Anhänger der Nationaldemokratie (der Bund der Jungnationalen), die immer ein derartiges Staatsmodell angestrebt hatte, sich mit der Sanacja zu verbünden, auf der anderen Seite schritt die Radikalisierung der linken Gruppierungen voran. 1934 bildete sich der linke Flügel der PPS heraus, die schon erwähnte PPS-Linke. In der Bauernpartei wurden vor dem Hintergrund ihrer Beziehungen zur Sanacja innere Kämpfe ausgetragen. Gemeinsame Aktionen der Sozialisten und Kommunisten wurden häufiger, sie waren das Vorspiel zu der sich herausbildenden Volksfront, die vom VII. Kongress der Kommunistischen Internationale 1935 propagiert wurde. Die Neuwahlen fanden schon unter neuen Verhältnissen statt, nämlich nach dem Tode Piłsudskis am 12. Mai 1935. Die Sanacja erlitt eine Niederlage. Die Bevölkerung boykottierte die Wahlen, nur knapp 46,5% Stimmberechtigte nahmen teil, und davon war ein Viertel der Stimmen ungültig. Der BBWR wurde aufgelöst. Im Schosse der Sanacja begannen sich zwei Blöcke zu bilden: Der eine, militärisch ausgerichtete („Belvedere") gruppierte sich um Edward Rydz-Śmigły, Generalinspekteur der Streitkräfte, der andere („Zamek", Schloss), der mehr „zivilen" Charakter trug, um Ignacy Mościcki.

Eine selbständige Stellung zwischen „Belvedere" und „Zamek" konnte sich Józef Beck (1894—1944) sichern, der seit 1932 die aussenpolitischen Fragen Polens lenkte. Der Leitgedanke seiner Politik, gestützt übrigens auf die von Piłsudski eingeführten Grundsätze, war das Streben nach einer Verständigung mit Deutschland und die traditionsgemässe Suche nach Unterstützung bei Frankreich und schrittweise in immer stärkerem Masse auch bei England. Zwar war 1932 ein Nichtangriffspakt mit der UdSSR geschlossen worden, dieser hatte jedoch keinen Einfluss auf die politischen Konzeptionen Piłsudskis und Becks, die ein Balancieren zwischen Frankreich und England sowie Deutschland empfahlen. Diese Politik unterlag erst angesichts der schon unabwendbaren deutschen Gefahr einer bestimmten Veränderung. Vorläufig wurde 1934 ein Nichtangriffspakt mit Deutschland unterzeichnet. Während dieser von der polnischen Seite als zentraler Punkt ihrer Aussenpolitik aufgefasst wurde, wovon die Ablehnung der Idee eines Frankreich, die UdSSR, Polen, die Tschechoslowakei und Deutschland verbindenden sog. Ostpakts zeugte, behandelten die Deutschen diese Vereinbarung als Element der politischen Taktik für die Verwirklichung ihrer in Adolf Hitlers „Mein Kampf" enthaltenen Expansionspläne.

In den Jahren 1935/36 wurde das Land zum Schauplatz heftiger Auflehnungen gegen die Sanacja-Politik, es häuften sich Streiks, u.a. der Sitzstreik in der Fabrik „Semperit" in Krakau im Mai 1936, der eine ganze Lawine der Solidarität hervorrief; die grosse Bauerndemonstration im Dorf Nowosielce im Juni 1936; der sog. Kulturkongress in Lwow (Kongress der auf dem Gebiet der Kultur Tätigen zur Verteidigung des Friedens) oder auch das Aufbegehren des Polnischen Lehrerbundes gegen die Sanacja. Rund 5000 Polen, vor allem Kommunisten, kämpften in den Internationalen Brigaden in Spanien (1936—1939) zur Verteidigung der Volksmacht, u.a. auch der hervorragende Kommandeur Karol Świerczewski (1897—1947).

Zwei Faktoren beeinflussten inzwischen in gewichtigem Masse das politische Leben Polens in den Jahren 1936—1939; der erneute wirtschaftliche Aufschwung und die wachsende Gefahr eines Konflikts mit Deutschland. Für die wirtschaftliche Belebung erwiesen sich sowohl die Einmischung des Staates (der sog. staatliche Interventionismus) als auch eine Verbesserung der landwirtschaftlichen Konjunktur als wichtig. Die Regierung veröffentlichte ein Wirtschaftsprogramm, den sog. vierjährigen Investitionsplan, der den Zeitraum vom 1. Juli 1936 bis zum 30. Juni 1940 umfassen sollte. Das Steuer der Wirtschaftspolitik lag damals in der Hand der sog. linken Sanacja unter Eugeniusz Kwiatkowski, dem Hauptrealisator der Politik zur Ankurbelung der Konjunktur auf polnischem Boden. Geplante Investitionsvorhaben wurden in Angriff genommen, darunter als wichtigstes der Bau des Zentralen Industriereviers (COP) in Kleinpolen. Zahlreiche Handelsverträge wurden abgeschlossen, der Export stieg. Der Umsatz des polnischen Aussenhandels war 1938 um ca. 40% höher als 1935. Der Plan wurde schon im März 1939 erfüllt, also erarbeitete man einen neuen Dreijahrplan und begann mit dessen Realisierung. Das geschah jedoch bereits in einer immer angespannteren Atmosphäre, in einer Zeit, da man sich auf den drohenden Krieg vorbereitete. Die verwirklichten Investitionsvorhaben betrafen auch die Rüstung. Man versuchte, die Luftwaffe und die Kriegsflotte zu modernisieren und auszubauen.

Im Ergebnis all dieser Massnahmen sowie der sich verbessernden Konjunktur und der Vergrösserung der Einkommen der Bevölkerung, hauptsächlich auf dem Lande — im Zusammenhang mit dem Ansteigen der Preise für Agrarprodukte —, machte auch die Steigerung der Industrieproduktion Fortschritte. Die 1933 durchgeführte Entschuldungsaktion beeinflusste die landwirtschaftliche Situation positiv.

Mit den Schritten der Hitlerregierung, die 1933 an die Macht gelangt war, aber auch in der Atmosphäre einer allgemeinen faschistischen Offensive wuchs die Gefahr eines Krieges. 1935, nach seinem Austritt aus dem Völkerbund (1933), kündigte das Dritte Reich die Festlegungen des Versailler Vertrags in der Frage der Rüstungsbegrenzung auf und marschierte am 7. März 1936 ins Rheinland ein, das zuvor zur entmilitarisierten Zone erklärt worden war. Nach dem Militärputsch General Francos brach 1936 der Bürgerkrieg in Spanien aus. Im Juli 1937 begann Japan, in dem profaschistische Kreise an die Macht gekommen waren, den Krieg gegen China. 1938 annektierte Deutschland Österreich (sog. Anschluss ans Reich) und zwang die Regierungen Englands, Frankreichs und Italiens, die um jeden Preis den Frieden retten wollten, auf der Münchner Konferenz im September 1938 der deutschen Besetzung der Sudeten zuzustimmen. Die polnische Regierung beharrte weiterhin auf dem Standpunkt, dass man gute Beziehungen zu Deutschland unterhalten müsse; man beruhigte sich u.a. mit dem Gedanken, die deutsche Expansion richte sich gegen den Donauraum, eine Hoffnung, die von Militärkreisen und nüchtern denkenden Politikern nicht geteilt wurde. Polen berief sich auf die tschechische Aktion von 1919 (s. XII. 2) und besetzte Anfang Oktober 1938 das Olsagebiet. Damit führte es eine Politik, die Deutschland genehm war.

Bereits am 24. Oktober deckte Deutschland seine Karten gegenüber Polen auf. Der Reichsaussenminister Joachim von Ribbentrop stellte in einem Gespräch mit dem polnischen Botschafter in Berlin, Józef Lipski, seine bis April 1939 mehrmals wiederholten Forderungen, unter denen sich ein Punkt befand, in dem vom Anschluss der Freien Stadt Danzig an das Dritte Reich sowie vom Bau einer exterritorialen Autobahn durch das polnische Pommerellen nach Ostpreussen die Rede war.

Die Angebote Ribbentrops waren im Grunde eine Sondierung, ob es gelingen würde, Polen dem Dritten Reich unterzuordnen und es auf diesem Wege seiner Unabhängigkeit zu berauben. Die Annahme der Vorschläge, die übrigens immer mehr eskalierten, hätten den Frieden nicht gerettet, sondern die Frage eines Koalitionssieges über den Hitlerismus vor wesentlich schwierigere Bedingungen gestellt. Die Pläne Hitlers endeten nicht in Gdańsk und nicht bei der exterritorialen Autobahn. Es ging, wie die Zukunft schliesslich bestätigte, um wesentlich weitreichendere Ziele.

Die Ablehnung dieser Forderungen war das erste „Nein" auf die Hitler-Expansion. Es bedeutete einen wesentlichen Wandel in der polnischen Aussenpolitik. Dieser Wandel wurde durch die Haltung Englands erleichtert, das jetzt, auch zum eigenen Schutz, entschlossen war, der weiteren Expansion Deutschlands, das am 14. März 1939 Böhmen und Mähren besetzt hatte, einen Riegel vorzuschieben. Am 6. April wurde ein britisch-polnischer Garantievertrag unterzeichnet. Am 28. April 1939 kündigte Hitler den deutsch-polnischen Nichtangriffspakt von 1934 auf. Dennoch unterlag die polnische Aussenpolitik keiner konsequenten Veränderung, denn die Diplomatie Becks unterstützte die Bemühungen der Sowjetunion nicht, die den Abschluss eines kollektiven Sicherheitsvertrags anstrebte; man verweigerte die Genehmigung für einen eventuellen Durchmarsch der sowjetischen Truppen durch Polen. Schliesslich drangen auch England und Frankreich nicht sonderlich stark auf den Abschluss eines solchen Pakts. Zuvor hatte die polnische Regierung 1935 auch nicht die Bemühungen der UdSSR und Frankreichs um den Abschluss des sog. Ostpakts unterstützt.

In dieser Situation unterschrieb die Sowjetunion am 23. August 1939 einen Nichtangriffspakt mit Deutschland, gelegentlich als Ribbentrop-Molotow-Pakt bezeichnet.

Inzwischen steigerte Hitler wiederum seine Forderungen. Er war überzeugt, dass der Westen Polen nicht unterstützen und damit auch keine zweite Front entstehen würde. Jetzt folgten Schlag auf Schlag die Vorbereitungen für den Überfall auf Polen. Das Echo der breiten Propagandaaktion wurde durch zahlreiche antipolnische Provokationen und Verleumdungen wie u.a. den fingierten „polnischen Überfall" auf den Sender Gleiwitz verstärkt. Am 22. August 1939 erklärte Hitler u.a.: „Vernichtung Polens im Vordergrund (...) Ich werde propagandistischen Anlass zur Auslösung des Krieges geben, gleichgültig, ob glaubhaft (...)." Die

Forderungen gegenüber Polen wurden immer anmassender, dabei stand das Datum des Überfalls schon fest. Der anfängliche Termin vom 26. August 1939 wurde auf den 1. September verschoben.

5. Kultur und Gesellschaft. Die historischen Werte der Zweiten Republik

Die kurze, nur 20 Jahre dauernde Periode von 1918 bis 1939 nimmt in der Geschichte Polens einen wichtigen Platz ein. Sie war eine Schule des politischen Denkens und der politischen Praxis, die in aller Deutlichkeit von den schöpferischen Kräften des polnischen Volkes und der Fülle von Aufgaben zeugte, die die Polen zur Organisierung ihres Lebens zu bewältigen hatten.

Die zwei Jahrzehnte zwischen den beiden Weltkriegen waren eine weitere Entwicklungsetappe des polnischen Volkes. Vollendet wurde vor allem die grosse Aufgabe, die durch die Teilungen zersplitterten Gebiete zu verschmelzen und die polnische Bevölkerung zu integrieren. Gerade jene Integrationsprozesse, die sich in der Zweiten Republik vollzogen, kann man als den wichtigsten Beitrag dieses Zeitraums für die polnische Geschichte anerkennen.

Eine gewaltige Rolle fiel hier der Volksbildung, der Wissenschaft und den anderen Gebieten der Kultur zu. Zwar war Polen weiterhin vorrangig ein Agrarland, und seine gesellschaftliche Struktur hatte sich nur unwesentlich verändert, im Ergebnis jedoch erhöhte sich der Anteil der Intelligenz um 12%, der Arbeiterklasse um 9% und des Kleinbürgertums um 7%. Das hatte wesentlichen Einfluss auf den Inhalt des kulturellen Lebens sowie auf die Reichweite und Differenzierung seiner Konsumenten.

Besonders grosse Bedeutung hatte der Fortschritt auf dem Bildungssektor. Gerade hier (s. XI. 5) bestanden zwischen den ehemaligen Teilungsgebieten riesige Unterschiede. Während das Analphabetentum in Grosspolen und Pommerellen praktisch liquidiert war, betrug es in Zentralpolen 30 bis 40%, im Westen Kleinpolens 20 bis 30%, in Ostpolen dagegen 40 bis 70%. Im ganzen Land konnte ungefähr ein Drittel der Bevölkerung nicht lesen und schreiben. In den beiden Jahrzehnten zwischen den Kriegen wurde bis hin zu den dreissiger Jahren nahezu lückenlos die Schulpflicht eingeführt, was keineswegs die Gefahr eines sog. sekundären Analphabetentums, vor allem auf dem Lande, beseitigte. Der Prozentsatz der Arbeiter- und Bauernkinder auf der höheren Erziehungsebene, d.h. in den Ober- und Hochschulen, verringerte sich. Im Schuljahr 1922/23 stammten bei einer Gesamtzahl von 227 000 Schülern der Oberschulen knapp 4% aus der Arbeiterklasse und 13% aus der Bauernschaft. Die ausserschulische Erziehung und Bildung entwickelte sich weiter in den Agrarzirkeln, im Bund der Dorfjugend „Wici" auf dem Lande sowie in der mit der PPS zusammenarbeitenden Volksuniversität unter den Arbeitern. Die Volksuniversität bestand bis 1929, dann wurde sie von den Behörden geschlossen. Das Netz der öffentlichen Bibliotheken und Museen wurde bedeutend dichter. Es entstanden z.B. das Nationalmuseum in Warschau, das Museum für Moderne Kunst in Łódź und andere. In Warschau, Krakau, Lwow und Poznań waren 27 Hochschulen konzentriert, darunter drei Universitäten. Poznań erhielt erst 1919 eine Universität, frühere Bemühungen hatten wegen des Widerstands der Eroberer (s. X. 2) keinen Erfolg gezeitigt. Gegründet wurde auch die Katholische Universität in Lublin. Von grosser Bedeutung für die Entwicklung der Kultur war die 1928 gegründete Freie Universität in Warschau, die eine Zweigstelle in Łódź unterhielt. Die Technischen Hochschulen in Lwow und Warschau (s. XI. 5) und die Akademie der Schönen Künste in Warschau setzten ihre Tätigkeit fort. 1919 wurde die Bergakademie in Krakau gegründet, 1922 die Schule der Politischen Wissenschaften in Warschau. Insgesamt studierten in den dreissiger Jahren ca. 50 000 Studenten. Zahlreiche Zeitschriften erschienen. Allein 1937 waren es 2692, davon 130 jüdische, 125 ukrainische, 105 deutsche, 9 russische, 8 belorussische usw. Ein Netz von Archiven wurde organisiert, es entstanden über zehn wissenschafliche Institute. Im weiteren Verlauf entwickelten sich die wissenschaftlichen Forschungen immer dynamischer. Die Zahl der wissenschaftlichen Mitarbeiter betrug 1938 ungefähr 4000.

Internationalen Ruhm errang die polnische Mathematik: die sog. Warschauer Schule (Wacław Sierpiński, 1822—1969, und Kazimierz Kuratowski, geb. 1896) und die sog. Lwower Schule (Stanisław Mazur, geb. 1905, und Stefan Banach, 1892—1945, einer der Begründer der Funktionalanalysis, von dessen Namen der für dieses Fachgebiet fundamentale Begriff „Banach-Raum" abgeleitet ist). Wesentliche Errungenschaften erzielten polnische Gelehrte auch in der Philosophie und Logik: Jan Łukasiewicz (1879—1956), Alfred Tarski (geb. 1901); in der Physik: Stefan Pieńkowski (1884—1932), der Mitarbeiter Einsteins Leopold Infeld (1898—1968), Czesław Białobrzeski (1878—1953); in der Chemie: Wojciech Świętosławski (1881—1968), in den technischen Wissenschaften: Stefan Bryła (1886—1948), der Schöpfer der ersten vollständig geschweissten Brückenkonstruktion der Welt; in der Geographie: Eugeniusz Romer (1871—1954); in der Anthropologie: Jan Czekanowski (1882—1965), in der Botanik: Władysław Szafer (1886—1970), und in der Medizin: Ludwik Hirszfeld (1884—1954). Weltberühmt waren die Untersuchungen zur Logik und Semantik in der Philosophie, die von der sog. Warschauer und Lwower Schule: Kazimierz Twardowski (1866—1938), Tadeusz Kotarbiński (geb. 1886), Kazimierz Ajdukiewicz (1890—1963), durchgeführt wurden. Ein namhafter Vertreter der polnischen Phänomenologie war der Ästhetiker Roman Ingarden (1893—1970), die Geschichte der Philosophie und Ästhetik entwickelte Władysław Tatarkiewicz (1886—1980).

Ein hohes Niveau erreichten die ökonomischen und statistischen Wissenschaften: Adam Krzyżanowski (1873—1963), Edward Taylor (1884—1964), Edward

Lipiński (geb. 1888); wesentlich entwickelten sich auch die Soziologie und die Ethnographie. Es genügt, solche Namen zu nennen wie Ludwik Krzywicki (1859—1941), Direktor des Instituts für Sozialwirtschaft, Stefan Czarnowski (1879—1937), Florian Znaniecki (1882—1958), Kazimierz Moszyński (1887—1959), Bronisław Malinowski (1884—1942), der im Ausland ethnologische Forschungen betrieb, sowie den Ethnographen Jan Stanisław Bystroń (1892—1964). Es entwickelten sich die Psychologie: Stefan Baley (1885—1952), Władysław Witwicki (1878—1948), Stefan Szuman (geb. 1889); die Rechtswissenschaften, hauptsächlich die Rechtstheorie: Leon Petrażycki (1867—1931), Czesław Znamierowski (1886—1967), die Rechtsgeschichte: Rafał Taubenszlag (1881—1958), Stanisław Kutrzeba (1876—1946), Przemysław Dąbkowski (1877—1950), das Völkerrecht: Ludwik Ehrlich (1889—1968).

Die Entwicklung der historischen Wissenschaften ging Hand in Hand mit dem allgemeinen weltweiten Fortschritt auf diesem Gebiet oder eilte ihm sogar, wie z.B. im Bereich der Preisgeschichte, voraus.

In diesen zwei Jahrzehnten wurden auch die Grundlagen für einen Aufschwung der Sprachwissenschaft geschaffen: Tadeusz Lehr-Spławiński (1891—1965), Kazimierz Nitsch (1873—1943), Ananiasz Zajączkowski (1903—1970) und viele andere; Kazimierz Nitsch gab den ersten linguistischen Atlas der slawischen Länder heraus. Bedeutende Fortschritte wurden im Bereich der literaturgeschichtlichen Forschungen: Juliusz Kleiner (1886—1957), Stanisław Pigoń (1885—1968), Aleksander Brückner (1856—1939), Julian Krzyżanowski (1892—1976), und der Musikwissenschaft erzielt: Zdzisław Jachimecki (1882—1953) und Adolf Chybiński (1880—1952). Das war vermutlich das Echo einer aussergewöhnlichen Entwicklung der schöngeistigen Literatur, vor allem der Poesie. Unter den vielen Dichtergruppen hatte die um die 1920 gegründete Monatsschrift „Pro Arte et Studio", später „Skamander", gescharte Gruppe Skamander den grössten und langwährendsten Einfluss; die Skamandriten bedienten sich vorrangig traditioneller Versformen, in denen sie jedoch neue Inhalte ausdrückten; der stimmungsvollen Poesie und dem Symbolismus des Jungen Polen wurde die sog. Alltagspoesie gegenübergestellt. Zu den berühmtesten Skamandriten gehörten Julian Tuwim (1894—1953), Antoni Słonimski (1895—1976), Jan Lechoń (1899—1956), Kazimierz Wierzyński (1894—1969), Jarosław Iwaszkiewicz (1894—1980) sowie Kazimiera Iłłakowicz (geb. 1892) und Maria Jasnorzewska-Pawlikowska (1893—1945). Grossen Einfluss gewann die sog. Krakauer Avantgarde mit Tadeusz Peiper (1891—1969), Julian Przyboś (1901—1970) und Jalu Kurek (geb. 1904). Es bildete sich auch eine Strömung der revolutionären Dichtung heraus, die von Władysław Broniewski (1897—1962), Bruno Jasieński (1901—1939) und anderen vertreten wurde. Leopold Staff und Jan Kasprowicz setzten ihr Schaffen fort.

Die gesellschaftliche und politische Problematik kam besonders stark in der Prosa, vor allem im Roman, zum Ausdruck. Es entstanden so bedeutende Romane wie „Przedwiośnie" (Vorfrühling; 1925) von Stefan Żeromski, „Romans Teresy Hennert" (Die Liebschaft der Therese Hennert; 1924) von Zofia Nałkowska, „Pokolenie Marka Świdy" (Die Generation des Marek Świda; 1925) von Andrzej Strug, „Czarne skrzydła" (Schwarze Flügel; 1928/29) von Juliusz Kaden-Bandrowski, „Nächte und Tage" (1932—1934) von Maria Dąbrowska, „Die Kreuzfahrer" (1935) von Zofia Kossak-Szczucka, „Rebell und Bauer" (1932) von Leon Kruczkowski, „Die roten Schilde" (1934) von Jarosław Iwaszkiewicz, „Die Fremde" (1936) von Maria Kuncewiczowa, „Ferdydurke" (1937) von Witold Gombrowicz und „Die Zimtläden" (1937) von Bruno Schulz. Auf dem Gebiet der Dramatik dominierte weiterhin die Kunst des Jungen Polen und des Expressionismus (z.B. Karol Hubert Rostworowski; 1877—1938); das Komödienschaffen entwickelte sich, und auch avantgardistische Werke tauchten auf, die heute eine Renaissance erleben (z.B. Stanisław Ignacy Witkiewicz; 1885—1939, Wegbereiter des absurden Theaters). Einer der namhaftesten Dramatiker jener Periode war Jerzy Szaniawski (1886—1970). Gesondert ist die Literaturkritik anzuführen, deren namhafteste Vertreter Tadeusz Boy-Żeleński, auch ein bekannter Übersetzer französischer Literatur, und Karol Irzykowski (1873—1944) waren.

Auch das Theaterleben entwickelte sich dynamisch. Die Zahl der ständigen Bühnen wuchs. 1936 zählte man bereits 26. Besonders rührig und ehrgeizig waren das Polnische Theater, das Nationaltheater, das Theater „Ateneum" (alle in Warschau) und das Städtische Theater in Lwow. Zu den bedeutendsten Inszenierungen gehörten „Uciekła mi przepióreczka" (Die Wachtel ist mir entflohen) von Żeromski, am 27. Februar 1925 von Juliusz Osterwa auf die Bühne gebracht; die „Ungöttliche Komödie" von Zygmunt Krasiński, aufgeführt am 11. Juni 1926 von Leon Schiller, die „Totenfeier" von Mickiewicz und der „Kordian" von Słowacki, die 1930 und 1932 vom selben Regisseur inszeniert wurden. Zu den besten Regisseuren und Theaterleitern gehörten neben Osterwa und Schiller Stefan Jaracz (1883—1945), Stanisława Perzanowska (geb. 1898), Wilam Horzyca (1889—1959) und Ludwik Solski (1855—1954). Von bestimmter Bedeutung für die Entwicklung der Filmkunst war das polnische technische Gedankengut. Hier sei der Name des „polnischen Edison", Jan Szczepanik (1872—1926), erwähnt, der einige Dutzend Erfindungen patentieren liess, u.a. auf dem Gebiet der Weberei, des Fernsehens, der Farbfotografie und des Farbfilms. In der Zeit zwischen den beiden Weltkriegen verbreitete sich auch der Rundfunk. 1931 wurde in Raszyn ein Sender gebaut, der damals als der stärkste der Welt galt. Sein Ausstrahlungsbereich umfasste fast das gesamte Gebiet des damaligen Polens.

Auch die Entwicklung der bildenden Kunst und der Musik war von einer Atmosphäre der schöpferischen Suche geprägt. In der Architektur knüpfte man an alte Formen an und schuf zugleich neue. Nach einem für die Epoche des Jungen Polen charakteristischen Übergewicht der Sezessionseinflüsse folgten Tendenzen zur Monumentalisierung, dann wandte sich die Architektur den neuzeitlichen Strömungen einer konstruktivistisch-funktionellen, geometrisierenden Baukunst zu. Das betraf sowohl Repräsentationsbauten, die jetzt in grosser Anzahl für neue Institutionen errichtet wurden, als auch den Wohnungsbau. In der Malerei spielte der Postimpressionismus, der sich aus engen Kontakten mit der französischen Kunst ergab (Jan Cybis, 1897—1972; Artur Nacht-Samborski, 1898—1974), eine bedeutende Rolle. Daneben gab es avantgardistische Richtungen: Formismus (Tytus Czyżewski, 1880—1945; Stanisław Ignacy Witkiewicz, 1885—1939; Andrzej Pronaszko, 1888—1961; Zbigniew Pronaszko, 1885—1958), Unismus, die polnische Variante der abstrakten Plastik (Władysław Strzemiński, 1893—1952), verschiedene Richtungen von Verbänden bildender Künstler und Architekten (die Künstlergruppen BLOK und PRAESENS). Ein wichtiges Zentrum avantgardistischer Künstler und Schriftsteller war Krakau (Krakauer Gruppe). In Frankreich arbeitete auf sich gestellt Tadeusz Makowski (1882—1932). Die Graphik knüpfte an die Traditionen des volkstümlichen Holzschnitts (Władysław Skoczylas, 1883—1934) und des Expressionismus (Tadeusz Kulisiewicz, geb. 1899; Stanisław Chrostowski, 1897—1947; Konstanty Brandel, 1880—1970) an.

Das Musikleben erhielt einen zusätzlichen Impuls durch die Entwicklung des Schulwesens, es entstanden sieben Konservatorien. Die traditionsreiche Gesangsbewegung erlebte einen Aufschwung. Hier dominierte die künstlerische Persönlichkeit Karol Szymanowskis (s. XI. 5). Grosse Bedeutung für die Entwicklung der polnischen Musik hatten u.a. Feliks Nowowiejski (1877—1946), Tadeusz Szeligowski (1896—1963), Bolesław Woytowicz (geb. 1899), Grażyna Bacewicz (1913—1969), Witold Lutosławski (geb. 1913), Bolesław Szabelski (1896—1979) und Michał Spisak (1914—1965). In Paris wurde die Vereinigung Junger Polnischer Musiker gegründet. Hier studierten viele talentierte Künstler, die die polnische Musik populär machten. In den Jahren 1922—1929 fanden in Paris über 70 Konzerte statt, deren Programme zu einem bedeutenden Teil Werke junger Polen enthielten. Seit 1927 fand alle fünf Jahre der internationale Chopin-Wettbewerb (Klavier) in Warschau statt; im April 1939 veranstaltete man in Warschau ausserdem das XVII. Festival der Internationalen Gesellschaft der Zeitgenössischen Musik, deren von Zbigniew Drzewiecki (1890—1971) geleitete polnische Sektion für die Organisation verantwortlich zeichnete. Die berühmtesten Künstler aus verschiedenen Ländern wurden nach Polen eingeladen. Immer stärkeren Anteil an der Verbreitung der Musik hatte der Rundfunk.

Trotz der gewaltigen Schwierigkeiten in verschiedenen Lebensbereichen erwies sich die blosse Existenz des wiedererstandenen Staats als bedeutender Katalysator für das kulturelle und künstlerische Leben. Man darf keinesfalls die Rolle unterschätzen, die diese Errungenschaften in den dramatischen Jahren der Naziokkupation beim Überleben des Volkes spielten. Ebensowenig darf man andererseits die Barrieren übersehen, die die Teilnahme der Bevölkerung an der Kultur einengten.

In der Zeit zwischen den beiden Weltkriegen verbreiteten sich Kino, Rundfunk und Presse, die Veröffentlichung von Büchern stieg, neue Transportmittel (Auto, Flugzeug) setzten sich durch. Diese Erscheinungen veränderten jedoch in nur geringem Masse die Lebensweise der grossen Mehrheit der Dorfbewohner. Zwar entwickelte sich die städtische Kultur beträchtlich, ihre Vorbilder drangen jedoch nicht auf das Land vor. Trotzdem kann man von einer bedeutenden Uniformierung auf dem Gebiet der Sachkultur sprechen, die sich aus der immer höheren Produktion von Massenbedarfsgütern ergab. Fast in jedem Bereich des Lebens vertieften sich die Prozesse, die sich schon in der zweiten Hälfte des 19. Jh. ziemlich deutlich angekündigt hatten.

XIII. Kapitel

Polen und die Polen im zweiten Weltkrieg. Die Entstehung Volkspolens

1939—1945

1. Der Verteidigungskrieg von 1939

Die letzten Vorkriegswahlen, die im November 1938 in einer Atmosphäre wachsender Bedrohung stattfanden, zeugten von der Disziplin der polnischen Bevölkerung. Fast 70% aller Stimmberechtigten gingen zu den Wahlurnen, obwohl die Wahlen durch so einflussreiche Parteien wie die Polnische Sozialistische Partei, die Bauernpartei und die Nationale Partei boykottiert wurden. Die Sanacja zog daraus keine Lehren. Sie reorganisierte — schon im Kriegszustand — am 3. September 1939 die Regierung und verhinderte die Bildung einer Regierung der Nationalen Verteidigung durch die Opposition.

Das polnische Volk beobachtete voller Sorge die Kriegsvorbereitungen Deutschlands und die wachsenden Forderungen Hitlers. Das antipolnische Verhalten eines grossen Teils der in Polen lebenden deutschen Bevölkerung nahm zu, geschürt durch die systematisch geführte nazistische Propaganda. Die Deutschen leisteten unter ihren Landsleuten — ihren Anhängern — nicht nur politische Arbeit, sondern betrieben auch militärische Schulungen und Spionagetätigkeit. Sie besorgten Waffen und organisierten Diversantengruppen. Diese sog. Fünfte Kolonne verschärfte ihre Tätigkeit während des Septemberfeldzugs. Die Diversionsakte mehrten sich.

Am 25. August 1939 traf der deutsche Panzerkreuzer „Schleswig-Holstein" zu einem „Höflichkeitsbesuch" im Hafen von Gdańsk ein. Das war die Ankündigung des Krieges. Von diesem Schiff begann am frühen Morgen des 1. September der Beschuss der Halbinsel Westerplatte, die von der 182 Mann zählenden polnischen Besatzung unter dem Befehl von Major Henryk Sucharski (1898—1946) heldenhaft verteidigt wurde. Gleichzeitig begann die deutsche Luftwaffe mit dem Bombenangriff, während die Landtruppen die Grenzschranken umstiessen. Man hatte begonnen, den Plan Hitlers zum Überfall auf Polen (sog. Fall Weiss) in die Tat umzusetzen.

Für den Angriff auf Polen wurden ca. 1 800 000 deutsche Soldaten, ausgerüstet mit modernsten Geräten und unterstützt von ca. 2000 Flugzeugen, eingesetzt. Die deutsche Armee war motorisiert.

Polen vermochte nur eine wesentlich geringere Anzahl (etwa 1 Mill.) Soldaten aufzustellen, die bedeutend schlechter ausgerüstet waren und über nur 400 Flugzeuge von ziemlich niedrigem technischem Standard verfügten. Ausserdem konnten die Deutschen, die die Tschechoslowakei besetzt hielten, Polen sowohl von Westen als auch von Süden und Norden her angreifen, was ihnen die Durchführung der militärischen Aktion massgeblich erleichterte.

Der zu spät ausgearbeitete polnische Kriegsplan „West" sah die Konzentration des Widerstands in Westpolen vor. Dann sollte abgewartet werden, wie sich die Situation nach der Eröffnung der erhofften französisch-britischen Offensive entwikkeln würde; die Ereignisse verliefen jedoch anders. Am 3. September erklärten England und Frankreich Deutschland den Krieg gemäss den abgeschlossenen

Vereinbarungen, ohne jedoch die Kampfhandlungen aufzunehmen, zu denen sie sich verpflichtet hatten. Polen blieb also weiterhin allein im Kampf, und die Hoffnungen auf ein unverzügliches bewaffnetes Eingreifen der Verbündeten verflogen. In dieser Lage ist es als militärischer Erfolg und Ergebnis des Patriotismus zu werten, dass Polen sich über einen Monat gegen Nazideutschland verteidigte. Polen vermochte dem deutschen Faschismus nicht Einhalt zu gebieten, sein Widerstand erlaubte den Verbündeten jedoch, ihre Kräfte zu konzentrieren.

Die deutsche Armee hatte Polen umzingelt und griff gleichzeitig Pommerellen, Schlesien, Masowien und Podhale an. Schon am 2. September musste sich die Armee „Kraków" unter dem Befehl von General Antoni Szyling aus Schlesien zurückziehen. Heldenhaften Widerstand leisteten die Einwohner Schlesiens u.a. in Katowice und Chorzów. Trotz vieler Erfolge — der Schlacht nahe dem Dorf Mokra, der Verteidigung von Borowa Góra, dem Eingreifen der Luftwaffe — unterlagen die Armeen „Łódź" unter Führung von General Juliusz Rómmel und „Pomorze" unter General Władysław Bortnowski der gewaltigen deutschen Übermacht und zogen sich in Richtung Warschau zurück. Zerschlagen wurden die Armeen „Karpaty" unter General Kazimierz Fabrycy und „Prusy" unter General Stefan Dąb-Biernacki. Die Armee „Poznań" unter General Tadeusz Kutrzeba trat den Rückzug an. Am 4. September begann die Armee „Modlin" nach dreitägiger heldenhafter Schlacht bei Mława unter General Edward Krukowicz-Przedrzymirski mit dem Rückzug. Gleichzeitig wurde es immer schwieriger, die Westerplatte zu halten, die entgegen der Voraussicht, dass der Kampf nur wenige Stunden dauern würde, bis zum 7. September verteidigt wurde. Die zwei grössten polnischen Kriegsschiffe „Gryf" und „Wicher", die nach dem Abzug von drei Zerstörern nach England auf der Ostsee verblieben waren, wurden versenkt. Hinter der Front verstärkte sich die deutsche Diversantentätigkeit.

Nachdem der Feind den Widerstand der polnischen Streitkräfte gebrochen hatte, gab Oberbefehlshaber Edward Rydz-Śmigły am 6. September den Befehl, die Verteidigung an der Weichsel-San-Linie zu organisieren. Es wurde auch eine neue Armee aufgestellt („Lublin" unter dem Befehl von General Tadeusz Piskor), desgleichen wurde die Verteidigung von Warschau organisiert. Befehlshaber der Armee „Warszawa" wurde General Rómmel. Der Oberbefehlshaber Edward Rydz-Śmigły verliess Warschau in der Nacht vom 6. zum 7. September und begab sich mit seinem Stab nach Brest-Litowsk. Man rechnete weiterhin auf Hilfe aus dem Westen.

Die zweite Etappe der Landesverteidigung begann. Die wichtigste polnische Aktion war die Schlacht an der Bzura, die grösste Schlacht in der Geschichte des Septemberfeldzugs 1939. Geführt vom 9. bis 17. September von den sich in Richtung Weichsel zurückziehenden Armeen „Poznań" und „Pomorze", konnte sie das Kriegslos nicht wenden, obwohl sie eine gewisse Desorganisation in den deutschen Plänen bewirkt hatte. Hitler kam für zwei Tage auf den Kriegsschauplatz. Die Schlacht an der Bzura ermöglichte es, Warschau länger zu halten. An der

DER KRIEG GEGEN DIE HITLERFASCHISTISCHEN AGGRESSOREN 1939

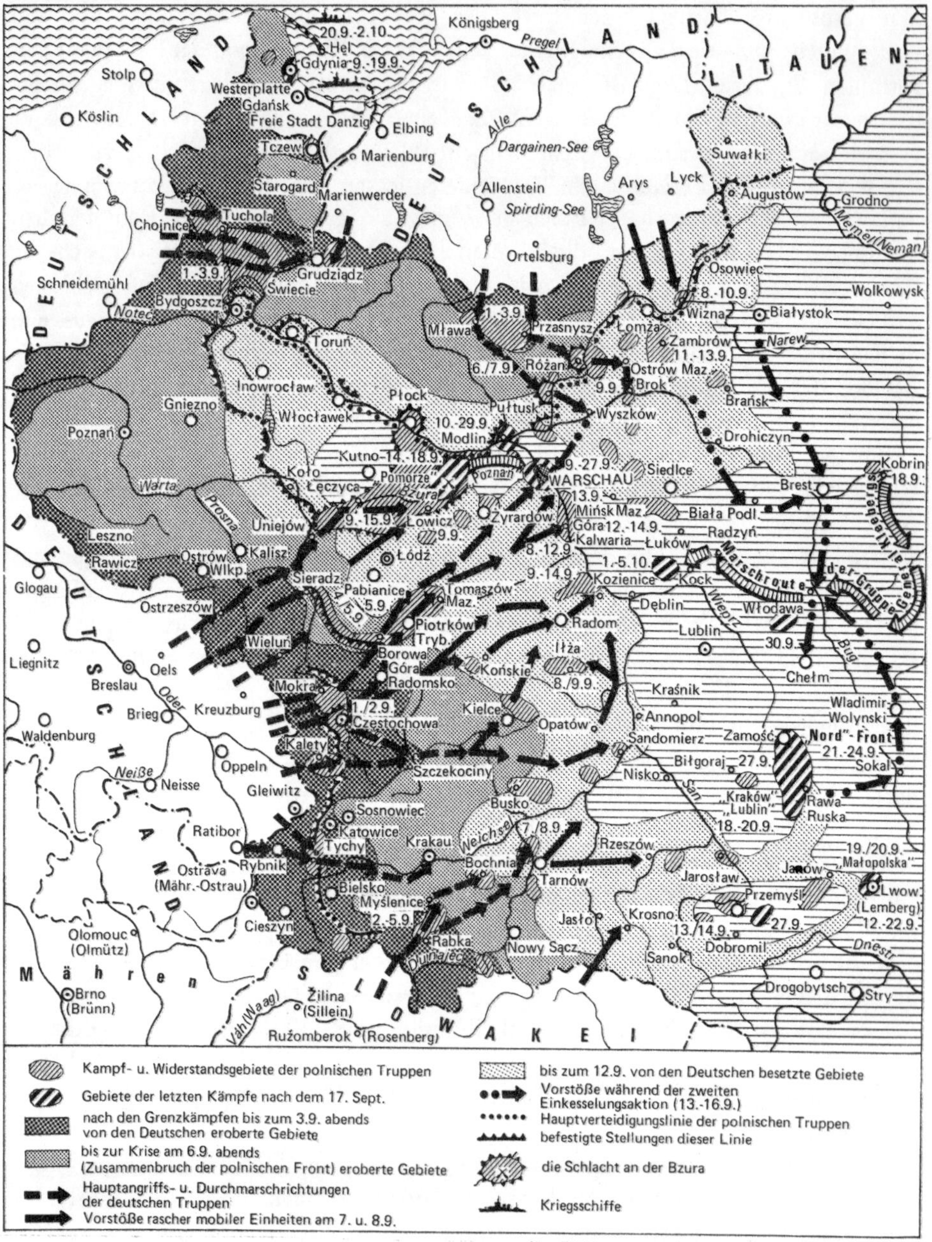

Verteidigung der Hauptstadt beteiligte sich auch die Zivilbevölkerung zahlreich, angefeuert durch den verdienten Präsidenten der Stadt, Stefan Starzyński. Die Lage wurde immer schwieriger. Den Armeen „Poznań" und „Pomorze" gelang es trotz der Schlacht an der Bzura nicht, die Weichsel zu überschreiten, die deutschen Truppen drangen inzwischen an die Weichsel, den Bug und nach Süden bis Zamość und Lwow vor. Das bedeutete, dass die zersplitterten und überwiegend voneinander isoliert kämpfenden polnischen Abteilungen umzingelt wurden. Noch verteidigten sich die Danziger aus den Freiwilligenformationen der „Roten Sensenmänner", die Zivilbevölkerung von Klecko, Mogilno und Lwow, Widerstand leisteten die Verteidiger von Hel, auch die verstreuten Abteilungen der Armeen „Kraków" und „Lublin". Der Stab des Oberbefehlshabers und die Regierung mit Präsident Ignacy Mościcki hielten sich schon seit dem 14. September an der rumänischen Grenze auf, die sie am 17. September (über den Tscheremosch) überschritten.

Am selben Tage wurde dem polnischen Botschafter in Moskau eine Note ausgehändigt mit der Erklärung, dass die Sowjetregierung den Oberbefehlshaber der Roten Armee angesichts der Niederlage der polnischen Verteidigung angewiesen habe, die polnisch-sowjetische Grenze zu überschreiten. Der Einmarsch der sowjetischem Truppen in Westbelorussland und der Westukraine erfolgte am selben Tage, Anfang November 1939 wurden die besetzten Gebiete formal den entsprechenden Sowjetrepubliken eingegliedert.

Nach der Evakuierung der polnischen Regierung nach Rumänien begann die dritte Periode des Septemberfeldzugs. Die Deutschen bereiteten den Sturm auf Lwow vor, das von General Władysław Langner verteidigt wurde. Es gelang ihm jedoch, die Stadt am 19. September den sich nähernden sowjetischen Truppen zu übergeben. In den Tagen vom 18. bis 20. September führten die Reste der Armeen „Kraków" und „Lublin" die Schlacht bei Tomaszów Lubelski, es gelang den Kämpfenden jedoch nicht, die Umkreisung zu durchbrechen. Das eingeschlossene und bombardierte Warschau verteidigte sich bis zum 27. September. Zwei Tage später zogen die ersten deutschen Truppenverbände in die Stadt ein. Damit endete auch die Verteidigung Modlins.

Bis zum 2. Oktober verteidigte sich Hel, am selben Tage fand auch die letzte Schlacht des Septemberfeldzuges statt, die die Selbständige Operationsgruppe in Polessje unter General Franciszek Kleeberg lieferte. Diese Gruppe legte die Waffen am 5. Oktober nieder. Major Henryk Dobrzański, der das Pseudonym Hubal trug, kapitulierte nicht, er bildete am 23. September aus den zerschlagenen Truppenverbänden eine militärische Abteilung, die unter seinem Befehl noch Monate hindurch weiterkämpfte. Damit leitete er die Partisanenaktionen ein.

2. Die Okkupation und der hitlerfaschistische Terror auf polnischem Boden

Die hitlerfaschistische Okkupation war der tragischste Zeitraum in der Geschichte Polens, denn sie gefährdete nicht allein — wie die Epoche der Teilungen —

das Bestehen der Nation, sondern zugleich deren physische Existenz. Der deutsche Polenfeldzug war schon vom ersten Augenblick an nicht nur auf die militärische Beherrschung des Landes gerichtet. Er verwirklichte die schon zuvor (u.a. in Hitlers „Mein Kampf") formulierte Politik der Ausrottung der polnischen Bevölkerung zur Gewinnung des sog. Lebensraums. Die Überlebenden sollten als Arbeitssklaven ausgebeutet werden. Dem entsprachen auch die Direktiven, die Hitler seinen Kommandeuren übermittelte. „Ziel ist Beseitigung der lebendigen Kräfte, nicht die Erreichung einer bestimmten Linie", unterwies er sie. Danach hing es einzig und allein von der Haltung der deutschen Offiziere und Soldaten ab, welche Methoden in diesem Krieg angewandt wurden. In einer Zeit also, als der Kommandant der Westerplatte, Major Henryk Sucharski, am 7. September nach der ehrenvollen Kapitulation seinen Säbel aus der Hand des deutschen Kommandeurs zurückerhielt, metzelte die Wehrmacht in anderen Gebieten die Zivilbevölkerung nieder. In der Zeit vom 1. September bis 25. Oktober, als die Macht auf den erorberten polnischen Territorien in den Händen der Wehrmacht bzw. des Befehlshabers der in Polen eingesetzten Armee Generaloberst Walther von Brauchitsch und anschliessend der Militärverwaltung unter dem Befehl des Generalobersten Gerd von Rundstedt lag, vollzogen die Okkupanten 714 Exekutionen, bei denen über 16 000 Polen umkamen. Rund 60% dieser Verbrechen wurden unmittelbar von Wehrmachtsangehörigen verübt, während die restlichen 40% auf das Konto der verschiedenen Polizeidienste und Sonderorganisationen gingen, denen die Liquidierung der polnischen Intelligenz befohlen worden war. Schon nach der Einstellung der Kampfhandlungen brannten die Wehrmachtseinheiten 55 Städte und 476 Dörfer nieder.

Ab 25. Oktober wurde das besetzte Territorium in zwei Zonen geteilt — die dem Reich eingegliederten Ostgebiete und das Generalgouvernement, das von Generalgouverneur Hans Frank, der seinen Sitz in Krakau hatte, verwaltet wurde. Pommerellen, der Raum Poznań, der grösste Teil der ehemaligen Wojewodschaft Łódź, der westliche Teil der Wojewodschaft Krakau und der nördliche Teil der Wojewodschaft Warschau sowie die Kreise Augustów und Suwałki wurden dem Reich einverleibt. Diese Gebiete wurden in vier Verwaltungsbezirke aufgegliedert: den Reichsgau Ostpreussen (unter Oberpräsident Erich Koch), den neuen Reichsgau Danzig-Westpreussen (unter Oberpräsident Albert Forster), den ab 1940 in Nieder- und Oberschlesien geteilten Reichsgau Schlesien (unter Oberpräsident Fritz Bracht) sowie den Reichsgau Wartheland, der am 29. Januar 1940 aus dem Bezirk Poznań gebildet wurde und dem Reichsstatthalter Arthur Greiser unterstand. Das Wartheland umfasste die ehemalige Wojewodschaft Poznań, je einen Teil der ehemaligen Wojewodschaften Pommern, Łódź und Warschau und wurde in die Regierungsbezirke Posen, Hohensalza (Inowrocław) und Kalisch (ab 1940 in Regierungsbezirk Litzmannstadt umbenannt) gegliedert.

Das ganze Okkupationssystem diente den eng miteinander verknüpften ökonomischen und militärischen Zielen des Dritten Reiches sowie der in Etappen aufgegliederten Ausrottung der polnischen Bevölkerung, in erster Linie der Intelligenz, also des kulturschöpferischen und das geistige Leben der Nation führenden Elements. Damit verbunden waren die systematische Zerstörung der Kulturgüter, der Kampf gegen die Kirche sowie die Liquidierung des polnischen Schulwesens. Die dem Reich eingegliederten Gebiete und die gesamte Bevölkerung jüdischer Abstammung, die in Ghettos zusammengepfercht und rücksichtslos ermordet wurde, waren am stärksten von den Ausrottungsaktionen betroffen. Das sog. Generalgouvernement unter Reichsoberhoheit wurde ein „Staat des Terrors" genannt. Das Los der polnischen Bevölkerung in diesen Gebieten sollte die totale Ausrottung sein, sie lebte in ständiger Gefahr vor Verfolgung, Verschleppung und Todeslagern und starb massenweise. Die Hitlerschen Pläne sahen auch die eventuelle Aussiedlung eines gewissen Teils der polnischen Bevölkerung in die zu erobernden russischen Gebiete vor.

In den „eingegliederten" Gebieten wurde neben der ständigen und konsequent durchgeführten Vernichtungsaktion — „Hungerrationen", Erschwernisse bei der Eheschliessung, Verschleppung zur Zwangsarbeit usw. — gleichzeitig mit der Eindeutschung und der planmässigen Ansiedlung deutscher Bevölkerung begonnen, die u.a. aus den baltischen Territorien eingeschleust wurde. Man verbot den Polen den Besitz von Bauernwirtschaften, Industrie- und Handelsunternehmen. Polen deutscher Abstammung wurden auf die sog. Volksliste gesetzt, die in vier Gruppen aufgegliedert war. Diese Eintragung bedeutete noch nicht die automatische Zuerkennung der deutschen Staatsangehörigkeit. Polen aus Schlesien, Pommerellen und Masuren, die für eine stufenweise Eindeutschung vorgesehen waren, wurden in weitere Gruppen der erwähnten Liste eingetragen. Ungefähr 15% der Bevölkerung des Warthelands (d.h. ca. 700 000 Personen) wurden ins Generalgouvernement oder zur Zwangsarbeit ins Reich überführt. Den meisten dieser Menschen wurde die Wohnung mitsamt ihrer Habe und die Bauernhöfe abgenommen und den aus dem Reich gekommenen Mitgliedern des Okkupationsapparates oder deutschen Siedlern zur Verfügung gestellt. Insgesamt wurden auf dem gesamten, von Hitlerdeutschland besetzten Territorium ca. 750 000 Deutsche aus dem Reich oder aus anderen Gebieten angesiedelt. Eine riesige Zahl von Menschen, die in Vorkriegspolen gelebt hatten, wurden zur Zwangsarbeit ins Reich deportiert. Es waren ungefähr 2 800 000 Personen, von denen 700 000 aus den „eingegliederten" Gebieten stammten, ca. 1 200 000 aus dem Generalgouvernement und ca. 500 000 aus den Ostgebieten, die von Deutschland nach dem 22. Juni 1941, d.h. nach dem Überfall auf die Sowjetunion, erobert worden waren. Auch hier herrschte namenloser Terror.

In den „eingegliederten" Gebieten wurden den Polen Lebensbedingungen geschaffen, die an ein grosses Straflager erinnerten. Es sei hinzugefügt, dass 1941 im Wartheland auf 100 Einwohner 4,4 neugeschlossene polnische und 8,1 deutsche Ehen fielen, 1942 waren es 1,2 gegenüber 7,2. Während der Bevölkerungszuwachs bei den Polen 1942 4,3‰ und 1943 3‰ ausmachte, betrug er bei den Deutschen entsprechend 17,1‰ und 15,2‰. Diese Daten spiegeln beredt die Unterschiede in der Lage der Einwohner und die Ergebnisse der täglichen Ausrottungspolitik wider. Die Polen wurden als „Untermenschen" betrachtet, sie wurden ausgesiedelt und aus den besseren Wohnungen verjagt. Ihre Möglichkeiten zum Erwerb eines Berufs wurden drastisch beschränkt. Das ganze System war auf physischen und psychischen Terror und Vernichtung ausgerichtet. Es folgen einige der im Wartheland herausgegebenen Verordnungen: Die Polen waren verpflichtet, die Deutschen zu grüssen; auf Briefen, die an Polen adressiert waren, durfte nicht die Anrede „Herr" verwendet werden; Polen durften kein Auto und kein Motorrad besitzen, in Ausnahmefällen — ein entsprechend gekennzeichnetes Fahrrad; man nahm ihnen alle Rundfunkgeräte ab, der Besitz von Telephonen und Grammophonen war verboten, die Möglichkeiten, die Post in Anspruch zu nehmen, wurden eingeschränkt, innerhalb des Landes durfte man sich nur mit einem Passierschein bewegen; das Betreten der Parks, die Benutzung von Sportplätzen und anderen Sportanlagen war verboten; der Kinobesuch war untersagt; die Schulen wurden geschlossen, nur wenigen Kindern wurde es gestattet, Lesen und etwas Rechnen zu lernen; es gab kein polnisches Theater- und Musikleben, aber die Polen schufen sich einen Ausgleich durch die Kulturtätigkeit in der Konspiration.

Im Generalgouvernement hatten die Polen grössere Bewegungsfreiheit, obwohl zahlreiche Polizeidienste das Land terrorisierten. Sie untergliederten sich in die Ordnungs- und in die Sicherheitspolizei, in deren Rahmen die Gestapo (Geheime Staatspolizei) wirkte. Die Koordinierung der Arbeit beider Polizeiorgane unterstand dem Reichsführer SS, Chef der Deutschen Polizei und Reichskommissar für die Festigung deutschen Volkstums Heinrich Himmler.

Eine unmittelbare Ausrottungstätigkeit führten auch der Generalgouverneur und sein Apparat. Die ersten grösseren Aktionen dieser Art waren auch hier gegen die Intelligenz gerichtet. Entrüstung rief in der Weltöffentlichkeit die Verhaftung der wissenschaftlichen Mitarbeiter der Jagiellonenuniversität und ihre Deportation ins Konzentrationslager Sachsenhausen hervor. Nach der Eroberung von Lwów ermordeten die Hitlerfaschisten im Juli 1941 eine Gruppe von 25 polnischen Professoren, darunter Tadeusz Boy-Żeleński (s. XI. 5). Während des zweiten Weltkriegs verlor Polen ca. 40% seiner Universitätsprofessoren, ca. 34,5% der Ärzte und ca. 18% der Geistlichkeit. Tagtäglich kamen fast 2900 polnische Bürger ums Leben. Insgesamt verlor Polen 6 Mill. Menschen. Das bedeutete, dass von jeweils 1000 Polen 220 ums Leben kamen, davon nur 11% durch unmittelbare Kampfhandlungen. Gemessen an der Bevölkerungszahl waren das die höchsten Verluste in den besetzten Ländern. Die materiellen Verluste werden auf ca. 38% der Werte des Nationalvermögens geschätzt. Auf polnischem Boden organisierten die Hitlerfaschisten über 2000 Todeslager — einschliesslich der Unterlager, Aussenlager und Kommandos. Im Lager Auschwitz starben durch Massenvernichtung in den Gaskammern, durch Hunger, schwere Arbeit, Krankheiten und Exekutionen schätzungsweise 2,8 Mill. (Oberster Nationalgerichtshof in

Polen) bis 4 Mill. Menschen (Ausserordentliche sowjetische Staatskommission zur Untersuchung der faschistischen Verbrechen in Auschwitz).

Massenexekutionen zur Einschüchterung der Bevölkerung oder als Vergeltung für die Tätigkeit der Widerstandsbewegung waren an der Tagesordnung. Von Oktober 1939 bis Juli 1944 führten die Naziokkupanten allein unter der Warschauer Bevölkerung rund 250 Exekutionen durch, die jeweils einige bis einige hundert Personen erfassten. So wurden z.B. in Palmiry bei Warschau am 20. und 21. Juni 1940 mindestens 359 Personen umgebracht (darunter Maciej Rataj, Mieczysław Niedziałkowski und Janusz Kusociński, der Olympiasieger im Zehntausendmeterlauf). Auf dem Lande wurden in den Jahren 1939—1943 ca. 15 000 Personen bei grösseren Terroraktionen und Vergeltungsmassnahmen ermordet. Zahlreiche Dorfbewohner mussten sterben, weil sie Tausenden von Juden das Leben retteten. Im ganzen Lande wurden viele Tausend Juden versteckt, obwohl darauf die Todesstrafe stand. Dank dieser Hilfe konnten etwa 100 000 Personen jüdischer Abstammung gerettet werden.

Die auf polnischem Gebiet wohnenden Juden wurden am stärksten von dem betroffen, was unter den Begriff Völkermord fällt. Ende 1939, Anfang 1940 wurden die ersten Ghettos eingerichtet. Die grössten entstanden in Łódź (für 160 000 Personen) und Warschau (für fast eine halbe Million). In den Ghettos starben täglich Tausende Menschen an Hunger und Krankheiten. Im Warschauer Ghetto lebten acht bis zehn Menschen zusammengepfercht in einem Raum. Die Ausrottung der jüdischen Bevölkerung begann 1941. In der Ukraine und in Belorussland wurden sofort nach der Eroberung dieser Gebiete ca. eine halbe Million Juden ermordet; in anderen Territorien wurden sie in Vernichtungslagern umgebracht: in Chełmno am Ner, Bełżec, Sobibór, Treblinka und Majdanek in Lublin.

Zum Zwecke der Eindeutschung wurden auch Kinder geraubt, man führte auf pseudowissenschaftlichen Rassenforschungen basierende Selektionen durch. Zusammen mit den Erwachsenen starben in Lagern, auf Strassen und in Gefängnissen auch Kinder; von 30 000 aus dem Raum Zamość ausgesiedelten Kindern blieben nur 4500 am Leben. Über ein Drittel der sechs Millionen von den Okkupanten getöteten polnischen Bürger waren Kinder. Ein starkes Echo fand die Tat des bekannten Pädagogen, Erziehers, Arztes und Schriftstellers Janusz Korczak, der bei der Liquidierung des Ghettos mit den Kindern aus seinem Kinderheim in den Tod ging, obwohl man für ihn Hilfe organisiert hatte.

3. Der Kampf des polnischen Volkes um Überleben und Freiheit

Das von den Okkupanten zur Ausrottung des polnischen Volkes geschaffene System wurde von Anfang an von den Polen bekämpft. Ungeachtet der ständigen Lebensgefahr und allen nur erdenklichen Terrors entwickelten sie verschiedene

Formen des organisierten und nichtorganisierten Kampfes. Alle Gegner des Hitlerfaschismus kämpften in den verschiedenen Ländern mit unterschiedlicher Intensität, auch in Deutschland. Es entstand der Begriff eines Europas im Untergrund, das immer aktiver wurde, je länger sich der Krieg hinzog — sowohl zu der Zeit, als die Hitlerarmeen ihre Siege feierten, als auch später, nach der berühmten Schlacht von Stalingrad (17. 7. 1942—2.2.1943), als das „Imperium" allmählich zerfiel. Dem konspirativen Europa gehörte auch die polnische Exilregierung an, die den Kampf gegen das Dritte Reich fortsetzte. Sie wurde damals von Funktionären der Sanacja-Opposition gebildet, an deren Spitze Władysław Sikorski als Premierminister und Oberbefehlshaber stand. Unterstützt wurde sie von Frankreich, auf dessen Territorium sie wirkte. Die polnische Exilregierung repräsentierte die Kontinuität des polnischen Staates, der somit nicht als geschlagen gelten konnte.

Die Sanacja-Politiker bemühten sich zwar, die Macht in den Händen zu behalten — der neue Präsident, Władysław Raczkiewicz, versuchte nach dem Rücktritt Mościckis, eine Sanacja-Regierung unter August Zaleski zu bilden —, dieses Vorhaben wurde jedoch weder von der Atmosphäre im Ausland noch in Polen begünstigt, wo man nicht mit Kritik an der Regierung sparte, die es zu der Niederlage hatte kommen lassen und dann aus dem Land geflohen war. Das setzte zugleich dem Mythos Piłsudskis und seiner Legionen ein Ende. Die Klassengegensätze, die durch das Empfinden der gemeinsamen Bedrohung vor der Septemberniederlage gemildert worden waren, lebten wieder auf. Es wurde aber auch eine neue Solidarität geboren. Die Sikorski-Regierung wurde allgemein anerkannt, noch glaubte man an ein baldiges Ende des Krieges.

England, Frankreich und die Vereinigten Staaten hatten die neue Regierung offiziell anerkannt. Im Laufe der Zeit erwies sich jedoch, dass die Politiker, die mit dem vor Kriegsausbruch herrschenden Machtsystem verbunden waren — seien es die Sanacja-Politiker oder die Politiker der parlamentarischen Opposition — in ihrer Mehrheit das sich neu herausbildende internationale Kräfteverhältnis und seine entscheidende Bedeutung für die polnische Frage nicht einzuschätzen vermochten. Aus der historischen Perspektive sieht man deutlich, dass es für das Schicksal Polens ohne grössere Bedeutung war, dass man die Streitigkeiten alten Typs (Sanacja — legale Anti-Sanacja-Opposition) fortsetzte, sei es nun im Exil (Paris und nach der Kapitulation Frankreichs London) oder in der Untergrundbewegung im Lande selbst. Die grundlegende Konfrontation erfolgte auf einer anderen Ebene: das Programm der Fortsetzung der ehemaligen politischen Struktur einerseits und das Programm, das Veränderungen im Geist der revolutionären Linken beinhaltete, andererseits. Die wachsende politische Rolle der UdSSR innerhalb der Antihitlerkoalition gab den linken Kräften eine Chance in dem jedoch sichtlich nicht leichten Wettstreit um die Macht. Bezüglich der Politik, die gegenüber der UdSSR eingeschlagen werden sollte, kam es innerhalb der Exilregierung zu einer Krise. Die Besetzung Westeuropas durch Hitler hatte eine neue Situation geschaffen. Viele weitsichtige Politiker waren sich dessen bewusst, dass Hitler sich für einen Bruch des Nichtangriffspakts mit der UdSSR entscheiden und einen Krieg gegen dieses Land beginnen würde. Sehr klar sahen in diesem Punkt die führenden Staatsmänner der UdSSR und Grossbritanniens, die schon im Juni 1940 Gespräche über eine engere Zusammenarbeit begannen. Begriffen hatte das auch Sikorski, er legte der Regierung Grossbritanniens ein Sondermemorandum vor, das die Schaffung einer 300 000 Mann starken polnischen Armee (u.a. aus ehemaligen Soldaten des Septemberfeldzugs) auf dem Territorium der UdSSR vorsah. Dieses Memorandum war ohne Abstimmung mit der Exilregierung und dem Präsidenten vorgelegt worden. Inzwischen verlautbarten Präsident Raczkiewicz, der Minister für Auswärtige Angelegenheiten Zaleski und Sosnkowski, Polen befände sich im Kriegszustand sowohl mit Deutschland als auch mit der UdSSR; sie behandelten jeden Versuch einer Verständigung mit diesem Land als Hochverrat. Diese Behauptung der Sanacja-Politiker, dass sich Polen im Kriegszustand mit der UdSSR befinde, und die Forderung nach den Grenzen des Rigaer Vertrages erschienen sogar den Kreisen westlicher Politiker erstaunlich, die jeder Linksrichtung abhold waren. Die Anhänger der Sanacja hielten an ihrem Standpunkt fest, als Sikorski am 30. Juli 1941 den Vertrag mit Maiski, dem sowjetischen Botschafter in London, unterschrieb, wobei einige Mitglieder der Regierung aus Protest zurücktraten. An ihrer Stelle wurden neue berufen: Stanisław Mikołajczyk (1901—1966) von der Bauernpartei wurde Stellvertretender Ministerpräsident. Auch ein Teil der PPS, die sog. PPS „Freiheit-Gleichheit-Unabhängigkeit" (WRN), erkannte den Vertrag mit der UdSSR nicht an.

Die entsprechend dieser Vereinbarung unter dem Befehl von General Władysław Anders in der Sowjetunion aufgestellte Armee kämpfte nicht gemeinsam mit der Roten Armee; mit Hilfe der Westmächte bzw. unmittelbar der Engländer wurden nämlich vom 23. März bis zum 20. September 1942 insgesamt ca. 67 000 Soldaten und Offiziere sowie 47 000 Zivilpersonen aus der UdSSR in den Nahen Osten überführt. Sikorski hatte das nicht verhindern können. In den polnisch-sowjetischen Beziehungen zeichneten sich deutlich wachsende Spannungen ab, gleichzeitig verstärkten sich auch die Angriffe auf Sikorski, der auch nicht imstande war, seine Politik in neue Bahnen zu lenken. Der Maiski-Sikorski-Vertrag erwies sich angesichts der äusserst komplizierten polnisch-sowjetischen Beziehungen als unbeständig. Eine scharfe Polemik in der Grenzfrage, die sich in der Öffentlichkeit abspielte, und darüber hinaus der Fall „Katyń" und die diesbezügliche nazistische Propaganda führten am 25. April 1943 zur Auflösung des Vertrages. Trotz der Versuche Englands und der Vereinigten Staaten, die auf eine Verbesserung der polnisch-sowjetischen Beziehungen abzielten, wurden die diplomatischen Beziehungen zwischen der polnischen Exilregierung und der UdSSR abgebrochen bzw. wie J. W. Stalin es ausdrückte, „eingestellt". Damit begann die Isolierung der polnischen Regierung auf internationaler Ebene. Sie war darüber hinaus durch den — bis heute nicht aufgeklärten — Tod General Sikorskis bei einem Flugzeugunglück am 4. Juli 1943 geschwächt. Oberbefehlshaber wurde damals General Sosnkowski, Premierminister — unter dem Druck Englands, das einen allzu sowjetfeindlichen Kandidaten vermeiden wollte — ein Mitglied der Bauernpartei aus der „Witos-Schule": Stanisław Mikołajczyk. Auch er erfüllte die britischen Erwartungen nicht.

Inzwischen verstärkten sich im Lande der spontane Widerstand und der organisierte konspirative Kampf gegen den Terror. Der Unterricht, das künstlerische Schaffen und teilweise auch die wissenschaftliche Tätigkeit wurden in der Illegalität fortgesetzt. Die politischen Kreise der Sanacja mit Rydz-Śmigły an der Spitze bemühten sich um Einfluss in der sich herausbildenden konspirativen Bewegung durch organisatorische Initiativen, die den ideologischen und politischen Fortbestand der Vorkriegsregierung sichern sollten. Als gegen die Sanacja gerichtete Kreise in der Emigration zu Wort kamen, wurde zwar eine wesentliche Korrektur dieser Pläne vorgenommen, dennoch hatten sowohl in der Leitung des am 27. September 1939 gegründeten Dienstes am Sieg Polens als auch in dem schon auf Initiative der Exilregierung ins Leben gerufenen Bund des Bewaffneten Kampfes, dessen Chef General Stefan Rowecki wurde, mit der Sanacja verbundene Politiker die stärksten Einflüsse. Im Lande selbst dagegen wollten die Volksmassen ganz einfach um Leben und Freiheit kämpfen. Wie General Michał Tokarzewski, der Chef des Dienstes am Sieg Polens, an General Kazimierz Sosnkowski schrieb, erfolgte innerhalb der polnischen Bevölkerung „unbestreitbar eine Umwertung der Begriffe und Autoritäten überhaupt und der parteilichen und organisatorischen Begriffe und Autoritäten nicht minder". Es entstanden zahlreiche selbständige Gruppen sowie militärische und nichtmilitärische Untergrundorganisationen unterschiedlichen politischen Charakters; die Unterschiede in den Programmen hatten keinen wesentlichen Einfluss auf die gewöhnlichen, überwiegend jugendlichen Mitglieder, die einfach auf patriotisches Handeln eingestellt waren. Solche Organisationen entstanden in allen Regionen des Landes, auch in den „eingegliederten" Gebieten, wo sich der Kampf besonders kompliziert gestaltete. Anfang Dezember 1939 schlossen sich in Grosspolen mehrere Organisationen zusammen und bildeten das Freiwilligenheer der Westgebiete. Im Oktober 1939 entstand die ideologisch mit den Nationaldemokraten verbundene Organisation „Vaterland". Die Funktionäre der Bauernbewegung wurden politisch aktiver. Die Bauernpartei, die den Decknamen „Roch" angenommen hatte, rief eine eigene Militärorganisation ins Leben, die Bauernbataillone (BCh), die der Regierung Sikorski die Treue bekundeten, sich jedoch politisch nicht mit dem Bund des Bewaffneten Kampfes verbanden, der Sanacja-Charakter trug. Selbst als die BCh-Einheiten der im Februar 1942 aus dem Bund des Bewaffneten Kampfes gegründeten Landesarmee (AK) untergeordnet worden waren, bewahrten sie sich eine ziemliche Autonomie.

Jüdische Organisationen entstanden, der Jüdische Militärverband (ŻZW) im November 1939 und die Jüdische Kampforganisation (ŻOB) im Oktober 1942.

Besonders stark war der „Bund". In den Ghettos wurden auch kommunistische Gruppen organisiert.

Die ehemalige Pfadfinderbewegung, die sog. Grauen Reihen, setzten ihre Tätigkeit fort. Die Untergrundbewegung konsolidierte sich organisatorisch, den ständigen Unterdrückungsmassnahmen zum Trotz.

Gleichzeitig belebte sich die Arbeit der Kommunisten, insbesondere nach Ausbruch des deutsch-sowjetischen Krieges. Aktiv wurden auch die anfänglich von Stanisław Dubois geleiteten Gruppen der linken Sozialisten, die u.a. die Zeitschrift „Barrikade der Freiheit" herausgaben.

Im April 1943 kam es zu einer Spaltung innerhalb der PPS. Die Linke gründete die Arbeiterpartei der Polnischen Sozialisten und trennte sich von der PPS-WRN. Ihr zentristischer Standpunkt bewirkte jedoch, dass eine oppositionelle Gruppe mit Edward Osóbka-Morawski und Stanisław Szwalbe an der Spitze entstand. Man arbeitete in Paris übrigens schon seit Anfang 1939 am Wiederaufbau der im Sommer 1938 von der Kommunistischen Internationale aufgelösten Kommunistischen Partei Polens (KPP). Diese Arbeit wurde seit Mitte 1941 auf dem Territorium der UdSSR weitergeführt, während in Polen seit Beginn der Okkupation zahlreiche linksgerichtete und kommunistische Organisationen entstanden. In Warschau spielten bei der Vorbereitung der Bedingungen für den Wiederaufbau der Partei und ihres ideologischen Programms, das eine breite Kampffront schaffen sollte, die sog. Bulletinisten (die Herausgeber des „Rundfunk-Bulletins") und später der Bund des Befreiungskampfes eine grosse Rolle. In der Nacht vom 28. zum 29. Dezember 1941 sprang eine aus der UdSSR ins Land geflogene Gruppe kommunistischer Funktionäre aus dem Flugzeug in der Warschauer Gegend ab, darunter befanden sich Marceli Nowotko und Paweł Finder. Sie knüpften Kontakte zu den Funktionären verschiedener Warschauer Gruppen an. Am 5. Januar 1942 wurde die Polnische Arbeiterpartei (PPR) gegründet, Sekretär wurde Marceli Nowotko. Die PPR gab die „Trybuna Wolności" (Tribüne der Freiheit) heraus. Einer ihrer ersten Redakteure war Bolesław Bierut, seitens der Parteileitung waren jedoch Paweł Finder und Władysław Gomułka für die Zeitung verantwortlich. Die Partei veröffentlichte ein Programm, das darauf abzielte, das ganze Volk zum Kampf gegen die Okkupanten zu vereinen. Man erkannte die Existenz der Exilregierung als positiven Faktor an und erklärte, dass das Verhältnis der Linken gegenüber der Regierung von deren Handlungsweise abhängen würde. Die PPR hatte es jedoch schwer, die Anerkennung für ihre Ideen zu erringen, denn die Mehrheit der Bevölkerung hatte ein positives Verhältnis zur Sikorski-Regierung, und andere konspirative Gruppierungen führten eine aktive Propaganda gegen die PPR. Nach und nach jedoch, in dem Masse, wie die PPR ihr Programm des unmittelbaren bewaffneten Kampfes verwirklichte und sich die PPR-Presse entwickelte, wuchs ihre Autorität in der Öffentlichkeit, so dass die Versuche, sie politisch zu isolieren, fehlschlugen.

Die PPR gründete schon Anfang 1942 eine bewaffnete Organisation, die

Volksgarde (GL), und im Januar 1943 rief sie die Jugendorganisation Kampfbund der Jungen (ZWM) ins Leben. Sie wurde von Hanka Szapiro-Sawicka und nach ihrem Tod im Juni 1943 von Janek Krasicki geleitet, der im September desselben Jahres fiel. Ein Komitee der PPR entstand auch im Warschauer Ghetto. Auf der Basis der Volksgarde wurde im Januar 1944 die Volksarmee (AL) mit General Michał Żymierski an der Spitze gebildet. Allein 1944 führte die Volksarmee ca. 1100 bewaffnete Aktionen durch, darunter acht grosse Partisanenschlachten. Auch andere bewaffnete Organisationen entstanden, so z.B. die Gruppe „Noch ist Polen nicht verloren", die im Einverständnis mit der sowjetischen Führung unter dem Befehl von Robert Satanowski in den östlichen Gebieten wirkte. Der konspirative Kampf war beispiellos. Alle gesellschaftlichen Klassen nahmen daran teil, u.a. die Bauern in sehr hohem Grade; das bewirkte eine Vertiefung der nationalen Verbundenheit. Das war eine grosse, vom ganzen Volk geführte Schlacht, die mit blutigen Vergeltungsmassnahmen bezahlt werden musste, es den Okkupanten jedoch unmöglich machte, ihre Ausrottungsaktion straflos vorzunehmen. Sie erleichterte durch die Vereinigung aller Kräfte den Kampf gegen Hitler. Es fanden rund 10 000 Kampfaktionen statt, darunter ein paar hundert grössere Zusammenstösse und Schlachten in den Jahren 1943/44 wie z.B. die Schlachten in den Wäldern südlich Lublins und im Urwaldgebiet Puszcza Solska bei Sandomierz.

Auf dem Höhepunkt ihrer Entwicklung vereinte die Partisanenbewegung eine halbe Million Menschen. Die zahlenmässig stärksten Organisationen waren die Landesarmee und die Bauernbataillone. Es gab unterschiedliche Kampfformen. Neben Verteidigungskämpfen gegen die die Partisanen bekämpfenden Truppenverbände und Aktionen gegen die „Befriedung" gab es allgemeine Operationen wie die Zerstörung von Zügen und Verkehrslinien, Attentate auf Persönlichkeiten, die im hitlerfaschistischen Terrorapparat und im Geheimdienst höhere Posten bekleideten, sowie jegliche Art von Sabotage; so wurden den Verbündeten z.B. Daten über die Produktion der Raketenwaffen (V1, V2) in Peenemünde übermittelt. Einheiten des Bundes des Bewaffneten Kampfes (ZWZ) und der Landesarmee bewirkten in den Jahren 1941—1944, dass fast 1200 Züge entgleisten oder in die Luft flogen, beschädigten 20 000 Waggons und steckten 272 Armeemagazine in Brand.

Ein besonderes Kapitel im Kampf gegen die Okkupanten waren die Aufstände: der Aufstand im Warschauer Ghetto im April 1943 und der Warschauer Aufstand (s. XIII. 4). Der Aufstand im Ghetto, dem schon im Januar 1943 die erste bewaffnete Aktion vorausgegangen war, dauerte einige Wochen, obwohl die Deutschen geglaubt hatten, dass sich der Abtransport der jüdischen Bevölkerung in die Gaskammern ohne Schwierigkeiten bewältigen lasse. Die zur Vernichtung verurteilten Juden leisteten bewaffneten Widerstand. Die Landesarmee und die Volksgarde erwiesen den im Ghetto Kämpfenden beträchtliche Unterstützung, diese hatten jedoch angesichts der erdrückenden Übermacht des Feindes keine Überlebenschancen. Es fanden mehr als 20 polnische Solidaritätsaktionen statt:

Waffenlieferungen, Fluchthilfen, Teilnahme am Ghettokampf, Beschiessung der deutschen Posten usw. Auch ein besonderer Hilfsrat für die Juden, genannt „Żegota", trat in Aktion. Es war die einzige Einrichtung dieser Art in Europa.

Der Kampf vollzog sich auch auf dem Gebiet der Kultur. Er war um so notwendiger, als die Deutschen besonders verbissen die polnischen Kulturgüter zerstörten, das gesamte Ober- und Hochschulwesen liquidierten und den Grundschulunterricht stark beschränkten. In der Sorge um die Entwicklung des Bildungswesens wurden im Generalgouvernement 70% der Jugendlichen vom konspirativen Oberschulunterricht erfasst, rund anderthalb Millionen Kinder und Jugendliche erhielten geheimen Grundschulunterricht. In Westpolen setzte eine Geheime Universität die Tätigkeit der von den Okkupanten liquidierten Universität Poznań fort, an der während des Krieges insgesamt über 2000 Studenten studierten. In der Konspiration arbeiteten auch die Warschauer Universität, die ca. 4000 Hörer erfasste, und die Universität in Wilna. Die Universität in Lwow wirkte von 1939 bis 1941 als ukrainische Iwan-Franko-Universität. Nach der Einnahme der Stadt Lwow durch die Deutschen erschossen die Hitlerfaschisten 24 Professoren dieser Hochschule. Der Geheimunterricht ging weiter. In den wenigen mit deutscher Genehmigung bestehenden Berufsschulen im Generalgouvernement wurde nach dem Lehrplan einer Hochschule unterrichtet. Nahezu 200 Diplome erteilte die Warschauer Technische Hochschule. Insgesamt studierten rund 70 000 Personen unter konspirativen Bedingungen. Unschwer kann man sich das dahinter stehende grosse patriotische Aufgebot, die Hingabe und gewaltige organisatorische Arbeit vorstellen. Das polnische Schulwesen, auch das Hochschulwesen, entwickelte sich auch im Exil. In Edinburgh wurde u.a. eine polnische Fakultät für Medizin gegründet.

Die Wissenschaftler setzten ihre Forschungstätigkeit fort, es wurden Bücher geschrieben, in der Absicht, sie nach dem Kriege herauszugeben. Die geretteten Kulturgüter wurden versteckt. In der Konspiration fanden wissenschaftliche Tagungen der Polnischen Akademie der Fertigkeiten (PAU) statt, Dichter lasen ihre Gedichte auf Autorenabenden vor, die Schriftsteller verfassten Bücher. Um die konspirativen literarischen Zeitschriften bildeten sich schöpferische Gruppen. Gedruckt und vervielfältigt, wurde eine geheime Presse veröffentlicht. Bereits 1939 erschienen ca. 30 Titel, 1940 über 200, 1941 300, 1942 380, 1943 500 und 1944 600, wobei 15 Zeitungen ohne Unterbrechung die fünf Okkupationsjahre hindurch herauskamen. Für die damaligen Bedingungen war die konspirative Publikation von Büchern ziemlich umfangreich, denn die heute bekannte unvollständige Bibliographie umfasst über 1000 Titel. Das drakonische Verbot der Okkupanten, Bücher von ca. 1500 polnischen Verfassern zu verkaufen oder zu verleihen, wurde nicht eingehalten.

In der Illegalität wurde auch das Theater- und Musikleben fortgesetzt; in Privatwohnungen wurden Stücke vorgeführt. In Warschau gab es vier Experimentiertheater, 20 Theater der Poesie (2 davon hauptberuflich), im ganzen Land gab es mindestens zehn Laientheater der Jugend und acht andere (vor allem in Krakau), darunter das später bekannte Rhapsodische Theater. Auch Schauspieler wurden ausgebildet. 1942 wurden in Warschau ein paar hundert Konzerte in Privatwohnungen für 40 bis 150 Personen organisiert. Aktiv waren u.a. Musiker wie Grażyna Bacewicz, Witold Lutosławski, Jan Krenz und Kazimierz Wiłkomirski. Am Kampf gegen die Okkupanten beteiligten sich direkt Karikatur, Plakatkunst und Buchillustration.

4. Die Befreiung der polnischen Gebiete. Die Herausbildung eines neuen Modells der staatlichen Ordnung. Das Ende des zweiten Weltkrieges

Der polnische Beitrag zum Kampf um den Sieg über Hitlerdeutschland beruhte nicht nur darauf, dass die Polen die Kräfte des Feindes durch die konspirative und Partisanentätigkeit banden und schwächten, sondern auch darauf, dass die Polnischen Streitkräfte (insgesamt ca. 500 000 Soldaten) ausserhalb der polnischen Grenzen auch unmittelbar an den Kämpfen der Antihitlerkoalition teilnahmen. Die Polen beteiligten sich am Widerstandskampf in vielen Ländern, u.a. in der UdSSR, in Frankreich und Jugoslawien und — gemeinsam mit den deutschen Antifaschisten — auf dem Territorium Deutschlands selbst. Die Polnischen Streitkräfte, wie sie von der Exilregierung, die sich um ihre Aufstellung bemüht hatte, genannt wurden, formierten sich in Frankreich, England und der Sowjetunion. Im Frühjahr 1940 zählten die polnischen Einheiten in Frankreich 84 000 Mann, von denen sich annähernd 40 000 aus dem besetzten Polen durchgekämpft hatten. Nach Norwegen wurde die Selbständige Schützenbrigade Podhale entsandt, die an der Schlacht bei Narvik vom 28. Mai bis 4. Juni 1940 teilnahm. Nach der Kapitulation Frankreichs evakuierte die Sikorski-Regierung rund 25 000 polnische Soldaten nach Grossbritannien. Dort bildeten sie das I. Polnische Korps, das auf schottischem Gebiet stationiert wurde und zum Dienst bei der Abwehr der Invasion bestimmt war. Unmittelbar am Kampf gegen Deutschland nahmen polnische Flieger und polnische Kriegsschiffe mit ihren Besatzungen teil. Bei der im August 1940 begonnenen und am 31. Oktober 1940 beendeten sog. Schlacht um England, der grossen Luftoffensive gegen Grossbritannien, zeichneten sich besonders die polnischen Jägerdivisionen 302 und 303 aus. Von 1733 abgestürzten deutschen Flugzeugen kamen ca. 250 auf das Konto der polnischen Flieger. Auf jede abgestürzte polnische Maschine kamen neun deutsche abgeschossene Flugzeuge (auf 1 britisches Flugzeug — 3 deutsche). Zu den Polnischen Streitkräften gehörte auch die in Schottland gebildete Selbständige Fallschirmjäger-Brigade.

Die polnische Kriegsmarine, die in England vergrössert worden war, eskortierte 787 Konvois und nahm an 1162 Operationen teil. Sie versenkte bestimmt neun und wahrscheinlich fünf weitere feindliche Kriegsschiffe sowie 39 Handels- und Transportschiffe, beschädigte 29 Schiffe und schoss etwa 30 Flugzeuge ab.

Die aus der UdSSR evakuierte Armee (s. Pkt. 3) wurde Ende 1943 aus Palästina nach Italien verlagert. Sie bildete das II. Polnische Korps. Die Polnischen Streitkräfte im Westen kämpften Seite an Seite mit ihren Verbündeten, sie zeichneten sich durch Tapferkeit und viele hervorragende militärische Leistungen aus. Die in Syrien gebildete Selbständige Brigade der Karpatenschützen kämpfte in Afrika. Das II. Korps war in Italien eingesetzt und erwarb sich Verdienste bei der Eroberung von Monte Cassino, es eroberte Ancona und beteiligte sich an der Einnahme Bolognas. Die Division des Generals Maczek spielte eine wichtige Rolle sowohl in der Schlacht bei Falaise als auch in Belgien und Holland; die 1. Selbständige Fallschirmjäger-Brigade wiederum nahm 1944 an der grössten Luftlandeoperation des zweiten Weltkriegs bei Arnhem teil. Die kämpfenden polnischen Soldaten waren überzeugt, auf diese Weise die Wiedererlangung der Unabhängigkeit Polens zu beschleunigen. Besonders erwähnenswert ist die Tatsache, dass polnische Mathematiker die Chiffre der deutschen Chiffriermaschine „Enigma" entschlüsselten, was für die Kriegführung der Alliierten von gewaltiger Bedeutung war.

Gleichzeitig verstärkte sich die linke Strömung der Unabhängigkeitsbewegung, die auf das Bündnis mit der UdSSR zählte und im Lande durch die PPR sowie den Bund Polnischer Patrioten (ZPP) repräsentiert wurde, der auf dem Territorium der Sowjetunion entstanden war. In dem Masse, wie die Isolierung der Londoner Regierung fortschritt, die einen unveränderlich antisowjetischen Charakter und völlige Unzugänglichkeit in der Frage der polnischen Ostgrenzen zeigte, festigte sich bei den Verbündeten die Position der linken Strömung, obwohl die Londoner Regierung und ihre Vertretung im Lande selbst von der Öffentlichkeit unterstützt wurden. Erst die immer grössere Aktivierung der breiten Massen und ihre allmählich zunehmende Beteiligung an der Errichtung des neuen sozialistischen Staatsmodells konnten die Entwicklung des neuen politischen Bewusstseins der Gesellschaft fördern. Das war jedoch ein Prozess, der — damals begonnen — zum Inhalt der politischen Veränderungen in der gesamten neuzeitlichen polnischen Geschichte wurde (s. Kap. XIV).

In der Nacht vom 31. Dezember 1943 zum 1. Januar 1944 gründeten die Funktionäre der revolutionären Linken als eigenes Zentrum der polnischen Staatsmacht den Landesvolksrat (KRN), eine Art Parlament der Widerstandsfront, mit Bolesław Bierut als Vorsitzendem. Der Landesvolksrat rief die Volksarmee (s. Pkt. 3) ins Leben und kündigte die Durchführung grundlegender sozialökonomischer Reformen an.

Auf dem Territorium der UdSSR entwickelte sich die Tätigkeit des Bundes Polnischer Patrioten, in dem Wanda Wasilewska besondere Aktivität entfaltete.

Auf Initiative des Bundes wurden die I. Polnische Infanteriedivision „Tadeusz Kościuszko", die ihre Feuertaufe im Oktober 1943 bei Lenino in Belorussland erhielt, und danach das I. Korps der Polnischen Streitkräfte in der UdSSR gegründet. 1944 wurde es in die I. Polnische Armee unter dem Befehl von General Zygmunt Berling umgestaltet, der nach Evakuierung der Anders-Armee nach Persien in der UdSSR geblieben war. Seine Stellvertreter waren General Karol Świerczewski und General Aleksander Zawadzki. Insgesamt kämpften 1944 über 200 000 Polen sowohl im Osten als auch im Westen in polnischen Uniformen, und ihre Zahl nahm ständig weiter zu. Bei Kriegsende befand sich Polen hinsichtlich des Engagements seiner Landtruppen auf dem vierten Platz innerhalb der Verbündeten, gleich hinter England und noch vor Frankreich. Die Polnische Volksarmee zählte rund 340 000 Mann, die Polnischen Streitkräfte im Westen waren ca. 200 000 Mann stark.

Als sich die Sowjetarmee den polnischen Grenzen von 1939 näherte und diese in der Nacht vom 3. zum 4. Januar 1944 überschritt, wandten sich die Londoner Exilregierung mit Stanisław Mikołajczyk an der Spitze und noch entschiedener die Hauptkommandantur der Landesarmee gegen die Festlegung der polnischen Grenzen an der sog. Curzon-Linie, also am Bug. Eine diesbezügliche Direktive war jedoch auf der ersten Konferenz der führenden Politiker der Antihitlerkoalition — Roosevelt, Churchill und Stalin — formuliert worden, die Ende November, Anfang Dezember 1943 in Teheran abgehalten wurde. Man sprach damals auch von der Verschiebung der polnischen Westgrenze bis an die Oder. Der Widerstand der Mikołajczyk-Regierung in dieser Frage stand folglich im Widerspruch zu den Haupttendenzen der grossen Politik; er konnte auch nicht die Unterstützung der britischen Regierung erlangen, um die Mikołajczyk sich bemühte. Churchill erklärte, dass Polen die Curzon-Linie anerkennen sollte, denn das wäre „eine Lösung der polnischen Frage im grossen Massstab". Auch die Gespräche mit Stalin in dieser Angelegenheit brachten Mikołajczyk keine günstigen Resultate, er versuchte also, den Plan „Sturm" zu realisieren, der darauf abzielte, dass Abteilungen der Landesarmee und Vertreter der Londoner Exilregierung das Gebiet zwischen der Grenze von 1939 und der Curzon-Linie (d.h. dem Bug) einnehmen sollten, bevor die Sowjetarmee dort einrückte. Auch hier gab es keine Erfolge, um so mehr, als die Westmächte es ablehnten, diesen Plan zu unterstützen. In dieser Situation strebte Sosnkowski danach, aus der Landesarmee eine neue konspirative, diesmal antisowjetische Organisation zu machen, ein Standpunkt, der von der damals schon reorganisierten Regierung nicht geteilt wurde. Inzwischen führten Verbände der Volksarmee und der Bauernbataillone sowie andere Gruppen aktive Operationen im Hinterland der Front durch. Daran beteiligten sich teilweise auch Verbände der Landesarmee. Der Exilregierung ging es jetzt darum, dass zumindest die Befreiung der Gebiete an der Curzon-Linie nicht ohne ihr Zutun geschah, sie führte also eine zweigleisige Aktion durch. Auf der einen Seite wurde der Warschauer Aufstand vorbereitet, der die Hauptstadt befreien sollte, ehe das die Sowjetarmee tun konnte, die inzwischen bis an die Weichsel vorgedrungen war. Man muss aber betonen, dass die Rote Armee jetzt, nach einem 500-Kilometer-Marsch im Rahmen der belorussischen Operation (anfänglich waren 250 km Marsch geplant), eine längere Vorbereitungszeit für die Offensive benötigte, zumal sie auf hartnäckigen deutschen Widerstand stiess, was der Kommandeur der Landesarmee, General Komorowski, nicht berücksichtigt hatte. Er hatte damit gerechnet, dass die Sowjetarmee die Weichsel überqueren werde. Gleichzeitig jedoch fuhr Mikołajczyk erneut nach Moskau, um die Übernahme der von der Sowjetarmee befreiten Gebiete durch die Exilregierung zu erwirken. Die Eroberung Warschaus, die als verhältnismässig kurzfristige Aktion geplant war, sollte ein grosser Trumpf sein.

Der Warschauer Aufstand, der entgegen der Auffassung einiger führender Vertreter des Londoner Lagers am 1. August 1944 ausbrach, wurde von den Deutschen brutal niedergeschlagen. Dennoch stellte er eine gewaltige patriotische Manifestation des Kampfeswillens sowohl der Soldaten der Landesarmee als auch anderer Gruppierungen, darunter der Volksarmee des Warschauer Bereichs (Bolesław Kowalski, der Befehlshaber dieses Bereichs, fiel), sowie der Zivilbevölkerung dar. Alle lebten in der Erwartung der baldigen Befreiung und wollten mithelfen, diese zu beschleunigen; alle glaubten auch, dass der Aufstand militärisch und politisch gut vorbereitet sei. Indessen hatte er keine Erfolgsaussichten, obwohl Truppenverbände der sowjetischen und der polnischen Armee nach schweren Kämpfen den östlich der Weichsel gelegenen Stadtteil Praga einnehmen konnten. Der Aufstand dauerte 63 Tage. Er wurde mit dem Leben von etwa 200 000 Polen, darunter ca. 22 000 Soldaten, bezahlt. Deutschland verlor ca. 26 000 Soldaten. Die sowjetischen Luftstreitkräfte verloren über Warschau während des Aufstands etwa 250 Menschen, darunter ca. 100 Polen. Auf Befehl Hitlers wurde Warschau zerstört (zu ca. 80%), zahlreiche Schätze der Nationalkultur gingen in Flammen auf.

Die Pläne der Exilregierung kamen unabhängig von der Niederlage des Aufstands zu Fall. Im Lande existierte bereits ein organisiertes Machtzentrum, mit dem man rechnen musste, denn es wurde von der UdSSR unterstützt. Im März 1944 verständigte sich der Landesvolksrat mit der sowjetischen Regierung und dem Bund Polnischer Patrioten und erlangte Stalins Einverständnis, für die befreiten Gebiete eine Vertretung des Landesvolksrats zu errichten. Mikołajczyk selbst erleichterte dieses Vorhaben, denn er hatte auch diesmal vergeblich auf die Unterstützung der Vereinigten Staaten gerechnet und sich nicht zu einem Kompromiss mit dem Landesvolksrat (KRN) bereit gefunden.

Unmittelbar nach der Verständigung mit der UdSSR wurde in der ersten grösseren befreiten Stadt hinter der Curzon-Linie, in Chełm Lubelski, am 22. Juli 1944 das Manifest des Polnischen Komitees für Nationale Befreiung (PKWN) herausgegeben. Diesen Namen hatte die Vertretung des KRN am Vortag angenommen. Das Polnische Komitee für Nationale Befreiung, in dem die PPR die führende Rolle spielte, beabsichtigte, die Märzverfassung (s. XII. 1) wiederherzustellen, mit der UdSSR zusammenzuarbeiten und die Grenzvorschläge von Teheran anzuerkennen. Unverzüglich wurde damit begonnen, der Roten Armee jegliche Hilfe zu leisten, das gesamte befreite Territorium begann für die Front zu arbeiten. Die I. Armee der Polnischen Streitkräfte und die Volksarmee schlossen sich zur einheitlichen Polnischen Armee zusammen. Gleichzeitig wurden in den befreiten Gebieten die II. Armee der Polnischen Streitkräfte und weitere militärische Einheiten gebildet. Das Polnische Komitee für Nationale Befreiung übte die Funktion einer provisorischen Regierung mit Sitz in Lublin aus. Während der Augustgespräche mit Vertretern des PKWN in Moskau lehnte Mikołajczyk die Vorschläge Bieruts ab, der ihm die Funktion des Premierministers und drei Ministerämter in einer gemeinsamen Regierung anbot. Er zählte noch auf einen Sieg des damals erst anderthalb Wochen währenden Warschauer Aufstands.

Von Juli 1944 bis Januar 1945, als die neue sowjetische Offensive begann, dehnte das PKWN seine Tätigkeit direkt auf die befreiten Gebiete, also bis an die Weichsel, aus. Die Bauernpartei und die (linksorientierte) PPS sowie die Gewerkschaftsbewegung und die Jugendorganisationen wurden wiedererrichtet. Die Polnische Arbeiterpartei und die Polnische Sozialistische Partei wurden zu politischen Massenparteien. Man berief die territoriale Selbstverwaltung in Form der Volksräte, die Bürgermiliz und die Sicherheitsorgane. Man gab ein Dekret über die Bodenreform heraus und begann unverzüglich mit ihrer Verwirklichung. Die Reform erfasste den staatseigenen Boden, ehemalige deutsche Güter und alle Güter mit mehr als 50 ha (in den Westgebieten 100 ha). Dadurch wurden die Grossgrundbesitzer und kapitalistischen Grundeigentümer aus der sozialen Klassenstruktur eliminiert. Gleichzeitig wurde auf den noch unter deutscher Besatzung befindlichen Territorien die Partisanentätigkeit verstärkt. In diesen Gebieten wirkten auch sowjetische Kundschafter, die von der Bevölkerung unterstützt wurden.

Inzwischen wurde über die Zusammensetzung der künftigen polnischen Regierung weiter verhandelt, jedoch konnte auch bei den Gesprächen am 13. und 14. Oktober 1944 keine Verständigung erzielt werden; das Londoner Lager gab in der Grenzfrage nicht nach — trotz fehlender Unterstützung von seiten Churchills und Roosevelts; der eventuell zu einem Vergleich bereite Mikołajczyk musste zurücktreten, und die neue Regierung unter Tomasz Arciszewski erwies sich als noch unelastischer. Ergänzend sei gesagt, dass der damals schwerkranke Witos, den man nach London kommen lassen wollte, als zweiter Kandidat benannt worden war. Zur selben Zeit machte die internationale Anerkennung des PKWN Fortschritte. In Frankreich und Belgien wurden polnische Volksräte zur Unterstützung der provisorischen Regierung gebildet.

Binnen kurzem, nämlich am 31. Dezember 1944, berief der Landesvolksrat die Provisorische Regierung der Republik Polen, die von der UdSSR anerkannt wurde. Am 21. April 1945 unterzeichnete die Provisorische Regierung mit der UdSSR einen zwanzigjährigen Vertrag über Freundschaft, gegenseitigen Beistand

1. September 1939. Deutsche Truppen überschreiten die Grenze Polens.

Polnische Flieger der 303. Staffel, die an der Luftschlacht um England teilnahm.

Soldaten des II. Polnischen Korps nach den siegreichen Kämpfen um Monte Cassino am 12. Mai 1944

General Władysław Sikorski (1881–1943), Politiker, Premierminister der Exilregierung und Oberbefehlshaber des Heeres in den Jahren 1939–1943

Vereidigung der I. Infanteriedivision „Tadeusz Kościuszko", der ältesten Formation der Polnischen Volksarmee, gegründet 1943 in Sielce an der Oka

Am 12./13. Oktober 1943 trug die I. Infanteriedivision bei Lenino ihr erstes Gefecht aus.

Von der polnischen Widerstandsbewegung zum Entgleisen gebrachter deutscher Militärtransport

Der Warschauer Aufstand gegen die hitlerfaschistischen Okkupanten brach am 1. August 1944 aus.

Parade von Abteilungen der I. Armee der Polnischen Streitkräfte im befreiten Warschau am 17. Januar 1945

Abteilungen der I. Armee der Polnischen Streitkräfte vor dem Brandenburger Tor am 2. Mai 1945

Nach Veröffentlichung eines der ersten Dekrete des Polnischen Komitees für Nationale Befreiung, des Dekrets über die Bodenreform vom 6. September 1944, begann die Aufteilung des Bodens.

Bolesław Bierut (1892–1956), Funktionär der Arbeiterbewegung, seit 1949 Mitglied des ZK der PPR und Vorsitzender des Landesvolksrats, nach der Befreiung u.a. Präsident der VR Polen und Erster Sekretär des ZK der PVAP. Gemeinsam mit Warschauer Bürgern half er bei der Enttrümmerung der Hauptstadt.

und Nachkriegszusammenarbeit. Das war schon nach der nächsten Konferenz der drei Grossmächte, die vom 4. bis 11. Februar 1945 in Jalta stattfand. Auf dieser Konferenz wurde die Curzon-Linie als Ostgrenze Polens bestätigt und von der Notwendigkeit „einer bedeutenden territorialen Erweiterung Polens im Norden und Westen" gesprochen, ferner wurde die Gründung einer Regierung der „Nationalen Einheit" gefordert, die auch die Unterstützung der Westmächte erlangen sollte. Auf einer erneuten Konferenz in Moskau kam es endgültig zu einer Übereinkunft. Es entstand die Provisorische Regierung der Nationalen Einheit (TRJN) mit Premierminister Edward Osóbka-Morawski an der Spitze, seine Stellvertreter wurden Władysław Gomułka und Stanisław Mikołajczyk. Fast zwei Drittel der Ministersessel nahmen die PPR und die PPS ein, den Rest besetzten die Bauernpartei und die Demokratische Partei. Der Zustand der Doppelregierung war beendet, für die Anhänger der prolondoner Konspiration wurde eine Amnestie verkündet.

Die Befreiung des ganzen Landes erfolgte durch die erwähnte Januar-Offensive. Die I. Armee der Polnischen Streitkräfte nahm an der Durchbrechung der Pommernstellung, der Eroberung von Kołobrzeg, der Befreiung von Gdynia und Gdańsk und schliesslich an den Kämpfen um Berlin teil. Die II. Armee unter General Świerczewski zog zuerst nach Pommerellen, dann in Richtung Dresden und kämpfte in der für die Operation Berlin wichtigen Schlacht bei Bautzen. Sie war auch an der Operation Prag beteiligt und befreite eine Reihe von Ortschaften in der Tschechoslowakei. Trotz der offensichtlichen Niederlage hörten die Deutschen nicht mit der Ausrottung der polnischen Bevölkerung auf.

Die Organisierung des neuen Lebens und die Sicherung des Nationalvermögens, die Inbetriebnahme von Fabriken, die Öffnung der Schulen und der Auftakt der kulturellen Tätigkeit begannen mit der Befreiung der Städte und Dörfer. Man schuf zugleich die Keimzellen der örtlichen Macht und bereitete sich auf den Kontakt mit der Regierung vor, der schnell aufgenommen wurde. Der schwere Wiederaufbau des zerstörten Landes begann.

Die West- und Nordgrenzen Polens an Oder, Lausitzer Neisse und Ostsee wurden auf der Potsdamer Konferenz der Regierungschefs der drei Hauptmächte der Antihitlerkoalition — Sowjetunion, Grossbritannien und USA — festgelegt (17.7—2.8.1945). In Potsdam war auch eine von Bolesław Bierut geleitete polnische Delegation anwesend. Es wurde verfügt, dass die noch in Polen und anderen Ländern verbliebene deutsche Bevölkerung (die meisten Deutschen waren vor den anrückenden sowjetischen Truppen geflohen) auf deutsches Territorium umzusiedeln sei.

XIV. Kapitel

Die Entwicklung Volkspolens. Herausbildung der modernen sozialistischen Gesellschaft und Nation. Demokratisierung des kulturellen Lebens

1945—1980

1. Historische Aufgaben. Der Wiederaufbau. Die ersten Reformen. Die Festigung der Volksmacht

Polen erlitt im zweiten Weltkrieg riesige Verluste (s. XIII. 2). Wurde das Land 1939 von 35,1 Mill. Menschen bewohnt, so betrug die Bevölkerungszahl nach einer am 14. Februar 1946 durchgeführten Volkszählung lediglich 23,9 Millionen statt der prophezeiten ca. 40 Millionen. Rund 38% des Nationalvermögens wurden vernichtet. Vor dem polnischen Volk stand die schwere Aufgabe, das Land wiederaufzubauen, jedoch ging es nicht allein um eine Rückkehr zum vorhergegangenen Stand, der ja den Stempel einer aus den vergangenen Jahrhunderten ererbten Rückständigkeit trug, die in der Periode der Zweiten Republik nicht liquidiert worden war. Die zwei Jahrzehnte zwischen den beiden Weltkriegen hatten trotz ihrer grossen Bedeutung für die nationale Geschichte keine grundlegenden Veränderungen in der sozialökonomischen Struktur des Landes gebracht. Noch immer war Polen ein zurückgebliebenes Agrarland mit einer veralteten Gesellschaftsstruktur. Eine bedeutende Zahl, vor allem ländlicher Bevölkerung, hatte nur einen geringen Anteil an der Kultur. Der durch den Krieg versetzte Schlag vertiefte die Schwierigkeiten auf besonders empfindliche Weise.

Vor dem Staat und dem Volk stand also eine Aufgabe von immenser historischer Tragweite. Der Wiederaufbau nach den Kriegszerstörungen musste mit der Umgestaltung des wirtschaftlichen Lebens und der Gesellschaftsstruktur verbunden werden. Es war auch notwendig, ein neues Modell des kulturellen Lebens zu schaffen. In den ersten Jahren nach dem Krieg bestanden die wichtigsten Aufgaben im Wiederaufbau, in der Bewirtschaftung der zuvor innerhalb der Grenzen Deutschlands gelegenen Gebiete in Schlesien, Westpommerellen und an der mittleren Oder sowie in Ermland und Masuren. Weiterhin ging es um die Festigung der Macht, die jetzt in den Händen der linken Kräfte lag. Als positiver Faktor erwies sich die im Ergebnis der Grenzveränderungen erlangte ethnische Einheit des Staates. Auch für eine Neuregelung der Beziehungen zwischen Staat und Kirche wurden die Bedingungen geschaffen.

Der wiedergeborene Staat umfasste ein Territorium von 312 700 km², ein Drittel davon machten die erwähnten Gebiete im Westen und Norden einschliesslich des Territoriums der ehemaligen Freien Stadt Danzig aus. Trotz der Verringerung des staatlichen Territoriums um 77 000 km² entstanden bessere Bedingungen für die Durchführung der Industrialisierung im Lande. Die Polen eingegliederten West- und Nordgebiete hatten 1937 eine Industrieproduktion erzeugt, die 60—70% der Industrieproduktion Vorkriegspolens entsprach; das Land östlich des Bugs hatte nur 12—13% erbracht. Die Vermögensstruktur in den West- und Nordgebieten erwies sich als günstiger Faktor beim schwierigen Prozess des Wiederaufbaus.

Die Verwirklichung der gewaltigen Aufgaben des Wiederaufbaus war in den ersten ein bis zwei Nachkriegsjahren mit dem Kampf der neuen Regierung um die Festigung ihrer Macht verflochten. Das war um so komplizierter, als ein Grossteil der Gesellschaft — trotz deutlicher Radikalisierungsprozesse während des Krieges — erst im Zuge des Wiederaufbaus und bei der Gestaltung des neuen Lebens seine passive, misstrauische, widerwillige oder geradezu feindselige Haltung aufgab und die vollzogenen Veränderungen akzeptierte und unterstützte. Als wesentliche Unterstützung in diesem Prozess erwies sich die Tatsache, dass England und die Vereinigten Staaten der Exilregierung ihre Anerkennung entzogen. Auf der anderen Seite jedoch stellte der Eintritt Mikołajczyks in die polnische Regierung (s. XIII. 4), wie sich bald herausstellen sollte, eine Fortsetzung des Machtkampfes dar. Mikołajczyk wollte die gesellschaftlichen Grundlagen für seine politische Tätigkeit schaffen; er versuchte, sich der Führung der gesamten Volksbewegung zu bemächtigen. Nach dem missglückten Versuch, die am 25./26. März 1945 entstandene linksgerichtete Bauernpartei zu beherrschen, gründete er am 22. August 1945 eine eigene Partei, die Polnische Bauernpartei (PSL). Sie wurde — ein Paradoxon — zu einer in die Regierung eingehenden Oppositionspartei und gleichzeitig zu einem Sammelbecken all jener Kräfte, die dem neuen System feindlich gegenüberstanden. Der PSL traten viele Mitglieder bei, die überhaupt keine Bindung zum Dorf hatten. Auch die Nationale Partei versuchte, ihre Tätigkeit wiederaufzunehmen.

Zwar war die Befreiung Polens durch die Rote Armee von ausschlaggebender Bedeutung für die Aufrechterhaltung der Macht in den Händen der revolutionären Linken, und die Anwesenheit sowjetischer Soldaten im Lande verhinderte den Ausbruch eines Bürgerkriegs, obwohl es in einigen Gebieten des Landes zu Kämpfen kam, aber in der ersten Nachkriegsperiode wurde im Lande ein mächtiger Klassenkampf — die entscheidende Etappe des Kampfes um die Macht — ausgetragen. Die Volksmacht wurde sowohl von illegalen Untergrundorganisationen bekämpft, die sich teilweise aus Mitgliedern von Organisationen zusammensetzten, die während der Hitlerokkupation gewirkt hatten (z.B. aus jenen Angehörigen der Landesarmee, die die Auflösung der Formation im August 1945 nicht anerkannten), als auch von der legalen Opposition, die sich mit der illegalen Opposition verbündete und bei verschiedenen gesellschaftlichen Gruppierungen Einfluss gewann.

Der Kampf gegen die bewaffneten Untergrundorganisationen war nicht leicht. In der Zeit vom 22. Juli 1944 bis zum 1. Januar 1946 brachten sie über 7000 Menschen um, hauptsächlich örtliche Funktionäre der PPR, Milizangehörige, Soldaten und Funktionäre der Sicherheitsorgane. Es gab noch weitere Opfer, denn erst 1947 wurde die Tätigkeit der bewaffneten Untergrundorganisationen zerschlagen. Gleichzeitig wurde ein langwieriger, drei Jahre dauernder Kampf gegen nationalistische und profaschistische ukrainische Organisationen geführt, die sich als Ukrainische Aufständische Armee (UPA) bezeichneten.

Das Wirken der Polnischen Bauernpartei war auf den sog. Agrarismus, d.h. ein kapitalistisches politisches System gerichtet, das auf der Bauernpartei basierte und Züge einer parlamentarischen Demokratie trug. Die Hauptlosung der PSL war die „Verteidigung der Demokratie", die die Werte des sich herausbildenden sozialistischen Staatsmodells negierte, bei dem die Arbeiterklasse im Bündnis mit den Bauern die Macht ausübte. Die PSL errang zahlreiche Anhänger unter den wohlhabenden Bauern, dem Kleinbürgertum und der Intelligenz. Sie trat im Grunde genommen nicht gegen die Reformen, d.h. gegen die Verstaatlichung der Industrie und die Bodenreform, auf, denn das wäre bei der Mehrheit der Bevölkerung nicht angekommen. Dennoch überschätzte die PSL ihre Kräfte entschieden. In einer den Sejmwahlen vorangehenden Volksbefragung am 30. Juni 1946 trug der demokratische Block (PPR, PPS, SL und SD) den Sieg davon. Auf die Frage: „Bist du für die Abschaffung des Senats?" antworteten 68,2% mit „Ja" (bei einer Wahlbeteiligung von 85,8%); auf die zweite Frage nach der Verstaatlichung der Industrie und der Bodenreform gaben 77,3% eine positive Antwort, und die dritte Frage: „Bist du für die endgültige Festlegung der Westgrenze Polens an Ostsee, Oder und Lausitzer Neisse?" beantworteten 91,4% bejahend. Die PSL, die die erste Frage verneinte, gewann dagegen nur 31,8% der Wahlberechtigten für sich.

Mit einer noch grösseren Schlappe endeten die Wahlen vom 19. Januar 1947 für die PSL. Für ihre Liste stimmten nur 10,3%, damit erhielten sie lediglich 28 Mandate im Sejm. Auf diese Weise wurde die Opposition Mikołajczyks als wesentlicher politischer Faktor ausgeschaltet. Mikołajczyk selbst verliess im Oktober 1947 das Land und kehrte zur Exilregierung nach London zurück. Präsident der Polnischen Republik wurde Bolesław Bierut, Ministerpräsident Józef Cyrankiewicz (PPS), sein erster Stellvertreter Władysław Gomułka (PPR) und sein zweiter Stellvertreter Antoni Korzycki (SL). Der Sejm beschloss die sog. Kleine Verfassung, die bis 1952 als Grundgesetz in Kraft war. Die neue Verfassung der Volksrepublik Polen wurde am 22. Juli 1952 vom gesetzgebenden Sejm beschlossen. In dieser Verfassung hiess es: „Die Volksrepublik Polen ist ein volksdemokratischer Staat", in dem die Macht in den Händen des werktätigen Volkes in Stadt und Land liegt und in dem das Volk die Macht durch seine Vertreter ausübt, die es in allgemeiner, gleicher, direkter und geheimer Wahl in den Sejm und die Volksräte wählt.

Eine wesentliche Etappe bei der Festigung der Volksmacht war die Vereinigung der Arbeiterbewegung im Dezember 1948. Die Polnische Arbeiterpartei, die zu diesem Zeitpunkt über eine Million Mitglieder (1947 — 820 000, 1945 — 235 000) zählte, und die Polnische Sozialistische Partei, deren Mitgliederzahl über 500 000 betrug und dynamisch zunahm, schlossen sich zur Polnischen Vereinigten Arbeiterpartei zusammen. Auch die Jugendorganisationen vereinigten sich zum Polnischen Jugendverband (ZMP). Das ging natürlich nicht ohne Diskussionen über die politische Linie der neuen Partei vor sich. Sie bestand in der Errichtung der sozialistischen Gesellschaftsordnung unter Beteiligung einer breiten Volksfront. Ihren Beitritt zur PVAP erklärte auch die Jüdische Sozialistische Partei „Bund"; 1949 erfolgte die Vereinigung der Bauernbewegung, es entstand die Vereinigte Bauernpartei (ZSL). Die politischen Parteien erkannten die führende Rolle der PVAP an und wurden zu ihren Verbündeten. Die nur kurze Zeit bestehende Partei der Arbeit wurde aufgelöst. Im Block der demokratischen Parteien verblieben: PVAP, ZSL und SD.

Einige Monate vor der Vereinigung der Arbeiterparteien hatte es innerhalb der Polnischen Arbeiterpartei wesentliche politische Differenzen gegeben. Der Ausgangspunkt dafür war die Einstellung zu den Beschlüssen des Informationsbüros der Kommunistischen und Arbeiterparteien (das anstelle der Kommunistischen Internationale wirkte), die den Übergang zur Kollektivierung der Landwirtschaft in den volksdemokratischen Ländern betrafen, die sich mit der Situation innerhalb der Kommunistischen Partei Jugoslawiens, die sich u.a. gegen den Stalinkult wandte, und mit der Einschätzung der Tradition in der polnischen Arbeiterbewegung beschäftigten. In der damaligen, von dogmatischem Personenkult gekennzeichneten Atmosphäre innerhalb der Arbeiterbewegung war es leicht, die Ansichten derjenigen, die sich gegen eine Uniformierung beim Aufbau des Sozialismus aussprachen und die Notwendigkeit sahen, nationale Besonderheiten zu berücksichtigen, als rechtsnationalistische Abweichung anzuprangern. Darunter befand sich eine Gruppe hervorragender Parteifunktionäre mit Władysław Gomułka an der Spitze, der 1949 aus der Parteiführung ausgeschlossen wurde. Der Beschluss über die rechtsnationalistische Abweichung wurde im Oktober 1956 aufgehoben und 1959 formal auf dem III. Parteitag der PVAP ausser Kraft gesetzt.

In der Periode des Kampfes um die Stabilisierung der Volksmacht wurden grundlegende sozialökonomische Reformen durchgeführt. Es vollzogen sich auch erhebliche Bevölkerungsbewegungen, die sich nicht nur aus den Grenzveränderungen ergaben, sondern auch aus der Bevölkerungsverschiebung während des zweiten Weltkrieges herrührten. Gleichzeitig erfolgte der Wiederaufbau nach den Kriegszerstörungen.

Nach der Befreiung der Gebiete jenseits der Weichsel wurde die Bodenreform fortgesetzt. Den Bauern, die in ihren Ortschaften wegen Landmangel keinen Boden erhalten hatten, wurde die Umsiedlung in die durch die Änderung der Grenzen wiedergewonnenen Gebiete in West- und Nordpolen vorgeschlagen. Vom Dekret über die Bodenreform vom 6. September 1944 wurden 9300 Güter erfasst. Über 6 Mill. ha Boden wurden im Rahmen der Bodenreform an mehr als eine Million Bauernfamilien verteilt. Auf diese Weise entstanden 814 000 neue Bauernwirtschaften, und mehr als 254 000 Bauernhöfe wurden vergrössert.

Bei der Durchführung der Bodenreform traten allerdings recht wesentliche Unterschiede in den einzelnen Gebieten auf: mit zusätzlichen Anteilen wurden die

Höfe in den am meisten bevölkerten Landstrichen Kleinpolens bedacht, was den sozialen Status der hier ansässigen Bevölkerung jedoch nicht veränderte. In Grosspolen und Pommern, wo es mehr Land gab, bedeutete die Landgewinnung aufgrund der Bodenreform häufig einen gesellschaftlichen Aufstieg für die Bauern. Ganz allgemein entschied vor allem die Anzahl der Familienmitglieder über die Grösse der Anteile. In Grosspolen und in Pommern neigten die Kleinbauern dazu, Produktionsgenossenschaften zu gründen, die Behörden unterstützten diese Tendenzen jedoch nicht, weil sie nicht den Verdacht erregen wollten, dass dem Land die Kollektivierung nach sowjetischem Vorbild drohe.

Der Prozess der Bodenreform war mit Bevölkerungsverschiebungen verbunden. Das betraf vor allem die wiedererlangten Gebiete in West- und Nordpolen, denn dort liessen sich bis Ende 1947 über zwei Mill. Menschen auf den Bauernhöfen nieder. Fast die Hälfte davon waren Polen, die aus den Gebieten jenseits des Bugs umgesiedelt worden waren. Im Ergebnis der Bodenreform entstanden viele selbständige Wirtschaften. Von 100 einzelbäuerlichen Wirtschaften waren fast 22 völlig oder teilweise aus der Parzellierung und der Ansiedlung hervorgegangen. Ein neues Element bildeten die Staatsgüter, die bis 1950 ca. 9% der gesamten landwirtschaftlichen Nutzfläche (ca. 2 200 000 ha) umfassten. Ungefähr 3,5 Mill. ha Wald wurden verstaatlicht. Das ermöglichte es, eine rationellere Forstwirtschaft zu betreiben.

Die Lage der Landbevölkerung war nach dem Kriege nicht leicht. 470 000 Höfe waren vernichtet worden, es fehlte an Vieh (darunter auch an Zugvieh), Düngemitteln und Geräten. 1946 wurden knapp zwei Drittel der Produktion von 1937 erreicht. Um die Versorgung der Stadtbevölkerung zu sichern, wurden für eine gewisse Zeit Pflichtablieferungen eingeführt. Auch die Preise gestalteten sich für die Bauern nicht vorteilhaft, weil die Preise für Industrieerzeugnisse wegen der Kriegszerstörungen hoch waren. Der Staat gab Kredithilfe für den Wiederaufbau von landwirtschaftlichen Werkstätten. Das Dorf war stark differenziert, und innere Konflikte waren ihm nicht fremd. Anfänglich zeichneten sich Unterschiede zwischen alteingesessenen Bauern und Umsiedlern ab. Die Integration und die Angleichung an die neuen Bedingungen gingen jedoch schnell voran. Bis ca. 1948 wurden die meisten Ehen innerhalb der einzelnen Bevölkerungsgruppen geschlossen, aber schon in den darauffolgenden Jahren veränderte sich die Situation. Ganz allgemein ging eine deutliche Verbesserung der sozialen Lage der Bauern vor sich, was sich schrittweise auch auf ihre politischen Haltungen auswirkte. Über die politische Selbstbestimmung des Bauern entschieden eher neue Kriterien (Herkunft der Wirtschaft, Schicksal, politische Traditionen der Familie usw.) als die Grösse des Landbesitzes. Einen deutlichen Einfluss hatten in dieser Hinsicht die Aufhebung der Pflichtabgaben, die verbesserte Versorgung des Dorfes mit Industrieerzeugnissen, der Bedeutungsrückgang der PSL und der Zusammenbruch der bewaffneten Untergrundorganisationen. Das System der Pflichtabgaben wurde in der Periode des beschleunigten Aufbaus der Industrie in den Jahren 1951 (Getreide) und 1952 (Schweine und Milch) wieder eingeführt.

Auch nicht einfach war die Entwicklung der Industrie, die nach der Einführung des Dekrets über die Nationalisierung mit Ausnahme von Handwerks- und Kleinbetrieben in staatlichen Besitz übergegangen war. Die Zerstörungen in der Industrie waren enorm. In den West- und Nordgebieten verloren die Städte 1945 148 000 Gebäude mit einem Gesamtrauminhalt von 305 Mill. m^3. Warschau war stark zerstört. Es sei daran erinnert, dass der Gouverneur Hans Frank bei seinem ersten Aufenthalt in Warschau am 10. Oktober 1939 im Thronsaal des Königsschlosses eigenhändig die silbergestickten Adler vom Baldachin abriss. Im November 1939 wurde den deutschen Beamten offiziell erlaubt, die Schlossgüter für ihren privaten Gebrauch beiseite zu schaffen. Vernichtet wurden die Häfen, die meisten grossen Brücken und Hochspannungsleitungen sowie Industriebetriebe. Im Bergbau, bei der Gewinnung mineralischer Rohstoffe, im Hüttenwesen, in der Feinmechanik und Optik, in der elektrotechnischen und chemischen Industrie, in der Textilindustrie und im Bauwesen machten die Zerstörungen von mehr als 50% bis zu 90% aus.

Bis Mitte 1945 trug die Wirtschaft noch alle Merkmale der Kriegszeit. Die Periode von Mitte 1945 bis Ende 1949 kann man als Zeitraum der wirtschaftlichen Stabilisierung und des Wiederaufbaus durch Kurz- und Langzeitplanung bezeichnen. Die Hauptrolle spielte hier der Plan des wirtschaftlichen Wiederaufbaus für die Jahre 1947—1949. Besonders gute Ergebnisse wurden beim Wiederaufbau der Industrie und des Binnenverkehrs erzielt. Das Gleichgewicht des Staatshaushalts wurde gehalten. Das Nationaleinkommen stieg in den Jahren 1947—1949 um ca. 45%. Damit wurde das Vorkriegsniveau um 25% und um ca. 36% pro Kopf der Bevölkerung überboten. Es begannen sich Veränderungen in der Aufkommensstruktur des Nationaleinkommens bemerkbar zu machen. 1949 gestaltete sich das Verhältnis zwischen industrieller und landwirtschaftlicher Produktion annähernd 2:1, während es 1937 noch 1:1 gewesen war. Die Industrieproduktion stieg im Vergleich zu 1937 um 76%, die Steinkohlenförderung um das 2fache, die Erzeugung von Elektroenergie um das 2,3fache.

Den Ausgangspunkt für den Industrialisierungsprozess und damit für einen beschleunigten wirtschaftlichen Aufschwung bildeten damals vor allem die maximale Ausnutzung der Arbeitskräftereserven, d.h. die berufliche Aktivierung bzw. hauptsächlich die Liquidierung der verkappten Arbeitslosigkeit auf dem Lande, dagegen aber in schwächerem Grade die Steigerung der Arbeitsproduktivität. Es kam zu einer deutlichen Abwanderung der Dorfbevölkerung in die Städte.

Dieser Zustrom gehört — neben der Rückführung und der Bevölkerungsmigration in den West- und Nordgebieten — zu den grössten Massenerscheinungen der sozialen und territorialen Mobilität in Volkspolen. Das waren zugleich zwei grosse Prozesse von beträchtlicher historischer Bedeutung. In ihrem Ergebnis wurden die West- und Nordgebiete bewirtschaftet und mit den übrigen Territorien verschmolzen. Polen wurde aus einem Agrar-Industrieland zu einem Industrie-Agrarland.

Die Zahl der 1944—1948 aus der UdSSR repatriierten Polen betrug über 1,5 Mill., und die Zahl der Personen, die 1945—1948 aus Deutschland und anderen Ländern repatriiert wurden oder zurückkehrten, belief sich auf fast 1,5 Mill. 1945 kehrten vor allem die Polen zurück, die sich — hauptsächlich durch die Verschleppung zur Zwangsarbeit — im Deutschen Reich und in Österreich befunden hatten. Der umgekehrte Prozess, d.h. die Rückkehr ausländischer Bürger in ihre Länder, hatte geringere Ausmasse. Deutsche Bürger aus den vor 1939 zu Polen gehörenden Territorien wurden evakuiert oder flohen (die überwiegende Mehrheit) vor den anrückenden sowjetischen und polnischen Truppen.

Als spezifisches Problem erwies sich die auf der Potsdamer Konferenz beschlossene Umsiedlung der Bevölkerung im Zusammenhang mit den polnisch-sowjetischen und den polnisch-deutschen Grenzveränderungen. Polnische Bürger kamen aus der Sowjetunion, und ukrainische, belorussische und litauische Bürger übersiedelten in die UdSSR. Von 1944—1946 kamen 1,5 Mill. Menschen aus der UdSSR nach Polen, in die UdSSR wurden aus polnischen Gebieten 518 000 Ukrainer, Litauer und Belorussen umgesiedelt. Die Nachkriegsumsiedlung umfasste ausserdem die deutsche Bevölkerung, die in den Gebieten zwischen Oder und Lausitzer Neisse und der ehemaligen Westgrenze Polens verblieben war. Ende des Krieges waren das ungefähr 8,5 Millionen, von denen die meisten evakuiert wurden oder flohen, wobei sie in jenem dramatischen Zeitraum starke Verluste erlitten. Bis Ende Juli 1945 übersiedelten viele Deutsche aus eigenem Entschluss ans andere Ufer von Oder und Neisse (in die sowjetische Zone). Im Rahmen der planmässigen Umsiedlung wurden ca. 3 Mill. Deutsche in die britische und die sowjetische Zone überführt. Sie verwuchsen verhältnismässig schnell mit der örtlichen Bevölkerung und spielten eine wesentliche Rolle bei der wirtschaftlichen Entwicklung Westdeutschlands. Nach all diesen Bevölkerungsbewegungen und im Ergebnis des Bevölkerungszuwachses erreichte die polnische Bevölkerung 1950 eine Zahl von 25 Millionen Menschen.

2. Die gesellschaftlichen Umwandlungen. Die Aussenpolitik Volkspolens

In der Verfassung von 1952 (s. XIV. 1) wurde festgelegt, dass „die Volksrepublik Polen ein volksdemokratischer Staat" sei und die Macht „den Werktätigen in Stadt und Land" gehöre. Unmittelbar üben die in den Sejm der Volksrepublik Polen und die Volksräte gewählten Abgeordneten diese Macht aus. Das gesellschaftliche Eigentum der grundlegenden Zweige der Volkswirtschaft sowie das staatliche Monopol im Aussenhandel wurden bestätigt. Die grundlegenden Aufgaben des Sejms beruhen darauf, die Gesetze zu beschliessen, die Tätigkeit der

Machtorgane und der Organe der staatlichen Verwaltung zu kontrollieren und die langfristigen Volkswirtschaftspläne und den Staatshaushalt zu beschliessen. Die gesetzgebende Initiative wurde dem vom Sejm gewählten Staatsrat, der Regierung und den Sejmabgeordneten übertragen. Oberstes Vollzugs- und Verwaltungsorgan der Staatsmacht ist im Sinne der Verfassung die Regierung (Ministerrat) der VR Polen mit dem Vorsitzenden des Ministerrats (Premierminister) an der Spitze. Die Verfassung garantiert den Bürgern der VR Polen das Recht auf Arbeit, Erholung, Gesundheitsschutz, Bildung und Inanspruchnahme der kulturellen Errungenschaften. Festgelegt wurden die Gleichberechtigung von Frau und Mann sowie die Fürsorge des Staates für die Familie, die Gleichheit der Rechte, unabhängig von Nationalität, Rasse und Religion, sowie die Gewissensfreiheit. Die Kirche wurde vom Staat getrennt.

Im Zuge der sozialökonomischen Umgestaltungen, die sich in der Periode zwischen der Vereinigung der Arbeiterbewegung und der Verabschiedung der Verfassung von 1952 vollzogen, hatte der Übergang zur Schaffung kollektiver Bauernwirtschaften den radikalsten Charakter — trotz Schwierigkeiten bei der Versorgung mit landwirtschaftlichen Maschinen und Geräten (vor allem Traktoren). Dadurch sollte die Agrarstruktur der Länder, die den Sozialismus aufbauten, vereinheitlicht und die bäuerliche Kleingüterproduktion auf schnellstem Wege in eine sozialistische Landwirtschaft umgewandelt werden. In der Verfassung war ein Artikel verankert, der die Schaffung von Produktionsgenossenschaften unterstützte, jedoch gleichzeitig den Schutz der einzelbäuerlichen Wirtschaft gewährleistete.

Der in den Jahren 1949—1956 begonnene Versuch einer Kollektivierung der Landwirtschaft zeitigte jedoch nicht die erhofften Resultate. In der Zeit, als die Umgestaltung der wirtschaftlichen Struktur auf dem Wege der Industrialisierung durchgesetzt wurde (s. XIV. 3) und Schwierigkeiten bei der Versorgung des Markts mit Konsumgütern auftraten — z.B. nach der im Januar 1953 erfolgten Aufhebung der reglementierten Versorgung der Bevölkerung mit einigen Lebensmitteln —, hoffte man, dass die beschleunigte sozialistische Umgestaltung des Dorfes die Marktsituation verbessern würde und damit die Wurzel für die Unzufriedenheit der Arbeiterklasse beseitigt werden könnte. Der Mangel an Produktionsmitteln und die mitunter allzu forcierte Umsetzung der Idee des Genossenschaftswesens auf dem Lande, die trotz staatlicher Unterstützung nicht die entsprechenden Ergebnisse brachte, bewirkten, dass viele Bauern gegen diese Form der Bewirtschaftung eingenommen waren. 1956 wurden 85% aller Produktionsgenossenschaften aufgelöst. Die Partei hatte diese Erscheinungen mit zunehmender Deutlichkeit erkannt. Im März 1954, auf dem II. Parteitag der PVAP, dem das IX. Plenum des ZK der PVAP vorangegangen war, begann sich eine neue Agrarpolitik herauszubilden, deren charakteristisches Merkmal die Suche nach vielfältigen Methoden zur Vergesellschaftung der landwirtschaftlichen Produktion sein sollte. Zugleich war sie von der Sorge getragen, ob die eingeschlagenen Wege und angeregten Veränderungen einen positiven Einfluss auf die Steigerung der landwirtschaftlichen Produktion ausüben würden. Es sei ergänzt, dass der II. Parteitag beschloss, die Aufwendungen für die Landwirtschaft zu erhöhen, bei gleichzeitig höheren Ausgaben für die Konsumtion und niedrigeren Ausgaben für Investitionen. Zugleich stellte dieser Parteitag einen Versuch dar, die Einflüsse des noch in der internationalen Arbeiterbewegung herrschenden Personenkults kritisch zu betrachten und dafür zu sorgen, dass die in der Verfassung festgehaltenen Formulierungen über die Gewährleistung der sozialistischen Demokratie, also die umfassende Beteiligung der Gesellschaft an der Regierung des Staates, u.a. durch Mitwirkung an der Arbeit der PVAP und ihrer Bündnispartner, tatsächlich verwirklicht würden. Es ging darum, eine wirksame Tätigkeit zu gewährleisten, die zur Realisierung des überaus anspruchsvollen Programms der Industrialisierung des Landes unerlässlich war. Das war gleichbedeutend mit der Befreiung des Landes aus seiner von einer jahrhundertelangen schweren Geschichte ererbten Rückständigkeit. Die von vielen Funktionären geteilte Theorie, dass der Klassenkampf sich in dem Masse verschärfe, wie der Aufbau des Sozialismus voranschreite, ferner die starken dogmatischen Tendenzen innerhalb der Partei erschwerten es jedoch, diese Ideen mit Leben zu erfüllen. Das hatte zur Folge, dass weiterhin die These von der Existenz der „rechtsnationalistischen Abweichung" funktionierte.

1956 wurde eine neue Etappe im politischen Leben des Landes eingeleitet. Im Februar 1956 tagte der XX. Parteitag der Kommunistischen Partei der Sowjetunion, der grundlegende Bedeutung für die internationale Arbeiterbewegung hatte, er enthüllte nämlich die Konsequenzen des Personenkults und gab damit den Anlass zu einer wesentlich schärferen Umwertung der Methoden für die Gestaltung der sozialistischen Beziehungen sowohl in Polen als auch in den anderen volksdemokratischen Ländern. In diese Richtung tendierte auch der fühlbar werdende Druck der Bevölkerung, die angesichts der wachsenden Schwierigkeiten, des absinkenden Reallohns, der unzureichenden Steigerung des Lebensniveaus, der Bürokratisierung des Staatsapparats, des Bruchs der Rechtsstaatlichkeit — z.B. gegenüber ehemaligen Mitgliedern der Landesarmee sowie der Kirche — von Enttäuschung ergriffen wurde. Die von der PVAP seit 1954 in Angriff genommenen Bemühungen in Richtung der Demokratisierung und der Verbesserung des Lebensstandards erwiesen sich als ungenügend, um so mehr, als die Arbeiterklasse durch die Industrialisierung zahlenmässig angewachsen war und die politische Kultur durch die Fortschritte auf schulischem und kulturellem Gebiet einen allgemeinen Aufschwung genommen hatte. Die Bevölkerung wollte aktiver in die Planung und Leitung der gesellschaftlichen Veränderungen einbezogen werden. Das bedeutete, dass die Wechselbeziehungen zwischen der Ökonomie und der sozialen Struktur sowie den Prozessen im gesellschaftlichen Bewusstsein bedeutend komplizierter geworden waren. Drastisches Kennzeichen der zunehmenden Widersprüche und Schwierigkeiten war der Streik der Arbeiter in den Cegielski-Werken (damals Stalin-Werke) in Poznań. Bürokratische Entstellungen und eine verschleppte Erledigung der Forderungen der Arbeiter hatten seinen Ausbruch bewirkt. Er besass nicht nur ökonomischen, sondern auch politischen Charakter und gipfelte in einem Massenaufstand der Einwohner von Poznań. Der Versuch, den Aufstand mit Gewalt zu ersticken, führte zu Angriffen auf einige öffentliche Gebäude und zu Zusammenstössen mit den Sicherheitsorganen, bei denen auch Menschen getötet wurden.

In dieser Situation wurden weitere Schritte zur Wiederherstellung der sozialistischen Rechtsstaatlichkeit unternommen. Die wesentlichste Rolle spielte das vom 19.—21. Oktober 1956 in äusserst gespannter Atmosphäre in Warschau durchgeführte VIII. Plenum des Zentralkomitees der PVAP. Es deklarierte u.a. die Vertiefung der Demokratie und das Streben nach Anhebung des Lebensstandards, wobei es unverrückbar an den ideologischen Prinzipien des Marxismus-Leninismus festhielt. Man liess die Konzeption über die rechtsnationalistische Abweichung fallen. Władysław Gomułka kam als Erster Sekretär des ZK in die Parteiführung zurück.

Der „polnische Oktober" schuf ein neues politisches Klima im Lande, in dem erneut die Begeisterung der Massen — wie in den Jahren unmittelbar nach dem Kriege — zutage trat.

Die Zusammenarbeit zwischen den Parteien wurde auf die Prinzipien der Partnerschaft gestützt, wobei die Bündnisparteien die führende Rolle der PVAP anerkannten. In der Vereinigten Bauernpartei und der Demokratischen Partei war es gleichfalls zu innerparteilichen Streitigkeiten gekommen.

Den Platz des Polnischen Jugendverbands, der ebenfalls eine Krise erlebte und im Januar 1957 aufgelöst wurde, nahmen der Sozialistische Jugendverband und der Verband der Landjugend ein, die die radikalen Traditionen der Jugendbewegung fortsetzten. Im Dezember 1956 wurde die gesamtpolnische gesellschaftspolitische Bewegung — die Volksfront — in die Einheitsfront der Nation (FJN) umgestaltet. Im Januar 1957 fanden Sejmwahlen statt, an denen 94,19% aller Wahlberechtigten teilnahmen. 94,4% der Stimmen errangen die Kandidaten der FJN. Die internationale Position Polens festigte sich, die Veränderungen in der Wirtschaftspolitik führten zu einem Ansteigen des Lebensstandards. Die Reallöhne waren 1959 im Vergleich zum Stand von 1955 um ein Drittel angestiegen. Das kulturelle Leben (s. XIV. 4) wurde dynamischer. Das politische Bewusstsein der Gesellschaft, die streng darauf achtete, dass keine ihre Aktivität eingrenzende Rückkehr zu sektiererischen Tendenzen erfolgte, hatte bedeutend zugenommen. Ein immer grösserer Teil der Bevölkerung machte sich das Programm zur Umgestaltung des Landes zu eigen. Die nachfolgenden Fünfjahrpläne 1956—1960, 1961—1965 und 1966—1970 bedeuteten einen Fortschritt in der wirtschaftlichen Entwicklung des Landes. Die Distanz zwischen Polen und den hochentwikkelten Ländern verringerte sich weiter.

Und wiederum zeigte es sich, dass es nicht so leicht ist, Widersprüche zwischen der Ausführung der Produktionsaufgaben und der Befriedigung der unmittelbaren

Bedürfnisse der Bevölkerung, d.h. zwischen den künftigen und den laufenden Bedürfnissen, zu vermeiden und die Proportionen zwischen Akkumulations- und Konsumtionsfond zu wahren. Die Entwicklung der Landwirtschaft erwies sich als unzureichend, was u.a. eine Folge der zu wenig elastischen Politik der Regierung gegenüber dem Dorf war. Die Konzentration der Bemühungen bei der Ausführung schwieriger Aufgaben begünstigte das Anwachsen zentralistischer Tendenzen und hemmte die Demokratisierungsprozesse. Besonders schwierig war die Wohnungssituation einer wachsenden Zahl von Bürgern, und man versuchte, der auftretenden Schwierigkeiten dadurch Herr zu werden, dass man das Einkommen der Bevölkerung auf gleichbleibendem Niveau hielt. Die hauptsächlichsten Entscheidungen wurden von einem ziemlich engbegrenzten Kreis von Funktionären um Władysław Gomułka getroffen. Das rief immer mehr Unzufriedenheit auch in den Reihen der Partei hervor. Die vor den Weihnachtsfeiertagen 1970 verkündeten bedeutenden Preiserhöhungen für Lebensmittel (hauptsächlich für Fleischwaren) führten zu Streiks und Arbeiterunruhen, vor allem an der Küste. Sie gaben das Signal für wesentliche Korrekturen in der Parteipolitik, wobei die wachsenden Ansprüche einer immer moderneren Gesellschaft (s. XIV. 3) berücksichtigt wurden. Anzeichen von Unzufriedenheit hatten sich übrigens schon früher bemerkbar gemacht, vor allem bei den Studentenunruhen im Frühjahr 1968. Erst das VII. Plenum des ZK der PVAP durchbrach den Teufelskreis und sorgte dafür, dass jene Funktionäre aus der Parteiführung entfernt wurden, die für die fehlerhafte Wirtschafts- und Sozialpolitik verantwortlich waren, auf denen die Entscheidung über den Einsatz von Gewalt gegen die Arbeiter lastete und die dadurch die Tragödie und die Menschenopfer verursacht hatten. Die Pflichten des Ersten Sekretärs des ZK der PVAP wurden Edward Gierek anvertraut. Vorsitzender des Ministerrats wurde Piotr Jaroszewicz, Vorsitzender des Staatsrats zuerst Józef Cyrankiewicz und dann Prof. Henryk Jabłoński.

Nun begann die Phase einer intensiven, infolge der übermässigen Zentralisierung und der Fehler in der Investitionspolitik jedoch allmählich zurückgehenden wirtschaftlichen Entwicklung. Der Lebensstandard der Bevölkerung wuchs beträchtlich infolge der steigenden Löhne und der neuen Marktpolitik (u.a. wurden die Preise für Grundnahrungsmittel für mehrere Jahre „eingefroren"). Auf vollen Touren lief der Wohnungsbau, in der Agrarpolitik wurde die Konzeption der schrittweisen Umgestaltung der Landwirtschaft unterstützt. Dazu sollten im Rahmen der bäuerlichen Wirtschaft unterschiedliche Formen entwickelt werden, die einer sozialistischen Wirtschaftsweise näher kamen. Im Beschluss des VI. Parteitages der PVAP im Dezember 1971 wurde festgestellt: „Einer der wichtigsten Grundsätze zur Weiterentwicklung der sozialistischen Demokratie sollte darin bestehen, dass die Werktätigen und ihre Organisationen stärker an der Verwaltung des Landes beteiligt sind. Dies sollte den gemeinsamen Interessen beim Aufbau des Sozialismus und der Überwindung der im Zuge dieses Aufbaus auftretenden Widersprüche dienen." Auf dem VII. Parteitag der PVAP im

Dezember 1975, der die Losung vom Kampf um eine höhere Arbeitsqualität und um eine weitere Verbesserung der Lebensbedingungen des Volkes verkündete, wurden diese Richtlinien bestätigt. 1976 wurde der Beschluss über die Novellierung der Verfassung der VR Polen gefasst.

Der Verwaltungsapparat wurde reformiert. Vorher war Polen in 17 Wojewodschaften (und 5 kreisfreie Städte), 392 Kreise und 2365 Gemeinden gegliedert. Die Reform hob den Rang der Gemeinden, beseitigte die Kreise und erhöhte die Zahl der Wojewodschaften auf 49.

Alle Umwandlungen vollzogen sich angesichts der sich verändernden internationalen Lage. Ihre charakteristischen Merkmale waren der schrittweise Zusammenbruch des Kolonialsystems, die zunehmende Bedeutung der sozialistischen Staaten sowie — nach der Periode des sog. kalten Krieges — eine immer stärkere Tendenz zur Ausarbeitung der Grundsätze der friedlichen Koexistenz von Ländern mit unterschiedlicher Gesellschaftsordnung.

Die Grundlage der polnischen Aussenpolitik ist das Bündnis mit der UdSSR und den anderen sozialistischen Staaten. Der 1945 geschlossene Vertrag über Freundschaft, gegenseitigen Beistand und Nachkriegszusammenarbeit (s. XIII. 4) wurde 1965 um weitere 20 Jahre verlängert. Die UdSSR wurde auch zum wichtigsten Partner Polens in allen wirtschaftlichen Fragen. Verträge über Freundschaft und Zusammenarbeit wurden auch mit den anderen sozialistischen Ländern abgeschlossen.

Einen besonderen Platz in der Politik der VR Polen nahmen aus verständlichen Gründen die Beziehungen zu den beiden deutschen Staaten ein. Die Entstehung der Deutschen Demokratischen Republik 1949 bedeutete, dass ein Teil Deutschlands in dem am 6. Juli 1950 in Zgorzelec unterzeichneten Abkommen über die Markierung der festgelegten und bestehenden deutsch-polnischen Staatsgrenze die Folgen des durch Hitlerdeutschland entfesselten Krieges und damit auch die Oder-Neisse-Linie als Westgrenze Polens anerkannte. Anfangs gab es fast gar keine politischen Kontakte zu dem zweiten deutschen Staat, der Bundesrepublik Deutschland, die diese Grenze nicht anerkannte. Der territoriale Revisionismus und der Alleinvertretungsanspruch für Deutschland, ausserdem die u.a. durch Adenauer und die CDU/CSU forciert betriebene Politik der Stärke konnten in der polnischen Öffentlichkeit nur den Eindruck hervorrufen, dass man entgegen der von den Siegermächten in Potsdam getroffenen Grenzfestlegung bestrebt war, eine Revision der Grenzen Polens zu erzwingen.

Die polnische Haltung gegenüber diesen vom kalten Krieg hervorgerufenen Problemen kam in der Aussenpolitik zum Ausdruck. Polen erneuerte ständig die Initiativen, die darauf abzielten, den Frieden, die Sicherheit und die internationale Entspannung zu festigen, die Rüstung zu beschränken, dass Wettrüsten einzustellen und eine Atmosphäre der gegenseitigen Verständigung in Europa zu schaffen. Als Beispiel für die verstärkten Anstrengungen um die Entspannung in Europa können u.a. der Beschluss Polens über die Beendigung des Kriegszustandes mit

Deutschland im Februar 1955 und die in den Jahren 1955—1957 erneuerten Vorschläge zur Anknüpfung diplomatischer Beziehungen mit der BRD sowie die polnische Initiative zur Schaffung einer atomwaffenfreien Zone in Mitteleuropa und der Plan zum Einfrieren der Kernwaffen dienen. Die Quintessenz der polnischen Bemühungen zur europäischen Entspannung war der Vorschlag zur Einberufung einer europäischen Konferenz über Sicherheit und Zusammenarbeit, den Polen auf der XIX. Tagung der Vollversammlung der Vereinten Nationen am 14. Dezember 1964 unterbreitet hat. In jener Zeit verstärkten sich auch die kulturellen und wirtschaftlichen Beziehungen zwischen Polen und der BRD, jedoch erst der am 7. Dezember 1970 unterzeichnete „Vertrag zwischen des Bundesrepublik Deutschland und der Volksrepublik Polen über die Grundlagen der Normalisierung ihrer gegenseitigen Beziehungen", in dem beide Seiten bestätigten, dass die bestehende, in den Potsdamer Beschlüssen festgelegte Grenze die Westgrenze Polens darstelle, schuf die Basis für eine allmähliche Erweiterung der Beziehungen. Die Partner bekräftigten in diesem Vertrag (Art. 1) die Unantastbarkeit der bestehenden Grenzen, heute und in der Zukunft, und erklärten, dass sie keinerlei territoriale Ansprüche erheben und solche Forderungen auch in Zukunft nicht stellen würden. Dieses Abkommen ging als wichtiger internationaler Akt in die Nachkriegsgeschichte Europas ein und trug zum Entspannungsprozess auf unserem Kontinent bei.

Nach der Ratifizierung des Vertrages durch den Staatsrat der VR Polen und den Bundestag im Mai 1972 wurden im September desselben Jahres diplomatische Beziehungen zwischen der VR Polen und der BRD angeknüpft. Dieser Vertrag schuf die Grundlagen für eine Normalisierung der Beziehungen und die Möglichkeiten zur Lösung der bilateralen Probleme.

Im Ergebnis des Treffens von Helsinki vereinbarten der Erste Sekretär des ZK der PVAP und der Bundeskanzler nach Unterzeichnung der Schlussakte der KSZE den Abschluss von Abkommen zu einigen wichtigen, bislang nicht geregelten Fragen. Diese Abkommen wurden später von den Aussenministern beider Seiten in Warschau unterzeichnet. Beide Seiten bekräftigten ihren Willen, den Normalisierungsprozess im Geiste der Abmachungen des 1970 geschlossenen Vertrages konstruktiv fortzusetzen. Es folgten gegenseitige offizielle Besuche. Als Edward Gierek im Juni 1976 in der BRD weilte, wurde die Gemeinsame Erklärung über die Entwicklung der Beziehungen zwischen der VR Polen und der BRD unterzeichnet. Während des Aufenthalts von Helmut Schmidt im Oktober 1977 in Polen wurde eine weitere gemeinsame Erklärung unterschrieben, in der die Bereitschaft beider Seiten zum Ausdruck gebracht wurde, den Normalisierungsprozess fortzusetzen und weitere Abkommen abzuschliessen. Damit endete die erste Periode der Herausbildung neuer Beziehungen zwischen der VR Polen und der BRD.

In die Geschichte beider Länder gingen die siebziger Jahre als Zeitraum einer dynamischen Entwicklung der gegenseitigen Beziehungen ein. Davon zeugten

Die ganze Bevölkerung Polens hat dazu beigetragen, nach dem Krieg die zerstörte Hauptstadt wiederaufzubauen und das Land zu industrialisieren. Auf den Bildern: das wiedererstandene Stadtzentrum von Warschau (oben) und ein Objekt des ersten großen Investitionsvorhabens in Volkspolen, der Leninhütte in Nowa Huta (unten)

1978 wurde der Krakauer Metropolit, Kardinal Karol Wojtyła, zum Papst gewählt und nahm den Namen Johannes Paul II. an. Auf dem Bild: Feierliche Eröffnung des Pontifikats Johannes Pauls II.

Die ganze Bevölkerung Polens hat dazu beigetragen, nach dem Krieg die zerstörte Hauptstadt wiederaufzubauen und das Land zu industrialisieren. Auf den Bildern: das wiedererstandene Stadtzentrum von Warschau (oben) und ein Objekt des ersten großen Investitionsvorhabens in Volkspolen, der Leninhütte in Nowa Huta (unten)

Amtssitz des Sejms
und des Staatsrats
der Volksrepublik Polen
in Warschau

Belweder, Amtssitz des
Staatsratsvorsitzenden

Amtsgebäude des
Ministerrats

Im April 1945 wurde der Vertrag über Freundschaft, Zusammenarbeit und gegenseitige Hilfe zwischen der VR Polen und der UdSSR unterzeichnet. Aut dem Bild: Unterzeichnung des Vertrags durch den damaligen polnischen Premierminister E. Osóbka–Morawski in Anwesenheit J. W. Stalins und B. Bieruts (rechts im Vordergrund)

Im Juli 1950 wurde in Zgorzelec das Abkommen zwischen der Deutschen Demokratischen Republik und der Republik Polen über die Markierung der festgelegten und bestehenden deutsch-polnischen Staatsgrenze an Oder und Lausitzer Neiße unterzeichnet Auf dem Bild: Unterzeichnung des Abkommens durch die damaligen Ministerpräsidenten Polens und der DDR, J. Cyrankiewicz und O. Grotewohl

Im Dezember 1970 wurde der Vertrag über die Grundlagen der Normalisierung der gegenseitigen Beziehungen zwischen der VR Polen und der DDR vom damaligen Ministerpräsidenten J. Cyrankiewicz und vom damaligen Bundeskanzler W. Brandt unterzeichnet.

Aufführung der „Apocalypsis cum figuris", mit der Jerzy Grotowski, Regisseur und Begründer des experimentellen Theater-Laboratoriums, in zahlreichen Ländern gastiert hat

Der Film „Die Hochzeit" in der Regie des namhaftesten polnischen Filmregisseurs Andrzej Wajda wurde nach dem gleichnamigen Drama von Stanisław Wyspiański gedreht.

XIX. internationales Festival der zeitgenössischen Musik „Warschauer Herbst". Am Dirigentenpult der Komponist Krzysztof Penderecki, ein hervorragender Vertreter der polnischen Musik-Avantgarde

Tadeusz Trepkowski (1914–1954), Graphiker, einer der Schöpfer der zeitgenössischen polnischen Plakatkunst, entwarf dieses Plakat für den V. Internationalen Fryderyk-Chopin-Wettbewerb (Klavier).

„Erschießung", 1949 geschaffenes Ölgemälde von Andrzej Wróblewski (1927–1957)

„Schwangere", Plastiken des Bildhauers und Malers Xawery Dunikowski (1875–1964), eines der bedeutendsten Verteter der polnischen Bildhauerkunst

Der Nordhafen in Gdańsk ist das größte Investitionsvorhaben Volkspolens an der Küste und zugleich der größte Ostseehafen

Eine Handelsveranstaltung von internationaler Bedeutung ist die seit 1925 in der ganzen Welt bekannte internationale Poznańer Messe

Das moderne Stadtzentrum von Katowice, der Metropole des Industriereviers Górny Śląsk, mit dem Denkmal der schlesischen Aufständischen

1978 wurde der Krakauer Metropolit, Kardinal Karol Wojtyła, zum Papst gewählt und nahm den Namen Johannes Paul II. an. Auf dem Bild: Feierliche Eröffnung des Pontifikats Johannes Pauls II.

nicht nur die Besuche der Regierungschefs, der Parlamentarier und Politiker; es fanden auch regelmässige Konsultationen zwischen den Aussenministerien beider Länder statt, die beiderseitigen und internationalen Fragen gewidmet waren, ausserdem wurde ein Forum für Treffen führender Wirtschaftler und Politiker, Wissenschaftler und Publizisten geschaffen. Kontakte zwischen den Gewerkschafts- und Jugendorganisationen wurden angeknüpft, vier polnische Städte arbeiten mit vier Städten der BRD zusammen. Positiv wurde auch das Problem der Familienzusammenführung gelöst. In den Jahren 1976—1979 reisten ca. 125 000 Personen in die BRD aus.

Der Touristenverkehr zwischen beiden Ländern entwickelte sich. Bei einer beinahe doppelt so grossen Bevölkerungszahl der BRD besuchten 1979 rund 303 000 westdeutsche Bürger Polen und über 130 000 Einwohner Polens die BRD.

Wissenschaftler und Experten Polens und der BRD vereinbarten innerhalb der UNESCO-Länderkommissionen gemeinsame Empfehlungen zur inhaltlichen Prüfung der Lehrbücher für Geschichte und Geographie beider Länder, die der Erziehung der Bevölkerung Polens und der BRD im Geiste des Friedens, der gegenseitigen Achtung und des Vertrauens dienen sollen. Im internationalen Kulturabkommen vom 11. Juni 1976 verpflichteten sich beide Seiten, die Empfehlungen für die Lehrbücher und die Unterrichtspraxis durchzusetzen, was in der BRD jedoch auf erhebliche Schwierigkeiten stösst.

Das wichtigste Hindernis bei der Entwicklung des Normalisierungsprozesses besteht darin, dass die rechtlichen Konsequenzen aus dem Abkommen von 1970 (das als *Modus vivendi*, d.h. als Übergangslösung, betrachtet wird), also auch die Anerkennung der Unantastbarkeit der Oder-Neisse-Grenze, nicht in der Gesetzgebung und Rechtsprechung der BRD berücksichtigt werden. Das zeigt sich u.a. in der Anwendung von Rechtsakten, die davon ausgehen, dass das Deutsche Reich in formalrechtlicher Hinsicht weiterhin in den Grenzen von 1937 existiere. Es trägt auch nicht dazu bei, eine echte Atmosphäre für die zwischenstaatlichen Beziehungen zu schaffen, wenn den für ständig aus Polen in die BRD ausgereisten Personen der Status von „Vertriebenen" verliehen wird. Ein wesentliches Hindernis für die Normalisierung der Beziehungen stellt auch die revanchistische Tätigkeit der Landsmannschaften dar, die u.a. aus staatlichen Mitteln finanziert werden. Diese Organisationen lehnen den Vertrag von 1970 als Basis für eine Normalisierung der Beziehungen zwischen der BRD und Polen ab.

3. Die Industrialisierung und die gesellschaftlichen Veränderungen. Die Entwicklung nationaler Bindungen

In der unmittelbar nach Kriegsende begonnenen Periode der Industrialisierung, besonders intensiv aber im Zeitraum des Sechsjahrplans von 1950—1956, entstanden viele neue Industriebetriebe im Lande (u.a. die Leninhütte, die Pkw-Fabrik in Żerań, die Lkw-Fabrik in Lublin und das Chemiewerk in Oświęcim), darunter völlig neue Industriestädte wie z.B. Nowa Huta bei Krakau, Nowe Tychy oder Konin in Grosspolen. In Płock wurde die petrolchemische Industrie aufgebaut. Chemiebetriebe wurden in Puławy, Włocławek, Police und anderen Städten errichtet. Es entstanden neue Kohlenabbaugebiete, z.B. das Kohlenrevier Rybnik, das sich neu entwickelnde Kohlenabbaugebiet im Raum Lublin und das Revier Turoszów. In Tarnobrzeg wurde Schwefel gewonnen, in Lubin und Polkowice Kupfer. Es entwickelte sich die Werftindustrie, in Gdańsk wurde der Nordhafen gebaut. Man bemühte sich, Regionen mit rückständiger Wirtschaftsstruktur zu industrialisieren. Die Industrie in den West- und Nordgebieten wurde ausgebaut. In der Periode des Sechsjahrplans entstanden solche Betriebe wie die Aluminiumhütte in Skawina, die Stickstoffabrik in Kędzierzyn, das Kraftwerk „Czechowice" bei Wrocław und viele andere. In den letzten Jahren wurden viele Dutzend neue Industriebetriebe errichtet, u.a. die Erdölraffinerie in Gdańsk, die Hütte „Katowice", das Kraftwerk in Kozienice (mit seiner Leistung von 2600 MW eines der grössten in Europa), die Steinkohlengrube „Piast" in Tychy und andere.

1973 war das Niveau der Industrieproduktion in Polen zwanzigmal höher als 1938. Die Struktur der Industriezweige veränderte sich. Die Bedeutung des Maschinenbaus und der Elektrotechnik, der chemischen, der Kraftfahrzeugindustrie, des Schiffbaus und der elektronischen Industrie nahm zu. Pro Kopf der Bevölkerung erreichte das Niveau der Industrieproduktion in Polen ungefähr vier Fünftel des für die entwickelten Industriestaaten Westeuropas charakteristischen Standes. Damit gehörte Polen zu den ersten zehn Industriestaaten Europas. Die Industrieproduktion stieg in den Jahren 1950—1979 jährlich um ca. 10%. Die Agrarproduktion wuchs natürlich langsamer, um so mehr, als die Landwirtschaft in der Hauptsache die Mittel für die Akkumulation und in der Konsequenz für Investitionen bereitstellte. Dennoch stieg die landwirtschaftliche Produktion z.B in den Jahren 1955—1975 um nahezu 90%, wobei die pflanzliche Produktion um ca. 75% und die tierische Produktion um fast 111% zunahmen. Allein in den Jahren 1971—1975 betrug der Anstieg der landwirtschaftlichen Produktion 20%. Das Nationaleinkommen wuchs 1971—1975 um etwa 60%, und in derselben Zeit stiegen die Reallöhne um 41,4%. Das durchschnittliche jährliche Wachstumstempo der landwirtschaftlichen Produktion betrug — unter Berücksichtigung der Jahre, die Missernten und damit einen absoluten Abfall der Agrarproduktion brachten — 3,7% in den Jahren 1971—1975 (1966—1970 — 1,8%). Die neue Agrarpolitik, verbunden mit einer besseren Versorgung des Dorfes mit Industrieerzeugnissen, begann Früchte zu tragen. In den Jahren 1971—1975 bewirtschaftete der vergesellschaftete Sektor über 750 000 ha Land. Im Ergebnis wurden1975 29,5% und 1979 bereits 31,8% der landwirtschaftlichen Nutzfläche von der vergesellschafteten Wirtschaft bebaut. Ein wesentlicher Teil des Bodens, der dem vergesellschafteten

Sektor zugeschlagen wurde, stammte aus Land, das die Bauern dem Staat übergeben hatten.

Die Industrialisierung und die Entwicklung der Landwirtschaft waren eng mit den Veränderungen in der sozialen Struktur verbunden. In Volkspolen vollzog sich in diesem Bereich ein grundsätzlicher Umschwung. Vor dem zweiten Weltkrieg stellte

INVESTITIONEN DER VR POLEN IM BEREICH DER WIRTSCHAFT

die Bevölkerung, die ihren Lebensunterhalt aus der Landwirtschaft bestritt, 73% der Bevölkerung Polens, während 1979 ca. 77,5% der Bevölkerung ihren Lebensunterhalt ausserhalb der Landwirtschaft bestritten, davon über 50% auf dem Land. Das bedeutete einen hohen Verstädterungsgrad des Dorfes, in dessen Lebensweise sich auch entsprechende Veränderungen vollzogen haben. Wenn man nur die Jahre 1950, 1960 und 1979 herausgreift, so verringerte sich der Prozentsatz der Bevölkerung, die ihren Lebensunterhalt aus der Landwirtschaft bestritt, von 47,1 auf 38,4 und 25,5%. Der Prozentsatz der städtischen Bevölkerung wuchs dagegen sehr rasch. 1950 betrug er 39, 1960 — 48,3, 1970 — 52,3 und 1979 — 58,2%. In den Jahren 1946—1979 wuchs die Bevölkerung Polens um 11,7 Mill. Menschen, die Stadtbevölkerung wuchs um 12,5 Millionen. Das bedeutet, dass die Städte nicht nur den gesamten Bevölkerungszuwachs aufgesogen haben, sondern auch einen Teil der Dorfbevölkerung. Die Stadtbevölkerung vergrösserte sich in den Jahren 1971—1979 um fast 3,5 Mill. Menschen, und Polen figurierte hinsichtlich des städtebaulichen Entwicklungsgrades im Kreise solcher Länder wie Österreich, Finnland, der Schweiz und Ungarn. Es entwickelten sich Städtegruppen wie z.B. die Dreistadt Gdańsk, Gdynia und Sopot an der Küste, die über 700 000 Einwohner zählt.

Insgesamt wuchs die Bevölkerung Polens von 25 Millionen 1950 auf 35,6 Millionen 1980. Der Vorkriegsstand wurde also eingeholt.

Neben dem prozentualen Wachstum der ausserhalb der Landwirtschaft beschäftigten Bevölkerung kann man den zahlenmässigen Anstieg und die Veränderungen in der Struktur der Arbeiterklasse als bedeutungsvollste Prozesse der Veränderung der gesellschaftlichen Struktur ansehen. Betrug die Zahl der Arbeiter in allen Zweigen der Wirtschaft 1931 4,2 Millionen, davon nicht ganz 30% in der Industrie und im Bauwesen, so waren es 1970 nach einer Volkszählung 6,8 Millionen, von denen 64,5% in der Industrie und im Bauwesen arbeiteten. Die Zahl der Arbeiter, die in modernen Industriezweigen bei automatisierter Tätigkeit als Techniker beschäftigt sind, stieg auf ca. 40%.

Die dritte grundsätzliche Veränderung in der gesellschaftlichen Struktur war die zahlenmässige Zunahme der Intelligenz. Diese Schicht, die während des Krieges besonders geschwächt wurde, stellte innerhalb der Gesamtheit der Lohn- und Gehaltsempfänger ausserhalb der Landwirtschaft vor dem Krieg 14%, 1950 zählte sie schon ca. 25% und 1973 über 35%. Der Kader der Intelligenz rekrutierte sich vor allem aus der Arbeiter- und Bauernschaft (zusammen ca. 55%, davon 35% Arbeiter, 20% Bauern), aus der Intelligenz (40%) und aus dem Kleinbürgertum sowie den gehobenen Klassen der alten Gesellschaftsordnung (10%). Dieser Prozess war eng gekoppelt mit dem Aufschwung der nationalen Bildung. Als Vergleich kann man anführen, dass in den zwei Jahrzehnten zwischen den beiden Weltkriegen ca. 85 000 Personen Hochschulbildung erwarben, während es in den zwanzig Jahren 1945—1965 368 900 und in den folgenden vierzehn Jahren 797 800 waren.

DIE BEVÖLKERUNG POLENS SEIT DEM 10. JH. (IN MILL.)

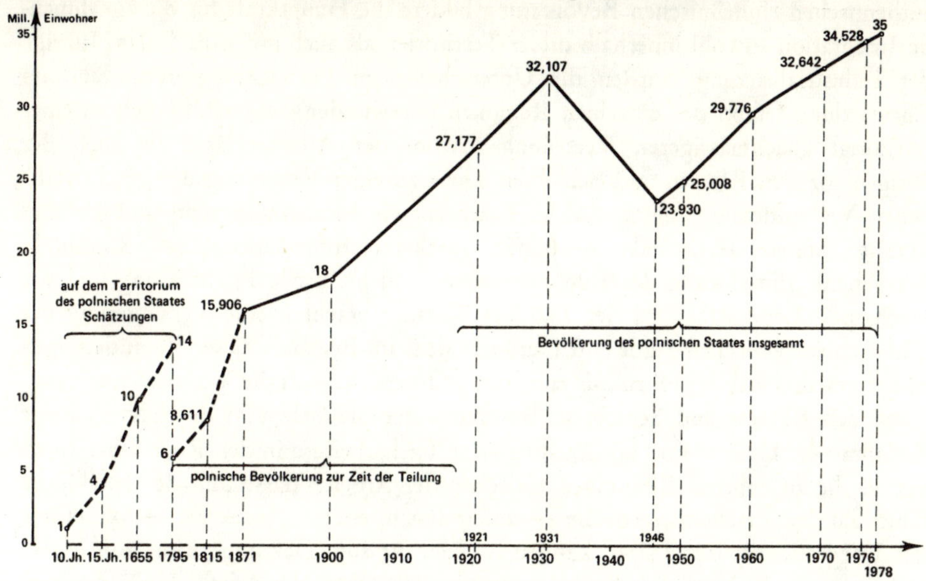

Die Herausbildung der modernen Industriegesellschaft war nicht der einzige bahnbrechende historische Prozess in der Sphäre der gesellschaftlichen Veränderungen. Im Ergebnis wurden nicht nur die in Jahrhunderten gebildeten Deformationen in der gesellschaftlichen Struktur in grossem Masse überwunden und die polnische Gesellschaft auf eine Stufe mit den hochentwickelten Ländern gestellt, sondern die Veränderungen betrafen auch die Sphäre der sog. gesellschaftlichen Tiefenstruktur. Es geht um die Prozesse einer mehrdimensionalen Integration der polnischen Gesellschaft, d.h. um den intensiven Prozess der Herausbildung der sozialistischen Nation. Zwar schalten die sich vollziehenden gesellschaftlichen Veränderungen beim sozialistischen Aufbau die Faktoren der sozialen Differenzierung nicht aus, und sie eliminieren auch nicht die verschiedenartigen gesellschaftlichen Widersprüche, aber das tut der grundlegenden Bedeutung der Integrationsprozesse keinen Abbruch. Sie schufen und schaffen ein ganzes, kompliziertes, von Konflikten nicht freies Netz der Beziehungen und Mechanismen verschiedener Lebensbereiche der Gesellschaft, der Nation und des Staates. Einige davon seien genannt:

Die Revolution eliminierte die antagonistischen Klassenbeziehungen, was den Charakter der Bindungen zwischen Staat und Gesellschaft völlig verändert hat. Die Verschiebung der Staatsgrenzen nach Westen brachte den erwähnten (s. XIV. 1) bedeutungsvollen Makroprozess der kulturellen Anpassung und Integration (u.a. durch die Entwicklung von Volksbildung und Kultur oder durch sog. Mischehen) der aus verschiedenen Gegenden in die West- und Nordgebiete eingewanderten Bevölkerung mit sich. In West- und Nordpolen wurden nach dem

Krieg über fünf Mill. Menschen geboren. Diese sich vergrössernde Zahl der authentischen einheimischen Bevölkerung bildete die Hauptkraft für die zunehmende Integration sowohl innerhalb dieser Territorien als auch mit ganz Polen. Infolge der Industrialisierung wurden die Unterschiede im Entwicklungsniveau und im Entwicklungstempo der einzelnen Regionen überwunden, was schliesslich zu einer territorial gleichmässigeren Verteilung sowohl der Arbeiterklasse als auch der übrigen sozialen Klassen und Schichten sowie zu einer Vertiefung der gesellschaftlichen Verbundenheit führte. Solche Faktoren wie Industrialisierung und Urbanisierung, höhere territoriale Mobilität, rascherer Informationsfluss (Rundfunk, Fernsehen), Einwirkung des Bildungssystems und kulturelle Entwicklung und der wachsende Lebensstandard der Landbevölkerung brachten eine Verringerung der Unterschiede zwischen Stadt und Land mit sich. Im Ergebnis dieser Veränderungen in der gesellschaftlichen Struktur entstand und vertiefte sich die Verbundenheit zwischen den Klassen und Schichten. Besonders hervorzuheben ist die zahlenmässige Zunahme der Gruppe von hochqualifizierten Facharbeitern in den Reihen der Intelligenz, die zu engeren Bindungen zwischen der Arbeiterklasse und der Intelligenz führt. Zu den Erscheinungen, die — zumindest in einigen Aspekten — Symptome der Integrationsprozesse sind, kann man auch die sog. Dekomposition von Merkmalen der gesellschaftlichen Stellung rechnen: Charakter der Arbeit, Höhe des Verdienstes und gesellschaftliches Prestige. Das heisst, dass ein hoher Platz in der beruflichen Hierarchie keineswegs einem hohen Platz in der Skala der Einkünfte entsprechen muss und umgekehrt. Daraus hat sich eine einheitliche soziale Struktur ergeben. Andererseits sind jedoch neue soziale Schichten entstanden, die sich auf eine sekundäre Verteilung der Einkünfte, auf verschiedene Möglichkeiten des Erwerbs von Gütern, auf wirtschaftliche Vorteile aus zusätzlichen Quellen oder auf die Ausnutzung von Funktionen zum leichteren Zugang zu verschiedenen Gütern auf der Basis von Privilegien stützen. Trotz der verschiedenartigen Desintegrationsprozesse ist das gesellschaftliche Bewusstsein der Polen von immer mehr gemeinsamen, den auftretenden Unterschieden übergeordneten Inhalten erfüllt worden. Erscheinungsformen der gemeinsamen Inhalte im Bewusstsein der polnischen Gesellschaft nach dem Kriege sind u.a. die Anerkennung des Staates in seinen gegenwärtigen Grenzen, des Staates, in dem das arbeitende Volk mit der Arbeiterklasse und ihrer Partei an der Spitze die entscheidende politische und gesellschaftliche Kraft bildet, die Billigung des Programms der sozialökonomischen Umgestaltung, die Überzeugung vom gemeinsamen Wert der Bildung, also auch der Wissenschaft, sowie die aktive Beteiligung am kulturellen Leben.

4. Volksbildung, Wissenschaft, Kultur, künstlerisches Leben und Gesellschaft

Eine gewaltige Rolle bei den geschilderten Integrationsprozessen spielte die Sphäre des kulturellen Lebens im weitesten Sinne. Insgesamt gesehen trat die sog.

Urbanisierung des Lebens auf dem Land besonders sichtbar in Erscheinung. Das war ein zweiseitiger Prozess. Die aus dem Dorf in die Stadt eingewanderten Menschen passten sich an das städtische Leben an, Erscheinungen des Stadtlebens durchdrangen das Dorf. Die traditionelle Bauernkultur schwand und begann, Funktionen der Folklore auszuüben. Sie wurde bewusst wiederbelebt, um das regionale und lokale Kolorit zu betonen. Die augenscheinlichsten Veränderungen kann man im ländlichen Bauwesen beobachten, das städtische Muster nachahmte — und zwar meist nicht die besten — in einer Zeit, als in der Stadt volkstümliche Motive populär wurden. Das betrifft auch die Veränderungen bei der Wohnungsausstattung. Hier erfasste die Modernisierung zuerst die Kochstelle, danach allmählich auch die Möbel und die Einrichtung des Bauernhauses, man entfernte Bänke und Truhen und veränderte die Innendekoration. Es tauchte die Tendenz zur Vergrösserung des Wohnraums auf. Das betrifft übrigens auch die Städte, in denen sich, wenn auch viel zu langsam, die Wohnverhältnisse nach dem Wiederaufbau nach dem Krieg verbesserten. Man bemühte sich um die Verschönerung und Modernisierung der städtischen Einrichtungen und die Ästhetik der Städte sowie darum, der wachsenden Zahl von Kraftfahrzeugen Rechnung zu tragen. Die für den Massenabnehmer bestimmte Produktion des Fiat 126 p begann zu einer Veränderung der Lebensweise und zur Entwicklung der Touristik beizutragen. In den Nachkriegsjahren wurde die Geisteskultur deutlich demokratisiert. Die Zahl der Bibliotheken und Museen wuchs beträchtlich. Eine typische Erscheinung war das Schwinden der Autarkie der ländlichen Familien. Noch deutlichere Veränderungen traten im Stil der Kleidung zutage. Das Dorf glich sich endgültig der Stadt an und folgte somit den Tendenzen der internationalen Mode. Die traditionelle dörfliche Alltagskleidung war schon vor langem in die Sonntagstracht übergegangen, wurde dann zur Feiertagskleidung, um schliesslich ins Brauchtum überzuwechseln. Diese Unterschiede zwischen Stadt und Dorf verwischten sich in den Jahren 1950—1960, und zwar hauptsächlich in der Kleidung der jungen Leute. Sport und Touristik entwickelten sich auf dem Land.

Das Manifest des Polnischen Komitees für Nationale Befreiung (s. XIII. 4) hatte die Entwicklung des Schulwesens, besondere Fürsorge für die Intelligenz und zugleich eine Demokratisierung der Kultur angekündigt. So wurde das Programm einer Kulturrevolution abgefasst. Die gewaltige Arbeit auf diesem Gebiet begann mit der Ausmerzung des aus den Okkupationsjahren übernommenen sekundären Analphabetentums. „Die Verallgemeinerung und Vergesellschaftung des Kulturschaffens in allen seinen Erscheinungen und Bereichen — das ist die Aufgabe, die der neue historische Zeitabschnitt, die Periode der Volksdemokratie, der gegenwärtigen Schöpfergeneration und der ganzen Nation auferlegt", sagte Bolesław Bierut am 16. November 1947 bei der Einweihung des Rundfunksenders Wrocław.

Wenn von der Entwicklung des kulturellen Lebens im weitesten Sinne die Rede ist, darf man nicht die grosse Rolle vergessen, die Lublin in der ersten

Phase Volkspolens spielte. Hier wurden zahlreiche Zeitschriften und Zeitungen redigiert, und das Theaterleben blühte auf; es traten u.a. so hervorragende Schauspieler auf wie Jan Kreczmar, Jacek Woszczerowicz, Władysław Krasnowiecki, Jan Świderski und Aleksander Zelwerowicz. Hier wurde das literarische Milieu wiederbelebt; es erschienen die Lyrikbändchen von Mieczysław Jastrun, Julian Przyboś, Jerzy Putrament und Adam Ważyk. Auch die Wissenschaft erblühte, denn die ersten Hochschulen des Landes — die Maria-Curie-Skłodowska-Universität und die Katholische Universität — nahmen ihre Tätigkeit in Lublin wieder auf. Danach übernahm Łódź den Rang des gesamtpolnischen Kulturzentrums. Zeitschriften wie „Kuźnica" (Schmiede) oder „Myśl Współczesna" (Modernes Denken) erschienen, und ein starkes Universitätszentrum entstand, an dem hervorragende Wissenschaftler wie z.B. Tadeusz Kotarbiński, Stanisław Ossowski, Maria Ossowska, Józef Chałasiński und Natalia Gąsiorowska lehrten. Damals wirkten in Łódź namhafte Persönlichkeiten des Theaters: Leon Schiller, Juliusz Osterwa sowie jene, die hier zusammen mit dem Theater der Polnischen Armee aus Lublin eintrafen. Das war nur eine kurze Phase, denn im Zuge des Wiederaufbaus der Hauptstadt, an dem sich das ganze Volk enthusiastisch beteiligte (ähnlich wie es nach 1970 den Wiederaufbau des von den Deutschen niedergebrannten Königsschlosses in Warschau unterstützte), wurde das Zentrum der Kultur und Wissenschaft nach dort verlegt. Rege entwickelte sich nach dem Krieg das kulturelle Leben in Wrocław, wo ein starkes Universitätszentrum entstand, das auf bestimmten Gebieten sofort internationalen Ruhm errang; z.B. in der Mathematik durch Hugo Steinhaus und Edward Marczewski und in der Hämatologie durch Ludwik Hirszfeld. Das literarische Leben entwickelte sich. Der 1948 in Wrocław abgehaltene Intellektuellenkongress legte Zeugnis vom hohen Rang des kulturellen und wissenschaftlichen Lebens in Wrocław ab. Auch die Krakauer Kulturszene aktivierte sich. Hochschulen entstanden, und eine Reihe von Publikationen erschien. Ein hohes Niveau errangen die Theater. Damals wirkten u.a. Arnold Szyfman, Ludwik Solski und Karol Adwentowicz in Krakau. Etwas später konnte sich Szczecin beachtlicher kultureller Errungenschaften rühmen. Das regionale Bewusstsein der dort ansässig gewordenen Siedler begann sich zu regen. Allmählich tauchte auch Zielona Góra auf der kulturellen Landkarte Polens auf, es entstanden hier eigenständige kulturelle und wissenschaftliche Zentren. Gleichzeitig oder etwas später entwickelten sich auch andere Zentren, z.B. Toruń, Opole, Olsztyn, Białystok, Rzeszów, Bydgoszcz, Koszalin und Słupsk. Rasch wurde das kulturelle und wissenschaftliche Leben in Warschau wiederaufgebaut. Einen aktiven Beitrag zur Entwicklung des kulturellen Lebens nach dem Krieg leistete Poznań, wo viele hervorragende Künstler ihre Karriere begannen. Stark entwickelte sich die Zusammenarbeit mit der UdSSR und den anderen sozialistischen Staaten, die auf der Suche nach einem neuen Modell des kulturellen Lebens waren. Auch mit anderen Ländern wurden Kontakte angeknüpft.

Grundlage für die kulturelle Entwicklung ist das Bildungswesen. Schon während der Okkupationszeit wurden Vorstellungen zur Form des Bildungswesens nach dem Kriege entwickelt, z.B. in der Geheimorganisation der Lehrer. An diese Vorstellungen knüpfte der Bildungskongress im Juni 1945 in Łódź an, auf dem über das Modell der Volksbildung in Polen beraten wurde, das in diesem Zeitraum vielen Diskussionen und Veränderungen unterlag. In den Nachkriegsjahren wuchs die Zahl der Schüler und der Schulen. Im Schuljahr 1945/46 wurden 3 Mill. Schüler in 18 397 Schulen unterrichtet, 1949/50 3,4 Mill. Schüler in 22 738 Schulen. Die Zahl der Hochschulen (Ingenieurhochschulen und Universitäten) belief sich 1945/46 auf 46 mit 56 000 Studenten, in den Jahren 1949/50 waren es 67 mit 115 000 Studenten.

Die Zahl der Tageszeitungen stieg von 1 118 000 Exemplaren 1945 auf 4 199 000 Exemplare 1949. Die Zentralisierung des kulturellen Lebens, die sich nach 1948 abzuzeichnen begann, bewirkte eine Verringerung der Zeitschriftentitel, obwohl ihre Gesamtauflage stieg. Besonders stark entwickelte sich das Interesse an der Presse auf dem Lande. Die Buchproduktion wuchs von 1083 Titeln mit einer Auflage von 10 Millionen 1945 auf 4611 Titel mit einer Auflage von 118 Millionen 1950.

Das durch die Okkupanten völlig zerstörte Rundfunkwesen entwickelte sich. Schon 1948 näherte sich die Zahl der Rundfunkabonnenten dem Vorkriegsstand, und zusammen mit der fortschreitenden Elektrifizierung der Dörfer, die stufenweise das ganze Land erfasste, stieg auch die Zahl der Rundfunkgeräte (und später der Fernsehgeräte) auf dem Dorf.

Die Gründung des Staatlichen Unternehmens „Film Polski" (Polnischer Film) 1945 bedeutete, dass sich auch diese Form des kulturellen Lebens dynamisch zu entwickeln begann. Die Zahl der Kinobesucher stieg. Nach und nach errangen die polnischen Filme auch im Ausland Anerkennung. Der erste polnische Nachkriegsstreifen „Verbotene Lieder" hatte am 8. Januar 1947 in Warschau Premiere. Immer stärker verlangte das Dorf nach Filmen und dem Kino.

Die zentralistischen Tendenzen im kulturellen Leben wurden in den Jahren 1954—1956 grösstenteils überwunden. Das bildete einen neuen Anreiz für das Aufblühen kultureller Initiativen.

Die Zahl der Oberschüler stieg von über einer halben Million im Schuljahr 1950/51 auf mehr als 2,4 Millionen im Schuljahr 1979/80. Die Zahl der Studenten erhöhte sich von 125 000 im Studienjahr 1950/51 auf ca. 500 000 in den siebziger Jahren. Das zeugt von einer Zunahme der über die Grundschule hinausgehenden Ausbildung und somit von einer immer stärkeren intellektuellen „Ausstattung" der Gesellschaft. In den Jahren 1979/80 gab es in Polen zehn Universitäten, 18 technische Hochschulen, zehn medizinische Akademien, neun landwirtschaftliche Akademien und 46 Hochschulen anderer Fachrichtungen (Pädagogik, Körpererziehung, Kunst und Theologie). Auf dem 1951 einberufenen I. Kongress der Polnischen Wissenschaft wurde die Polnische Akademie der Wissenschaften (PAN) ins Leben gerufen, die gegenwärtig schon Zweigstellen in Krakau, Poznań, Wrocław, Katowice und Łódź sowie wissenschaftliche Filialen in Frankreich und Italien hat. Es wurden über 100 Arbeitsinstitute teilweise hohen Ranges gebildet. Bedeutend erhöhte sich die Zahl der wissenschaftlichen Mitarbeiter. Betont sei, dass die Beschäftigtenzahl in der Wissenschaft 1972 im Vergleich zu 1970 um 55,7% zunahm, während sie durchschnittlich in der gesamten vergesellschafteten Wirtschaft nur um 7,6% gestiegen war.

Auf vielen Gebieten errang die polnische Wissenschaft grosse internationale Anerkennung. Sie bemühte sich zudem, die Aufgaben zu lösen, die sich aus der intensiven Entwicklung des Landes ergaben. Auf dem Kongress der Polnischen Wissenschaft 1973 wurde die Losung „Die Wissenschaft im Dienste der Nation" formuliert. Zu den Disziplinen, die nach dem Kriege hervorragende Leistungen im Weltmassstab zu verzeichnen hatten, gehörte die Mathematik, die den früher betriebenen mathematischen Zweigen neue hinzufügte. Grossartig entwickelten sich die theoretische Physik, die Kernphysik, die Optik und andere Disziplinen. In Volkspolen zeichnete sich ein bedeutender Aufschwung in den technischen Wissenschaften, der Geologie, der Geographie, in den biologischen Wissenschaften und der Soziologie ab. Unter den medizinischen Wissenschaften, die ein hohes Niveau und in einer Reihe von Disziplinen weltweite Anerkennung erlangten, seien die Forschungen auf dem Gebiet der Immunologie, der Hämatologie, der Humangenetik, der Orthopädie, der Augenchirurgie und der Pharmakologie hervorgehoben. Die Umgestaltung der Landwirtschaft bedingte einen wesentlichen Fortschritt in der Agrarwissenschaft. Im Bereich der Gesellschaftswissenschaften wurden, angeregt durch die Methodologie und Theorie des Marxismus und unter Beibehaltung des bereits traditionell hohen Niveaus der Logik, zuvor nie gekannte Fortschritte erreicht. Die Methodologie der Wissenschaften, die noch aus den bahnbrechenden Leistungen solcher Meister wie Tadeusz Kotarbiński und Kazimierz Ajdukiewicz schöpfte, entwickelte sich hervorragend. Die Soziologie gewann durch die grossen, sich im Lande vollziehenden Prozesse ein lebendiges Laboratorium und entwickelte sich also beträchtlich. Die Wirtschaftswissenschaften können sich so weltbekannter Gelehrter wie Oskar Lange und Michał Kalecki rühmen. Grosse Fortschritte machte die Rechtswissenschaft, die sich aktiv den komplizierten Bedürfnissen der neuen Wirklichkeit anpasste. Hingewiesen sei auf das Völkerrecht, das Zivilrecht, die Theorie von Staat und Recht und die Rechtsgeschichte. Internationale Anerkennung errangen solche Disziplinen der Sprachwissenschaft wie klassische Philologie, Slawistik und Orientalistik. Die in Polen traditionell betriebenen historischen Forschungen leiteten eine neue Entwicklungsetappe ein, die zur Entstehung der „polnischen historischen Schule" führte. Die Geschichtswissenschaften gehören ebenfalls zu dem am stärksten ausgebauten Gebiet der Gesellschaftswissenschaften. Die Kunstgeschichte entwickelte sich u.a. im Zusammenhang mit dem Wiederaufbau der zerstörten Objekte. Weltruf erlangten die polnische Archäologie und die Geschichte der Sachkultur. Zu den besonders lebhaft entwickelten Disziplinen gehören auch die Forschungen zur Literatur, Kunsttheorie und Ästhetik. Die polnische Wissenschaft entwickelte rege Kontakte zu ausländischen Wissenschaftszentren sowohl in sozialistischen als auch in kapitalistischen Ländern.

Wie schon in den vorangegangenen Perioden hatte auch die Literatur nach dem Kriege grossen Einfluss auf die Herausbildung der Haltungen der Menschen. Neben den Klassikern des 19. Jh. gehörten Maria Dąbrowska, Jarosław Iwaszkiewicz, Jan Parandowski, Władysław Broniewski, Stanisław Lem, Konstanty Ildefons Gałczyński und Tadeusz Różewicz zu den meistgelesenen Verfassern in den Nachkriegsjahren. Zum Kreis der hervorragenden Verfasser zählen u.a. auch Jerzy Andrzejewski, Kazimierz Brandys, Tadeusz Breza, Stanisław Dygat, Bohdan Czeszko, Stanisław Grochowiak, Andrzej Kuśniewicz, Sławomir Mrożek, Teodor Parnicki und Julian Tuwim. Im Exil wirkten u.a. Czesław Miłosz, der 1980 den Nobelpreis für Literatur erhielt, Witold Gombrowicz und Kazimierz Wierzyński. Starken Einfluss auf die Literatur übten die Erfahrungen der Kriegsjahre und der Okkupation sowie die Veränderungen im Leben der Polen in den letzten Jahrzehnten aus. Den höchsten Rang belegte zweifellos der Roman. Auch im polnischen Film kennzeichneten die Erfahrungen des Krieges, die nationale Geschichte und die aktuellen Veränderungen die Problematik der Werke (Andrzej Wajda, Andrzej Munk, Jerzy Kawalerowicz, Krzysztof Zanussi und viele andere). In der bildenden Kunst machten die polnischen Architekten, die u.a. zahlreiche ausländische Wettbewerbe gewannen, in der Welt von sich reden. In der Bildhauerei wurden u.a. Xawery Dunikowski, Stanisław Horno-Popławski, Marian Wnuk, Antoni Kenar, Alina Szapocznikow und Władysław Hasior berühmt, in der Malerei u.a. Jan Cybis, Eugeniusz Eibisch und Stefan Gierowski. Grosse künstlerische Leistungen wurden in der Graphik und in der Plakatkunst erzielt.

Eine besondere Rolle spielte das polnische Theater, das wegen seiner bahnbrechenden Ideen im internationalen Theaterleben stets gegenwärtig ist. Jahrelang zeichnete sich in dieser Hinsicht Wrocław aus. Hier entwickelten sich das Theater-Laboratorium Jerzy Grotowskis und das Pantomimentheater Henryk Tomaszewskis.

Das grösste Theaterzentrum ist Warschau mit seinen 35 Berufsbühnen, gefolgt von Krakau, dem namhafte Kritiker den ersten Rang im sich dynamisch entwickelnden Theaterleben zuerkennen. Kazimierz Dejmek, Adam Hanuszkiewicz, Andrzej Wajda, Józef Szajna und der nicht mehr lebende Konrad Swinarski bilden ein Gremium herausragender Regisseure, die den Ton im heutigen Theaterleben angeben.

Auch die polnische Musik entwickelt sich weiterhin dynamisch. 1948 gab es bereits sechs Philharmonien, acht Sinfonieorchester und vier Opernhäuser; 1956 war die Zahl der Orchester auf 27 angewachsen, Opern gab es neun, und es waren acht Musik- und Operettentheater entstanden. Im ersten Nachkriegsjahrzehnt wurden viele ausgezeichnete Werke komponiert, die in starkem Masse an die

Folklore anknüpften (u.a. Stanisław Wiechowicz, Jan Maklakiewicz, Witold Lutosławski und Kazimierz Serocki). Eine andere Schaffensrichtung repräsentieren Bolesław Szabelski, Zbigniew Turski, Grażyna Bacewicz, Tadeusz Baird und Bolesław Woytowicz. Nach 1956 schloss sich die polnische Musik stärker den internationalen Strömungen an. Man begann das Internationale Festival der Zeitgenössischen Musik „Warschauer Herbst" zu organisieren, die grössten Festspiele der modernen Musik im Weltmassstab. Fortgesetzt werden die Chopin-Wettbewerbe (Klavier) in Warschau und die Henryk-Wieniawski-Wettbewerbe (Violine) in Poznań. Beim „Warschauer Herbst" erstrahlte das Talent Krzysztof Pendereckis, Henryk Góreckis und Zygmunt Krauzes. Weltberühmt wurde die Musik Krzysztof Pendereckis, Witold Lutosławskis und Tadeusz Bairds. Den Namen Polens machten auch vortreffliche Interpreten populär: die Dirigenten Grzegorz Fitelberg, Walerian Bierdiajew, Henryk Czyż, Kazimierz Kord, Jan Krenz, Andrzej Markowski, Witold Rowicki, Robert Satanowski, Stanisław Skrowaczewski, Bohdan Wodiczko und Stanisław Wisłocki; die Sänger Andrzej Hiolski, Teresa Kubiak, Bernard Ładysz, Wiesław Ochman, Stefania Woytowicz und Teresa Żylis-Gara; die Pianisten Halina Czerny-Stefańska, Barbara Hesse-Bukowska, Adam Harasiewicz, Lidia Grychtołówna, Władysław Kędra und Krystian Zimerman; die Violinisten Wanda Wiłkomirska, Konstanty Andrzej Kulka und Kaja Danczowska.

Das kulturelle Leben Polens ist überaus vielfältig, voller schöpferischer Suche und sehr reich.

Eine wesentliche Rolle bei der Gestaltung eines aktiven kulturellen Lebens spielen die Kultur- und Bildungseinrichtungen unterschiedlichen Charakters, die der Bevölkerung, insbesondere der Jugend, den unmittelbaren Kontakt mit der Kunst ermöglichen. 1979 gab es 20 000 solcher Einrichtungen, darunter 2176 Kulturhäuser sowie 18 000 Klubs und Kulturräume. Darin traten über 40 000 künstlerische Ensembles mit mehr als 700 000 Mitgliedern auf.

Auf dem Gebiet der Kultur und Bildung ist die Gesellschaft für Allgemeine Bildung tätig, die Kurse und Vorträge organisiert. 1974 erfasste sie mit ihrer Tätigkeit etwa 6 Mill. Personen.

Nach dem grossen Aufschwung der Kulturentwicklung, den man in den Nachkriegsjahren beobachten konnte, und nach der schon erwähnten Blütezeit der kulturellen Initiativen nach 1950 setzten für die Kultur so manches Mal schwierige Zeiten ein. Die Industrialisierungsprozesse beanspruchten die Aufmerksamkeit derjenigen, die über die Mittel für die Kultur verfügten, so stark, dass sie der Kultur nicht so viel Aufmerksamkeit schenken konnten, wie es die Prinzipien einer Demokratisierung der kulturellen Prozesse erfordert hätten. Im Zusammenhang damit kam es, insbesondere in den siebziger Jahren, zu einem Rückgang des kulturellen Lebens. Die Auflagen der Bücher sanken, die Zahl der gedruckten Lehrbücher und der produzierten Schallplatten war ungenügend. Die Auflagen der Tageszeitungen, Wochenschriften und anderer Zeitschriften gingen zurück. Es zeichnete sich ein Widerspruch zwischen den Prinzipien der ständigen Demokratisierung der Kultur und den tatsächlichen Bedingungen für ihre Entwicklung ab, wodruch die Möglichkeiten einer Beteiligung des Durchschnittsbürgers an der Kultur eingeschränkt wurden. Im Ausland machte sich das nicht stärker bemerkbar. Das internationale Ansehen der polnischen Wissenschaft und Kultur litt nicht.

*

Nach dem zweiten Weltkrieg wuchsen die Bedeutung der polnischen Kultur und die Rolle Polens in der internationalen Wissenschaft. Eine grosse und ständig wachsende Zahl polnischer Bürger wurde weltbekannt im Bereich der Kunst und in anderen Bereichen des geistigen Lebens.

Das Ansehen Polens nahm unablässig zu. Ein Zeugnis dessen war auch die Wahl des polnischen Kardinals Karol Wojtyła zum Papst Johannes Paul II. im Jahre 1978.

Das Ansehen eines Staates stützt sich jedoch vor allem auf sein wirtschaftliches Potential, auf seine ständige Entwicklung. Die Verwirklichung des ehrgeizigen Programms weiterer Umgestaltungen auf dem Gebiet der Wirtschaft und Kultur erwies sich als schwieriger, als man angenommen hatte, so dass sich seit Mitte der siebziger Jahre in der innenpolitischen Lage Polens immer grössere Schwierigkeiten abzeichneten. Es wurde notwendig, die Verwaltungs- und Regierungsstruktur der immer moderner werdenden Gesellschaft anzupassen, die einen grösseren Anteil an der Leitung des Staates verlangte.

Da die notwendigen Reformen ausblieben, die diesen Widerspruch beseitigt hätten, kam es im August-September 1980 zu einem massenhaften Protest der Arbeiterklasse, die Veränderungen verlangte. Damit wurde eine neue Etappe in der Entwicklung Polens eingeleitet.

Genealogische Tafeln

Siemowit
↓
Leszek
↓
Siemomysł
↓
Mieszko I., † 992
⚭ 965 Dubravka, † 977
↓
Boleslaus der Tapfere (Chrobry)
966/67—1025
↓
Mieszko II. Lambert
990—1034
↓
Kasimir I, der Erneuerer (Odnowiciel)
1016—1058

↓ Boleslaus der Kühne (Śmiały)
um 1042—1081
(regierte bis 1079)

↓ Ladislaus I. Herman
um 1043—1102

↓ Zbigniew
† nach 1112

↓ Boleslaus III. Schiefmund (Krzywousty)
1085—1138

↓ Ladislaus II.
der Vertriebene
(Wygnaniec)
1105—1159/63
Begründer der
schlesischen
Linie
(s. Taf. 2)

↓ Boleslaus Kraushaar
(Kędzierzawy)
1125—1173
↓
Leszek
1160/65—1186

↓ Mieszko der Alte
(Stary)
1126/27—1202
Begründer der
grosspolnischen
Linie
(s. Taf. 3)

↓ Heinrich
1127/31—1166

↓ Kasimir II.
der Gerechte
(Sprawiedliwy)
1138—1194
Begründer der
kleinpolnischen,
masowischen
u. kujawischen
Linie
(s. Taf. 4)

Schlesische Linie — Genealogische Tafel 2

Ladislaus II.
1105—1159/63

- Boleslaus der Lange (Wysoki)
  nach 1129—1201
  - Heinrich I. der Bärtige (Brodaty)
    1167/74—1238
    - Heinrich II. der Fromme (Pobożny)
      1191—1241
      - Boleslaus Rogatka
        1224/30—1278
        - Linie v. Schweidnitz (bis 1368) u. Linie v. Liegnitz (bis 1675)
      - Heinrich III. der Weisse (Biały)
        um 1229—1266
        - Heinrich IV. der Rechtschaffene (Prawy)
          um 1257/58—1290
      - Konrad v. Glogau
        um 1230—1273/74
        - Heinrich v. Glogau
          1251/60—1309
          - Linie v. Glogau (bis 1476), v. Sagan (bis 1504) u. v. Oels (bis 1492)
- Mieszko Schlenkerbein (Plątonogi)
  um 1138—1211
  - Kasimir I.
    1178/79—1229/30
    - Linie v. Ratibor u. Oppeln (bis 1532) und Linie v. Teschen u. Auschwitz (bis 1625)

Grosspolnische Linie — Genealogische Tafel 3

Mieszko der Alte (Stary)
1126/27—1202

- Odo
  1141/49—1194
  - Ladislaus Odonic
    etwa 1190—1239
    - Przemysł I.
      1220/21—1257
      - Przemysł II.
        1257—1296
        - Rixa Elisabeth
          ⚭ 1303 Wenzel II., König von Böhmen und Polen
    - Boleslaus der Fromme (Pobożny)
      nach 1221—1279
      - Hedwig
        ⚭ 1292/93 Ladislaus Ellenlang (Łokietek) (s. Taf. 4)
- Boleslaus
  1159—1195
- Mieszko
  1160/65—1193
- Ladislaus Dünnbein (Laskonogi)
  1161/67—1231

Kleinpolnische, masowische und kujawische Linie — Genealogische Tafel 4

- Kasimir II. der Gerechte (Sprawiedliwy) 1138—1194
  - Leszek der Weisse (Biały) 1186/87—1227
    - Boleslaus V. der Schamhafte (Wstydliwy) 1226—1279
  - Konrad I. v. Masowien 1187/88—1247
    - Kasimir v. Kujawien um 1211—1267
      - Leszek der Schwarze (Czarny) 1240/42—1288
      - Siemomysł 1241/45—1287
        - kujawische Linie (bis 1388)
      - Ladislaus Ellenlang (Łokietek) 1260/61—1333
        - Kasimir der Grosse (Wielki) 1310—1370
        - Elisabeth, 1305—1380, ∞ 1320 Karl Robert von Anjou, König von Ungarn
          - Ludwig der Grosse, 1326—1382, König von Ungarn und Polen
            - Hedwig, nach 1373—1399, ∞ 1386 Ladislaus Jagiello (s. Taf. 5)
    - Siemowit v. Masowien 1224—1262
      - masowische Linie (bis 1526)

Die Jagiellonen und ihre Nachkommen auf dem polnischen Thron — Genealogische Tafel 5

- Ladislaus Jagiello, um 1351—1434, ∞ 1386 Hedwig, Tochter Ludwigs des Grossen
  - Ladislaus II. 1424—1444 König von Polen und Ungarn
  - Kasimir Jagiello (Jagiellończyk) 1427—1492
    - Ladislaus Jagiello (Jagiellończyk) 1456—1516 König von Böhmen und Ungarn
    - Johann Olbracht 1459—1501
    - Alexander 1461—1506
    - Sigismund der Alte (Stary) 1467—1548
      - Sigismund August 1520—1572
      - Anna 1523—1596 ∞ 1576 Stephan Bathory, Herzog von Siebenbürgen, König von Polen
      - Katharina 1526—1583 ∞ 1562 Johann Wasa, König von Schweden
        - Sigismund III. Wasa 1566—1632 König von Polen
          - Ladislaus IV. 1595—1648 König von Polen
          - Johann Kasimir 1609—1672 König von Polen (dankte 1668 ab)

Bibliographie

I. Publikationen allgemeinerer Art

„Dzieje Polski" (Polnische Geschichte), Redaktion J. Topolski, Warszawa 1976
„Dzieje sztuki polskiej" (Geschichte der polnischen Kunst), Bd. I: „Sztuka polska przedromańska i romańska do schyłku XIII wieku" (Polnische präromanische und romanische Kunst bis zum Ende des 13. Jh.), Teil 1—2, Redaktion M. Walicki, Warszawa 1971
„Europa i świat w epoce napoleońskiej" (Europa und die Welt in der Napoleonischen Ära), Redaktion M. Senkowska-Gluck, Warszawa 1977
J. A. Gierowski, „Historia Polski 1505—1864" (Die Geschichte Polens von 1505—1864), Teil 1—2, Warszawa 1978
W. Góra, „Polska Rzeczpospolita Ludowa 1944—1974" (Die Volksrepublik Polen von 1944—1974), Warszawa 1974
„Historia kultury materialnej Polski" (Geschichte der Sachkultur Polens), Redaktion W. Hensel und J. Pazdur, Bd. 1—5, Warszawa 1978
„Historia nauki polskiej" (Geschichte der polnischen Wissenschaft), Redaktion B. Suchodolski, Bd. I—II, Warszawa 1970
„Historia państwa i prawa Polski" (Staats- und Rechtsgeschichte Polens), Bd. I—II, Redaktion J. Bardach, Warszawa 1964/65
Z. Landau, J. Tomaszewski, „Zarys historii gospodarczej Polski 1918—1939" (Abriss der Wirtschaftsgeschichte Polens von 1918—1939), 3. Aufl., Warszawa 1971
G. Michalski, E. Obniska, H. Swolkień, J. Waldorff, „Dzieje muzyki polskiej w zarysie" (Polnische Musikgeschichte im Abriss), Redaktion T. Ochlewski, Warszawa 1977
A. Miłobędzki, „Zarys dziejów architektury w Polsce" (Abriss der Geschichte der polnischen Architektur), Warszawa 1968
„Polska XIX wieku. Państwo — społeczeństwo — kultura" (Polen im 19. Jh. Staat — Gesellschaft — Kultur), Redaktion S. Kieniewicz, Warszawa 1977
„Polska w epoce Oświecenia" (Polen in der Epoche der Aufklärung), Redaktion B. Leśnodorski, Warszawa 1971
„Polski ruch robotniczy. Zarys historii" (Die polnische Arbeiterbewegung. Geschichtlicher Abriss), Redaktion A. Czubiński, Warszawa 1974
J. Rutkowski, „Historia gospodarcza Polski" (Wirtschaftsgeschichte Polens), Bd. I—II, Poznań 1946—1950
J. Wyrozumski, „Historia Polski do roku 1505" (Geschichte Polens bis 1505), Warszawa 1978
„Zarys dziejów wojskowości polskiej" (Abriss der polnischen Militärgeschichte), Redaktion J. Sikorski, Bd. I—II, Warszawa 1965/66

II. Monographien

A. Ajnenkiel, „Od rządów ludowych do przewrotu majowego. Zarys dziejów politycznych Polski 1918—1926" (Von den Volksregierungen zum Maiumsturz. Abriss der politischen Geschichte Polens 1918—1926), 3. Aufl., Warszawa 1977
M. Bartkiewicz, „Odzież i wnętrza domów mieszczańskich w Polsce w drugiej połowie XVI

i w XVII wieku" (Bekleidung und Inneneinrichtung der Bürgerhäuser in Polen in der zweiten Hälfte des 16. und im 17. Jh.), Wrocław 1974
B. Bieńkowska, „Staropolski świat książek" (Altpolnische Bücherwelt), Wrocław 1976
A. Brożek, „Polonia amerykańska 1854—1939" (Die amerikanischen Auslandspolen 1854—1939), Warszawa 1977
W. Czapliński, „Władysław IV i jego czasy" (Ladislaus IV. und seine Zeit), Warszawa 1972
W. Czapliński, „Życie codzienne magnaterii polskiej w XVII wieku" (Das Alltagsleben der polnischen Aristokratie im 17. Jh.), Warszawa 1976
A. Czubiński, „Powstanie Wielkopolskie" (Der grosspolnische Aufstand), Poznań 1979
E. Duraczyński, „Kontrowersje i konflikty" (Kontroversen und Konflikte), Warszawa 1972
A. Garlicki, „Przewrót majowy" (Der Maiumsturz), Warszawa 1978
W. Hensel, „U źródeł Polski średniowiecznej" (An den Quellen des mittelalterlichen Polens), Wrocław, Warszawa, Kraków, Gdańsk 1974
J. Ihnatowicz, „Burżuazja warszawska" (Die Warschauer Bourgeoisie), Warszawa 1972
H. Jabłoński, „Niepodległość i tradycje narodowe" (Unabhängigkeit und nationale Traditionen), Warszawa 1978
H. Jędruszczak, „Zatrudnienie a przemiany społeczne w Polsce w latach 1944—1960" (Beschäftigung und gesellschaftliche Veränderungen in Polen in den Jahren 1944—1960), Warszawa 1972
S. Kieniewicz, „Powstanie styczniowe" (Der Januaraufstand), Warszawa 1972
J. Kowecki, „Pospolite ruszenie w insurekcji 1794 roku" (Das allgemeine Aufgebot bei der Insurrektion von 1794), Warszawa 1963
Z. Kuchowicz, „Obyczaje staropolskie" (Altpolnische Sitten), Łódź 1975
B. Leśnodorski, „Polscy jakobini. Kartka z dziejów insurekcji 1794 roku" (Die polnischen Jakobiner. Aus der Geschichte der Insurrektion von 1794), Warszawa 1960
H. Łowmiański, „Początki Polski" (Die Anfänge Polens), Bd. I—V, Warszawa 1963—1973
C. Łuczak, „Polityka ludnościowa i ekonomiczna hitlerowskich Niemiec w okupowanej Polsce" (Bevölkerungs- und Wirtschaftspolitik Hitlerdeutschlands im besetzten Polen), Poznań 1979
J. Maciszewski, „Szlachta polska i jej państwo" (Die polnische Schlachta und ihr Staat), Warszawa 1969
C. Madajczyk, „Polityka III Rzeszy w okupowanej Polsce" (Die Politik des Dritten Reichs im besetzten Polen), Bd. I—II, Warszawa 1970
W. Markiewicz, „Społeczne procesy uprzemysłowienia" (Soziale Prozesse der Industrialisierung), Poznań 1962
K. Modzelewski, „Organizacja gospodarcza państwa piastowskiego X—XIII wieku" (Wirtschaftsorganisation des Piastenstaats vom 10. bis 13. Jh.), Wrocław, Warszawa, Kraków, Gdańsk 1975
J. Pajewski, „Odbudowa państwa polskiego 1914—1918" (Der Wiederaufbau des polnischen Staats 1914—1918), Warszawa 1978
„Piastowie w dziejach Polski" (Die Piasten in der polnischen Geschichte), Redaktion R. Heck, Wrocław, Warszawa, Kraków, Gdańsk 1975
H. Słabek, „Dzieje polskiej reformy rolnej 1944—1948" (Die Geschichte der polnischen Bodenreform 1944—1948), Warszawa 1972
J. Szczepański, „Zmiany społeczeństwa polskiego w procesie uprzemysłowienia" (Veränderungen in der polnischen Gesellschaft im Prozess der Industrialisierung), Warszawa 1973
J. Tazbir, „Państwo bez stosów. Szkice z dziejów tolerancji w Polsce XVI—XVII wieku" (Staat ohne Scheiterhaufen. Aus der Geschichte der polnischen Toleranz 16.—17. Jh.), Warszawa 1967
J. Topolski, „Gospodarka polska a europejska w XVI—XVIII wieku" (Die polnische und die europäische Wirtschaft im 16.—18. Jh.), Poznań 1977
M. B. Topolska, „Dobra szkłowskie na Białorusi Wschodniej w XVII i XVIII wieku" (Die Güter von Schklow in Ostbelorussland im 17.—18. Jh.), Warszawa 1969

L. Trzeciakowski, „Kulturkampf w zaborze pruskim" (Der Kulturkampf im preussischen Teilungsgebiet), Poznań 1970
A. Werblan, „Szkice i polemiki" (Skizzen und Polemiken), Warszawa 1970
J. Wisłocki, „Konkordat polski 1925 roku" (Das polnische Konkordat 1925), Poznań 1977
A. Wyczański, „Uwarstwienie społeczne w Polsce w XVI wieku" (Die sozialen Schichten im Polen des 16. Jh.), Wrocław, Warszawa, Kraków, Gdańsk 1977
T. Zielińska, „Magnateria polska epoki saskiej" (Die polnische Aristokratie in der Sachsenzeit), Wrocław, Warszawa, Kraków, Gdańsk 1977
B. Zientara, „Henryk Brodaty i jego czasy" (Heinrich der Bärtige und seine Zeit), Warszawa 1975

Inhalt